OSTFRIESLAND

Ostfriesische Inseln

Dieter Katz

W0469377

INHALT

Allgemeines & Reisepraktisches 8

Weites Land zwischen Meer und Moor 10

Natur- und Lebensräume 14
Küstenschutz 23
Alltagskultur 24
Architektur 26
Geschichte 30

Reisepraktisches 35

Anreise/Verkehrsmittel vor Ort 35
Aktivurlaub 37
Baden 39
Essen und Trinken 39
Familienurlaub mit Kindern 41
Gästekarte/Kurbeitrag 42
Klima und Reisezeit 42
Kultururlaub 43
Ostfriesland im Internet 44
Übernachten 44
Highlights Ostfrieslands 47

Ostfriesland 48

Wilhelmshaven 50

Ostfriesische Küste 61

Dangast 61
Hooksiel 66
Horumersiel-Schillig 69
Minsen-Förrien 72
Hohenkirchen 72
Carolinensiel und Harlesiel 75
Neuharlingersiel 82
Esens 87
Bensersiel 91
Dornumersiel 94
Dornum 95
Neßmersiel 99
Norden 102
Norddeich 110
Greetsiel 114
Krummhörn 120

Ostfriesische Inseln 125

Wangerooge 126
Spiekeroog 134
Langeoog 142
Baltrum 151
Norderney 158
Juist 168
Borkum 174

Ostfriesisches Binnenland 188

Varel 188
Friesische Wehde 191
Friedeburg 193
Jever 195
Wittmund 205
Aurich 208
Marienhafe 214
Großefehn 220
Wiesmoor 225
Jümme (Detern) 228
Rhauderfehn 230
Leer 231
Rheiderland 238
Jemgum 238
Bunde 242
Weener 243

Emden 245

Register 261

Allgemeines Reisepraktisches

Wilhelmshaven

Ostfriesische Küste

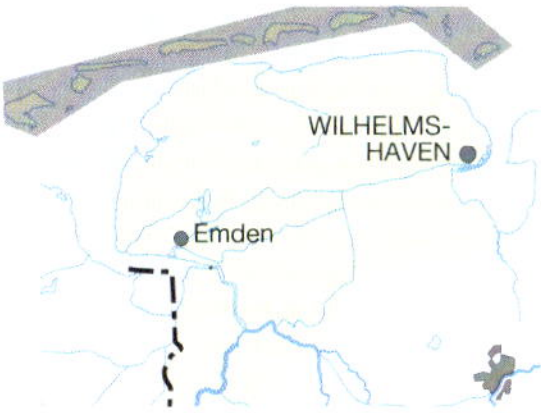

Ostfriesische Inseln

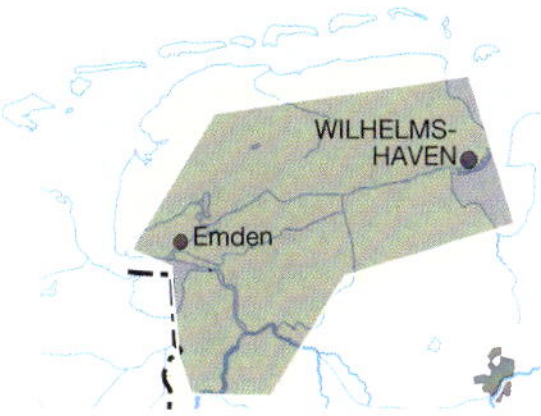

Binnenland

Emden

Text und Recherche: Dr. Dieter Katz
Lektorat: Sabine Senftleben
Redaktion und Layout: Claudia Hutter
Fotos: Dr. Dieter Katz (außer S. 20 Carsten Steussloff)
Covergestaltung: Karl Serwotka
Coverfotos: Hafen von Greetsiel (oben), Strandzelte auf Borkum (unten)
Karten: Gábor Sztrecska, Michaela Nietzsche

Ein besonderer Dank für die Unterstützung an Hedwig und Wilhelm Horn (Carolinensiel).

Danke auch an Robert Schäfer (Großaltenstädten) für seine alte aber bewährte Leica R3, mit der fast alle Fotos dieses Reisebuches gemacht wurden.

Ein herzliches Dankeschön zudem an: Ilka Bathe (Werdohl), Chris Deepen (Spiekeroog), Andreas Franck (Gießen), Hans Futiger (Bern, Schweiz), Mira Grützmacher (Juist), Martin Hollick (Weimar), Stephan Horschitz (Jever), Maren Johannink (Nordhorn), Anja Krause (Borkum), Bettina Moosbauer (Remscheid), Wilma Niedermeier (Frankfurt) sowie an Carsten Steussloff (Borkum) und insbesondere an Diethard Brohl (Paderborn).

Die in diesem Reisebuch enthaltenen Informationen wurden vom Autor nach bestem Wissen erstellt und von ihm und dem Verlag mit größtmöglicher Sorgfalt überprüft. Dennoch sind, wie wir im Sinne des Produkthaftungsrechts betonen müssen, inhaltliche Fehler nicht mit letzter Gewissheit auszuschließen. Daher erfolgen die Angaben ohne jegliche Verpflichtung oder Garantie des Autors bzw. des Verlags. Beide übernehmen keinerlei Verantwortung bzw. Haftung für mögliche Unstimmigkeiten. Wir bitten um Verständnis und sind jederzeit für Anregungen und Verbesserungsvorschläge dankbar.

ISBN 978-3-89953-354-5

© Copyright Michael Müller Verlag GmbH, Erlangen 2007, 2010. Alle Rechte vorbehalten. Alle Angaben ohne Gewähr. Druck: Stürtz GmbH, Würzburg.

Aktuelle Infos zu unseren Titeln, Hintergrundgeschichten zu unseren Reisezielen sowie brandneue Tipps erhalten Sie in unserem regelmäßig erscheinenden Newsletter, den Sie im Internet unter **www.michael-mueller-verlag.de** kostenlos abonnieren können.

2. Auflage 2010

Verzeichnis der Wanderungen und Touren

Fahrradtour: Durch das Wangerland mit seinen uralten Kirchen ... 74

Fahrradtour: Von Neuharlingersiel über Werdum in die Bärenstadt Esens und über Bensersiel an der Küste zurück ... 85

Fahrradtour: Von Norden nach Dornum mit einem Abstecher an die Küste nach Neßmersiel ... 108

Fahrradtour: Von Greetsiel über den Pilsumer Leuchtturm zu den Burgen und uralten Kirchen der Krummhörn ... 118

Wanderung/Fahrradtour auf Langeoog: Über Melkhorndüne und Vogelkolonie zur Seehunde-Beobachtungsplattform ... 149

Wanderung: Rund um Baltrum ... 157

Fahrradtour: Rund um Borkum ... 179

Fahrradtour: Von Schloss Gödens zum Jadebusen nach Dangast und zurück ... 204

Fahrradtour: Von Leer aus durch die Flusslandschaft von Jümme und Leda ... 235

Fahrradtour: Durch das Rheiderland bei Ditzum bis zum tiefsten Punkt Niedersachsens ... 240

Kartenverzeichnis

Aurich ... 209
Baltrum ... 153
Borkum ... 175
Borkum-Ort ... 181
Emden ... 251
Jever ... 197
Juist ... 172/173
Langeoog ... 144/145
Leer ... 233
Norden ... 103
Norderney ... 160/161
Norderney-Ort ... 163
Ostfriesland
Übersicht ... vorderer Umschlag
Spiekeroog ... 138/139
Wangerooge ... 126/127
Wilhelmshaven ... hinterer Umschlag

Zeichenerklärung für die Karten und Pläne

Landkarten

- Autobahn
- Bundesstraße
- Hauptverkehrsstraße
- Nebenstraße
- Fahrradtour
- Leuchtturm
- Windmühle
- Camping
- Badestrand

Stadtpläne

- Hauptstraße
- Nebenstraße
- Fußgängerzone
- bebaute Fläche
- Grünanlage
- Gewässerfläche
- Watt
- Kirche
- Schloss/Festung
- Information
- Post
- Museum
- Parkplatz
- Krankenhaus
- Apotheke
- Bank/Geldautomat

Alles im Kasten

Ostfriesland oder ostfriesische Halbinsel? 13
Seehunde, putzige Gesichter der Nordseeküste 22
Die Weihnachtsflut von 1717 34
Der Strandkorb 39
Krabben an der Costa Granata 41
Highlights Ostfrieslands 47
Der JadeWeserPort 53
Der Jadebusen 60
Der Skulpturenpfad 64
Die goldene Linie – eine Grenze zwischen Ostfriesland und Friesland 78
Der Bär von Esens 88
Postkutsche nach Norderney 102
Der Untergang der „Johanne" 135
„Lili Marleen" auf Langeoog 150
Der Fluch des Holländers 155
Der Baltrumwal 156
Der Feldmarschall und das Glücksspiel 162
Der Retter des Welfenhauses 167
Kachelotplate: Eine neue Insel entsteht 170
Die Insel der Walfänger 178
Klaasohm 180
Die Katastrophe der „Cimbria" 187
Der Ems-Jade-Kanal – die Kuhrinne des Reichskanzlers 211
Klaus Störtebeker 215
Torf- und Fehnschifffahrt 223
Johannes a Lasco, Reformator Ostfrieslands 248
Zahnpasta aus Krabben 255

Was haben Sie entdeckt?

Haben Sie eine versteckte Badestelle gefunden, in einem schönen Restaurant gegessen oder in einer urigen Pension übernachtet?

Dann schreiben Sie uns:

Dieter Katz
Michael Müller Verlag
Gerberei 19
D – 91054 Erlangen
E-Mail: dieter.katz@michael-mueller-verlag.de

▲ Strandleben auf Norderney

Allgemeines & Reisepraktisches

Weites Land zwischen
Meer und Moor 10

Reisepraktisches 35

Wahrzeichen Ostfrieslands: Zwillingsmühlen von Greetsiel

Weites Land zwischen Meer und Moor

Keine Hektik, keine wirklichen Berge, kaum Großstadt, dafür endlose Deiche, grüne Wiesen, riesige Felder, uralte Kirchen, Klappbrücken, historische Windmühlen und natürlich das Meer und das Watt – die ostfriesische Halbinsel zwischen Wilhelmshaven und Emden ist Refugium für alle, die weite Landschaften lieben und vollkommen auf Entspannung setzen. Das flache Land mit seinem perfekt ausgebauten Wegenetz, das urwüchsige Dörfer und geschichtsträchtige Städtchen miteinander verbindet, lädt Radler zu Erkundungstouren ein. Für Familien und Strandliebhaber eignen sich vor allem die sieben Ostfriesischen Inseln, die wie Sandburgen ganz nah vor der Küste liegen und mit ihren feinsandigen Stränden Badevergnügen pur garantieren.

Doch ein wenig verrückt ist Ostfriesland schon: Hier kann man auf dem Meeresboden spazieren gehen, hier ist das Land so flach, dass man heute schon erkennen kann, wer morgen zu Besuch kommt, und hier darf sich folgerichtig mit dem Titel *Berg* schmücken, was andernorts allenfalls als leichte Aufwölbung zu registrieren wäre. Immerhin wird so das Reisegepäck entlastet, denn seine Bergstiefel kann man angesichts der fulminanten ostfriesischen Gipfel – der König der hiesigen Bergwelt, der Kugelberg, bringt es auf bedauernswerte 18 m – getrost zu Hause lassen.

Allgegenwärtig sind die künstlichen Berge, die Deiche. Sie bilden – wie der Volksmund sagt – die „fette Kruste“ um den „platten Pfannkuchen“, als der sich Ostfriesland präsentiert. Die Deiche sind so etwas wie die Lebensversicherung Ostfries-

Traumhaft: weiter Strand auf Juist

lands, denn die Nordsee ist nicht zimperlich und hat das flache Land im Laufe der Geschichte immer wieder mit gewaltigen Sturmfluten überzogen. Manche davon waren so zerstörerisch, dass sie das einmal überflutete Land nicht mehr hergeben wollten. Auf diese Weise sind zwischen dem 12. und 16. Jh. die vier großen Meeresbuchten Ostfrieslands entstanden, der Dollart, die Leybucht, die Harlebucht und der Jadebusen. Zwar versuchten sich die Menschen schon damals mit Deichen zu schützen, doch gegen die verheerenden Fluten waren ihre Konstruktionskünste schlicht machtlos.

Heute sind die Deiche sicher (Sorge bereitet auf lange Sicht allenfalls der Anstieg des Meeresspiegels), und die Nordsee gibt sich trotz regelmäßiger spätherbstlicher Tobsuchtsanfälle im Normalfall als weitgehend friedliches und domestiziertes Meer. Als solches geht sie verlässlich ihrem Alltagsgeschäft nach, d. h., sie kommt und geht im Sechs-Stunden-Rhythmus. Wenn sie ihren Boden bei Ebbe Schritt um Schritt preisgibt, kann man dort, wo eben noch das Wasser brandete, umherspazieren, sich die Füße vom Schlick massieren lassen und im Rahmen geführter Wattwanderungen sogar bis zu einer der Ostfriesischen Inseln marschieren. Kehrt das kurzzeitig in der Emigration verschwundene Wasser dann wieder zurück, kann man baden gehen. Zumindest im Prinzip, denn auch Wohlmeinende können nicht darüber hinwegsehen, dass die ostfriesische Festlandsküste das Aschenputtel unter den deutschen Küsten ist: Bis auf einen kleinen Sandstreifen an der Nordostspitze Ostfrieslands, dem Schilligshörn, und in Dangast am Jadebusen gibt es keinen natürlichen Badestrand. Die kleinen (kurtaxenpflichtigen) Sandstrände der Küstenbadeorte sind allesamt künstlich aufgeschüttet, dicht mit Strandkörben belegt und meist von einem Campingplatz flankiert. Mitunter begnügt man sich mit einem gepflegten Grünstrand, der flach auslaufende Deich wird dann einfach als Liegewiese benutzt. So ist es eben, das Wattenmeer.

Matschig: spielende Kinder im Watt vor Dangast

Also doch lieber an die Ostsee? Oder gleich zum Mittelmeer? Nein, auch reine Badeurlauber müssen ihre Ostfrieslandplanungen nicht gleich über den Haufen werfen. Wer auf Meer und Strandurlaub setzt, hat die freie Auswahl zwischen den sieben bewohnten Inseln Wangerooge, Spiekeroog, Langeoog, Baltrum, Norderney, Juist und Borkum – allesamt Sandkleckse im Meer mit kilometerlangen, von Dünenketten gesäumten Traumstränden zur Seeseite. Wangerooge, Spiekeroog, Langeoog und Baltrum setzen insgesamt mehr auf Ruhe und Ursprünglichkeit, Norderney, Juist und Borkum sind eher elegant-klassische Seebäder. Für alle gilt aber: Was ihre Bade-, Strand-, Kinder- und Familientauglichkeit angeht, brauchen sie keinen Vergleich zu scheuen.

Meer, Watt, Inseln und Sandstrände sind aber nur die eine Seite der ostfriesischen Medaille. Den weitaus größten Teil der ostfriesischen Halbinsel bildet das Binnenland mit der ehemaligen Residenzstadt Aurich im geografischen Zentrum. Touristisch ist das Gebiet zwischen Emden im Westen, Wilhelmshaven im Osten und der Gemeinde Rhauderfehn im Süden naturgemäß weit weniger erschlossen als der Küstensaum. Etliche kleine Dörfer mit mittelalterlichen Kirchen zeugen aber davon, dass der Bauch Ostfrieslands uraltes Kulturland ist. Superlative kann man hier dennoch nicht erwarten – sieht man einmal davon ab, dass mit Midlum und Suurhausen gleich zwei Dörfer um einen kuriosen Weltrekord wetteifern: Nirgendwo sonst auf unserem Planeten, so ist man hier wie dort überzeugt, gebe es einen schieferen Kirchturm als den der jeweils eigenen Dorfkirche.

Aber um Superlative geht es hier auch gar nicht. Ostfriesisches Binnenland, das heißt in erster Linie Ruhe, Abgeschiedenheit und beneidenswerte Unaufgeregtheit. Ganz nach diesem Motto geht es auch in den ehemaligen Fehnkolonien ganz im Süden Ostfrieslands zu. Diese Kolonien wurden einst gegründet, um die riesigen Moorgebiete der Region urbar zu machen und Torf abzubauen. Zu diesem Zweck wurden zunächst Kanäle gebaut, die einerseits der Entwässerung dienten und andererseits als Verkehrswege genutzt wurden, um das gewonnene Material zu seinen Bestimmungsorten zu bringen und umgekehrt Arbeitsgerät und andere notwendige Güter per Schiff heranzuschaffen. Auf diese Weise ist ein verzwicktes System von kleinen Wasserstraßen mit Schleusen und Klappbrücken entstanden, das heute immer stärker in den Blickpunkt von Bootstouristen rückt. Kombiniert ist das Ganze mit einem gut ausgebauten Netz von Radwegen, Höhepunkt ist der über 160 km lange Rundkurs *Deutsche Fehnroute*, auf dem man an uralten Backsteinkirchen und unzähligen Windmühlen vorbeikommt.

Bliebe noch die städtische Kultur zu erwähnen, über die Ostfriesland – wenn auch in überschaubarem Rahmen – ebenfalls verfügt. Mit etwa 90.000 Einwohnern größte Stadt ist *Wilhelmshaven*, der östliche Eckpunkt der ostfriesischen Halbinsel am Jadebusen. Sie wurde vor nicht einmal 150 Jahren am Reißbrett als preußischer Marinestützpunkt entworfen, und noch heute ist der Hafen ihr größter Stolz. Seine enge Verbindung mit dem Meer und der Seeschifffahrt dokumentiert Wilhelmshaven mit sechs „maritimen Erlebniswelten", darunter die virtuelle Unterwasserstation *Oceanis* und das *Deutsche Marinemuseum*.

Museales hat auch der westlichste städtische Eckpfeiler Ostfrieslands zu bieten, die Hafenstadt *Emden* am Dollart. Beachtlich ist das *Ostfriesische Landesmuseum*, das über Geschichte, Kunst und Kultur der Region informiert. Und wirklich Herausragendes darf man sich von der weit über die Landesgrenzen hinaus bekannten Emder Kunsthalle erwarten, die u. a. bedeutende Werke des deutschen Expressionismus präsentiert.

Was sich zwischen der ostfriesischen Städteklammer Wilhelmshaven und Emden sonst noch an urbanem Leben ereignet, ist erheblich kleiner dimensioniert: *Wittmund* ist eine grundsolide Kreisstadt mit etwa 8000 Einwohnern, *Jever*, die Bierstadt, bringt es gerade mal auf 11.000 Bewohner, und selbst in *Aurich*, der heimlichen Hauptstadt Ostfrieslands, leben auf Dauer nur 12.000 Menschen. Auch hier gilt also: wahrlich keine Superlative. Aber das ist vielleicht sogar das ganze große Plus des weiten Landes zwischen Meer und Moor.

Ostfriesland oder ostfriesische Halbinsel?

Streng genommen bezeichnen die beiden Begriffe nicht das Gleiche, auch wenn sie in diesem Buch synonym verwendet werden. Ostfriesland als historisch-politische Einheit erstreckt sich von Wittmund und seinem Küstenort Carolinensiel über Esens, Norden und Emden bis zur niederländischen Grenze, auch Aurich, Leer und die Fehnsiedlungen im Binnenland gehören dazu. Das Gebiet östlich von Wittmund, also der große Landkreis Jever inklusive der Insel Wangerooge sowie die Gegend um Wilhelmshaven, gehörte dagegen ab dem 15. Jh. zu Oldenburg. Und das zeigt Wirkung bis heute: Wer jenseits der historischen Grenze wohnt, bezeichnet sich keineswegs als Ostfriese, sondern als Oldenburger. Aus touristischer Perspektive wäre aber eine Grenzziehung wenig sinnvoll, entsprechend arbeiten die Fremdenverkehrsinstitutionen vor Ort mit einer Gesamtvermarktungsstrategie unter dem einheitlichen Label *Ostfriesland*. Wir tun das auch und bitten jeden Oldenburger höflichst um Nachsicht ...

Warten auf die nächste Flut: Wattlieger vor Baltrum

Natur- und Lebensräume

Die Ostfriesischen Inseln

Sie liegen hübsch aufgereiht am Nordrand des Watts: die sieben bewohnten Ostfriesischen Inseln Wangerooge, Spiekeroog, Langeoog, Baltrum, Norderney, Juist und Borkum. Wer schon immer an dem Versuch gescheitert ist, sich ihre Reihenfolge einzuprägen, kann sich an den an der Küste populären Merkspruch halten, der die Inseln in Ost-West-Richtung ordnet: „**W**elcher **S**eemann **l**iegt **b**ei **N**anni **i**m **B**ett?"

Mit einer Fläche von 32 km² ist Borkum die größte Insel, Baltrum, das es gerade mal auf 5 km² bringt, liegt mit deutlichem Abstand am anderen Ende der Skala. Die skurrilste Form hat wohl Juist, das 17 km lang und an manchen Stellen nur 500 m breit wie ein überdimensioniertes schmales Baguette waagerecht in der Nordsee liegt. Neben den bewohnten hat Ostfriesland auch noch eine Reihe unbewohnter Inseln zu bieten: Östlich von Wangerooge liegen das bzw. die Minsener Oog und die Alte Mellum, im Westen zwischen Juist und Borkum der Memmert, das Lütje Hörn und die Kachelotplate (vgl. S. 170) – allesamt wichtige Brutplätze für Seevögel.

Erdgeschichtlich betrachtet, sind die Ostfriesischen Inseln außerordentlich jung, ihre Entstehung liegt gerade einmal zwei- bis dreitausend Jahre zurück. Durch die ständigen Strömungen und die Brandung des Meeres wurden die Sandmassen Richtung Küste verfrachtet. Die am Wattrand vorhandenen Riffe und Platen wurden so durch Sand überlagert und fielen bei Ebbe kurz trocken. Der Wind transportierte den trockenen Sand weiter und warf ihn zu Dünen auf, die mit der Zeit immer größer wurden. Nach und nach siedelten sich Pflanzen, später auch Tiere und Menschen an. Die Sandinseln sind also im Gegensatz zu ihren nordfriesischen Pendants kein von Sturmfluten verschonter Rest des Festlands.

Hinter den traumhaft weiten Stränden am Nordrand der Inseln zieht sich eine hohe Dünenkette entlang. Dieser bewachsene Dünengürtel geht landeinwärts in einen breiten Streifen niedrigerer Dünen und schließlich in Dünenheide über. Den Südrand der Inseln Richtung Wattenmeer bilden Salzwiesen. Hier an der Festlandseite sind die Inselorte jeweils noch einmal von einem hohen Deich geschützt. Denn zu oft in ihrer Geschichte waren sie durch Sturmfluten zerstört worden. Vor allem im Inselwesten sind zudem zum Schutz vor der *Blanker Hans* genannten Nordsee hier und dort massive Betonverbauungen nötig. Und dennoch zerren die Kräfte der Natur so stark an den Inseln, dass mit der vorherrschenden Windrichtung der Sand an den Inselstränden ständig von West nach Ost verlagert wird.

Das Wattenmeer

Wer voll Vorfreude auf die Nordsee die Küste erreicht und den Blick aufs Wasser genießen oder gar ein Bad in den Fluten nehmen möchte, dem kann es passieren, dass das Meer wegen der Gezeiten gerade nicht da ist. Stattdessen blickt man auf eine braungraue Fläche, die an eine feuchte Wüstenlandschaft erinnert. Doch keine Sorge, das Meer kommt ja wieder, und zwar verlässlich alle sechs Stunden. Um genau zu sein: Zwölf Stunden und 25 Minuten liegen zwischen zwei Hochwassern, zweimal am Tag bestimmen damit Ebbe und Flut den Rhythmus an der Küste. Geformt wurde diese grandiose Landschaft von den Gletschern der letzten Eiszeit und eben jenem ständigen Gezeitenwechsel (siehe unten). Ihren Namen hat sie vom altfriesischen Wort „wad", was „seicht" bzw. „untief" bedeutet.

Die augenscheinlich karge Umgebung entpuppt sich auf den zweiten Blick als das genaue Gegenteil. Durch die große Menge fruchtbaren Sediments, das die ins Wattenmeer mündenden Flüsse und Siele ablagern, wimmelt es hier geradezu von Leben. Es gibt auf der Erde kaum einen biologisch produktiveren Ort. Dieser bildet als Ausgangspunkt der Nahrungskette die Grundlage allen Lebens in der Nordsee. Für das menschliche Auge kaum zu erkennen, machen die Kieselalgen das Watt zur Kinderstube für Fische, Muscheln und Krebse und damit zur bevorzugten Rast- und Brutstätte für Abermillionen von Watt- und Wasservögeln. Im Sommer finden sich bis zu einer Million Algenzellen auf nur einem Quadratzentimeter Watt.

Als Deutschlands „letzte Wildnis" und eine der letzten ursprünglichen Naturlandschaften Mitteleuropas ist das große Feuchtgebiet längst unter Schutz gestellt. Im Jahr 1986 wurde der *Nationalpark Niedersächsisches Wattenmeer* gegründet (siehe unten). Auch die Bundesländer Hamburg, Schleswig-Holstein und die Anrainerstaaten haben ihre Wattflächen zum Nationalpark erklärt. Weil es auch außerhalb Europas keine größere zusammenhängende Sand- und Schlickwattfläche gibt, hat die UNESCO diese faszinierende Landschaft 2009 zum Weltnaturerbe erklärt. Das Wattenmeer steht damit auf einer Stufe mit so einzigartigen Naturlandschaften wie dem Serengeti-Nationalpark in Tansania oder den Galapagosinseln im Pazifik. Insgesamt erstreckt sich diese 450 km lange Welt zwischen Land und Meer auf einer Breite von 5 bis 20 km vom dänischen Esbjerg bis zum holländischen Den Helder und bedeckt über 13.000 km^2 Fläche. Das geschützte Gebiet umfasst neben den bei Ebbe frei werdenden Wattflächen auch die Salzwiesen vor den Deichen.

Watt ist nicht gleich Watt: Noch gut begehbar ist das *Sandwatt* in Küstennähe mit etwa 25 % Bodenwassergehalt und noch relativ groben Sandkörnern. Im *Mischwatt* steigt der Wasseranteil schon auf 50 %, und die Korngröße des Sandes wird bedeutend feiner. Das *Schlickwatt* hingegen ist jener strandnahe Bereich an der Hochwasserlinie, der den Besucher tief einsinken lässt, weil der Wassergehalt nahezu 70 % beträgt. Hier stinkt es zuweilen wie nach faulen Eiern, und man holt sich schwarze Füße, was nicht etwa an Teerablagerungen liegt, sondern an den Schwefelwasserstoffen, die beim anaeroben, also sauerstofflosen Abbau organischen Materials frei werden. Durchzogen wird der Wattboden bei Ebbe von kleinen Flussläufen, so genannten *Prielen*.

Das Wattenmeer ist ein riesiger **Nationalpark** und in drei Zonen eingeteilt. **Zone 1** (60,7 % der Fläche) ist die Ruhe- und Kernzone des Parks und darf durch keinerlei menschliche Eingriffe gestört werden. Sie umfasst hauptsächlich Vogelschutz- und Robbenschutzgebiete, die nur auf ausgewiesenen Wegen betreten werden dürfen. Auch die **Zone 2** (38,7 %), die Zwischenzone, soll der Mensch nur eingeschränkt nutzen, sie darf aber frei betreten werden. Lediglich die flächenmäßig sehr kleine **Zone 3** (0,6 %) ist dem Menschen als Erholungszone vorbehalten, motorbetriebene Geräte sind aber auch hier nicht erlaubt.

Nur 7 % des Nationalparks sind Landflächen (v. a. Inseln). Zur Information und Anschauung gibt es an der Küste und auf den Inseln zahlreiche interessante **Nationalparkhäuser** (in Dangast, Wilhelmshaven, Carolinensiel, Wangerooge, Dornumersiel, Baltrum, Norddeich, Norderney, Juist, Greetsiel und Borkum). Infos unter www.nationalpark-wattenmeer.niedersachsen.de.

Von Gezeiten und Tiden, Ebbe und Flut

Unter den Gezeiten oder der Tide (niederdeutsch *tiet* = Zeit) versteht man den Zyklus von Ebbe und Flut. Dieses Phänomen ist eine Folge des Wechselspiels zwischen der Massenanziehungskraft des Mondes und der Fliehkraft der Erde. Denn an der dem Mond zugewandten Seite der Erdkugel ist die Anziehungskraft des Mondes stärker als die Fliehkraft der Erde. Folglich wird das Meerwasser zum Mond hingezogen und es bildet sich ein Flutberg. Gleichzeitig entsteht auch auf der gegenüberliegenden – mondfernen – Seite der Erde ein (etwas kleinerer) zweiter Flutberg, weil hier die Anziehungskraft des Mondes kleiner ist als die Fliehkraft der Erde. Ständig laufen somit zwei Flutwellen rund um die Erde. Diese Flutwellen bzw. Flutberge nennt man *Hochwasser*. Läuft das die Flutberge bildende Wasser wieder ab, herrscht an der Küste *Niedrigwasser*. Weil sich die Erde in 24 Stunden um sich selbst dreht und damit gewissermaßen unter den Flutbergen hindurch, prägen zweimal täglich die Ebbe, also der gesamte Zeitraum des sinkenden Wasserspiegels, und die Flut, also das auflaufende Wasser, das Gesicht der Nordseeküste. Aber in dieser Zeit rückt auch der das Wasser anziehende Mond ein Stück weiter auf seiner Umlaufbahn um die Erde, weshalb sich dieses Naturphänomen täglich um etwa 50 Minuten verschiebt. Der Abstand zwischen zwei Hochwässern beträgt demnach immer zwölf Stunden und 25 Minuten.

Weil sich nicht nur der Mond um die Erde, sondern auch die Erde um die Sonne dreht, ist außerdem die (allerdings schwächere) Anziehungskraft der Sonne zu beachten. Sie kann beide Gezeiteneinflüsse verstärken oder stören. Zwei Extreme können dabei auftreten: Die *Springtide* mit hohem Hochwasser oder niedrigem Niedrigwasser entsteht bei Vollmond und bei Neumond, wenn Sonne, Mond und Erde auf einer Achse liegen. Die *Nipptide* mit niedrigem Hoch- und Niedrigwasser entsteht bei Halbmond, also wenn Mond, Erde und Sonne quasi einen 90-Grad-Winkel bilden, sich die Anziehungskräfte also weitgehend neutralisieren.

Starke Winde können die Gezeiten an Deutschlands Nordseeküste zusätzlich verstärken oder abschwächen. Starker ablandiger Wind verringert die Wasserstände. Auflandiger Wind hingegen, v. a. bei Springtide, kann zu verheerenden *Sturmfluten* führen. Kommt ein stunden- oder manchmal tagelang anhaltender Sturm aus West oder Nordwest, dann drückt er viel Wasser an die Deiche. Der Winddruck sorgt

Land unter: Wintersturmflut in Harlesiel

dafür, dass sich bei Ebbe etwas weniger Wasser zurückzieht und die Wasserstände bei der nächsten Flut noch etwas höher ausfallen.

Der Gezeitenhub (Tidenhub) in Ostfriesland ist im Übrigen der höchste der Nordsee und beträgt 2,80–3,50 m, in Buchten, wie z. B. dem Jadebusen, sogar bis zu 4,50 m.

Marschland

Die Marsch ist das unmittelbar an der Küste und an der Ems liegende fruchtbare ***Schwemmland***. Es macht etwa ein Drittel Ostfrieslands aus. Weil die Flut zweimal am Tag feinste Tier- und Pflanzenreste anspült, von denen sich Sedimente ablagern, kann sich im Laufe der Zeit neues Land bilden. Wenn dann Pionierpflanzen die zeitweise trockenfallenden Böden besiedeln, entstehen so genannte ***Salzwiesen***, die ganz allmählich verlanden. Schrittweise gesellen sich andere Pflanzen dazu, wobei sich der Boden langsam erhöht. Durch die stark organische Zusammensetzung entsteht und entstand in Tausenden von Jahren überall an der Nordseeküste und den Flussmarschen ein überaus fruchtbarer Tonboden.

Um den natürlichen Prozess der Landgewinnung zu beschleunigen und um sich vor Hochwasser zu schützen, hat man schon früh damit begonnen, die Marschen einzudeichen, und damit im Laufe der Zeit viel von jenem Land zurückgeholt, das Sturmfluten einst der Küste entrissen hatten. Vor allem die Harlebucht bei Carolinensiel konnte so wieder geschlossen werden. Das durch Eindeichung dem Meer abgerungene Land nennt man *Groden* (vom englischen *to grow* = wachsen). Es war üblich, die neu gewonnenen Groden nach den jeweils zur Zeit der Landgewinnung regierenden Fürsten zu nennen, beispielsweise Friedrichsgroden, Sophiengroden oder Elisabethgroden.

Geest

Südlich der Marschen, im Kerngebiet Ostfrieslands, erstrecken sich Geest und Moor (siehe unten). Wenn es überhaupt so etwas wie leichte Hügel in Ostfriesland gibt, dann im Geestland. Die Geest ist in der Eiszeit entstanden. Als die Gletscher tauten, ließen sie den Moränenschutt zurück. Dieses Gemisch aus Steinen, Sand, Ton und Lehm erhob sich nur wenige Meter über den Meeresspiegel, ermöglichte damit aber schon ab etwa 1500 v. Chr. eine erste Besiedelung. Das Geestland ist weitgehend sturmflutsicher, besteht aber hauptsächlich aus weniger fruchtbaren Wiesen und Äckern. Das drückt schon der Name aus, denn Geest kommt vom friesischen *güst* und bedeutet „unfruchtbar". Dennoch gibt es hier und dort auf der Geest sogar einen kleinen Wald. Zum Landschaftsbild der ostfriesischen Geest gehören auch die schon seit 1935 unter Naturschutz stehenden Wallhecken. Der Schutz hat deren großflächige Zerstörung zwar verlangsamt, aber nicht verhindern können. Die etwa 1,50 m hohen und 3 m breiten Erdwälle wurden vor Jahrhunderten in mühevoller Handarbeit aufgeschüttet und dienten als Grenzmarkierung für die Wiesen. Sie waren ein idealer Sand- und Windfang, aber auch Kälteschutz. Eine enge Bepflanzung sorgte zusätzlich dafür, dass das Weidevieh ausbruchsicher gehalten werden konnte.

Die Menschen wussten auch die vom Eis rund geschliffenen Granitsteine der Geest früh zu nutzen, nicht nur zum Bau von Hünengräbern: Im 13. Jh. wurden zahlreiche Kirchen aus Granitfindlingen errichtet, bis mit der Erfindung des Backsteins ein neuer Baustoff deren Funktion übernahm.

Moor und Fehn

In den Niederungen und Senken der Geest bildeten sich nach der großen Eisschmelze flache Seen und Teiche. Einst gab es über hundert dieser *Meere* genannten Seen in Ostfriesland, von denen im Laufe der Jahrtausende die meisten verlandeten, weil Sumpfpflanzen nach und nach die Gewässer überwucherten. So entstanden mancherorts riesige Moorlandschaften.

Der Entstehungsprozess eines Moores ist langwierig. Ab 9000 v. Chr. bildeten sich im heutigen Ostfriesland die ersten *Niedermoore*. Durch den ständigen Wasserüberschuss und den damit verbundenen Luft- bzw. Sauerstoffmangel konnten sich die pflanzlichen Reste nur unvollständig zersetzen und lagerten sich allmählich als nährstoffreicher Torf ab. Über verschiedene Zwischenstadien entwickelten sich ab etwa 2500 v. Chr. die meisten Niedermoore zu *Hochmooren*, denn durch die Anhäufung von Torf wuchs die Oberfläche der Moore in die Höhe. Dadurch verloren die Pflanzen irgendwann ihre Wurzelverbindung zum Grundwasser und waren ausschließlich auf das nährstoffarme Regenwasser angewiesen. Die unteren Teile starben aus Luft- und Lichtmangel ab und verursachten sehr langsam, aber unaufhörlich ein weiteres Torfwachstum von etwa einem Millimeter jährlich.

Im 17. Jh. begann der Mensch, in die Moorlandschaft einzugreifen. Im waldarmen Ostfriesland besann man sich auf die Brenneigenschaft des Torfs und unternahm erste Schritte zur Besiedlung des Landes. Mit Papenburg und Großefehn entstanden um 1630 die ersten *Moorkolonien*, die nach dem niederländischen Wort für Moor *(veen) Fehnsiedlungen* genannt wurden. Unter preußischer Hoheit ab 1744 wurde die zunächst schleppende Moorkolonisierung nach niederländischem Vorbild vorangetrieben. Da die Urbarmachung der unwirtlichen Landschaft erhebliche Kosten verursachte, entschloss sich der preußische Staat zur Vergabe von Lizenzen an private Gesellschaften, so genannte *Compagnien*. Diese waren natürlich zuallererst an der lukrativen Ausbeutung des Torfs interessiert und gaben das Land in Erbpacht zur Abtorfung an die Kolonisten weiter, die einen beträchtlichen Pachtzins zu zahlen hatten. Die Arbeit im Moor war unsagbar schwer, und es brauchte meist drei Generationen, bis das karge Land seinen Mann ernährte. Nicht umsonst hieß es: „Des ersten Tod, des zweiten Not, des dritten Brot“. Die Entwässerung des sumpfigen und moorigen Landes machte den Bau eines komplizierten Systems aus Hauptkanälen und Nebenkanälen, den so genannten Wieken, notwendig. Zudem musste der abgegrabene Torf an der Küste verkauft werden, woraus sich der Fehnschiffbau und die Fehnschifffahrt entwickelten. Kleine Segelschiffe (Tjalken und Torfmutten) waren lange Zeit die einzigen Verkehrsmittel der Fehntjer. Je nach Windrichtung mussten die Boote hier getreidelt werden. Auf den Kanälen wurden die riesigen Mengen von Torf und in späterer Zeit die mageren Erträge des Bodens verschifft und auf dem Rückweg lebenswichtige Waren von auswärts geholt. Das damals entstandene weit verzweigte Kanalnetz (insgesamt 800 km) prägt noch heute die Landschaft im südlichen Ostfriesland. Und auch die typischen Fehnorte mit ihren backsteinernen Häusern, die kilometerlang „ihren“ Hauptkanal säumen, sind noch immer fester Bestandteil der hiesigen Siedlungsstruktur.

Selbst die Ausbeutung der Hochmoore gehört noch nicht endgültig der Vergangenheit an, denn hier und da wird noch Brenntorf abgebaut. Leicht zugänglich ist beispielsweise das Marcardsmoor nördlich von *Wiesmoor*. Zunächst wird die nicht brennbare Bunkererde abgetragen, dann die gut 1,5 m dicke Torfschicht abgestochen und bis in den Oktober hinein zwecks Trocknung zum so genannten *Schlag* aufgeschichtet. Hauptabnehmer ist die historische Ziegelei in *Nenndorf* (Gemeinde Holtriem), in der Ostfrieslands bekannte Klinker nach alter Tradition bei 1200 °C nur mit dem Torffeuer in einem uralten Ringofen hartgebrannt werden.

Flora und Fauna Ostfrieslands

Ostfriesland ist Lebensraum und Rückzugsgebiet für über tausend vom Aussterben bedrohte Tierarten und etwa 250 gefährdete Pflanzenarten. Vor allem auf den Inseln ist die Artenvielfalt einzigartig. Obwohl sie nur 0,03 % der Gesamtfläche Deutschlands ausmachen, sind hier ein Viertel der deutschen Flora (ca. 1500 Pflanzenarten) und ein Fünftel der deutschen Fauna (ca. 8000 Tierarten) zu Hause.

Die hohen Dünen auf den Inseln sind insbesondere von Strandhafer und Strandroggen bewachsen. Beide werden zum Schutz der Inseln angepflanzt, weil deren meterlanges Wurzelwerk den Sand bindet. In der Inselmitte tragen die Dünen schon eine dünne Humusdecke, sodass Sanddorn, Heidekräuter, Dünenrosen etc. gedeihen können. Die Beeren des *Sanddorns* beispielsweise sind reich an Vitamin C und werden gerne für Spezialitäten wie etwa Sanddornmarmelade, -likör oder -grog verwendet.

Der Südrand der Inseln und nahezu die komplette ostfriesische Küste sind von Wattwiesen gesäumt. Auf diesen gelegentlich überfluteten Salzwiesen können nur etwa 25 Pflanzenarten gedeihen, die an den salzigen Extremlebensraum angepasst sind (unglaubliche 400 Insektenarten haben sich auf diese Pflanzenarten spezialisiert). Pionierpflanze ist v. a. der Queller, der so heißt, weil das osmotische Aufnehmen des Salzes die Pflanze aufquellen lässt. Schlickgras und lilafarben blühender

Strandflieder gehören ebenfalls zu den Pflanzen, die in diesem Grenzbereich zwischen Watt und Land gedeihen können. Mit ihnen beginnt der natürliche Prozess der Landgewinnung. Nach und nach erhöht sich die Salzwiese durch Sedimentablagerungen und wird immer weniger vom Meer überflutet. Nun werden künstliche Entwässerungsgräben gezogen, und schließlich kann das Land eingedeicht und zu fruchtbarem Marschland umgewandelt werden. So ist die Landgewinnung immer das Ergebnis eines Wechselspiels zwischen den Naturkräften und dem Einfluss des Menschen.

Die *Hoch-* und *Niedermoore* sind ebenfalls extreme Lebensräume, in denen nur Spezialisten überleben können. Im nährstoffarmen Hochmoor haben die Wurzeln keine Verbindung mehr zum Grundwasser. Diese Moorpflanzen, z. B. Torfmoose oder auch der Insekten fangende Sonnentau, können aber wie ein Schwamm sehr viel Wasser aufnehmen und festhalten. Das Niedermoor ist etwas artenreicher, hier gedeihen u. a. Schilfrohr, Binsen und Sauergräser.

Überlebenskünstler in den Dünen: Sanddorn

Die fruchtbare Marsch ist vergleichsweise arm an wild wachsenden Pflanzen. Weil nahezu jeder Meter des Bodens intensiv landwirtschaftlich genutzt und gedüngt wird, konnten nur an Straßenrändern einige Gehölze überleben. An den kleinen Landstraßen der Marschen stehen häufig auch die für die Küstenregion so charakteristischen Windlooper. So nennt man die windschiefen Bäume, denen der jahrzehntelange Kampf gegen die immerwährenden Westwinde durch eine starke Ostkrümmung von Stamm und Krone anzusehen ist.

Der Geest verleihen die Felder und Äcker begrenzenden Wallhecken teilweise ein parkähnliches Aussehen. Holz für die Zäune war knapp, und so wurden diese Wälle angelegt und dicht mit Sträuchern und Bäumen bepflanzt, die mit der Zeit auch zu Brennholzlieferanten wurden. In den verbliebenen Wallhecken haben zahlreiche Pflanzenarten überlebt, die andernorts längst der industriellen Landwirtschaft zum Opfer gefallen sind.

Was die Tierwelt angeht, so ist insbesondere das Wattenmeer ein faszinierender Lebensraum, den man sich am besten unter kundiger Führung bei einer Wattwanderung erschließen kann. Im Laufe der Jahrtausende haben sich zahlreiche Arten diesem leblos aussehenden salzigen Extremraum angepasst, beispielsweise die Sandklaffmuschel und der Sandpierwurm, die sich ihr ganzes Leben lang im Watt vergraben. Abertausende von auffälligen Sandkringeln im Watt verraten allerdings das Vorhandensein eines Sandpierwurms. Dieser filtert nämlich den Schlick und drückt etwa alle Dreiviertelstunde einen Kringel unverdaulichen Sand aufs Watt.

Wappentiere der Küste: Seehunde auf Borkum

Mit den vielen kleinen Häufchen belüftet der Sandpierwurm das Wattenmeer und leistet einen unglaublich wichtigen Dienst für viele hier lebende Arten.

Viele weitere Überlebenskünstler machen das Watt zur Brutstätte des Lebens. Auf nur einem Quadratmeter können sich in „Spitzenzeiten" nicht nur 100.000 winzige Wattschnecken tummeln (für gewöhnlich sind es „nur" 4000), es sind aber auch schon 40.000 Schlickkrebse und 4000 Ringelwürmer auf dieser Fläche gezählt worden, ganz abgesehen von den zahlreichen Herz- und Miesmuscheln (eigentlich sollten sie Nierenmuscheln heißen, denn nur eine einzige Miesmuschel filtert unglaubliche 50 l Wasser am Tag).

Die kleinen Watttiere stellen auch ein reichhaltiges Nahrungsangebot dar, das zahlreiche Brut- und Zugvögel anlockt. Vor allem im Frühjahr und Herbst ist das Wattenmeer Drehscheibe des Vogelzuges von und nach Nordeuropa bzw. in die südlichen Überwinterungsgebiete. Dann wird es zu einem der vogelreichsten Gebiete der Erde. Allerorten kann man Brand- und Ringelgänse, Schnepfen, Knutts, Kiebitzregenpfeifer, Austernfischer, Säbelschnäbler, Küstenseeschwalben und viele mehr erkennen. Am besten lassen sich die Vögel zwei Stunden vor und nach der Flut beobachten – dann ist dort der Tisch besonders reich gedeckt.

Die Stars unter den Tieren des Wattenmeers sind jedoch die *Seehunde*. Sie liegen bei Ebbe auf den Seehundbänken, von Ausflugsschiffen verfolgt und immer putzig anzusehen. Sehr vereinzelt sind seit einigen Jahren auch die etwas größeren Kegelrobben wieder ins Wattenmeer zurückgekehrt. Auf der Seehundbank Borkum beispielsweise kann man mit etwas Glück Kegelrobbenbabys sichten.

Auf den Inseln und dem Festland ist die Tierwelt weniger aufregend. Auf allen Inseln stolzieren reichlich Fasane, und natürlich gibt es massenhaft Kaninchen. Verwundern mag es schon mehr, dass in einigen kleinen Inselwäldchen wie auf Juist oder Borkum vereinzelt Rehe anzutreffen sind. Diese wurden angesiedelt, um die

Seehunde, putzige Gesichter der Nordseeküste

Kein Tier an der Nordsee ist so beliebt wie der Seehund, der gewissermaßen zum Wappentier der Küste geworden ist. Von einigen Inselfähren aus sieht man ihn auf den Sandbänken in der Sonne dösen, Ausflugsschiffe machen geradezu Jagd auf ihn.

Die meiste Zeit des Jahres verbringen die Seehunde aber in der offenen See. Müssen sie sich einmal ausruhen, lassen sie sich einfach an der Wasseroberfläche treiben. Doch in den Sommermonaten kommen sie ins Wattenmeer. Seehunde sind keinesfalls soziale Tiere, sondern im Wasser Einzelgänger. Nur auf den Sandbänken, die sie zum Schutz aufsuchen, liegen sie im Rudel, heben dabei automatisch den Kopf, öffnen die Augen und prüfen ihre Umgebung. Aber auch hier meiden sie tunlichst jeglichen Körperkontakt und halten eine Privatzone von etwa 1,3 m im Umkreis ein. Diese wird gegen jeden Eindringling erbittert verteidigt, was zur Folge hat, dass die Seehunde ihren Tag hübsch gleichmäßig auf der Sandbank verteilt genießen.

Auf den Sandbänken werden auch die Jungen gezeugt, geboren und etwa alle drei Stunden gesäugt. Im Juni/Juli wird ein Junges zur Welt gebracht. Durch ständiges lautes Rufen hält es Kontakt zur Mutter und wird daher Heuler genannt. Der größte Feind der jungen Heuler ist der Mensch. In seinem verzückten Bemühen, den süßen Seehundbabys näher zu kommen, kann er ihnen erheblichen Schaden zufügen. Denn viele Tiere ziehen sich durch hastiges Davonrobben Nabelwunden zu, an denen sie letztlich sterben. Bei häufigen Störungen auf der Sandbank kann es auch passieren, dass die Seehunde ihre Neugeborenen vernachlässigen. In aller Regel kehren sie aber nach der Nahrungssuche wieder zu den Heulern zurück. Schon nach gut einem Monat wiegen die kleinen Seehunde etwa 25 kg und werden selbstständig.

Auch zum Wechsel des Haarkleids sind die Seehunde auf ein ungestörtes Sonnenbaden angewiesen, denn nur durch die UV-Strahlung des Sonnenlichts kann der Körper das zum Fellwechsel benötigte Vitamin D aufbauen.

Männliche Seehunde können 170 cm lang werden und 150 kg auf die Waage bringen (Weibchen 140 cm und 100 kg). 35 Jahre kann ein weiblicher Seehund alt werden, die Männchen schaffen maximal 25 Jahre. Mit ihrem stromlinienförmigen Körper und den zu Flossen umgebildeten Gliedmaßen sind sie hervorragend an das Leben im Wasser angepasst. Etwa 30 Minuten und bis zu 200 m tief können sie tauchen und dabei Nasen- und Ohrenöffnungen verschließen. Meist dauert ein Tauchgang aber nur wenige Minuten.

Jahrhundertelang hat man die Seehunde v. a. wegen ihres Fells gejagt. Für die Gäste der mondänen Inselbäder war es im 19. Jh. zudem ein Freizeitvergnügen, die Robben abzuknallen. In den 1930er Jahren wurden für den fast ausgerotteten Seehund vor der deutschen Küste endlich Schonzeiten eingeführt. Aber erst seit 1973 ist die Jagd auf den Seehund ganz verboten, sodass es mit den Beständen wieder aufwärts ging. 1988, 2002 und zuletzt 2007 brach eine ansteckende Seehundseuche aus, verursacht durch das Staupevirus. 60–80 % der Tiere fielen diesem Virus zum Opfer. Zum Glück hat sich die Population wieder erholt.

örtlichen Jäger zu erfreuen und um in den Restaurants als regionale Delikatesse auf dem Tisch zu landen.

Auch in den wenigen Wäldern der Geest gibt es Reh- und Damwild. Wenig bedrohte Arten wie Fuchs, Dachs, Marder, Hase, Rebhuhn und Fasan sind in ganz Ostfriesland heimisch. Seltener ist der Weißstorch anzutreffen, obwohl sich die Bestände in den letzten Jahren erholt haben. Gut zu beobachten ist der oft in der Nachbarschaft von Menschen nistende Vogel lediglich neben der Mühle in *Leer-Logabirum* – dort hat er auf einem stillgelegten Überlandmast sein Nest aufgebaut.

Möwe vor Norderney

Vor allem aber sind es die fleißigen Deichschafe und die Kühe, die das Bild der ostfriesischen Tierwelt prägen. Überall bevölkern die *Deutschen Schwarzbunten* die fruchtbaren Weiden und verwandeln das frische Gras in schmackhafte Milch, nicht umsonst ist Ostfriesland die wichtigste Milchregion Niedersachsens. Die Schafe wiederum sind nicht nur Ostfrieslands Antwort auf den Rasenmäher, sondern v. a. unersetzbar für den Küstenschutz. Ihre Hufe treten jedes Mauseloch zu und sorgen für eine festgestampfte Deichoberfläche. Ihr ständiger Appetit sorgt für eine kurze, feste und wiederstandsfähige Grasdecke. Kurzum: Sie sind die perfekte natürliche Deichpflege.

Küstenschutz

Seit tausend Jahren kämpfen die Menschen mit Deichen, Sielen und Schöpfwerken gegen das Hochwasser. Doch bevor die Deichlinie an der Küste geschlossen war (und natürlich auch später, weil man dem Deich nie ganz trauen konnte ...), bauten die Marschbauern ihre Gehöfte auf künstlich aufgeworfenen Wohnhügeln, den *Warfen* (je nach Region auch Warft, Wurf oder Wurt). Die ersten derartig aufgeworfenen Erdhügel sind bereits vor 2000 Jahren entstanden, zunächst waren sie etwa 3 m hoch. Später sind auf den bis zu 7 m hohen Hügeln ganze Rundwarfendörfer entstanden – mit kreisförmig angeordneten Häusern und zumeist der Dorfkirche am höchsten Punkt (Rysum, Ziallerns). In einer Vertiefung wurde das Regenwasser gesammelt.

Wegen fortschreitender Absenkungen und den immer höher steigenden Sturmfluten kam man im 11. Jh. auf die Idee, in einem riesigen Gemeinschaftswerk das ganze Land zu schützen: Man begann mit dem Bau von *Deichen*. Eine erste einigermaßen geschlossene Deichlinie war bereits um 1300 vorhanden. Doch die Deiche waren noch schwach und konnten den regelmäßig über das Land hereinbrechenden Sturmfluten nicht standhalten. Die Folge waren nicht nur große Verluste an Menschenleben, sondern auch gewaltige Einbußen an Land. So wurde beispielsweise der Jadebusen um das so genannte Schwarze Brack erweitert (bis Neustadtgödens). Auch die Harlebucht fraß sich tief ins Land (bis Jever und Wittmund), und die Leybucht war schiffbar (bis Marienhafe). Selbst der mit der Marcellusflut von

1362 entstandene Dollart hatte weit größere Ausmaße als heute, und auch in der Krummhörn gab es zwei Einbuchtungen.

Es gelang den Küstenbewohnern, in mühevoller Arbeit dem Meer einen Teil des Landes wieder abzuringen und die bestehende Küste zu sichern. Die Marschbauern, deren Äcker den Deich berührten, waren für den Deich verantwortlich. Wer seinen Deichabschnitt nicht in Ordnung hielt, konnte enteignet werden. Daher rührt auch der berühmte Spruch: „Wer nich will dieken, de mut wieken." Und am Schöpfwerk Coldeborgersiel im Rheiderland bei *Critzum* ist auf einer kaum noch lesbaren Tafel (von 1919) zu lesen: „Wenn auch Staaten vergehen, Deiche und Siele müssen bestehen." Derzeit beträgt der Ausbauzustand der ostfriesischen „Chinesischen Mauer" 8,60 m über NN. Mit zunehmendem Abschmelzen der Pole sind möglicherweise weitere Erhöhungen notwendig.

Die Deiche sind allerdings nicht völlig undurchlässig – und sie dürfen es auch nicht sein. Denn wären sie es, würden weite Teile des Marschlandes im Regenwasser ertrinken. Deshalb wurden *Siele* gebaut. Die seeseitig angeordneten Tore des Siels sind so konstruiert, dass sie sich automatisch durch den Druck des bei Ebbe auslaufenden Wassers öffnen und sich bei Flut durch den steigenden Wasserdruck wieder schließen. So wird ein Eindringen von Salzwasser in das Hinterland verhindert. Weil teilweise die Marschen sogar 1–2 m unter dem Meeresspiegel liegen, hat man zudem an der Küste auch eine Reihe von *Schöpfwerken* errichtet, die das Wasser aus den Sieltiefs außendeichs pumpen.

Das bei Ebbe durch die Schleusentore abfließende nährstoffreiche Wasser spült tiefe Rinnen in das vorliegende Watt. Auf diese Weise haben sich schiffbare Wasserwege gebildet, weshalb an vielen Sielen malerische Sielhäfen entstanden sind. Früher haben diese Häfen eine wichtige Rolle als Umschlag- und Handelsplatz gespielt. Doch mit dem Aufkommen von Dampfschiffen mit größerem Tiefgang und dem Eisenbahnverkehr wurden die Warenströme auf die tiefen Flussmündungshäfen umgelenkt. Außer für Freizeitskipper sind die Sielhäfen heute lediglich bedeutsam für die Küstenfischerei und als Fährhäfen für die Ostfriesischen Inseln.

Alltagskultur

Platt ist nicht nur das Land, „Platt" wird in Ostfriesland auch gesprochen und – bei den allgegenwärtigen Konzerten der Shanty-Chöre – auch gesungen. Ganz wichtig in der Alltagskultur der Ostfriesen sind zudem die regionalen Sportarten Klootschießen und Boßeln. Einfacher und beliebter ist das Boßeln, das zum Vereinsleben eines jeden Dorfes gehört. Man misst sich untereinander in Wettkämpfen in Kreis-, Bezirks- und auch Landesligen.

Plattdeutsch

Das eigentliche Ostfriesische, eine regionale Spielart des Friesischen, ist heute so gut wie ausgestorben, lediglich im Saterland wird es noch von geschätzten tausend Menschen aktiv beherrscht. Weitflächig abgelöst wurde es vom so genannten ostfriesischen Platt, das zum Dialektverband des Niederdeutschen zählt. Niederdeutsch war vom 13. bis 16. Jh. als Lingua franca die Handelssprache der mächtigen Hansestädte und somit die wichtigste Sprache im Norden Europas. Mit dem Niedergang des Städtebundes wurde auch das niederdeutsche Platt mehr und mehr vom Hochdeutschen verdrängt. Bald galt es als Sprache des einfachen Volkes.

Gleichwohl *schnacken* noch heute 50 % der Ostfriesen zumindest gelegentlich *Platdüütsk*, und das nicht nur beim ostfriesischen Standardgruß *„moin, moin"*, mit dem man sich übrigens zu jeder Tages- und Nachtzeit begrüßt. Aber selbst in Ostfriesland wünscht man sich nicht den ganzen Tag einen guten Morgen. Der Gruß ist nämlich vom friesischen *moi* abgeleitet, was „gut" bzw. „schön" heißt. Man wünscht sich also schlicht alles Gute.

Beim Vergleich von Hoch- und Niederdeutsch fallen sofort eine ganze Reihe regelmäßig auftretender Lautunterschiede auf: Hochdeutsch *au* erscheint niederdeutsch als *u (Haus/Hus),* hdt. *ei* entspricht ndt. *i* und hdt. *z* ndt. *t (Zeit/Tied),* hdt. *pf* erscheint ndt. als *p (Pferd/Perd),* hdt. *ch* als ndt. *k (ich/ik)* usw.

Auch im Wortschatz gibt es Unterschiede, so heißt „Mädchen" *Deern,* der *Leckerbeck* steht für „Feinschmecker" oder *vandaag* für „heute". Man bräuchte einen Sprachkurs, um Platt annähernd zu lernen, weshalb auch in vielen Schulen Platt wieder unterrichtet wird und sich Initiativen der Pflege der plattdeutschen Sprache im Alltags- und Berufsleben verschrieben haben (z. B. www.platt-in-action.de; www.oost freeske-taal.de.) Plattdeutsch hat also Konjunktur. Ganz offiziell gibt es inzwischen sogar schon einige zweisprachige Ortsschilder (deutsch – plattdeutsch).

Boßeln

Zu jeder Jahreszeit, aber insbesondere im Winter, kann es passieren, dass man mitten auf der Landstraße plötzlich auf eine Gruppe von Boßlern trifft. Denn Boßeln ist ein außerordentlich populärer ostfriesischer Mannschaftssport, bei dem zwei Teams von jeweils 5–15 Spielern gegeneinander antreten. Das plattdeutsche Wort *Boßel* bedeutet ganz einfach „Kugel". Abwechselnd wird beim Boßeln eine Gummi- oder Kunststoffkugel von 10 cm Durchmesser in Kegeltechnik und aus vollem Lauf die Straße entlanggeworfen. Die Kugel landet dann irgendwo im Graben und wird mit langen Stangen herausgefischt. Es gewinnt die Mannschaft, die nach einer vorher festgelegten Zahl von Würfen die Boßel über die längste Strecke treiben kann, wobei leicht ein Weg von 5 bis 10 km zurückgelegt wird.

Klootschießen

Weniger häufig, aber dafür umso athletischer und gewissenhafter wird das Klootschießen betrieben – laut *Friesischem Klootschießerverband* der älteste Sport der Welt. Der Begriff kommt von ndt. *Kluten,* was „Erdklumpen" heißt. Der Legende nach haben die Küstenbewohner sogar schon die Römer mit kleinen Wurfkugeln das Fürchten gelehrt. Heute geht es darum, eine faustgroße und mit Blei gefüllte Hartholzkugel mit

Ostfrieslands Nationalsport: Achtung, Boßelspiele!

20 m Anlauf und mit Hilfe eines Sprungbretts möglichst weit zu werfen. Damit die Kugel nicht auf Nimmerwiedersehen im Matsch verschwindet, wird das traditionell als Feldkampf durchgeführte Klootschießen nur bei Frostwetter ausgetragen und ist somit für die Ostfriesen der einzig wahre Wintersport. Klootschießen ist ein Mannschaftssport mit sieben Werfern, die mit insgesamt 28 Würfen eine möglichst weite Strecke über die zugefrorenen Wiesen und Äcker zurücklegen müssen. Von allerlei Ritualen begleitet, zieht sich so ein Wettkampf über Stunden und mehrere Kilometer hin. Höhepunkt aller Wettkämpfe ist der jährlich stattfindende Feldkampf der „Nationalmannschaft" des Landesverbandes Ostfriesland gegen das benachbarte Oldenburg.

Klotstockspringen und Schlickschlittenrennen

Mehr ein Freizeitvergnügen als ein Sport ist das Klotstockspringen, das allerdings einen praktischen Ursprung haben soll: Ausgerüstet mit 3–6 m langen Pullstöcken sind die Ostfriesen – so die Überlieferung – einst bei der Jagd über Gräben und Siele gesprungen. Mit diesem Stockspringen beanspruchen sie für sich, Erfinder des Stabhochsprungs zu sein, obwohl es ja eher in die Weite als in die Höhe geht.

Shanty-Chor in Carolinensiel

In früheren Zeiten verwendeten Wattfischer Schlickschlitten, um zu ihren Reusen zu gelangen. Mit einem Bein kniete der Fischer auf dem Schlitten, mit dem anderen stieß er sich ab. Heute sind die Schlitten ausgefallenes Sportgerät. Regelrecht Kultstatus mit Volksfestcharakter hat das jährliche Schlickschlittenrennen am Strand von *Upleward* (bei Greetsiel).

Der neue Schrei im flachen Ostfriesland ist Windmühlenklettern: Über die Außenleiter der hohen Windkraftanlagen geht es – natürlich bergsteigerisch gesichert – schnurstracks nach oben.

Architektur

Häuptlingsburgen, Bürgerhäuser und Gulfhöfe

Bis ins 14. Jh. hinein durfte kein Friese ein Steinhaus über 12 m Höhe sowie einen umgebenden Wassergraben errichten. Mit dem Aufkommen des Häuptlingswesens war es dann aber auch architektonisch vorbei mit der genossenschaftlichen Gleichheit der Friesen. Überall im Land begannen nun die regionalen Häuptlinge ihre Macht mit großen, wehrhaften Steinhäusern zu untermauern, die man in Ostfriesland Burgen nennt. Einige dieser Burgen wurden in späteren Jahrhunderten zu prachtvollen Schlössern umgebaut (z. B. in Gödens, Dornum und Leer).

Landschaftsprägend: die Windmühlen Ostfrieslands (hier: Burlage)

Dass die Städte durch den Warenhandel im 16. und 17. Jh. zu Wohlstand kamen, kann man an repräsentativen Rats- und Bürgerhäusern im Stil der niederländischen Renaissance ablesen. Einige der reich verzierten Giebelhäuser mit zahlreichen Fenstern und Schmuckelementen haben die Zeit überdauert, v. a. in den wenig kriegszerstörten Städten Norden und Leer. Von der einstmals prachtvollen historischen Altstadt Emdens ist dagegen so gut wie nichts erhalten geblieben: lediglich zwei Renaissance-Bürgerhäuser haben die Bombenangriffe des Krieges unbeschadet überstanden.

Typisch für Ostfriesland sind die mächtigen, meist auf einer Warf stehenden Gulfhöfe der Großbauern. Sie gehörten den Polderfürsten, wie die wohlhabenden Bauern der Marsch auch genannt wurden. Wohnräume, Stall und Scheune waren hier unter einem gemeinsamen Dach vereint. Zum Schutz vor den beständigen Stürmen war dieses Dach bis fast auf die Erde hinuntergezogen. Nebengebäude gab es keine. Gulf bedeutet so viel wie *Geviert* oder *Fach* und bezieht sich auf den hohen Erntestapelraum zwischen den vier im Rechteck stehenden Holzständern als Kern der Hofkonstruktion. Meist sind zwei Scheunentore angebracht: auf der einen Seite ein großes Tor für die Durchfahrt beladener Gespanne, auf der anderen ein kleineres für die entleerten Wagen. Überall in Ostfriesland findet man die gleiche Konstruktion, auch in stark verkleinerter Form als ehemalige Landarbeiterhäuser.

Alte und neue Windenergieanlagen

Windmühlen: Man sagt, Mühlen gehören zu Ostfriesland wie die Berge zur Schweiz. Und tatsächlich ist in praktisch jeder Gemeinde zumindest eine historische Windmühle erhalten geblieben, über die gesamte Region verteilt sind es gut hundert Stück. Viele der hauptsächlich in den Jahren 1850–90 entstandenen Mühlen sind noch voll funktionsfähig.

Ältester Mühlentyp ist die Bockwindmühle (siehe Bild S.237), die schon seit 500 Jahren in Ostfriesland nachgewiesen ist. Hier ruht die ganze Mühle auf einem Bock (oder Ständer), der in den Wind gedreht wird. Bockwindmühlen findet man nur noch in Dornum und Papenburg.

Am weitesten verbreitet sind die Kappenwindmühlen, die auch Holländerwindmühlen genannt werden, weil sie in den Niederlanden entwickelt wurden. Bei diesem Typ – meist ein achteckiger Holzbau – ist nur die obere Kappe drehbar (siehe Bild S. 27). Das geschah zunächst von Hand mit Hilfe eines *Steert*, eines mit der Kappe verbundenen Balkens, der vor allem beim *Erdholländer* heute noch zu sehen ist. Um bei benachbarter Bebauung besser im Wind zu stehen, wurde bis zu fünf Stockwerke (etwa 30 m) in die Höhe gebaut, so in Varel, Aurich, Hage und Westeraccum. Bei den höher gebauten *Galerieholländern* hat man aber mit der Zeit fast überall eine Windrose angebracht, welche die Kappe der Mühle samt Flügeln über ein Zahnradgetriebe selbstständig in den Wind dreht.

Manche Mühlen dienten der Entwässerung oder als Sägemühlen, die meisten waren jedoch Getreide- oder Peldemühlen. Bei der Peldemühle wurde die Gerste nicht ganz zermahlen, sondern nur von ihrer Hülle befreit, in Stücke gebrochen und damit zu Graupen verarbeitet. Aus den Graupen machte man dicke Grütze, die bis zur Einführung der Kartoffel Ostfrieslands Grundnahrungsmittel war.

Einmal im Jahr, am Pfingstmontag, ist **Deutscher Mühlentag**. Dann sind auf Betreiben der Deutschen Gesellschaft für Mühlenkunde und Mühlenerhaltung (DGM) auch viele der sonst geschlossenen historischen Mühlen Ostfrieslands für die Öffentlichkeit zugänglich.

Windkraftanlagen: An Stelle der historischen Windmühlen schießen heute Windkraftanlagen an der Küste wie Pilze aus dem Boden, teilweise ist der Horizont geradezu von Windenergieanlagen übersäht. Kein Wunder, denn die ostfriesische Firma Enercon mit Stammsitz in Aurich hatte eine Art Vorreiterrolle in Sachen Windenergieanlagenbau und ist bis heute einer der führenden Hersteller auf dem Weltmarkt geblieben. Bundesweit werden derzeit 5 % der Stromversorgung durch Windenergie gedeckt, langfristig sind bis zu 25 % geplant; im Bezirk der IHK Ostfriesland und Papenburg sind es bereits heute schon über 70 %. Das technische Hauptproblem dieser sauberen Energiequelle ist der unstete Wind und die damit ständig schwankende Energieleistung der Windkrafträder. Diese muss kontinuierlich durch andere in Bereitschaft stehende Kraftwerke dem ebenfalls wechselnden Stromverbrauch angepasst werden.

Trotz der offenkundigen ökologischen Vorteile der Windkraft sind auch vermehrt kritische Stimmen von Landschafts- und Naturschützern zu hören. Denn die kolossalen, bis zu 180 m hohen Windkraftanlagen stehen im Verdacht, Zugvögel und Fledermäuse zu verwirren oder gar zu erschlagen. Durch ihren Schlagschatten und den tieffrequenten Schall sowie den nicht hörbaren, aber weit reichenden Infraschall beeinträchtigen sie darüber hinaus das Wohlbefinden der Anwohner. Und natürlich stören sie das Landschaftsbild. Abhilfe versprechen gigantische Windparks im Meer. Derzeit entsteht inmitten der tosenden Nordsee 45 km nördlich der Insel Borkum Deutschlands erster Offshore-Windpark.

Die größten Windkraftanlagen der Welt haben eine Höhe von über 180 m und eine Nennleistung von 6 Megawatt und können 20.000 Menschen mit Strom versorgen. Diese Monstren sind im Jade-Windpark (bei Hooksiel) und im Windpark Wybelsumer Polder (bei Emden) zu sehen. Einen Windenergiepark kann man auch in der Krummhörn (Pilsum) besuchen (Eintritt frei, ✆ 04931/1820). In Westerholt gibt es sogar eine begehbare Windkraftanlage mit Aussichtsgondel (✆ 0173/6312732).

Leuchttürme

Leuchtturm ist nicht gleich Leuchtturm: Jedes Exemplar auf der Welt ist in dreierlei Hinsicht einzigartig und unverwechselbar: in Form, farblicher Markierung und hinsichtlich des Lichtsignals. Auch wenn die moderne Satellitennavigation viele Leuchttürme ihrer Funktion beraubt hat, sichern einige nach wie vor die Schifffahrtswege. Ostfriesland besitzt eine Reihe besonderer Leuchtfeueranlagen. So steht einer der weltweit schönsten Leuchttürme auf der untergegangenen Insel Arngast im Jadebusen. Deutschlands kleinster und Deutschlands höchster Turm erheben sich in der Krummhörn (Pilsum und Campen), und der Leuchtturm auf Norderney besitzt das einzige Leuchtfeuer der Nordseeküste, das linksdrehend ist. Der aufwändige Leuchtapparat ist eine Kriegsbeute aus Frankreich (1870/71), und dort drehten sich Leuchtfeuer nun mal links herum.

Wahrzeichen der Küste: Leuchtturm Pilsum

Kirchen

Kaum ein Landstrich Deutschlands verfügt über so viele uralte Gotteshäuser wie Ostfriesland. Im Schutz der im Mittelalter beginnenden Bedeichung der Küste sind manche von ihnen schon im 12. Jh. entstanden, zur Sicherheit immer auf einer hohen Kirchwarf. Anfangs verwendete man quaderförmig bearbeitete Granitfindlinge, weil Backsteine noch nicht verbreitet waren. Wegen der oft stürmischen ostfriesischen Winde baute man die Kirchen meist etwas wuchtiger und verzichtete v. a. auf hohe Türme. Ein gedrungener Glockenturm steht meist etwas abseits auf dem Kirchhof. Wenn doch einmal ein hoher Kirchturm vorhanden ist, dann wurde er in späterer Zeit oft direkt an die Kirche angebaut.

Die Mauern der Granitkirchen sind keineswegs so stabil, wie sie aussehen. Das beweisen schon die zahlreichen Maueranker vieler Kirchen. Für den Bau wurden die meist rundlichen Granitsteine zunächst gespalten. So bekam man zwei Steine mit glatter Vorderseite. Teilweise verwendete man auch mächtige Granitfindlinge urgeschichtlicher Großsteingräber, wie beispielsweise bei einer der ältesten Kirchen des Landes, der Ende des 12. Jh. errichteten Kirche von Marx (bei Friedeburg). Aus den behauenen Granitsteinen wurde eine Außen- und eine Innenwand gezogen, wobei die Mitte der jeweils unbehauene runde Teil der Steine bildete. Den Zwischenraum beider Mauern verfüllte man mit einer Mischung aus Muschelkalk, Mörtel und kleinen Steinen; auf diese Weise wurden die Kirchenwände etwa 1,50 m dick. Im späten 12. Jh. wurde dann der Backstein zum vorrangig verwendeten Material für den Kirchenbau. Zunächst wurde er nur in den Innenräumen verwendet, später mauerte man die ganze Kirche aus Backstein.

Meisterwerk aus dem Jahr 1457: die Orgel in Rysum

Die Last der Jahre hat viele Kirchen schief werden lassen, weil sie in früheren Zeiten ohne besonderes Fundament auf der Warf gebaut wurden. Vielfach sind die Bauwerke daher durch mächtige, gemauerte Stützen gesichert.

Der Schwan auf dem Dachreiter vieler Gotteshäuser deutet übrigens darauf hin, dass es sich um lutherische Kirchen handelt (verbreitet im östlichen Friesland). Reformierte Kirchen ziert hingegen ein Hahn auf dem Dachreiter oder der Turmspitze (v. a. im westlichen Ostfriesland). Die wenigen katholischen Kirchen im Land sind meist am Kreuz zu erkennen.

In den evangelisch-reformierten Kirchen ging die mittelalterliche Ausstattung bis auf die Taufbecken in aller Regel verloren. Das reformierte Bilderverbot verlangte einen schlichten Kirchenraum, weshalb die Wände weiß getüncht, der prächtige Altar abgerissen und im Zentrum ein Abendmahlstisch sowie die Kanzel platziert wurden. Den Chor, früher das Allerheiligste, trennte man vielfach ab. Er verkam oft zur Abstellkammer.

Geschichte

Wenn es um Geschichte geht, heben Ostfriesen vor allen Dingen die „Friesische Freiheit" hervor. Doch der Mythos, niemandes Untertan zu sein, war nur eine Episode in der ostfriesischen Geschichte. Zu oft erweckte die Küstenregion mit ihren zahlreichen Häfen die Begehrlichkeiten fremder Machthaber. Zudem brachen immer wieder nachbarschaftliche Fehden und Kriege aus.

Als erster Geschichtsschreiber erwähnt Plinius den Landstrich, der heute *ostfriesische Halbinsel* genannt wird – allerdings war er sich angesichts der ständigen Überflutungen nicht ganz sicher, ob das „ungeheure Gebiet", das er sah, „zum Lande gehört oder ein Teil des Meeres ist". Düster fällt auch seine Beschreibung der in dieser unwirtlichen Gegend herrschenden Lebensverhältnisse aus: Die Menschen lebten auf Erdhügeln, könnten daher kein Vieh halten und müssten sogar Schlamm an der Luft trocknen (also Torf), um Feuer machen zu können. Plinius berichtet in diesem Zusammenhang vom Volk der Chauken. Die Namen ihrer Siedlungen endeten meist auf *-e(r)ns* wie in Esens oder Ziallerns. Um 600 n. Chr. wanderten dann friesische Volksstämme ein. Auch deren Siedlungen sind leicht zu identifizieren, die Namen enden auf *-um* wie in Pewsum, Dornum oder Werdum.

Ende des 7. Jh. gelang es dem Friesenkönig *Radbod,* die verfeindeten friesischen Stämme zu einigen. Doch sein Reich hielt nicht lange. Bereits im Jahr 785 wurde

Greetsiel: Brückenstein am historischen Sieltor

die gesamte ostfriesische Halbinsel dem fränkischen Großreich einverleibt. Im Auftrag Karls des Großen begannen die Friesenapostel Luidger und Willehad, das Land zu christianisieren. Die ersten Kirchen entstanden.

Im 9. Jh. wurde die ostfriesische Halbinsel – und damit auch das Fränkische Reich – von Normanneneinfällen heimgesucht. Die (erfolgreiche) Verteidigung übernahmen die Friesen selbst und erhielten dafür im Gegenzug vom Kaiser ein für die weitere Entwicklung des Landes sehr folgenreiches Geschenk: die *Friesische Freiheit.* Mit diesem Privileg waren die Friesen von jeglichem Militärdienst auf fremden Territorien freigestellt und keinem fremden Landesherren, sondern ausschließlich dem Kaiser verpflichtet. Anders formuliert: Sie waren ihre eigenen Herren und konnte ihre Angelegenheiten autonom regeln. So konnte sich in Ostfriesland bis ins hohe Mittelalter eine fast demokratische Grundstruktur entwickeln, in der es keine Lehensherrschaft und Leibeigenschaft gab.

Ganz Friesland setzte sich aus etwa drei Dutzend selbstständiger friesischer Gemeinwesen zusammen, die als die so genannten *Sieben Seelande* einen losen Verbund bildeten und einmal im Jahr am *Upstalsboom* bei Aurich zusammentraten (siehe auch S. 213). Vertreten wurden die selbstständigen und genossenschaftlich organisierten Landgemeinden dabei durch gewählte Häuptlinge. Am Upstalsboom wurden Beschlüsse gefasst und Recht gesprochen, um den Landfrieden unter den einzelnen friesischen Gebieten zu wahren. Auch der Küstenschutz und die Verteidigung des Landes wurden gemeinschaftlich organisiert. Zwar versuchten immer wieder mächtige auswärtige Grafen aus Holland, Westfalen oder Oldenburg, das Land zu unterwerfen. Sie scheiterten aber allesamt, auch weil die feuchten Hochmoore auf der Geest lange Zeit von Süden her fast undurchdringlich waren.

Die Friesische Freiheit zerbrach aber dennoch, und zwar von innen heraus. Denn die ehemals frei gewählten Häuptlinge wurden immer mächtiger, es entwickelten sich dynastische Strukturen mit erblicher Herrschaft. Bis Mitte des 14. Jh. wurden alle Landgemeinden von souveränen Häuptlingsgeschlechtern regiert. Die Bauern verloren ihre Selbstständigkeit und mussten dem Häuptling Heerfolge leisten.

Dann machten sich einige der quasi zu kleinen Landesherren avancierten Häuptlinge daran, in fremden Revieren zu wildern Als Erstes verfolgte das Häuptlingsgeschlecht der *tom Brok* eine aggressive, expansive Politik. Ab 1350 konnten sie die Landesherrschaft im gesamten westlichen Ostfriesland durch die Entmachtung regionaler Häuptlinge an sich reißen. 1413 gelang es den tom Broks sogar, Emden zu erobern. Andere Häuptlinge stellten sich zur Wiederherstellung der Friesischen Freiheit und ihrer eigenen Unabhängigkeit dagegen. Sie konnten unter der Führung von *Focko Ukena* 1426 bei Detern endgültig die mächtigen tom Broks besiegen. Aber nicht Focko Ukena, sondern sein Verbündeter, der bis dahin eher bedeutungslose Häuptling *Enno Cirksena* aus Greetsiel, konnte sich nun an die Spitze der friesischen Freiheitsbewegung setzen und war gleichzeitig deren Untergang. Jetzt nämlich waren die Machtinteressen der Cirksenas geweckt, die in der Folgezeit zum bedeutendsten Häuptlingsgeschlecht des Landes aufstiegen. Sie bedienten sich dabei der Hilfe der Stadt Hamburg, mit der sie ein geschickt ausgeklügeltes Bündnis eingingen. Sehr zum Ärger der mächtigen Hanse trieben zur damaligen Zeit viele Seeräuber ihr Unwesen, die bei Häuptlingen wie den Ukenas Unterschlupf fanden. Also einigte man sich darauf, dass die Hamburger 1433 Emden besetzen durften und im Gegenzug den Cirksenas militärische Unterstützung im Kampf gegen aufmüpfige Häuptlinge gewähren mussten. Im übrigen Ostfriesland sollte dann das Geschlecht der *Cirksena* herrschen. Später haben die Hamburger die Rechte an Emden gegen ein erkleckliches Sümmchen wieder an die Cirksenas übertragen. Erst im Jahr 1595 wurde das reiche Emden Stadtrepublik und konnte gegenüber den cirksensischen Landesherren seine Selbstständigkeit durchsetzen.

1464 wurde Ulrich Cirksena vom Kaiser in den Reichsgrafenstand erhoben. Damit war unwiderruflich das Ende des ostfriesischen Häuptlingswesens eingeläutet. Landesherr war nun der Graf von Ostfriesland. Zwar versicherte Kaiser Friedrich III. den Ostfriesen in einer Urkunde, dass alle ihre Rechte und Freiheiten, die ihnen seit jeher zustanden, auch weiterhin Gültigkeit besäßen. Dennoch hielt das Feudalwesen nun auch in Ostfriesland Einzug – wenngleich ein Ständeparlament, die so genannte *Ostfriesische Landschaft* (siehe auch S. 212), dafür sorgte, dass neben den Interessen des Adels und des Klerus auch die der bäuerlichen Bevölkerungsmehrheit vertreten waren.

Im Jeverland und im Wangerland herrschte jedoch noch lange das Häuptlingsgeschlecht der Wiemken. Vor allem der selbstbewusste Häuptling *Edo Wiemken II.* und seine kinderlos gebliebene Tochter Maria von Jever erwiesen sich als standhafte Gegner der Cirksenas. Nach dem Tode Marias im Jahre 1575 fielen deren Besitztümer durch Erbschaft an die Grafen von Oldenburg. Denn Edo Wiemken II. hatte auf der Suche nach einem Verbündeten gegen den machtbesessenen cirksenischen Nachbarn Edzard den Großen klugerweise die Schwester des einflussreichen Oldenburger Grafen geheiratet. Das Jeverland und das Wangerland waren damit für Ostfriesland verloren.

Enno Ludwig Cirksena wurde zwar im Jahr 1674 noch in den Fürstenstand erhoben, doch wegen einer Reihe schwacher Herrscher hatte das Geschlecht der Cirksena seinen Zenit längst überschritten. Zudem war das Land durch Kriege und Sturmfluten geschwächt. Die Sturmflut von 1634 und v. a. die verheerende Weihnachtsflut von 1717 hatten große Teile Ostfrieslands ruiniert.

Steinalt: Knorrige Linde in Dornum

Mit dem Aussterben der Fürstenfamilie der Cirksena übernahm 1744 Preußen die Herrschaft im Land. Denn den Hohenzollern war schon 1694 von Kaiser Leopold I. das Recht zugestanden worden, das Fürstentum Ostfriesland als Lehen zu nehmen, falls das Haus Cirksena einmal aussterben sollte. Der preußische König *Friedrich II.* schränkte aber die Rechte und Freiheiten der Ostfriesen kaum ein, zum einen, weil die Ostfriesische Landschaft an dem Erbschafts-Deal beteiligt war, und zum anderen, weil er den Widerstand der Ostfriesen nicht heraufbeschwören wollte. Er gewährte den Ständen die überkommene Steuerhoheit und befreite seine neuen Untertanen zudem vom Militärdienst. Mit den Preußen hielt auch eine gut organisierte Verwaltung im Land Einzug, die sich gleich an die Urbarmachung der Moore wagte.

Größere Veränderungen brachte dann die kurze Zeit der französischen Besetzung (1810–13), als Ostfriesland als *Département Ems-Orientale* (Osterems) in die Grande Nation eingegliedert wurde. Damit waren die Ostfriesen Franzosen, und die Privilegien der Ostfriesischen Landschaft wurden selbstverständlich abgeschafft.

Nach der Niederlage Napoleons und dem Ende der französischen Herrschaft über weite Teile Europas überließ Preußen auf dem Wiener Kongress das abgelegene Ostfriesland dem Königreich Hannover und wurde im Gegenzug mit Vorpommern entschädigt. Doch die Herrschaft Hannovers währte nicht lange. Im Krieg zwischen Preußen und Österreich im Jahr 1866 schlug sich Hannover auf die Seite der Habsburger. Als diese den Krieg verloren, wurde das gesamte Königreich Hannover von der Siegermacht annektiert. Damit fiel auch Ostfriesland wieder an Preußen zurück. Viele Ostfriesen zog es zu dieser Zeit als Auswanderer nach Amerika, denn zu Hause herrschte vorwiegend Armut und Perspektivlosigkeit.

Nach der Reichsgründung 1871 begann auch für Ostfriesland das Zeitalter der Industrialisierung. 1899 wurde der Dortmund-Ems-Kanal eröffnet, damit war die Anbindung an das Ruhrgebiet, den wichtigsten Industriestandort des Reiches, geschaffen. Doch auch der Tourismus hielt in Ostfriesland Einzug. An den Küsten und auf den Inseln entstanden die ersten Seebäder. Wilhelmshaven hingegen profitierte von der Großmannssucht des jungen Kaiserreiches, die Stadt wurde einer der wichtigsten Häfen der Kriegsmarine (siehe auch S. 52).

Die Euphorie war riesengroß, und Wilhelmshavens Aufstieg im Hohenzollernreich schien unaufhaltsam. Doch bereits 1918 war es mit der Herrlichkeit vorbei, und ausgerechnet Wilhelmshaven entpuppte sich als kaiserlicher Sargnagel. Nach verlorenen Schlachten des Ersten Weltkriegs und angesichts der schon feststehenden Niederlage brach auf den hiesigen Kriegsschiffen eine Meuterei aus, welche die Novemberrevolution auslöste, die wenige Tage später zur Abdankung von Kaiser Wilhelm II. führte.

Der Zweite Weltkrieg brachte – wie überall – den totalen wirtschaftlichen Zusammenbruch. Zuvor hatte man nicht nur das industrielle Emden und den Kriegshafen Wilhelmshaven, sondern auch die strategisch bedeutsamen Inseln – v. a. Wangerooge – wieder festungsartig ausgebaut und aufgerüstet. Erhebliche Kriegszerstörungen durch die Bombardements der Alliierten waren die logische Folge. Wilhelmshaven hatte mehr als hundert Luftangriffe zu überstehen, denen 80 % der städtischen Bausubstanz zum Opfer fielen. Emden wurde in 94 Luftangriffen nahezu völlig zerstört, und noch Ende April 1945 wurde die Insel Wangerooge mit dem letzten Großeinsatz der Royal Air Force fast dem Erdboden gleichgemacht.

Nach dem Krieg gehörte Ostfriesland zur britischen Besatzungszone und wurde 1946 Bestandteil des neu geschaffenen Landes Niedersachsen. Wegen der verkehrsfernen Randlage ließen sich nur wenig Industriebetriebe in der Region nieder – ein Plus für den sich immer stärker entwickelnden Tourismus, der nicht nur mit dem Pfund „Küste, Strand und Meer" wuchern, sondern auch die Trumpfkarten „unverbaute Landschaft, Ruhe und Abgeschiedenheit" ziehen konnte. Heute ist der Tourismus Wirtschaftsfaktor Nummer eins in der Region, den Schwerpunkt bilden die Ostfriesischen Inseln.

Die Weihnachtsflut von 1717

Die Sturmflut in der Nacht vom 24./25. Dezember 1717 gilt als die schwerste in der Geschichte der deutschen Nordseeküste. 11.300 Menschen verloren damals ihr Leben, und 6500 km² Land wurden überflutet. Die Deiche wurden überschwemmt oder brachen. Die Folgen waren vernichtend: Häuser wurden zerstört, Vieh ertrank, und die salzigen Wiesen und Weiden waren für Jahre unbrauchbar. Zudem war die Trinkwasserversorgung über Brunnen und Zisternen gefährdet. Kälte, Hunger und Durst forderten weitere Todesopfer, hinzu kam Arbeitslosigkeit, die zu Abwanderungen der Bevölkerung führte. Wer zurückblieb, musste nun noch die aufwändigen Deichbauten und -reparaturen leisten – eine entmutigende Arbeit, denn weitere Sturmfluten wie die Neujahrsflut von 1720/21 zerstörten vieles von dem, was soeben wiederaufgebaut worden war.

Bei schönem Wetter richtig voll: Fähre nach Baltrum

Reisepraktisches

Anreise/Verkehrsmittel vor Ort

Auto: Fast alle Ostfriesland-Urlauber reisen mit dem Auto an. Die Urlaubsregion liegt gewissermaßen vor der Haustür und ist beispielsweise vom Ruhrgebiet aus in zwei Stunden zu erreichen. Dafür sorgt der *Friesenspieß*, wie die A 31 zwischen Bottrop und Emden auch genannt wird. Ein Großteil der Gäste kommt daher aus dem nahen Nordrhein-Westfalen. Eine schnelle Verbindung ermöglichen vom Südosten her auch die A 1 und die A 29. Deshalb sind auch überdurchschnittlich viele Urlauber aus Niedersachsen, Hessen und Baden-Württemberg Stammgäste auf der ostfriesischen Halbinsel.

Die Ostfriesischen Inseln sind für Pkw und auch Motorrad weitgehend tabu. Lediglich auf Borkum und Norderney ist (stark eingeschränkter) privater Autoverkehr zugelassen. Autofahrer müssen daher ihr Gefährt am Fährhafen auf einem bewachten Parkplatz abstellen.

Bahn: Vom Süden und Osten der Republik geht's im Stundentakt über Bremen oder Osnabrück bis Oldenburg, das gewissermaßen das bahntechnische Einfallstor Ostfrieslands ist. Von Oldenburg führt eine Trasse weiter nördlich nach Wilhelmshaven mit einem Abzweig bis nach Esens. Von dort geht es mit dem Bus weiter in die Küstenorte und -häfen. Zudem gibt es für das westliche Ostfriesland noch eine Querverbindung, die von Oldenburg nach Leer führt.

Urlauber aus dem Westen Deutschlands erreichen Ostfriesland per Bahn besser direkt aus dem nahen Münsterland bzw. dem Ruhrgebiet. Hier führt die Bahnstrecke nahe der holländischen Grenze immer weiter nordwärts bis Emden und Norddeich.

Mit dem *Niedersachsen-Ticket* (gilt auch für Bremen und Hamburg) können bis zu fünf Erwachsene (mit beliebig vielen eigenen Kindern bis 14 Jahre) einen Tag lang ab 9 Uhr alle Nahverkehrszüge der Bahn für nur 28 € nutzen (das Niedersachsen-Ticket für Singles kostet 20 €; nähere Infos unter www.bahn.de).

Unverzichtbares Verkehrsmittel ist die Bahn v. a. auf einigen Ostfriesischen Inseln. Nahezu alle Gäste von Wangerooge, Langeoog und Borkum sind auf die Inselbahn angewiesen, um vom Hafen in ihre Urlaubsquartiere zu kommen. Der Fahrpreis für die nostalgischen Inselbahnen ist praktischerweise gleich im Fährpreis inbegriffen. Eine Besonderheit stellt auch die historische Küstenbahn Ostfriesland dar. Sie fährt v. a. an Wochenenden als Museumseisenbahn von Norden nach Dornum (siehe S. 107).

Bus: Ostfrieslands Busverbindungen sind flächendeckend. Die gesamte Region wird unter dem Dachverband der *Weser-Ems-Busverkehr GmbH* vom *Verkehrsverbund Ems-Jade* bzw. von dessen Partner *Verkehrsregion-Nahverkehr Ems-Jade* versorgt (Infos und Fahrplanauskunft unter www.weser-ems-bus.de und www.vej-info.de).

Interessant sind die Angebote im Freizeitverkehr. Die Linie 312, der so genannte *BäderBus*, verkehrt (mit Fahrrad-Heckträger) von Mai bis September täglich von Norden bis Harlesiel. Fahrradfahrer können so die Windrichtung entscheiden lassen, welches Teilstück sie mit dem Fahrrad und welches sie lieber mit dem Bus bewältigen wollen.

Unter dem Motto *„Für'n Euro durch die Region"* können Urlauber im Sommerhalbjahr durch die Region Aurich/Emden auf insgesamt 40 Strecken Bus fahren. Das Gebiet umfasst den gesamten Westen und Süden Ostfrieslands von Dornum bis zur Krummhörn und von Wiesmoor bis Emden. Um den Tarif von 1 € pro Fahrt in Anspruch nehmen zu können, muss man Kur- bzw. Gästekarteninhaber sein (Infos und Fahrplan unter www.urlauberbus.de).

Auch im Osten der ostfriesischen Halbinsel gibt es spezielle Angebote für Urlauber. Die Aktion *UrlauberBus* bietet Kur- und Gästekarteninhabern in der Region Jever-Wangerland-Wilhelmshaven auf etwa 30 Strecken 50 % Ermäßigung auf die Normaltarife.

Infos vor Ort gibt es bei allen Fremdenverkehrsämtern und beim Verkehrsverbund Ems-Jade, Norderstr. 32 (am Busbahnhof), 26603 Aurich, ✆ 04941/93377, sowie bei der Verkehrsregion-Nahverkehr Ems-Jade, Schulstraße 7, 26441 Jever, ✆ 04461/9191800.

Fähre: Alle Inseln sind bequem per Fähre zu erreichen. Die Fahrtzeit beträgt zwischen 30 Minuten (Baltrum) und zwei Stunden (Borkum). Wangerooge, Spiekeroog, Baltrum und Juist sind nur tideabhängig zu erreichen. Zu den Inseln Langeoog, Norderney und Borkum führen tiefere Fahrrinnen, sodass sie gezeitenunabhängig nach einem festen Fahrplan angesteuert werden. Die meisten Verbindungen führen nach Norderney, das tagsüber stündlich (also normalerweise 13-mal täglich) angelaufen wird. Juist hingegen ist extrem tideabhängig und vergleichsweise abgelegen, sodass täglich nur 1–2 Fähren auslaufen können.

Sechs verschiedene Reedereien haben sich den Kuchen hübsch aufgeteilt und regeln den Fährverkehr zu nur jeweils einer Insel; lediglich die Frisia-Reederei bedient zwei Inseln, nämlich Norderney und Juist, die beide vom Hafen Norddeich angesteuert werden. Konkurrenz gibt es bis auf ein paar Ausflugsschiffe also nicht, entsprechend stattlich sind die Fahrpreise. Die günstigsten Tarife gibt es für Tagesrückfahrkarten, sie kosten für Erwachsene je nach Insel zwischen 16 € und 20 € (Näheres dazu im Infoblock zu den jeweiligen Inseln).

Im Personenverkehr sind Reservierungen unüblich, daher kann man das Ticket unmittelbar vor der Abfahrt der Fähren bequem am Schalter kaufen. Eine Ausnahme bildet die schnelle Katamaranverbindung nach Borkum, auf der wegen des begrenzten Platzangebots eine Reservierung ratsam ist.

Flugzeug: Vor allem die Ostfriesischen Inseln sind (mit Ausnahme Spiekeroogs) schnell mit dem Flugzeug zu erreichen, üblicherweise von einem der kleinen ostfriesischen Festlandflughäfen aus (näheres im Infoblock zu den jeweiligen Inseln). Wangerooge, Langeoog, Norderney, Juist und Borkum werden auch per Linie oder Charter von Hamburg aus angeflogen (Infos unter www.air-hamburg.de).

Aktivurlaub

Radfahren: Auch wenn es einen Ostfrieslandwanderweg gibt (von Leer nach Bensersiel) und auch wenn Inlineskater die geteerten und schnurgeraden Strecken entlang der Deiche zunehmend für sich entdecken – Ostfriesland ist immer noch eindeutig eine Radfahrerregion. Kaum ein anderes Feriengebiet ist von einem so dichten Radwegenetz durchzogen. Zudem gibt es einige größere Radwanderrouten. Beliebt, aber auf Dauer etwas eintönig ist der Störtebekerweg, der Küstenradweg von Wilhelmshaven bis Emden. Radfahrer tun gut daran, wegen der vorherrschenden Westwinde in Emden zu beginnen, also von West nach Ost zu fahren. Beschildert sind auch folgende Routen:

Tour de Fries: Eine 250 km lange Rundtour durch den Landkreis Friesland, die von Wilhelmshaven durch die Friesische Wehde bis Dangast und über Wiesmoor und durch das Wanger- und Jeverland führt. Ein Abstecher rund um den Jadebusen ist eingeschlossen (www.friesland.de).

Friesischer Heerweg: Der historische Handelsweg auf dem Geestrücken ist ein weit verzweigtes, sich auf 400 km erstreckendes Wegenetz von Oldenburg bis Jever, Esens und Aurich. Es geht kreuz und quer durch den Osten der ostfriesischen Halbinsel (www.friesischer-heerweg.de).

Friesenroute Rad up Pad: 265 km lange Rundtour von Emden über die Küstenorte nach Dornumersiel, von dort ins Binnenland nach Wiesmoor und über das Große Meer zurück (www.ostfriesland.de).

Deutsche Fehnroute: 163 km lange Rundtour (Leer–Großefehn–Wiesmoor–Ostrhauderfehn–Papenburg–Weener–Leer) durch ehemalige Moorgebiete, vorbei an Fehnkanälen, Schleusen, Windmühlen etc. (www.deutsche-fehnroute.de).

Internationale Dollard-Route: 250 km lange Rundtour durch ausgeprägte Polderlandschaften. Von Emden zunächst

Ostfriesland ist Fahrradland: Radtour bei Carolinensiel

mit der Fähre nach Delfzijl, dann auf holländischer Seite über Winschoten ins Rheiderland bis nach Ditzum und mit der kleinen Fähre zurück nach Emden (www.dollard-route.de).

Gute und zumeist kostenlose **Informationen mit Wegbeschreibungen** und teilweise auch **Unterkunftsverzeichnissen** sind über die angegebenen Internetadressen oder bei den örtlichen Fremdenverkehrsämtern zu beziehen.

Immer ein Erlebnis: Wattwanderung

Kanufahren: Ganz Ostfriesland wird von unzähligen Wasserläufen und Kanälen durchzogen und ist somit eine ideale Region für Kanu- und Kajakfahrer. An vielen Orten kann man zudem ohne große Umstände Kanus oder Kajaks ausleihen. Bequem für Wasserwanderer ist das Angebot von *Paddel & Pedal:* An 19 Stationen im südlichen und westlichen Ostfriesland kann man sich Kanus mieten, zum Zielort paddeln und von dort mit dem Leihfahrrad wieder zurückfahren.

Tourenkarte erhältlich bei Touristik GmbH Südliches Ostfriesland, ✆ 0491/91969610, www.paddel-und-pedal.de.

Wattwandern: Eine Wattwanderung ist gerade für Kinder ein Erlebnis, weil es entgegen dem ersten Eindruck immer etwas zu entdecken gibt, und zwar mehr als nur Muscheln und Krebse. Da die Priele bei Flut unerwartet schnell voll laufen und den Rückweg abschneiden können und selbst bei schönem Sommerwetter urplötzlich Seenebel auftreten und die Orientierung erschweren kann, sollte eine Wattwanderung keinesfalls auf eigene Faust unternommen werden. Überall an der Küste bieten daher staatlich geprüfte Wattführer/innen ihre Dienste an. Auf dem Programm stehen kleine, etwa 1,5 km lange Familienwanderungen im Watt oder Streckenwanderungen zu den Inseln. Man zahlt zwischen 5 und 15 € pro Person. Der Rückweg (oder Hinweg) zu den Inseln erfolgt meist per Fähre (Zusatzkosten). Gelaufen wird mit kurzen Hosen und mit abwaschbaren Turnschuhen und Socken. Gummistiefel sind weniger geeignet, da man mit ihnen oft im Schlick stecken bleibt.

Wattwanderungen nach Wangerooge und Juist sind verboten, nach Borkum schlechterdings nicht möglich. Alle anderen Inseln sind per Fuß zu erreichen. Die beliebteste – und kürzeste – Tour ist die Wattwanderung von Neßmersiel nach Baltrum (6 km, 2,5 Std.). Von Neßmersiel geht's auch nach Norderney (7 km, 3 Std. plus Inselbusfahrt). Startpunkt für die Wanderung nach Langeoog (10 km, 4 Std. plus 12 Inselkilometer oder Pferdekutschenfahrt) ist Neuharlingersiel. Ausgangspunkt für Spiekeroog (9 km; 4 Std. plus 3,5 km in den Ort) ist Harlesiel. Von Schillig aus wird eine leicht zu gehende Wattführung zur Vogelschutzinsel Minsener Oog angeboten (9 km, 4–5 Std.). Die Wanderung zum Angaster Leuchtturm gilt als die anspruchsvollste Tour. Sie startet in Dangast und führt durch schwer zu durchwatendes Watt (11 km, 7 Std.). Die Adressen der Wattführer erhält man bei den jeweiligen Tourist-Informationen bzw. im Reiseteil dieses Buches.

Baden

Sowohl an der Küste als auch auf den Inseln ist bei auflaufendem Wasser das Baden in den flachen Gewässern auch für Kinder vergleichsweise ungefährlich. Bei beginnender Ebbe sollte man jedoch niemals ins Wasser gehen, weil der gewaltige Sog des seewärts ablaufenden Wassers selbst für den stärksten Schwimmer lebensgefährlich ist. Auf den Inseln gibt es aus Gründen der Badesicherheit daher eingeschränkte Badezeiten. Viele Badestrände sind hier tagsüber bewacht, meist durch die DLRG. Die Badeabschnittsgrenzen sind mit roten Pfählen und Tauen oder mit gelb-roten Flaggen gekennzeichnet. Eine zusätzliche gelbe Flagge an den Beobachtungsstationen bedeutet, dass das Baden und Schwimmen zur Zeit nicht ungefährlich ist. Ist eine rote Flagge aufgehängt, herrscht allgemeines Badeverbot.

Die Wasserqualität ist im Allgemeinen gut und wird ständig überwacht. Aktuelle Daten zur Wasserqualität sind im Internet unter www.nlgh-niedersachsen.de. zugänglich. Infos über Wassertemperaturen, Wind und Wasserstände gibt es unter www.bsh.de.

Ostfriesland ist übrigens nicht unbedingt ein Eldorado für FKK-Anhänger. Doch keine Regel ohne Ausnahme: Die Inseln Norderney und Borkum haben jeweils einen FKK-Strand der Extraklasse.

Essen und Trinken

In Ostfriesland wird passend zum rauen Klima vorwiegend deftig gegessen. Nationalgericht der Ostfriesen ist *Grünkohl*, der als *Oldenburger Palme* oder *Ostfriesenpalme* v. a. in der Variation Grünkohl mit Pinkel, also mit einer herzhaften Grützwurst, verzehrt wird. Die Grünkohlsaison beginnt, wenn der erste Frost gekommen ist, denn dieser

Der Strandkorb

Er gehört zum Bild der Küste wie der Strand und das Meer. Ein Strandkorb erlaubt es, den Tag bei jedem Wetter zu genießen, er ist Windschutz und Schattenspender zugleich, sogar einen kurzen Regenschauer kann man in ihm abwettern.

Im Jahr 1882 ging die rheumakranke Elfriede Maltzahn aus dem mecklenburgischen Seebad Kühlungsborn zum Rostocker Hof-Korbmacher Wilhelm Bartelmann. Sie beauftragte ihn, ihr einen Korbstuhl zu fertigen, mit dem sie die Seeluft windgeschützt genießen konnte. Damit war der Strandkorb geboren und hielt schon bald auch an der Nordseeküste Einzug. Im Laufe der Zeit bekamen die Strandkörbe ein bewegliches Oberteil und wurden immer komfortabler. Zuletzt musste das Rohrgeflecht weichen und wurde durch witterungsbeständigeren Kunststoff ersetzt. Doch trotz aller Vorteile: Diese ausgesprochen praktische Erfindung ist eine ganz und gar deutsche Eigenheit und konnte sich im Ausland nie richtig durchsetzen.

Wer den bequemen Korb ausprobieren will: Mit einer Tagesmiete von 7 bis 8 € ist man dabei. Und Auswahl gibt es reichlich. 70.000 Körbe warten an den deutschen Küsten auf Urlauber, teilweise sind sie schon von zu Hause aus per Internet buchbar. Doch Lokalkolorit muss wohl auch beim „Freiluftsofa“ sein: An der Ostsee sind die Körbe eher geschwungen, der Nordseekorb gibt sich eher gerade und eckig. Nur auf Borkum wird weitgehend auf das Strandmöbel verzichtet, hier dominieren die aufrechten Strandzelte.

wandelt die Bitterstoffe des Grünkohls in Zucker um. Gelegentlich gibt es dann auch *Oldenburger Ananas,* frostharte Kohlrüben, die in Ostfriesland mit fettem Bauchfleisch serviert werden.

Ein kulinarischer Klassiker ist auch der *Sniertjebraa,* ein scharf angebratener und dann im Brattopf geschmorter Nacken- oder Schulterbraten vom Schwein. Gerne verzehrt wird auch der *Grön Hein,* ein Eintopf aus grünen Bohnen mit Birnen und reichlich Speck.

Seefisch wird fast überall angeboten, die Gerichte unterscheiden sich aber nicht wesentlich von den gängigen Fischspezialitäten anderer deutscher Küstenregionen. Gelegentlich kann man sich in den Sielhäfen beispielsweise Dorsch, Scholle oder Butt fangfrisch vom Kutter besorgen – der Geschmack ist dann wirklich unvergleichlich. In vielen Restaurants der Küste wird man sich hingegen nicht immer sicher sein, ob der Fisch frisch aus dem nächsten Hafen kommt oder tiefgefroren angeliefert wurde, denn die Nachfrage nach Fisch übersteigt zur Hochsaison das regionale Angebot. Ab Mai ist überall an der Küste frischer *Matjes* erhältlich, der in allen Variationen angeboten wird.

Räucheraale in Jemgum

Zum Nachtisch gibt es z. B. *rote Grütze* mit frischer Sahne oder Vanillesoße oder *Riesbree,* Milchreis mit Rosinen oder Beeren. Beliebt als Teegebäck ist das *Friesenkeks* oder *Jeversche Leidenschaft* genannte zarte Backwerk aus süßem Blätterteig. Wird hingegen ostfriesische *Bohntjesopp* (oder Sienboonsupp) angeboten, so handelt es sich keinesfalls um eine kräftige Bohnensuppe, sondern um ein zum Dessert aufgetischtes Getränk, das oft zum Vanilleeis gereicht wird. Für die Bohntjesopp werden Branntwein, Rosinen und Kandiszucker drei Tage angesetzt und dann aus einer henkellosen Tasse mit dem Teelöffel „verzehrt". Traditionell wird sie bei Kindstaufen und Hochzeiten gereicht.

Tee: Er gehört für die Ostfriesen zum täglichen Leben. Mindestens drei Minuten muss die ostfriesische Mischung aus kräftigen Assamsorten ziehen, und mindestens drei Tassen (pro Mahlzeit) sind Ostfriesenrecht, so heißt es. Bis zu sechsmal am Tag wird eine Teepause eingelegt. Etwa ein Viertel des in ganz Deutschland konsumierten Tees wird in Ostfriesland getrunken: 2,5 kg pro Kopf jährlich, zwölfmal höher als der Bundesdurchschnitt – das sind wahrhaft britische Verhältnisse.

Natürlich gibt es ein festes Zeremoniell beim Teetrinken: Serviert wird die dünnwandige Kanne immer mit Stövchen. Zuerst kommt der echte *Kluntje* (Kandiszucker) in die Tasse, dann bringt der heiße Tee den Zucker zum Knistern. Nun wird mit dem silbernen Löffel die Sahne in den Tee geschüttet. Die kalte Sahne läuft im heißen Tee nach unten und steigt dann wieder – warm geworden – auf. Keinesfalls darf man den Tee umrühren! Das wäre wahrer Frevel und würde einen sofort als

Krabben an der Costa Granata

Eigentlich ein Etikettenschwindel: Die Nordseekrabbe ist gar keine Krabbe, sondern die kleinste Speisegarnele der Welt. Die kleinen Garnelen sind eine hochwertige Delikatesse mit süßlich-nussigem Aroma und werden an der Küste *Granat* genannt – ja, die ganze Küste heißt in Anspielung auf die leckeren Krabben auch *Costa Granata*. Sofort nach dem Fang werden die Garnelen noch an Bord mit Seewasser gekocht und bekommen dann ihre typische rotbraune Farbe. Am besten kauft man sie frisch vom Kutter und pult sie dann selber. Wegen der Lohnkosten werden über 80 % der in Ostfriesland gefangenen Krabben nämlich nach Marokko zum Entschälen gebracht. So ist es sehr wahrscheinlich, dass die angeblich frischen Krabben auf dem Fischbrötchen schon den langen Weg von Ostfriesland nach Afrika und wieder zurück hinter sich haben.

Dilettanten entlarven. Der Ostfriese genießt seinen Tee gewissermaßen dreistöckig. Zunächst die milde Sahne, dann den herben Tee und schließlich den süßen Kandiszucker. Und wer als Gast nicht den Teelöffel in die Tasse stellt, bekommt unaufgefordert immer wieder Tee nachgeschenkt. Teekenner genießen ein hohes Ansehen, man nennt sie in Ostfriesland scherzhaft, aber respektvoll *Teeologen*.

Grog: Das, so sagt man, zweitliebste Getränk der Ostfriesen ist der Grog, also Rum, heißes Wasser und Zucker. Das schmeckt v. a. an kalten, stürmischen Tagen und wärmt von innen. Manchmal gießt der Ostfriese auch gleich Rum in seinen Tee. Der Grog ist aber keine ostfriesische Erfindung, sondern hat seinen Ursprung in der englischen Seeschifffahrt des 18. Jh., als zur Erhaltung der Moral an Bord große Mengen Rum verteilt wurden. Zunehmende Trunkenheit auf den Schiffen war die Folge. Ein gewisser Admiral Vernon ordnete damals an, den Rum mit Wasser zu strecken. Und weil dieser Admiral stets ein wasserfestes Gewand aus derbem Grogramstoff trug, wurde er *Old Grog* genannt. Vielleicht kommt der Name aber auch einfach vom englischen *groggy*, denn zu viel leckerer Rum macht auf Dauer wirklich müde.

Pharisäer: Angeblich verdankt er seine Entstehung dem sündhaften Verhalten einer ostfriesischen Gemeinde. Dort nämlich wetterte der Pfarrer heftigst gegen den Alkoholkonsum seiner Schäfchen. Also nahmen die Einwohner ihre tägliche Ration Rum heimlich zu sich, indem sie das hochprozentige Getränk in den Kaffee schütteten und alles mit einer Sahnehaube zudeckten – gewissermaßen als Geruchsbremse. Doch als man dem Pfarrer irrtümlich auf einer Feier auch eine Tasse derart veredelten Kaffees servierte, flog der Schwindel auf. Der Geistliche rief daraufhin entrüstet: „Ihr Pharisäer!“ Von da an hatte das Getränk seinen Namen und wird auch heute noch gerne getrunken.

Familienurlaub mit Kindern

Ostfriesland hat sich zu einem idealen Feriengebiet für Familien mit Kindern gemausert. Denn nicht zuletzt im Interesse stressgeplagter Eltern verfügen viele Nordseebäder an der Küste und auf den Inseln über spezielle Kinderspielhäuser bzw. organisieren eine Kinderbetreuung und/oder zahlreiche Veranstaltungen für die Kleinen. Den Drachen sollte man keinesfalls zu Hause vergessen, denn wegen des beständigen Windes kann er fast jederzeit zum Einsatz kommen. Das führt dazu, dass an der Küste jede Menge Drachenfeste stattfinden, bei denen die Besten dieser Zunft ihr Können zeigen. Highlight für Kinder sind aber nach wie vor die flachen Strände und das Wattenmeer – hier gibt es immer etwas zu erleben, zu sehen und zu buddeln.

Gästekarte/Kurbeitrag

Zur Finanzierung und Unterhaltung der öffentlichen Einrichtungen, die der Erholung dienen, wird in den Küstenorten und auf den Inseln von Erwachsenen, aber auch von den Kindern eine Kurabgabe bzw. ein Tourismusbeitrag erhoben. Gäste von Ferienwohnungen entrichten den Beitrag üblicherweise bei den jeweiligen Tourist-Infos. Hotels und Pensionen sind gehalten, die Kurtaxe gleich mit der Übernachtung abzurechnen. Auf den Inseln wird der Beitrag – v. a. bei Tagestouristen – oft mit dem Fährpreis bezahlt.

Im Gegenzug erhält man dann eine Gästekarte. Das ist häufig eine elektronische Chipkarte, die zum freien Strandzugang und zum freien oder ermäßigten Eintritt in Schwimmbäder oder sonstigen Einrichtungen der touristischen Infrastruktur berechtigt. Mittlerweile erkennen viele Küstengemeinden ihre Kurkarten gegenseitig an, sodass Tagesausflügler an „fremden Stränden" nicht noch einmal zur Kasse gebeten werden. Einige Regionen haben sich auch touristisch zusammengeschlossen. So bieten die Feriengemeinden des Harlingerlandes (von Dangast bis Dornumersiel) ihre gemeinsame *Nordsee-ServiceCard* an.

Der Tourismusbeitrag variiert je nach Saison und Ort. Er liegt in der Hauptsaison für Erwachsene zwischen 1,50 € und 3,10 € pro Tag, Kinder und Jugendliche zahlen im Regelfall die Hälfte. Kleine Kinder unter 6 J. sind frei. Im Binnenland ist normalerweise keine Kurtaxe fällig.

Klima und Reisezeit

Entgegen ihrem Ruf ist die Nordseeküste ein Schönwettergebiet. Der warme Golfstrom sorgt für ausgeglichene Temperaturen mit milden Wintern und Sommern.

Weil sich die Wolken oft erst über dem Festland entladen, gehört die Nordseeküste zu den regenärmsten und sonnenreichsten Gebieten Deutschlands. Sogar im Allgäu oder im Breisgau scheint weniger häufig die Sonne als unmittelbar an der Nordseeküste. Vor allem die ostfriesischen Inseln liegen in Sachen Sonnenstunden bundesweit an der Spitze. Wenn es auf dem Festland noch regnerisch ist, scheint auf den Inseln bereits wieder die Sonne. Selbst das ostfriesische Binnenland hat mit 1850 Sonnenstunden mehr Sonne zu bieten als beispielsweise Bayern! So weit die Statistik. Tatsächlich geht es an der Küste meist ganz schön stürmisch zu. Doch wegen der ständigen Brise ändert sich das Wetter oft schlagartig, und lange Regenperioden sind eher selten.

Die staubfreie, jod- und salzkristallhaltige Luft gilt insbesondere für Allergiker als gesundheitsfördernd. Deren heilende Wirkung wird v. a. auf den Inseln vermarktet als eine den Stoffwechsel aktivierende, natürliche Sole-Inhalation, die Hilfe bei Atemwegsbeschwerden, Herz- und Kreislauferkrankungen sowie bei Störungen des vegetativen Nervensystems und der Schilddrüsenfunktion verspricht. Wie dem auch sei – die Abwehrkräfte werden auf jeden Fall durch das milde Reizklima und das erfrischende Meerwasser mobilisiert.

Ostfriesland ist daher nicht nur im Sommer eine Reise wert. Vor allem auf den Inseln und in vielen Küstenorten ist das ganze Jahr über Saison. Badetemperaturen werden aber nur im Hochsommer erreicht. Dann lässt sich besonders bei Ebbe beim Blick über das Wattenmeer ein Phänomen beobachten, das man nur von der Wüste her zu kennen meint, nämlich eine echte Fata Morgana. An heißen Sommertagen sind diese Luftspiegelungen besonders häufig auf den Inseln zu sehen – dann muten ferne Boote wie übers Wasser schwebende Geisterschiffe an.

Kultururlaub

Ostfriesland hat sich auch einen Namen in der modernen Kunst gemacht. Lichtverhältnisse und Landschaft haben zu Beginn des 20. Jh. immer wieder expressionistische Maler, besonders die Künstler der *Brücke,* nach *Dangast* an den Jadebusen gelockt. Dangast gilt heute noch als Künstlerort und fördert ebenso wie das nahe Hooksiel junge Maler und Bildhauer.

Weltruhm in Sachen moderner Kunst genießt auch *Emden*, seit im Jahre 1986 Henri Nannen seiner Heimatstadt eine bedeutende Kunstsammlung geschenkt hat. Nicht nur die Meisterwerke von Ernst Ludwig Kirchner, Emil Nolde oder August Macke locken scharenweise Kunstliebhaber an, auch die hochkarätigen Sonderausstellungen der Kunsthalle mit Leihgaben aus aller Welt finden ihr Publikum.

Wegen der zahlreichen uralten Sakralbauten verfügt Ostfriesland über einen breiten Fundus an kostbarer *Kirchenkunst*. Die Palette reicht von kunstvollen steinernen oder bronzenen Taufbecken über formvollendete Sakramentshäuser, Altäre und Kanzeln bis hin zu mittelalterlichen Fresken und anderen beachtlichen Kirchenmalereien. Als Glanzstücke gelten die Arbeiten des Bildhauers Ludwig Münstermann (um 1575–1638), dessen Werke dem Manierismus zugerechnet werden. Von ihm geschnitzte Altäre sind u. a. in den Gotteshäusern von Varel und Hohenkirchen zu sehen.

Zusammen mit dem niederländischen Westfriesland kann Ostfriesland die weltweit größte Dichte an *historischen Orgeln* vorweisen. Zu bewundern gibt es in den vielen Dorf- und Stadtkirchen etwa 300 dieser wuchtigen Instrumente, die sieben Jahrhunderte europäischer Orgelkunst repräsentieren. Am bekanntesten sind die Barockorgeln von *Arp Schnitger* (1648–1719), einem Zeitgenossen Johann Sebastian Bachs. Der berühmte Komponist und Organist machte sich höchstpersönlich von Thüringen auf die Reise in den hohen Norden, um selbst einmal den grandiosen Klang einer Schnitger-Orgel zu hören. Noch heute genießen sie Weltruf, gilt Schnitgers Orgelbautechnik doch als geradezu perfekt. 36 von ehemals 170 Orgeln des Meisters sind noch erhalten geblieben, die meisten davon in den Niederlanden. Aber auch die Kirchen in Norden und Weener verfügen über eines dieser kostbaren Instrumente, ein Grund, warum das **Organeum** in Weener zum Zentrum der europäischen Orgelkultur avancierte.

So paradox es klingt, zu verdanken hat Ostfriesland den Orgelreichtum seiner

Armut. Denn vielen Kirchengemeinden fehlte einfach das Geld, um im Lauf der Jahrhunderte die alten, mühsam ersparten Orgeln dem Zeitgeschmack entsprechend zu verändern oder gar neue Instrumente einbauen zu lassen. Ein uraltes und original erhaltenes Beispiel dieser erzwungenen Sparsamkeit befindet sich in der Dorfkirche von Rysum (Krummhörn). Die spätgotische Orgel von 1457, die noch mit bleiernen Pfeifen ausgestattet ist, gilt als älteste bespielbare Orgel Deutschlands.

Ostfriesland im Internet

Nützliche Informationen über Land und Leute bekommt man unter folgenden Adressen: www.nordwestreisemagazin.de, www.ostfriesische-museen.de, www.ostfriesland.de, www.friesland.de und www.frieslandtouristik.de (beide nur für den Landkreis Friesland), www.ostfriesland-abisz.de, www.die-nordsee.de, www.nordsee-urlaub.de, www.unterkunft-ostfriesland.de; www-urlaubsziel-ostfriesland.de.

Über Links sind bei diesen Adressen teilweise auch Unterkünfte buchbar.

Nicht ganz ernst zu nehmen, aber eine nette Idee ist auch die Homepage der Ostfriesischen Botschaft. Hier erfährt man einiges über die ostfriesische Kultur. Man kann aber auch die Einbürgerung in den Freistaat Ostfriesland oder kostenlos einen Ostfriesenausweis beantragen, der sich am heimischen PC ausdrucken lässt. Eine Visumpflicht besteht bei der Einreise nach Ostfriesland übrigens nicht, nachzulesen auf www.botschaft-ostfriesland.de.

Übernachten

Eine gute Lage hat ihren Preis, auch in Ostfriesland. Das Preisniveau auf den Inseln ist daher hoch. Günstige Unterkünfte sind hier nur in Jugendherbergen oder Schullandheimen zu bekommen. Auch an der Küste haben die Preise in den letzten Jahren stark angezogen. Richtig preiswert kann man hingegen im strukturschwachen ostfriesischen Binnenland übernachten.

Hotels/Pensionen: Die meisten Häuser an der Küste gehören der gehobenen Kategorie an und sind entsprechend teuer. Pensionen gibt es relativ wenige, da viele Häuser in den letzten Jahren zu Appartementanlagen umgebaut wurden. Alle Preise im Buch beziehen sich auf Doppelzimmer in der Hauptsaison und sind inkl. Frühstück.

Ferienwohnungen: Der Ostfrieslandurlauber schläft mehrheitlich in Ferienwohnungen, von denen es hier ein breites Angebot gibt. Besonders in der Hochsaison zwischen Juni und August sind Inseln und Küste häufig ausgebucht. Hier empfiehlt sich eine Reservierung oder ein Ausweichen in das ostfriesische Binnenland. Die Wohnungsvermittlung übernehmen fast überall die örtlichen Fremdenverkehrsbüros. Wer entsprechende Angebote einholen möchte, ist hier an der richtigen Adresse und kann auch in den bereitliegenden Katalogen nach geeigneten Wohnungen suchen. Gut informieren kann man sich zudem im Internet. Gelegentlich bieten auch private Vermittlungsbüros Wohnungen an.

Wegen der wirklich unüberschaubaren Fülle von Angeboten im Bereich Ferienwohnungen haben wir im Reiseteil dieses Buches auf entsprechende Hinweise verzichtet, lediglich örtliche Vermittlungsagenturen werden genannt.

Urlaub auf dem Bauernhof und Heuhotels: Auch auf den Bauernhöfen werden in der Regel Ferienwohnungen vermietet, gelegentlich sind aber auch Zimmer im Angebot. Eine urige und neue Variante der Übernachtung sind die vereinzelt eingerichteten Heu- und

Ostfrieslands Fehnidylle: Westrhauderfehn

Strohhotels. Einfacher geht's nicht, günstiger auch nicht. Geschlafen wird in ehemaligen Pferdeboxen oder auf dem schön hergerichteten Heuboden. Schlafsack und Taschenlampe sind mitzubringen. Bad, eine kleine Küche und ein gemütlicher Aufenthaltsraum sind in der Regel vorhanden. Pro Person sind um die 13 € zu zahlen, dafür gibt es aber auch ein deftiges Frühstück.

Die Fremdenverkehrsämter führen ein Verzeichnis der Bauernhöfe und Heuhotels. Infos auch unter www.bauernhofurlaub.de und www.ostfriesland-net.com. Ein nettes Heuhotel liegt bei Emden (Simonswolde, ✆ 04929/1401), ein zweites in der Krummhörn (Hamswehrum, ✆ 04923/7111).

Jugendherbergen: In Ostfriesland ist die Jugendherbergsdichte besonders hoch, so kann man beispielsweise bei Fahrradtouren jeden Tag eine andere Herberge erreichen. Auch auf fast allen Inseln gibt es nette Jugendherbergen. Sie sind allen Altersgruppen zugänglich, Voraussetzung ist nur ein gültiger Jugendherbergsausweis (bis 26 Jahre 12,50 €, für Ältere oder Familien 21 € pro Jahr). Für den Aufenthalt hat man auf dem Festland die Wahl zwischen Übernachtung/Frühstück, Halbpension oder Vollpension (ÜF kostet zwischen 17,20 € und 22,30 €). Einzelgäste ab 27 Jahre zahlen einen Zuschlag von 3 € pro Nacht. Die Inselherbergen bieten nur Vollpension an (zwischen 25,50 € und 30,10 €).

Herbergen gibt es in Schillighörn (✆ 04426/371), Esens-Bensersiel (✆ 04971/3717), Norddeich (✆ 04931/8064), Wangerooge (✆ 04469/439), Langeoog (✆ 04972/276), Norderney-Stadt (✆ 04932/840900), Norderney-Dünensender (✆ 04932/2574), Juist (✆ 04935/929110), Borkum (✆ 04922/579), Jever (✆ 04461/909202, ✆ 04941/2827), Leer (✆ 0491/2126) und Emden (✆ 04921/23797). Infos unter DJH, Landesverband Unterweser/Ems, Woltmershauser Allee 8, 28199 Bremen, ✆ 0421/598300, www.jugendherberge.de.

Camping: Sicher ist Ostfriesland ein Eldorado für Campingfreunde. Viele Küstenorte verfügen über – meist gemeindeeigene – Campingplätze. Und auch auf den Inseln gibt es Campingmöglichkeiten. Die zum Teil sehr großen Plätze bieten Sportmöglichkeiten, Kinderbetreuung und Animation, fast immer sind auch ein Lebensmittelladen und ein Restaurant vorhanden. Weil sie oft vor den Deichen liegen und somit durch eine Sturmflut gefährdet sein könnten, sind viele Campingplätze jedoch nur in der Zeit von April bis Oktober geöffnet. Im Hochsommer sind die Plätze oft sehr voll, eine Reservierung ist dann dringend zu empfehlen. Camping ist kein billiges Vergnügen, die Preise pro Übernachtung liegen für eine Familie pro Stellplatz bei 20–30 €.

Eine schöne Übersicht der Campingplätze entlang der Küste bietet die Broschüre *Ostfriesland, Camping- und Reisemobilurlaub*, kostenlos bestellbar bei der Ostfriesland Tourismus GmbH, Ledastr. 10, 26789 Leer, ✆ 01805/938330. Die Broschüre ist als PDF herunterladbar unter www.ostfriesland.de. Infos auch bei den Tourismusbüros und auf den Homepages der Ferienorte.

Wohnmobil: Wohnmobilisten sind in Ostfriesland immer gerne gesehen. Es gibt eine ganze Reihe von ausgewiesenen Stellplätzen nur für Wohnmobile, teilweise direkt am Meer bzw. dem Hafenbecken, wie beispielsweise in Wilhelmshaven, Horumersiel, Carolinensiel, Bensersiel oder Emden. Campingplätze bieten sich zudem immer als Alternative an. Freies Übernachten direkt an der Küste ist hingegen ein Problem, im Hinterland auf einigen Stellplätzen aber möglich, v. a. bei Landgasthöfen.

Über Wohnmobilplätze in Ostfriesland informiert die schon erwähnte Broschüre *Ostfriesland, Camping- und Reisemobilurlaub*.

Highlights Ostfrieslands

Inseln und Küstenorte

Spiekeroog, ursprünglichste und vielleicht schönste aller Ostfriesischen Inseln. Herrlichste Strände und hohe Dünenketten (siehe S. 134).

Norderney, städtisch-elegantes und viel besuchtes Staatsbad. Auch für Tagestouristen leicht erreichbare Insel mit Kurhausatmosphäre (siehe S. 158).

Dangast, familiärer Künstlerort am Jadebusen mit einem der wenigen natürlichem Sandstrände der Küste (siehe S. 61).

Neuharlingersiel, schönster Fischerhafen Ostfrieslands. Kutteratmosphäre pur (siehe S. 82).

Greetsiel, malerischster deutscher Sielhafenort mit den berühmten Zwillingsmühlen. Perfekt restaurierte Küstenidylle (siehe S. 114).

Städte und Dörfer

Jever, gemütliche Kleinstadt im Herzen Frieslands, die viel mehr zu bieten hat als das gleichnamige friesisch-herbe Bier (siehe S. 195).

Dornum, geschichtsträchtiges Dorf mit Burg, Schloss, Synagoge und einer uralten Bockwindmühle (siehe S. 95).

Norden, älteste Stadt der Küste mit interessanten Museen und einer weltberühmten Orgel in der Ludgerikirche (siehe S. 102).

Rysum, ursprünglichstes Warfendorf der Nordsee-Region mit schönem Galerieholländer und der ältesten Orgel Deutschlands (siehe S. 124).

Leer, liebevoll restaurierte Einkaufsstadt im Stil des niederländischen Frühbarock mit verwinkelten Gassen und maritimem Flair (siehe S. 231).

Museen und Ausstellungen

Oceanis, ermöglicht ein informatives virtuelles Eintauchen in die Unterwasserwelt (Wilhelmshaven, siehe S. 59).

Deutsches Marinemuseum, martialisch-anschauliche Ansammlung von Kriegsgerät der deutschen Marine von ihrer Gründung 1848 bis heute (Wilhelmshaven, siehe S. 58).

Deutsches Sielhafenmuseum, eindrucksvolle Ausstellung über das vom Deichbau, den maritimen Handwerksberufen und von der Schifffahrt geprägte Leben an der Küste (Carolinensiel, siehe S. 81).

Waloseum, interessante Ausstellung über die Evolutionsgeschichte der schwimmenden Säugetiere mit einer Quarantänestation für junge Seehunde (Norddeich, siehe S. 113).

Automobil- und Spielzeugmuseum, sehenswertes Kleinod für auto- und motorradbegeisterte Oldtimerfreunde (Norddeich, siehe S.113).

Jaderpark, großer Tier- und Freizeitpark, der nicht nur Kinderherzen höher schlagen lässt (Varel/Jaderberg, siehe S. 191).

Dörpmuseum Münkeboe und ganz in der Nähe das **Moormuseum Moordorf**, kleine, aber feine Freilichtmuseen, die einen aufschlussreichen Einblick in die Lebens- und Arbeitswelt der ostfriesischen Moorkolonisten gewähren (Südbrookmerland, siehe S. 217).

Kunsthalle Emden, überregional bekannte und anerkannte Kunstsammlung für Werke der klassischen Moderne (Emden, siehe S. 252).

Ostfriesisches Landesmuseum, interessant gestaltete Ausstellung zur Kunst- und Kulturgeschichte Emdens und Ostfrieslands (Emden, siehe S. 252).

Bemerkenswerte Bauwerke

Küstenbahn Ostfriesland, Tipp für Eisenbahnromantiker. Museum im Lokschuppen und Fahrten mit der Museumseisenbahn auf dem 17 km langen Teilstück Norden und Dornum (Norden, S. 107).

Leuchtturm Campen, der höchste Leuchtturm Deutschlands (Aussichtsplattform), und ganz in der Nähe der rot-gelb geringelte **Pilsumer Leuchtturm**, Deutschlands kleinstes, aber berühmtestes Leuchtfeuer (Krummhörn, siehe S. 123 und S. 123).

Manningaburg Pewsum, uralte Häuptlingsburg (siehe S. 122).

Schloss Gödens, prächtiges barockes Wasserschloss (siehe S. 201).

Stiftsmühle Aurich, beeindruckender fünfstöckiger Galerieholländer (siehe S. 211).

Brücke Amdorf, schmalste Autobrücke der Republik, und ganz in der Nähe die **Pünte Wiltshausen**, Deutschlands einzige von Hand betriebene Autofähre (Jümme, siehe S. 229 und S. 230).

Kirchturm Suurhusen, der wahrscheinlich schiefste Turm der Welt (siehe S. 256).

▲ Der Hafen von Dornumersiel

Ostfriesland

Wilhelmshaven 50
Ostfriesische Küste 61
Ostfriesische Inseln 125
Ostfriesisches Binnenland 188
Emden 245

Einziger Südstrand der Nordseeküste: Wilhelmshaven

Wilhelmshaven

82.000 Einwohner

Wilhelmshaven ist im Süden und Osten vom Nordseewasser umgeben. Das Meer ist allgegenwärtig und Lebensmittelpunkt, ja geradezu die Existenzberechtigung der Stadt. Und auch das bemerkenswerte kulturelle Angebot der Stadt setzt voll auf das Thema Meer und Küste.

Badetouristisch hat Wilhelmshaven eine Besonderheit zu bieten: Die Stadt verfügt über den einzigen Südstrand an der deutschen Nordseeküste. Es handelt sich zwar „nur" um einen flach auslaufenden Deich, doch das trübt die Badefreuden nur wenig . Die Besucher sonnen sich auf dem kostenlos zugänglichen und sehr gepflegten Grün oder mieten sich einen der am Deichweg stehenden Strandkörbe. Teestuben, Restaurants und Hotels in einheitlicher Klinkerbauweise laden auf der breiten Promenade zum Besuch ein. Am Südstrand, der nicht nur ein solcher ist, sondern auch so heißt, warten mit dem Aquarium, dem Wattenmeerhaus und dem Marinemuseum auch drei Stationen der *Maritimen Meile* auf ihre Besucher. Die übrigen, die virtuelle Unterwasserstation *Oceanis*, das *Küstenmuseum* und das *Piratenamüseum*, erreicht man vom Südstrand über die 1907 eröffnete Kaiser-Wilhelm-Brücke. Sie überspannt die Engstelle des so genannten Großen Hafens und stellt die Verbindung zur Innenstadt her. Wenn größere Schiffe in dieses innenstadtnächste Becken der sich weiter Richtung Norden ziehenden Hafenanlagen einlaufen wollen, gibt die Drehbrücke – die größte Europas und das Wahrzeichen der Stadt – den Weg frei. Neben der Brücke mit ihren 20 m hohen Pfeilern, von der man einen schönen Blick auf das maritime Wilhelmshaven genießen kann, hat das Weser-Feuerschiff *Norderney* seinen Liegeplatz gefunden: Das ehemalige Segelschiff, Baujahr 1906, leuchtete bis 1981 den Schiffen in der Deutschen Bucht den Weg, jetzt ist es ein schwimmendes Restaurant. Daneben ist mit der *Kapitän Meyer* der letzte dampfbetriebene deutsche Seetonnenleger für immer vor Anker gegangen.

Von den beiden Museumsschiffen ist es nicht mehr weit bis zur Innenstadt. Vorbei an der Christus- und Garnisonskirche geht es hinüber zum Bahnhof mit der riesigen Nordseepassage, die das Einkaufserlebnis großstädtisch macht. Schöner bummeln lässt es sich aber auf der dahinter liegenden Marktstraße, der eigentlichen Fußgängerzone Wilhelmshavens. Etwa in ihrer Mitte zweigt nordwärts die Kieler Straße mit ihren gläsernen Arkaden ab und mündet dann in die parallel zur Marktstraße verlaufende Börsenstraße. Hier weitet sich die Fußgängerzone zu einem Platz, gesäumt von zahlreichen Straßencafés und Bistrokneipen, in denen es sich nicht nur Einheimische, sondern mittlerweile auch vermehrt Touristen gut gehen lassen.

Doch auch wenn der Tourismus der Stadt inzwischen ein erkleckliches finanzielles Zubrot liefert, lebt Wilhelmshaven weiter in erster Linie von der Marine, der Großschifffahrt und der Hafenwirtschaft. Einst als Standort der preußischen Kriegsmarine gegründet, ist die Stadt heute mit 9000 Soldaten und zivilen Mitarbeitern der größte und wichtigste Marinestützpunkt Deutschlands (kurioses Relikt aus alten Zeiten ist ein von der Deutschen Post immer noch genutzter gelber Briefkasten mit der Aufschrift *Kaiserliche Werft*; man findet ihn im Arsenalhafen, und zwar am 1876 erbauten Eingangstor der ehemaligen Werft in der Gökerstraße). Bei der zivilen Hafenwirtschaft spielt der Ölumschlag eine bedeutende Rolle. Die mächtigen Raffinerieanlagen liegen nordwestlich der Stadt am Heppenser Groden. Hier befinden sich auch riesige Kavernen, in denen die Erdölreserven der Bundesrepublik gelagert werden und die in Krisenzeiten die landesweite Versorgung für drei Monate gewährleisten sollen. Die über 1000 m tief liegenden Lagerstätten wurden durch Ausspülungen der in der Tiefe liegenden Salzstöcke geschaffen – ein idealer Lagerraum, weil das Öl die Salzwände nicht angreift. Pipelines verbinden Wilhelmshaven mit Hamburg und einer Raffinerie bei Köln.

Am südlichen Ende des Ölhafens liegt der Rüstringer Berg. Der künstlich angelegte Hügel auf dem Heppenser Seedeich ist mit 13,2 m die höchste Erhebung Wilhelmshavens und daher ein schöner Aussichtspunkt. Hier an der schmalsten Stelle des Jadebusens hat man nicht nur einen Blick hinüber nach Butjadingen, sondern auch auf die näher gelegenen Löschbrücken der Öltanker. Vor Ort wird mit Schautafeln über den Rohöltransport und den Ausbau des Hafens informiert. Beeindruckend ist auch der hier liegende Stockanker eines Großseglers aus dem 19. Jh. (Parkplatz vor Ort, immer den Hinweisschildern Richtung Ölhafen folgen).

Ein ganz anderes Gesicht zeigt Wilhelmshaven in seinem 4 km nördlich der Innenstadt gelegenen Ortsteil *Rüstersiel*, der auf eine fast 500-jährige Geschichte zurückblicken kann. Als kleine Idylle hat dort der überschaubare Sielhafen überdauert. Hier geht es ruhig zu, nur zwei, drei Freizeitkutter und ein paar Segelschiffe haben hier festgemacht. Auf der nördlichen Hafenseite lädt ein hübsch gelegenes Restaurant mit einer Terrasse unter hohen Bäumen zum Verweilen ein. Der besseren Erreichbarkeit wegen hat übrigens in Rüstersiel die Vogelwarte Helgoland ihren Hauptsitz und nicht auf der Insel selbst. Dienstagvormittags und donnerstagnachmittags kann man sich hier über deren Arbeit informieren lassen (www.vogelwarte-helgoland.de). Besuchenswert ist auch der in der Nähe gelegene *Störtebekerpark*, ein 2 ha großer Spiel- und Lernpark (Erwachsene 2,50 €, Kinder ab 13 J. 1 €). Er ist nur eine von mehreren städtischen Parkanlagen, die der auf Watt gebauten *Schlicktown Wilhelmshaven* ein eher grünes Gesicht verleihen. Am imposantesten ist der riesige Stadtpark (mit Rosarium) ganz im Norden Wilhelmshavens.

Wilhelmshaven
Karte hinterer Umschlag

Geschichte

Wilhelmshaven ist eine junge Stadt, nicht einmal 150 Jahre alt. Und sie ist eine Planstadt, sie wurde generalstabsmäßig als Marinehafen und Marinewerft entworfen.

Zwar erkannte der Friesenhäuptling und Seeräuber *Edo Wiemken* schon 1383 die günstige Lage am Jadebusen und erbaute die Siebethsburg, doch bereits 50 Jahre später wurde diese von der Hanse geschliffen. Denn die seeräuberischen Aktivitäten des Edo Wiemken konnte die aufstrebende Hanse keinesfalls dulden. Von nun an schlummerte der Flecken am Jadebusen einige Hundert Jahre im Dornröschenschlaf. An die Burg erinnern heute nicht viel mehr als ein paar Wälle und Gräben in der nördlichen Innenstadt.

Erst im 19. Jh. rückte Wiemkens Burg wieder in den Mittelpunkt norddeutschen Interesses. Die kriegerischen Auseinandersetzungen des Deutschen Bundes mit Dänemark offenbarten die Schutzlosigkeit der deutschen Nordseeküste und machten den Bau eines Kriegshafens erforderlich. Die sturmgeschützte Stelle an der Jademündung schien der Großmacht Preußen am geeignetsten. Unglücklicherweise gehörte das Gebiet aber nicht zu Preußen, sondern zum souveränen Großherzogtum Oldenburg. Doch mit Geld kann man so einiges bewegen, und so konnte das Königreich Preußen nach geheimen Verhandlungen 1853 verkünden, dass die Oldenburger mit dem geschlossenen *Jadevertrag* etwa 313 ha Land zum Bau eines Marinehafens an Preußen abgetreten hätten. Den neuen Eignern war dieser Deal die stolze Summe von 500.000 Talern wert. Damit stellten die Preußen den Rest des Deutschen Bundes vor vollendete Tatsachen. Vor allem das benachbarte Königreich Hannover war verständlicherweise wenig begeistert über die neue preußische Enklave an der Nordsee. Die hannoveranische Verstimmung hielt übrigens nicht lange, 1866 wurde Hannover von Preußen annektiert.

1857 begannen Tausende nur mit Schaufeln und Schubkarren bewaffnete Arbeiter unter härtesten Bedingungen mit ihrem Werk. Sie legten zunächst eine riesige Sumpflandschaft an der Jade trocken, auf welcher nach nur zwölf Jahren die Stadt mit ihrem auf dem Reißbrett geplanten rechtwinkligen Straßennetz und eben der so wichtige Hafen entstanden. Feierlich übergab der preußische König und spätere deutsche Kaiser Wilhelm I. im Sommer 1869 der Marine den Hafen, die Ansiedlung rundherum bekam seinen Namen.

Bis zum Ersten Weltkrieg erlebte Wilhelmshaven einen wahren Bau- und Bevölkerungsboom, denn die kaiserliche Werft benötigte dringend Arbeitskräfte, die aus allen Teilen Deutschlands zuzogen. Unter Kaiser *Wilhelm II.* hatte die Marine nämlich Vorrang, mit ihr wollte er für sein Reich „einen Platz an der Sonne" erobern. Das so entfesselte Wettrüsten mit der größten Marinemacht Großbritannien ließ Wilhelmshaven boomen, aber trug auch maßgeblich zum Ausbruch des Ersten Weltkriegs bei.

Es ist eine Ironie der Geschichte, dass von der durch den Kaiser so geförderten Kriegshafenstadt auch ein entscheidender Impuls zur deutschen Revolution 1918/19 und damit zur Beendigung des Ersten Weltkriegs sowie zur Auflösung des Kaiserreichs ausging. Am 30. Oktober 1918 verweigerten die Matrosen der Wilhelmshavener Kriegsschiffe den Befehl zum Auslaufen und vereitelten so eine sinnlose Seeschlacht mit den Briten. Der Aufstand erfasste erst die Kriegshäfen, später das gesamte Reich und führte schließlich zur Abdankung des Kaisers.

Der JadeWeserPort

In Wilhelmshaven spricht man bereits von der Zukunft. Doch der sich seit 2008 im Bau befindende Container-Terminal in Deutschlands einzigem Tiefwasserhafen ist für die einen die Zukunftssicherung der Region schlechthin, für die anderen hingegen ein großes Verbrechen an der Umwelt. Allein die auszubauenden Hinterlandverbindungen würden die Umwelt nachhaltig schädigen, heißt es von Seiten der Umbaugegner. Zudem mussten die Wilhelmshavener ihren Sandstrand, den beliebten Geniusstrand, für das Projekt opfern.

Will Wilhelmshaven seinen Status als Umschlaghafen halten, ist der Umbau dringend nötig, sagen hingegen die Befürworter. Die Globalisierung und damit der Güterverkehr nehmen zu. Seit 2006 werden daher Großcontainerschiffe von 400 m Länge und einem Tiefgang von 16 m gebaut. Und ein Ende des Größenwahns ist nicht abzusehen. Diese Schiffe haben eine Kapazität von über 13.000 Containern, die es logistisch zu meistern gilt (aneinandergereiht hätten die Container eine Länge von 80 km!). Wenn der neue Mega-Port im Jahr 2012 in Betrieb geht, will man auch angesichts der Rotterdamer Konkurrenz auf die neuen Anforderungen eingestellt sein. Es wird ein Hafen entstehen mit einer tideunabhängigen Wassertiefe von 18 m, einer Kailänge von 1,7 km und einer Umschlagkapazität von 2,7 Mio. Containern jährlich. Doch der Bau selber ist nicht ganz unkompliziert. Der Hafen wird gewissermaßen in die Nordsee hineingebaut, dafür werden 360 ha Land aufgespült. Und billig ist er natürlich auch nicht, die Länder Niedersachsen und Bremen sowie private Investoren werden sich die Baukosten von fast 1 Mrd. Euro allerdings teilen.

JadeWeserPort-Info Center: Unter dem Motto „Schifffahrt erleben – Zukunft begreifen“ ist direkt an der gigantischen Hafenbaustelle ein Info-Center eröffnet worden. Inhaltlich geht es hier nicht nur um den neuen Hafen, sondern vor allem um die Containerschifffahrt im Allgemeinen. An Mitmach-Stationen wird beispielsweise mit einem Schiffssimulator das Einlaufen in den Hafen geübt oder mit einem Scanner das Innere eines Containers überprüft.
April–Okt. tägl. 10–18 Uhr (Winterhalbjahr Fr–So 10–18 Uhr), Erw. 4 €, Kinder 6–16 J. 3 €, Familie 11 €. Am Tiefen Fahrwasser 11 (am Ende der A 29 immer geradeaus), ✆ 04421/7719091; www.jadeweserport-infocenter.de.

Nach dem Ersten Weltkrieg waren die Folgen der einseitigen Ausrichtung auf die Rüstungsindustrie allerdings überdeutlich zu spüren. Deutschland war im Versailler Friedensvertrag 1919 der Unterhalt einer größeren Kriegsflotte untersagt worden, und so gab es kaum Arbeit in Wilhelmshaven, dafür Armut und Not. Die Flottenpläne der Nationalsozialisten brachten der Stadt eine erneute Blüte. Wieder wurde einseitig auf die Marine gesetzt, und wieder hatte man falsch entschieden. In mehr als 100 Luftangriffen gingen im Zweiten Weltkrieg etwa 80.000 Bomben auf den Hafen und das Stadtgebiet nieder. 80 % der Wohnhäuser wurden zerstört. Nach dem Krieg sahen erste Pläne der Alliierten sogar eine Flutung der Stadt vor, man beschränkte sich schließlich auf die Zerstörung von Marinewerft und Kriegshafen.

Wilhelmshaven
Karte hinterer Umschlag

Heute ist Wilhelmshaven mit 9000 Soldaten und zivilen Mitarbeitern wieder der größte und bedeutendste Marinestandort und nach Köln der zweitgrößte Bundeswehrstandort Deutschlands. Auch neu angesiedelte Industrieunternehmen brachten der Stadt Lohn und Brot. Viele konnten sich aber langfristig nicht am Standort halten. 1992 schlossen z. B. die Olympiawerke (Schreibmaschinen), die einmal 20.000 Mitarbeiter beschäftigt hatten.

Zukunftshoffnung sind der Tourismus und – wieder einmal – der Hafen. Am Jade-WeserPort sollen ab dem Jahr 2012 die größten Containerschiffe der Welt festmachen.

Information/Adressen

• *Information/Zimmervermittlung* **Tourist-Information**, Bahnhofsplatz 1 (und Banter Deich 2), 26382 Wilhelmshaven, ✆ 04421/913000, www.whv-touristik.de.

• *Botanischer Garten* Mit 8000 m² der kleinste botanische Garten Deutschlands Gökerstraße 125 (nördl. Innenstadt). Im Sommer Mo–Fr 8–19 Uhr, Sa/So 11–17 Uhr. Eintritt frei.

• *Fahrradverleih* **Firma Franz Oeltermann**, Holtermannstr. 2, ✆ 04421/32154. Dependance der **Tourist-Information** am Südstrand, tägl. 8–18 Uhr, ✆ 04421/42360.

• *Hafenrundfahrt/Fähre* April–Okt. tägl. um 11, 13 und 15 Uhr **Hafenrundfahrt** vom Helgolandkai (mit der *MS Harle-Kurier*, 1:15 Std.). Erwachsene 9 €, Kinder 7 €, Familien 20 €.

Das gleiche Schiff verkehrt in den Sommermonaten (Juni–Aug.) 2-mal tägl. um 9 und 17 Uhr über den Jadebusen als Fahrrad- und Personenfähre zwischen **Wilhelmshaven und Eckwarderhörne**. Hin und zurück: Erwachsene 9 €, Jugendliche (12–18 J.) 8 €, Kinder (4–11 J.) 7 €, Fahrrad 6 €, ✆ 04464/94950, www.reedrei-warrings.de.

Zudem fährt in der Saison ein Fahrgastschiff nach **Helgoland** (Fahrtzeit 3 Stunden; Abfahrt tägl. 9 Uhr): Tagesrückfahrkarte Erwachsene 36,50 €, Kinder (4–14 J.) 19,50 €, Familie (2+2) 84,50 € (Tagesparkplatz am Helgolandkai/Südstrand 4 €; Fahrplan unter www.helgolandlinie.de oder ✆ 01805/228661).

• *Kino* **Kinoplex**, riesiges Kino, neun Leinwände, 1900 Plätze. Bahnhofstr. 22, ✆ 04421/755655, www.kinoplex.de.

• *Stadtführung* In der Saison Sa um 15 Uhr und/oder So um 10 Uhr 1,5-stündige Führung zum Thema „Ganz durch die Kaiserzeit" (Erw. 6 €, Kinder 3 €). Zudem Do um 15 Uhr zweieinhalbstündige Rundfahrt mit dem Bus. Erw. 9 €, Kinder 4 €. Infos in der Tourist-Information. Treffpunkt jeweils ZOB (Nordseepassage).

• *Schwimmbad/Sauna* **Nautimo**, großes Sport- und Freizeitbad mit Innen- und Außenbecken, Sprungturm, 100-m-Doppelrutsche und großem Sauna- und Wellnessbereich. Erwachsene 6 €/3 Std. Kinder 3 €, Familie 14 €. Sauna 15 €. Geöffnet 10–22 Uhr, Sa/So 9–21 Uhr. Sportforum Friedenstraße, ✆ 04421/77355-0, www.nautimo.de

Freibad Nord, großes Bad mit zwei Becken. Erwachsene 3,50 €, Kinder 2,20 €. Ziegelstr. 28 (am Ende der A 29), ✆ 04421/52783.

Zum Baden lädt zudem der Sandstrand am Banter Binnensee ein. Dieses Freibad wird **Klein Wangerooge** genannt (3 km westlich des Südstrands gelegen, ✆ 04421/507742). Auf dem See tummeln sich auch Surfer, Segler und Kanuten.

• *Strandkorb* Für 8,50 € pro Tag zu mieten am Südstrand-Promenadenkiosk oder online (www.whv-touristik.de).

• *Theater* Stadttheater der Landesbühne Niedersachsen Nord in der Virchowstraße 44, ✆ 04421/94010, Infos unter www.landesbuehne-nord.de.

• *Wohnmobilstellplätze* Schön gelegener Stellplatz am Südstrand, auch Entsorgungsmöglichkeit (Fliegerdeich 0,25 €/Stunde). Schöne Stellplätze gibt es auch auf der Schleuseninsel (östlich des Helgolandkais, Schleusenstr. 45) und am Banter Weg 12 (nördlich des Banter Sees/Südstadt), jeweils 8 € pro Nacht. Kostenloser Stellplatz am Freibad Nord.

Übernachten/Essen und Trinken (siehe Karte hinterer Umschlag)

• *Übernachten* **** **Columbia (12),** das 2009 neu erbaute Luxushotel mit 145 Zimmern und Suiten ist in seiner Architektur einem Kreuzfahrtschiff nachempfunden, und auch der Ausblick auf Hafen und Südstrand ist maritim. Wellnessbereich und rundum gehobener Service sind selbstverständlich. Gutes Restaurant mit Hafenblick im ersten Obergeschoss. Zudem befindet sich im Hotel das exquisite Gourmet-Restraurant Marco Polo mit Sternekoch André Stolle. DZ 145–175 €. Jadeallee 50, ☎ 04421/773380, 📠 04421/7733811, wilhelmshaven@columbia-hotels.de, www.columbia-hotels.de.

Strandhotels Delphin und Seestern (10), beide Hotels in toller Lage nebeneinander an der Strandpromenade. Sie befinden sich in einer Hand, wobei das Delphin etwas gehobener ist. Im modern-stilvoll eingerichteten Restaurant Porter Ricks gibt es z. B. leckere Kartoffelgerichte und guten Fisch. Auch Tische auf der Promenade. Frisch renovierte DZ mit Meerblick 90–110 €. Südstrand 116 u. 118, ☎ 04421/94100, 📠 04421/941029, info@hotelseestern.de, www.hotelseestern.de.

Hotel Keil garni (4), Innenstadthotel in der Fußgängerzone. 17 hell eingerichtete Zimmer im sanierten Altbau. DZ 75–110 €. Marktstr. 23, ☎ 04421/94780, 📠 941355, info@hotel-keil.dewww.hotel-keil.de.

Hotel Schröder (1), idyllisch im Norden Wilhelmshavens am Rüstersieler Hafen gelegenen, 17 ordentliche Zimmer. Traditionelles Hotelambiente im historischen Haus mit großen Glasfenstern. Gutes Restaurant. Große Gartenterrasse unter alten Linden, mit Blick auf den Hafen und daher im Sommer begehrtes Ausflugsziel. Es gibt Fisch oder extra große Schnitzel, aber auch ausgefallene Vorspeisen. Ordentliche DZ 90–100 €. Rüstersieler Str. 85, ☎ 04421/806480, 📠 8064811, info@hotel-schroeder.de, www.schroeders-schoene-aussicht.de.

• *Essen und Trinken* **Bavaria (6)**, bekanntes Fischrestaurant mit immer gutem und frischem Fisch. Das gelbe Bavaria-Haus in der Nähe der Kaiser-Wilhelm-Brücke sieht von außen nicht unbedingt einladend aus. Auch dem Interieur sieht man an, dass die Tische und Stühle schon lange gute Dienste leisten, aber gerade das macht die Atmosphäre der Speisegaststätte aus. Rheinstr. 14, ☎ 04421/41642.

Seglerheim (7), beliebtes Fischrestaurant mit großen Portionen (Steinbeißerfilet). Nur wenige Meter abseits der touristischen Ströme am Nassauhafen. Terrasse vor dem Haus mit Blick auf den Jachthafen. Schleusenstr. 23, ☎ 04421/43143.

Auflauf P1 (8), urgemütlich rustikal eingerichtetes Lokal im alten Pumpwerk an der Kaiser-Wilhelm-Brücke (bei den Museumsschiffen). Wie der Name schon sagt, gibt es fast ausschließlich mit Käse überbackene Aufläufe. Im Sommer stehen draußen Tische. Tägl. ab 18 Uhr geöffnet. Ahrstr. 24, ☎ 04421/44590.

Esscafé (11), das günstige Selbstbedienungsrestaurant des Wattenmeerhauses ist durch die Lage am Südstrand auch für Familien eine echte Alternative zu den teuren Strandrestaurants. Hier kann man nicht nur Kuchen, sondern recht preiswert auch eine Suppe oder auch ein Mittagsgericht bekommen. Tägl. 11–17 Uhr, So Brunch. Südstrand 110 b, ☎ 04421/964950.

Fischgeschäft Wolfgang Kalter (3), großes Fischgeschäft und guter SB-Fischimbiss mit reichlich Auswahl. Abseits der Touristenströme im Nordwesten der Innenstadt gelegen. Müllerstr. 50 (Ecke Zedeliusstr.), ☎ 04421/993344.

Park-Cafe Köhler (5), trotz zentraler Lage gegenüber der Nordseepassage (Wilhelmsplatz) im Grünen gelegen. Riesiges und traditionelles Café mit eigener Konditorei. Großer Wintergarten. Vor allem älteres Publikum, wegen der ringsum angelegten

Das andere Gesicht der Stadt: Fischer im Vorort Rüstersiel

Volieren mit Großvögeln aber auch interessant für Familien mit Kindern. Reichlich Kuchen, aber auch Frühstücksgedeck im Angebot. Virchowstr. 11, ✆ 04421/41104.

Bootshaus am Stadtpark (2), toll gelegen mit großer Gartenterrasse unter uralten Platanen mit Blick auf den Teich. Innen pastellfarben und gemütlich, gutbürgerliche Küche, vor allem Fisch im Angebot. Neuengroder Weg 18, etwas außerhalb des Zentrums im Stadtpark neben dem Rosarium, ✆ 04421/699377.

Pumpwerk (9), Kulturzentrum am Banter See. Noch bis 1974 pumpte das 1903 erbaute Industriegebäude ungeklärte Abwässer in die Nordsee, jetzt ist hier vor allem mittwochs und am Wochenende (fast) immer kulturell was los. Livemusik, Kleinkunst, aber auch Kultur für Kinder stehen dann auf dem Programm. Banter Deich 1, ✆ 04421/913690, Ticketinfo ✆ 01805/849948, www.pumpwerk.de.

Sehenswertes

Neben einer neugotischen Kirche und einem eigenwilligen Rathaus bietet Wilhelmshaven „sechs maritime Erlebniswelten“. Rund um den Großen Hafen und die Drehbrücke laden sie unter dem Label *Maritime Meile Wilhelmshaven* die Besucher der Stadt ein (www.maritimemeile.de).

Christus- und Garnisonskirche: Während der Feierlichkeiten zur Stadtgründung im Jahr 1869 legte Wilhelm I. auch den Grundstein zu diesem Gotteshaus, das als Garnisonskirche für seine Soldaten dienen sollte. Besonders auffällig ist der Turm des neugotischen Backsteinbaus, denn dieser erhebt sich zentral über der Vierung 55 m in die Höhe. Das Innere ist relativ schlicht gehalten. Mahnmale und Gedenktafeln erinnern an gefallene oder verunglückte Marinesoldaten. Das 1926 geschaffene Altarbild mit dem Kreuz über dem Wasser gedenkt der Skagerrakschlacht von 1916, die zum Grab von über 8000 deutschen und englischen Seeleuten wurde. Das Segel an der Nordwand des Längsschiffs weist auf das Unglück des Segelschulschiffs *Niobe* hin, das 1932 in einer Fallbö vor Fehmarn kenterte. 69 Menschen gingen mit dem Schiff unter.

Wilhelminisch: Christus- und Garnisonskirche

Nach dem Zweiten Weltkrieg hat man über dem Haupteingang das in Stein gehauene Christusbild aus den Trümmern der zerstörten ehemaligen Christuskirche (an der Adalbertstraße) eingefügt. Evangelische Marine- und Zivilgemeinde schlossen sich 1959 zusammen, seitdem trägt das Gotteshaus den Doppelnamen Christus- und Garnisonskirche.

Die Kirche ist tägl. von 9 bis 19 Uhr (im Winter bis 17 Uhr) geöffnet.

Rathaus: Der eigenwillige Klinkerbau ist ein beeindruckendes Beispiel monumentaler Backsteinarchitektur. Die runde Freitreppe vor dem Eingang wird flankiert von zwei stilisierten Löwen.

Martialisch: der Zerstörer Mölders im Deutschen Marinemuseum

Mittelpunkt ist der fast 50 m hohe Turm, der noch heute als Wasserreservoir genutzt wird. Entworfen hat das im Jahre 1929 eingeweihte Rathaus Fritz Höger, der auch das ganz dem Expressionismus verhaftete Chile-Haus in Hamburg gebaut hat. Die expressionistischen Einflüsse zeigen sich am Rathaus vor allen Dingen in den Fassadendetails.

Ein Fahrstuhl führt auf den Turm, der weiten Ausblick bietet. Turm: Mo–Fr 8.30–15.30 Uhr, Sa/So 12–18 Uhr. Eintritt am Automaten 1,50 €. Zugang über das Kellergeschoss rechts neben der Rathaustreppe (Restaurant „Pacific“).

Aquarium: Das am Südstrand gelegene, denkmalgeschützte Schauaquarium nimmt die Besucher mit auf eine Reise durch die aquatischen Lebensräume der Erde. Sie beginnt bei der heimischen Unterwasserwelt, die durch etwa 60 Tierarten aus Wattenmeer und Nordsee repräsentiert wird. Weiter geht's durch unterschiedliche Wasserlandschaften Richtung Atlantikbecken, in dem sich einige Haie tummeln. Weltweit einmalig ist, dass im Aquarium auch die Antarktis vertreten ist, und zwar durch Eisfische und seltene, etwa 20 cm große Asselspinnen, die nur im engen Wassertemperaturbereich von 0,4–0,8 °C überleben können. Anschließend geht die Reise durch die bunte Welt der subtropischen/tropischen Meere, deren Kern ein 200.000 Liter fassendes Becken mit allerlei bunten und skurrilen Meerestieren ist. Man lernt eine Menge über die Meeresfauna, so z. B. dass Seehunde bis zu 40 Jahre alt werden können. Zu bestaunen sind aber nicht nur Seehunde und Fische, sondern u. a. auch Pinguine, Kaimane und Giftfrösche.

Tägl. 10–18 Uhr. Ab 16 J. 8,50 €, darunter 6,50 €, Familienkarte 25 €. Südstrand 123, ✆ 04421/5066444. Busverbindung: Haltestelle Südstrand der Buslinie 8. Im gleichen Gebäude gibt es zudem ein kleines **Buddelschiffmuseum** (mit 150 Exemplaren) und einen **Kinder-Spielpalast** (Indoor-Spielplatz). Fürs Buddelschiffmuseum zahlt man ab 16 J. 2,50 €, darunter 1,50 €, im Kinder-Spielpalast sind es 2,50 € bzw. 3,50 €.

Deutsches Marinemuseum: Ein Jagdbomber, ein paar Marineboote und ein riesiges, begehbares U-Boot der Bundesmarine fallen schon von weitem ins Auge. Sie markieren den Eingangsbereich des auf einem großen Freigelände gelegenen, 1998 eröffneten Museums. Höhepunkt ist sicher die Besichtigung des durchaus sehenswerten Zerstörers *Mölders*. Kaum zu glauben, dass auf diesem 1968 gebauten und 2003 außer Dienst gestellten Schiff 334 Besatzungsmitglieder lebten und arbeiteten. Jährlich knapp 150.000 Besucher zieht das Museum in seinen Bann, das es sich zur Aufgabe gemacht hat, die Geschichte der deutschen Marine von ihrer Gründung 1848 bis heute lebendig erfahrbar zu machen. Im denkmalgeschützten Hauptgebäude von 1888, das früher von der kaiserlichen Marine genutzt wurde, sind verschiedene Themenausstellungen zu sehen, beispielsweise über *Waffen des Seekriegs*, über *Zwei deutsche Marinen von 1955 bis 1990*, aber auch über das *Ende der Weltkriege und ihre Folgen*.

Tägl. 10–18 Uhr (Okt.–März 10–17 Uhr). Erwachsene 8,50 €, Kinder (6–14 J.) 5 €, Familien 20 €. Im Museum befindet sich ein Imbissstand. Südstrand 125, ✆ 04421/41061, www.marinemuseum.de.

Wattenmeerhaus: Hier im Hauptinformationszentrum des *Nationalparks Niedersächsisches Wattenmeer* lässt sich der einzigartige Lebensraum Wattenmeer mit allen Sinnen entdecken. Hauptattraktion ist ein multimedialer Sturmerlebnisraum, in dem einem der Wind in Orkanstärke um die Ohren geblasen wird. Außerdem kann man an einem kleinen Aquarium durch eine Kurbel Wellen erzeugen und die Reaktion der Tiere beobachten, einen Blick durch das Mikroskop einen Küstenforschers werfen oder Geschichten von der Einsamkeit des Vogelwartes lauschen. Und natürlich gibt es noch viel mehr zu sehen, vor allem die Ausstellungen zu den Themenschwerpunkten *Wattvögel*, *Leben im Watt*, *Salzwiesen* und *Fischerei* sind lohnenswert. Zudem werden regelmäßig große Sonderausstellungen veranstaltet, auch zu ganz nordseefernen Themen wie *Der Regenwald* oder *Ötzi, der Mann aus dem Eis*.

April–Okt. tägl. 10–18 Uhr, Nov.–März Di–So 10–17 Uhr. Erwachsene 6 €, Kinder ab 6 J. 3 €, Jugendliche 4 €, Familien 13,50 €. Die Kombikarte mit dem Marinemuseum kostet für Erwachsene 10 €, für Jugendliche 5 €, für Familien 25 €. SB-Restaurant Esscafé mit preiswertem Mittagstisch im Haus. Südstrand 110 b, ✆ 04421/91070, www.wattenmeerhaus.de.

2 m lang: Walpenis im Küstenmuseum

Küstenmuseum am Bontekai: Hauptattraktion des Museums ist die im ersten Stock zu findende Ausstellung *wal.welten*. Mittelpunkt ist das Skelett eines 1994 vor der Insel Baltrum gestrandeten, 15 m langen Pottwals, dessen Schädel 4 m misst. Fotos belegen Bergung, Zerlegung und Präparation des Wales. Sehenswert bis gruselig sind auch die von Gunther von Hagen, dem umstrittenen Macher der Körperwelten-Ausstellung, plastinierten riesigen Organe

Virtuelle Unterwasserwelt: Erlebnisausstellung Oceanis

des Tieres. Bei Herz, Bronchien, Blasloch und dem über 2 m langen Penis des Pottwals wurden Fett und Wasser im Gewebe durch Kunststoff ersetzt und so haltbar gemacht. Es sind die größten ausgestellten Organe der Welt. Pottwale in bewegten Bildern gibt es auch zu sehen, außerdem kann man ihren Gesängen lauschen. Darüber hinaus widmet sich das Museum mit verschiedenen Ausstellungen dem Thema Küste. Dabei geht es beispielsweise um die frühe Landschafts- und Siedlungsgeschichte, die anhand seltener Grabungsfunde dokumentiert wird. Zu sehen sind Häusermodelle, Werkzeuge und sogar Textilien, aber auch Skelette von vor 2000 Jahren bestatteten Kindern. Ein aktuelles Thema ist der Bau des zukünftigen Tiefwasserhafens JadeWeserPort (siehe S. 53).

Tägl. 10–18 Uhr, Nov.–März Di–So 10–17 Uhr, So 14 Uhr öffentliche Führung. Erwachsene 4,70 €, Kinder 2,10 €, Familien 12,40 €. Weserstraße 58, ✆ 04421/400940, www.kuestenmuseum.de.

Oceanis: Eintauchen in die Unterwasserwelt heißt es auf dieser virtuellen Tour in die Meerestiefen. In einer Mischung aus Animation und wissenschaftlicher Information über Nautik und Meer geht es zunächst mit einem simulierten 3-D-Fahrstuhl „gefühlte“ 100 m in die Tiefe. So gelangt man zur eigentlichen Unterwasserstation. Man findet sich wieder in begehbaren metallenen Röhren, in denen viele Exponate und interaktive Infostände zum spielerischen Lernen und Staunen anregen. Hier und dort ermöglichen Bullaugen den Blick nach „draußen“. Die Röhren münden in einen größeren Forschungs- und in den Maschinenraum, in denen wiederum reichlich virtuelle Animation und multimediale Computer dazu einladen, sich näher mit Meeresströmungen, Tsunamis, Seeungeheuern etc. zu befassen. Zurück an die „Oberfläche“ führt die Reise im OCEANIS-Jet, in dem die 3-D-Animation mit der Bewegung eines Flugsimulators kombiniert wird.

März–Nov. tägl. 10–18 Uhr, im Winter nur am Wochenende. Erw. 8,90 €, Kinder (6–14 J.) 5,90 €, Familien (mit 2 Kindern) 21,90 €. Bontekai 63, ✆ 04421/755055, www.oceanis.de.

Piratenamüseum: Ganz auf Kinder eingestellt ist das kleine Mitmachmuseum neben der Garnisonskirche, das gleichzeitig auch Jugendgästehaus ist. Das „Amüseum" versteht sich als unterhaltsames Kreativmuseum und steht ganz im Zeichen des Jolly Roger, der schwarzen Totenkopfflagge der Piraten. Unter dem Motto „klein, aber ahoi" tauchen die Kinder ein in die Welt der Piraten wie Klaus Störtebeker und erfahren so manches über die Geschichte der Freibeuterei. Auch erwachsene Piraten kommen da auf ihre Kosten.

April–Okt. tägl. 11–17 Uhr, im Winter nur So 14–18 Uhr. Erwachsene 3,50 €, Jugendliche ab 11 J. 2,20 €, Kinder 1,20 €. Ebertstraße 88 a (Garnisonskirche), ✆ 04421/409779, www.piratenmuseum.de.

Kunsthalle: Die seit fast hundert Jahren existierende Kunsthalle ist die älteste Kulturinstitution der Stadt. Sechsmal im Jahr wechseln die Ausstellungen in dem im Jahre 1968 am Adalbertplatz errichteten Gebäude. Zu sehen gibt es meist bildende Kunst junger Künstler aus der Region.

Di 14–20 Uhr, Mi–So 11–17 Uhr. Erwachsene 3 €, ermäßigt 2 €. Adalbertstr. 28, ✆ 04421/41448, www.kunsthalle-wilhelmshaven.de.

Der Jadebusen

Entstanden ist die riesige Bucht durch mehrere mittelalterliche Sturmfluten. Erste Einbuchtungen waren das Ergebnis der Julianenflut von 1164, die einen damals schon vorhandenen Deich zerstörte. In den folgenden Jahrhunderten schlug der *Blanke Hans,* wie die tosende Nordsee auch genannt wird, immer wieder zu und vergrößerte die Bucht. Zuletzt geschah das im Jahr 1905, als die Insel Arngast endgültig verschwand (siehe auch S. 65). Sieben Kirchdörfer wurden im Laufe der Zeit ausradiert, und nahezu 100.000 Menschen starben in den Fluten. Andererseits konnte man mühsam auch wieder Land zurückgewinnen, sodass die heutige Form des Jadebusens auch das Resultat umfangreicher Eindeichungsmaßnahmen ist.

Der Jadebusen, der seinen Namen vom Fluss Jade hat, der bei Dangast in die Bucht mündet, hat eine Fläche von über 190 km². An seiner engsten Stelle, die Wilhelmshaven von Butjadingen trennt und quasi den Eingang zur Bucht bildet, ist der Jadebusen ein wahres Nadelöhr von nur 4 km Breite.

Durch die Verengung lassen die Gezeiten viermal am Tag Millionen Tonnen Wasser mit der Flut in den Jadebusen hinein- und mit der Ebbe wieder hinausfließen. Die Spülkraft der Wassermassen hat im Sand eine Rille mit einer Tiefe von über 10 m gegraben, die direkt an Wilhelmshaven vorbeiführt und eine ideale Fahrrinne für den Tiefseehafen schafft.

Der größte Teil des Jadebusens fällt bei Ebbe trocken und ist heute ein einzigartiges Vogelschutzreservat im Nationalpark Niedersächsisches Wattenmeer.

Hafenidylle pur: Neuharlingersiel

Ostfriesische Küste

Ostfrieslands Küstenlinie wird von hübschen Hafenorten geprägt, die überall dort entstanden sind, wo Siele gebaut wurden, um das Land zu entwässern. Entsprechend lauten die Ortsnamen: Carolinensiel, Neuharlingersiel, Bensersiel oder Greetsiel. Doch längst sind die ehemaligen Siel- und Fischerorte zu beliebten Nordseebädern geworden, die fast ausschließlich vom Tourismus leben.

Idyllische Kutteratmosphäre findet man nur noch in wenigen Häfen. Dort kann man allerdings immer noch fangfrischen Granat (Krabben) oder Fisch direkt vom Kutter kaufen.

Entgegen der landläufigen Meinung gibt es an der Küste auch so gut wie keine natürlichen Badestrände. Der sandige Geestrücken reicht nämlich nicht an das Wattenmeer, und zudem ist Watt eben Schlick und kein Sand. Doch auf den Strandurlaub muss man deswegen nicht verzichten, künstlich aufgeschüttete Strandabschnitte sorgen in den Nordseebädern dennoch für echte Badefreuden.

Den Charme der Küste machen zudem die schier endlos wirkenden Deiche aus. Sie beschützen das Land und laden zu ausgedehnten Spaziergängen ein, die nahen Inseln immer im Blick.

Dangast

540 Einwohner

Dangast liegt auf einer Anhöhe. Ein Schutzdeich ist daher nicht erforderlich, und das ist einzigartig an der Küste. So genießt der Besucher vom Ort aus den weiten Blick auf die See, in diesem Fall auf den Jadebusen.

Alles wirkt eher beschaulich, keine Hochhäuser stören das Landschaftsbild, ein Campingplatz bildet den Ortsmittelpunkt. Der Umstand, dass auch der Jadebusen stark von den Gezeiten abhängig ist, sorgt für eine besondere Atmosphäre. Weil in Dangast das hügelige Geestland und nicht die flache Marsch direkt bis an den Jadebusen heranreicht, gibt es hier – im Gegensatz zu den meisten Nordseebädern – einen schönen und natürlichen Sandstrand. Ideale Bedingungen für Familien also, zumal die Kinder relativ gefahrlos im flachen Wasser plantschen können (siehe Foto S. 12).

Am westlichen Ortsrand, dort, wo das Alte Kurhaus inmitten hoher Bäume auf der Anhöhe steht, wird der 2 km lange Badestrand durch das Dangaster Tief begrenzt. Hier befindet sich der Sielhafen von Dangast. Vor dem Krieg gehörten stolze 24 Kutter zur Dangaster Flotte, um 1950 waren es noch zwölf, heute dümpelt lediglich ein Kutter (aus Varel) im Hafen und verkauft frischen Granat an Gäste und Einheimische. Immerhin sorgen einige Segelboote und das Ausflugsschiff *Etta von Dangast* für ein wenig Leben im kleinen Hafen. Auf der Deichnase an der Hafeneinfahrt steht ein Pegelhäuschen. Hier lässt sich der Tidenhub ablesen, der in Dangast stolze 3,70 m beträgt.

Der Ort verfügt auch über eine eigene Heilquelle. Das Jod-Sole-Wasser wird aus einer 573 m tiefen Quelle geholt und speist das Quellbad Dangast, ein modernes Heil- und Erlebnisbad für die ganze Familie. Obwohl nicht am offenen Meer gelegen, hat Dangast doch alles, was zu einem Nordseebad gehört. Auch Deichwege, die am Jadebusen zu ausgedehnten Spaziergängen einladen, wenn man nicht gleich das Watt selbst bei einer Wattwanderung erkundet.

Geschichte: Dangasts Karriere als Nordseebad begann bereits Ende des 18. Jh., als der Landesherr der Herrschaft Kniphausen, Graf Wilhelm von Bentinck (siehe S. 66), das Potenzial des bis dahin unbedeutenden Weilers erkannte: seine geschützte Lage auf dem Geestrücken. Kurzerhand begann er, den Ort nach englischem Vorbild als Seebad auszubauen. Schon bald trafen sich die wohlhabenden Erholungssuchenden im Conversationshaus, dem 1804 errichteten baulichen Auftakt der Dangaster Seebadherrlichkeit. Kurz darauf entstanden Logierhäuser, und 1820 ersetzte ein formidables Kurhaus mit Ballsaal das inzwischen niedergebrannte Conversationshaus. Kamen zunächst nur Adelige und Hofbeamte der umliegenden Grafschaften, wurde der vergleichsweise preiswerte Ort später auch zum Anziehungspunkt von Künstlern. Um 1905 logierten hier die Vertreter der Künstlergruppe *Die Brücke*, 1921 kam der junge Maler *Franz Radziwill* (1895–1983) und ließ sich ein Jahr später ganz in Dangast nieder. Das Radziwill-Haus in der Sielstraße, aber auch das Alte Kurhaus sind seit Jahren Treffpunkt vieler Kunstliebhaber. In den 1970er Jahren entdeckten dann moderne Aktionskünstler Dangast für sich, darunter Schüler von Joseph Beuys. Heute gewinnt der Kulturtourismus in Dangast ständig an Bedeutung.

• *Information/Zimmervermittlung* **Kurverwaltung Nordseebad Dangast**, Am alten Deich 4–10, 26316 Dangast, ✆ 04451/9114-13, www.dangast.info. Kurbeitrag: Erwachsene in der Hauptsaison 1,60 €, Kinder die Hälfte. Der östliche Strandabschnitt ist nur mit Kur- bzw. Strandkarte zu betreten, der schöne Strandabschnitt vor dem Kurhaus ist hingegen frei.

• *Fahrradverleih* **Angelas Fahrradverleih**, Auf der Gast 34, ✆ 04451/6306; **Timmis Fahrradverleih**, Störtebekerstr. 10, ✆ 04451/81813; **Brüning**, Edo-Wiemken-Str. 38, ✆ 04451/3768.

• *Schiffsausflüge* Vom Hafen Dangast aus startet in der Saison die 70 Jahre alte *Etta von Dangast* mit dem humorigen Kapitän Anton Tapken zu verschiedenen Ausflugsfahrten. Mal geht es über den Jadebusen zum Arngaster Leuchtturm, mal zu den Seehundbänken oder zum Großen Hafen von Wilhelmshaven. ✆ 04451/7963, www.ettavondangast.de.

• *Schwimmbad/Sauna* **DanGastQuellbad**, Sole-Freizeitbad mit 75 m langer Großwasserrutsche, Erlebnisbecken, Außenbadebereich, Dampfsauna und Cafeteria. Tägl. 9–21 Uhr geöffnet (im Winterhalbjahr eingeschränkte Öffnungszeiten). Erwachsene

Moderne Kunst: Phallus am Strand von Dangast

(bis 3,5 Std.) 5,20 €, Kinder (6–15 J.) 2,60 €, Familien 13 €. ✆ 04451/911441.

Sauna im Gesundheitszentrum **Via Mare** (Jod-Sole-Bewegungsbad neben der Kurverwaltung). Wochentags 16–21.30 Uhr, Sa/So 10–13 Uhr geöffnet, 10 €. ✆ 04451/960610.

• *Strandkorbvermietung* An der Kasse zum Badestrand (5,50 €/Tag). Vorbestellung unter ✆ 04451911441.

• *Wattwanderung* Zum Arngaster Leuchtturm, Erw. 15 €, Kinder 10 €, ✆ 04465/570 (Gerke Ennen).

• *Wohnmobilstellplatz* Ein kleiner privater Platz der Familie Tapken befindet sich am Sielhafen von Dangast.

• *Übernachten* **Hotel Up'n Diek**, zentral gelegenes und sehr gepflegtes 22-Zimmer-Hotel (garni) mit gutem Frühstücksbuffet. Schöne DZ für 65–72,50 €. Edo-Wiemken-Str. 58, ✆ 04451/959494, 959400, kontakt@hotel-upn-diek.de, www.hotel-upn-diek.de.

Dangaster Reethaus, kleine, schmucke Frühstückspension mit vier Zimmern, ein nettes Café befindet sich im Haus. DZ 58–62 €. Edo-Wiemken-Str. 4 (Ortsrand, an der Zufahrtsstraße), ✆ 04451/3082, 969910, info@dangaster-reethaus.de, www.dangaster-reethaus.de.

Camping Auf der Gast, städtischer Campingplatz am Jadebusen, in unmittelbarer Strandnähe und beim Kurzentrum gelegen, 550 Stellplätze. ✆ 04451/911422, camping@dangast.de, www.dangast.de.

Camping Rennweide, privater Platz der Familie Tapken in toller Ortsmitte-Lage direkt am Strand, 200 Stellplätze. ✆ 04451/3161, briefe@rennweide.dewww.rennweide.de.

• *Essen und Trinken* **Kurhaus**, auf dem hohen Ufer am westlichen Ortsrand gelegen. Familie Tapken betreibt das Kultcafé am Jadebusen. Hier treffen sich Kunstinteressierte und besichtigen Werke verschiedenster Maler, die im alten Kurhaussaal ausgestellt sind. Vor allem aber sind es Gäste aus dem Ort und Ausflügler aller Art, die für reichlich Betrieb sorgen. Das Kurhaus ist groß, bunt und gemütlich. Nicht nobel, eher rustikal einfach, mit vergleichsweise preiswertem Mittagstisch und leckerem Rhabarberkuchen. Von der großen Terrasse (Selbstbedienung) hat man einen schönen Blick hinunter auf den Strand. An der Rennweide 46, nur Fr–So 9–19 Uhr; ✆ 04451/4409.

Altes Zollhaus, am Ortsrand Richtung Varel gelegen, jugendstilorientierte Inneneinrichtung. Einfaches, aber schmackhaftes Essen, Fleischgerichte und leckerer Fisch. Mi Ruhetag, Do nur abends geöffnet. Edo-Wiemken-Str. 46, ✆ 04451/4151.

Sehenswertes

Franz-Radziwill-Haus: Über 60 Jahre hat der Expressionist Franz Radziwill (1895–1983) in Dangast gelebt und gearbeitet. Sein noch original ausgestattetes Wohnhaus und Atelier ist heute ein Museum. Neben Werken Radziwills werden wechselnde Ausstellungen mit Arbeiten anderer Künstler gezeigt.

So 11–18 Uhr, während der Saison auch Do–Sa 15–18 Uhr, Erwachsene 2,50 €, Kinder ab 6 J. 2 €. Mitte Januar bis Mitte März ganz geschlossen. Sielstr. 2, ✆ 04451/2777, www.radziwill.de.

Der Skulpturenpfad rund um den Jadebusen

Im Jahr 2000 wurden auf dem 9 km langen Deichweg zwischen Mariensiel und Dangast sieben moderne Skulpturen zur Schöpfungsgeschichte aufgestellt, die sich die „sieben Seh-Zeichen auf sieben See-Meilen" nennen. Fünf Jahre später wurde der Skulpturenpfad um den ganzen Jadebusen herum bis zum 35 km entfernten Eckwarderhörne erweitert. Nun können Spaziergänger und Radfahrer 14 große steinerne Skulpturen am Wegesrand bewundern. Sieben symbolisieren die Schöpfungstage, die übrigen weitere alttestamentarische Geschehnisse wie den *Brudermord* oder *Die große Flut*. Das Kunstwerk des siebten Tages (von Eckart Grenzer) steht in Dangast kurz vor dem Kurhaus am Hafen (www.kunstamdeich.de).

Fahrradfahrer können eine große Skulpturentour rund um den Jadebusen unternehmen. Etwa 65 km geht es immer an der Deichlinie entlang. Eine kleine Fähre bringt die Radwanderer ab Eckwarderhörne in den Sommermonaten über den Flaschenhals des Jadebusens zurück nach Wilhelmshaven. Abfahrt 9 Uhr und 17 Uhr. Erw. 7 €, Jugendl. (12–18 J.) 6 €, Kinder (4–11 J.) 5 €, Fahrrad 5 €.

Moderne Kunst in Dangast: Neben dem Franz-Radziwill-Haus und dem Skulpturenpfad lohnt ein Besuch der *Galerie Willy Hinck* in der Strandvilla Irmenfried (Rennweide 40, Nähe Kurhaus). Dort sind die Aquarelle, Pastelle und Ölbilder des 2002 verstorbenen Dangaster Kunstmalers Willy Hinck zu besichtigen (nur So 11–17 Uhr, ✆ 04451/2790). Darüber hinaus erschließen noch weitere Kunst-Entdeckungspfade Dangast und seine Umgebung. So hat das Nationalparkhaus zum Thema *Leben zwischen Meer und Küste* einen künstlerisch gestalteten *Salzwiesenpfad* mit sechs Stationen eingerichtet (beim städtischen Campingplatz). Zudem gibt es im Ort den so genannten *Kunstpfad*, der an die Brücke-Künstler Erich Heckel, Karl Schmidt-Rottluff und Max Pechstein erinnert, die in Dangast Anfang des 20. Jh. bedeutende Werke des Expressionismus schufen.

Auffällig sind darüber hinaus die sechs so genannten *Stolpersteine*: Kunstwerke, die in ganz unterschiedlicher Weise den Themen Kultur- und Siedlungsgeschichte bzw. Naturraum gewidmet sind. Der bekannteste ist der 3,60 m hohe Granitphallus des Beuys-Schülers Eckhart Grenzer. Er steht mitten auf dem Kurhausstrand, und zwar direkt an der Flutkante, und ist konzipiert als – Originalzitat – „verbindendes Glied zwischen dem weiblichen Meer und der männlichen Erde" ... Als der imposante Penis 1984 aufgestellt wurde, hagelte es Proteste. Inzwischen haben die Dangaster mit ihrem Verbindungsglied Frieden geschlossen und betrachten es ganz ungeniert als eines ihrer Ortswahrzeichen.

Ebenfalls von *Eckhart Grenzer* stammt der 6 m hohe *Friesendom*, der 2005 vor dem Quellbad errichtet wurde und an die Menschen erinnern soll, die bei verheerenden Sturmfluten im Jadebusen umgekommen sind. Es handelt sich um einen 60 t schweren Granitblock, der in vier gleich große Säulen gespalten wurde. Zwischen den Säulen hängt eine Glocke, die der Wind zum Läuten bringt. Sieben kreisförmig um die Skulptur angeordnete Findlinge symbolisieren sieben untergegangene Kirchdörfer.

Der Friesendom:
Sturmflut-Mahnmal am Jadebusen

Nationalparkhaus „Alte Schule Dangast": Das alte Schulgebäude – etwas abseits hinter dem Ortsausgang Richtung Varel gelegen – ist seit 1988 Informationszentrum über das Wattenmeer und den Küstenschutz am Jadebusen. Schautafeln und Fotografien, aber auch Tierpräparate und ein kleines Seewasseraquarium und Tidebecken, in dem sich die Wattbewohner tummeln, bringen dem Besucher diesen einzigartigen Naturraum näher. Ein beachtlicher Museumsshop gehört ebenfalls zum Haus.

April–Okt. (und zwischen den Jahren) Di–Fr 10–12 Uhr und 14–18 Uhr, Sa/So nur 14–18 Uhr. Der Eintritt ist frei, Spenden sind aber erwünscht. Das Haus organisiert regelmäßig Watt- und naturkundliche Führungen (Nationalpark-Erlebnispfad), auch speziell für Kinder. ✆ 04451/7058, www.nlph.de.

Leuchtturm Arngast: Schon seit 1909 steht mitten im Jadebusen das markante, 37 m hohe Seezeichen an jener Stelle, an der sich bis 1905 die bei einer Sturmflut untergegangene Insel *Arngast* befand. 112 mit Tonrohren ummantelte Holzpfähle stützen das Fundament des Turms, für dessen Betrieb vor der Automatisierung im Jahr 1968 noch ein Leuchtturmwärter sorgte. Das Seezeichen leitet nach wie vor die Schiffe in die Häfen von Dangast und Varel, dient aber auch zur Ansteuerung von Wilhelmshaven. Bei Niedrigwasser ist der nur von außen zu besichtigende Leuchtturm übers Watt auch zu Fuß erreichbar. Wegen des hohen Tidenhubs im Jadebusen ist die Wanderung nur mit erfahrenen Wattführern machbar. Die Führung dauert etwa sieben Stunden hin und zurück und ist eine der anspruchvollsten Wattwanderungen der gesamten Küste. Bequemer ist ein Besuch mit dem Schiff. Die *Etta von Dangast* bietet fast täglich Ausflugsfahrten rund um Arngast an.

Hooksiel

2000 Einwohner

Verwaltungstechnisch gehört Hooksiel seit 1972 zur Gemeinde Wangerland. Doch obwohl die Gemeinde den seit Jahrhunderten gebräuchlichen Namen für die Kulturregion nördlich von Jever trägt und das Gebiet inzwischen auch touristisch unter diesem Label vermarktet wird, sind die hiesigen (Küsten-)Orte weiter eher unter ihren ursprünglichen Namen bekannt: Horumersiel-Schillig, Minsen-Förrien, Hohenkirchen und eben Hooksiel mit seinem unter Denkmalschutz stehenden Hafen und dem historischen Ortskern.

Viel Trubel gibt es nicht mehr am alten Hafen, um den herum sich einige Cafés und Restaurants angesiedelt haben. Nur ein paar Jachten und gelegentlich auch ein Krabbenkutter machen noch an der langen Kaimauer fest. Drei alte Packhäuser aus dem 19. Jh. flankieren den Hafen, von dem nördlich die Lange Straße abzweigt, die mit ihren Geschäften in historischen Häusern zum Bummeln einlädt. Dort steht auch das ehemalige Rathaus mit seinem hübschen Zwiebelturm, das jetzt ebenso wie das benachbarte alte Spritzenhaus als Künstlerhaus dient. Darin wohnen, arbeiten und präsentieren Stipendiaten eines hiesigen Fördervereins und der Gemeinde in wechselnden Ausstellungen ihre Werke (Di–So 14–18 Uhr, Eintritt frei). Mittlerweile hat es sich ein weiterer Förderverein zur Aufgabe gemacht, mit Hilfe eines gerade im Aufbau befindlichen Kunst- und Erlebnispfades Besuchern den Künstlerort Hooksiel näher zu bringen.

Außerhalb des alten, belebten und noch sehr ursprünglichen Ortskerns wirkt Hooksiel etwas zersiedelt. Das Kurzentrum und das Wellenbad sind ein wenig abseits gelegen, und der weitläufige, sehr schöne Badestrand, der sich vor dem Deich erstreckt, ist zu Fuß sogar kaum zu erreichen (kostenlose Parkmöglichkeiten vorhanden). Der Deich grenzt auch das 1974 dem Meer abgerungene, 240 ha große Freizeitgelände um den Binnensee Hooksmeer vom Jadebusen ab. Hier finden sich Wander- und Reitwege, eine Wasserskianlage, der Segelhafen und sogar eine Trabrennbahn. Weil es eine Seeschleuse gibt, ist auf dem Hooksmeer auch gezeitenunabhängiger Wassersport möglich. Zudem bekam Hooksiel mit der Schleuse auch einen neuen Außenhafen, von dem aus zahlreiche Ausflugsfahrten angeboten werden.

Geschichte: Der Ort (Hook bzw. Hoek = „Vorsprung", „Nase") entstand 1546 mit dem Bau des erstens Siels auf Initiative von Maria von Jever, der letzten Regentin des Jeverlandes aus dem Häuptlingsgeschlecht der Wiemkens. Jever war durch zunehmende Verlandung des Hooksieler Tiefs immer schlechter von See aus zu erreichen, also musste ein Umschlaghafen für das Jeverland her. Für die folgenden 300 Jahre blühte der Handel im kleinen Ort auf. Vor allem während der von Napoleon verhängten Kontinentalsperre gegen England (1806–14) machte sich der nun unter der Herrschaft derer von Kniphausen stehende Hafen einen Namen als Warenumschlagsplatz. Denn die *Herrlichkeit In- und Kniphausen,* wie die Herrschaft mittlerweile hieß, blieb auch nach dem Reichsdeputationshauptschluss von 1803, als der deutschen Kleinstaaterei ein jähes Ende bereitet wurde, ein neutraler Zwergstaat und war als solcher der Kontinentalsperre nicht unterworfen. Der Überlieferung nach soll Napoleon später eingeräumt haben, den „Fliegenschiss" auf der Karte glatt übersehen zu haben. Die Neutralität nutzte der Landesherr Graf Wilhelm von Bentinck geschickt dazu, gegen Entgelt fremden Schiffseignern das Recht zuzugestehen, unter der international anerkannten Flagge des kleinen „Seestaates" Kniphausen zu fahren und Waren nach England zu liefern. Zwar währten die geradezu paradiesischen Zustände nur bis 1808 – dann wurden die friesischen Küstengebiete dem Königreich Holland zugeschlagen, und die Neutralität war dahin –, doch der Handel im kleinen Hooksiel blühte weiter: jetzt zwar nicht mehr legal, aber die Schmuggler scherte das wenig ...

Mit der Gründung Wilhelmshavens (1869) entstand Hooksiel – mittlerweile dem Großherzogtum Oldenburg zugeschlagen und der düsteren Schmugglergesellen ledig – ein mächtiger Rivale, und bald war es um die Bedeutung des kleinen Hafenorts geschehen. Der Streit mit Wilhelmshaven dauerte aber bis in die jüngste Zeit, v. a. deswegen, weil sich die Industrie- und Hafenanlagen Wilhelmshavens bis vor die Tore Hooksiels erstrecken und den Aufbau einer touristischen Infrastruktur zu behindern schienen. Entschärft hat sich die Situation etwa ab dem Jahr 1974 mit der bis dahin größten deutschen Landgewinnungsmaßnahme, der Hooksiel sein Freizeitgelände und das Hooksmeer verdankt.

Nur noch Freizeithafen: Hooksiel

• *Information/Zimmervermittlung* **Touristeninformation**, Hohe Weg, 26434 Hooksiel, ✆ 04425/95800, www.hooksiel.de. Die übergeordnete Wangerland Touristik GmbH befindet sich in Horumersiel (siehe S. 70). Kurtaxe: Erwachsene 2,90 € (im Winterhalbjahr 1 €), Kinder sind frei.

• *Fahrradverleih* **Lüttjohann**, Langestr. 12, ✆ 04425/990711; **Lüpkes**, Berghamm 10 (Gewerbegebiet), ✆ 04425/990720.

• *Schiffsausflüge* Ziele sind insbesondere die Seehundbänke, der Arngaster Leuchtturm oder der Wilhelmshavener JadeWeserPort und der Marinehafen. (Erwachsene 12,50 €, Kinder 6 €, Familien 31 €, Infos unter www.seetouristik-nordsee.de).

• *Strandkorb* 5,50 € pro Tag.

• *Wasserskiliftanlage* Direkt gegenüber dem Strand des Außenhafens. Tägl. geöffnet. An der Werft 1 a, ✆ 04425/990180, www.wasserski-hooksiel.de.

• *Übernachten/Essen und Trinken* **Packhaus**, sechs sehr geschmackvoll gestaltete Doppelzimmer direkt am Hafen in einem 1827 für die Getreidelagerung erbauten Haus. Im guten Restaurant gibt's in erster Linie Fischgerichte, aber auch Steaks und friesische Spezialitäten (Außenplätze vorhanden). DZ 85–95 €. Am alten Hafen 1, ✆ 04425/1233, ☎ 991101, info@hooksiel-hotel.dewww.hooksiel-hotels.de.

Friesenhof, teilweise reetgedecktes Hotel direkt am Deich und in Hallenbadnähe gelegen. Rustikales Restaurant im Haus. DZ 75–90 €. Tegeler Plate 40, ✆ 04425/9589-0, ☎ 9589-33, www.friesenhof-hooksiel.de.

Nordsee-Camping Hooksiel, der direkt am Wasser gelegene Platz bietet jeglichen Komfort. Nur im Sommer geöffnet. Camper können kostenlos im Hooksieler Schwimmbad baden. ✆ 04425/958080, camp-hooksiel@wangerland.dewww.wangerland.de.

Zum schwarzen Bären, am Hafen gelegener historischer Gasthof mit 250-jähriger Tradition. Gehobenes, rustikales Ambiente, sehr gute Küche, die auch Gäste und Einheimische aus der Region schätzen. Nicht preiswert, aber empfehlenswert, z. B. Fischteller Hooksmeer. 11–24 Uhr, Mi Ruhetag. Lange Str. 15, ✆ 04425/95810.

Ein Hauch von Ascot: Pferderennen in Hooksiel

Sehenswertes

Mudderboot: An der Hafensüdseite liegt auf dem Trockenen frei zugänglich ein Kulturdenkmal der besonderen Art. Es handelt sich um ein hölzernes Mudderboot, das noch bis 1956 die Fahrrinne zum Meer, also das Hooksieler Tief, entschlammte. Das 1925 gebaute, 9 m lange Boot hat durch einen weit ausladenden, hölzernen Schild eine Räumbreite von 12 m und wurde einzig und allein durch aufgestautes Wasser angetrieben. Das abfließende Binnenwasser schob das Boot einfach vor sich her. An der Unterseite angebrachte Zinken wirbelten dabei den Schlick vom Boden auf, der dann mit dem ablaufenden Wasser weggespült wurde.

Internationales Muschelmuseum: In dem kleinen Ein-Raum-Museum an der Hafenwestseite sind liebevoll zusammengestellte Muscheln und Schnecken, Seeigel und Seesterne zu bewundern. Viele der Ausstellungsstücke hat der Besitzer während seiner 35-jährigen Marinezeit aus aller Welt mitgebracht. Zu sehen ist auch ein Meerwasserbecken mit lebenden Korallen und Muscheln.

In der Sommersaison und in den Weihnachtsferien tägl. 10.30–17 Uhr. Erwachsene 1,50 €, Kinder 0,50 €. Lange Str. 16, ✆ 04461/6579.

Bullermeck: In der Spielhalle mit Bistro lassen Riesenrutsche, Kletterwand, Bungee-Trampolin und vieles mehr die Herzen von Kids höher schlagen – auch eine Methode, Regentage an der Küste zu überbrücken.

Tägl. 10–18 Uhr. Kinder/Jugendl. (4–18 J.) 6,90 €, Erwachsene 4,60 €. An der Scheune 3 (am Hooksieler Außenhafen), ✆ 04425/990399, www.bullermeck.de.

Jaderennbahn: Am östlichen Ortsrand von Hooksiel Richtung Hooksmeer (gut ausgeschildert) liegt die Pferderennbahn, auf der an wenigen Tagen im Juli und August ein Hauch von Ascot zu spüren ist. Nicht nur Traber, auch Galopper ziehen dann ihre Runden um die Wette. Und gewettet wird kräftig: Ab 1 € auf Sieg oder Platz kann jeder sein Glück versuchen. Und natürlich wird auch die Dame gekürt, die den auffälligsten Hut zur Schau trägt. Einen Besuch sind die Rennen allemal wert. Das Gros der Zuschauer kommt auf das oft nasse Gelände allerdings nicht mit Hut und Kostüm, sondern mit Regenjacke und Gummistiefeln.

Die Rennen finden meist mittwochabends oder sonntagnachmittags statt. Veranstalter ist der Hooksieler Rennverein, der die Renntage auf Hinweisschildern in den Küstenbadeorten, in der Zeitung oder im Internet bekannt gibt (www.hooksieler-rv.de). Erwachsene zahlen 5 € Eintritt (inklusive Programmheft und kostenlosem Parken), Kinder bis 14 J. haben freien Zugang.

Umgebung von Hooksiel

Kirche zum Heiligen Kreuz in Pakens: 1,5 km westlich von Hooksiel steht eine um 1270 erbaute mächtige Granitkirche auf einer hohen Warf. Innen fallen v. a. das dreijochige Gewölbe und der sandsteinerne Altaraufsatz von 1691 mit seinen Figuren aus weißem Marmor auf. Die wohlklingende Barockorgel auf der Empore stammt von 1664. Bemerkenswert ist auch das mit Engelsköpfen und Blumenbändern verzierte Taufbecken aus Sandstein. Es wird von drei Rücken an Rücken stehenden Putten getragen. Der vergoldete Taufsteindeckel wird von der Decke herabgelassen. Ein Schiffsmodell zum Gedenken an die Besatzung des Hooksieler Robbenfängers *Adelheid* ergänzt die Kirchenausstattung. 1848 lief das Schiff auf ein Riff und sank, 16 Besatzungsmitglieder starben. Das Gotteshaus ist vom täglich geöffneten Eingangsbereich einzusehen.

Warfensiedlung Wüppels: 2 km nördlich von Hooksiel führt von der Küstenlandstraße links eine holperige, gepflasterte Straße in die kleine, schon um 1150 erwähnte Warfensiedlung ab. Auf dem Weg dorthin fällt linker Hand der Blick auf die alte Häuptlingsburg Fischhausen, die als Privatbesitz leider nicht näher zu besichtigen ist. In Wüppels selbst haben noch einige alte Bauernhäuser die Zeit überdauert. Die Schule, der Dorfkrug, das Armenhaus, das Küsterhaus, die Pastorei und die Kirche bilden ein schönes Ensemble um den Dorfplatz herum. Das kleine Gotteshaus ist im Kern ein mehrfach veränderter spätromanischer Backsteinbau. Von guter bäuerlicher Handwerkskunst zeugt der Korb der hölzernen Kanzel (1651), der von einer Mosesfigur getragen wird. Bemerkenswerterweise ist auch der Taufstein aus Holz. Im Fußboden vor dem Eingang befinden sich Grabplatten der Häuptlinge der Burg Fischhausen (12. Jh.). Die Kirche ist von Frühjahr bis Herbst tagsüber geöffnet.

Burg Kniphausen: Vor den Toren Wilhelmshavens liegt die 1438 von Häuptling Lübbe Onneken erbaute ehemalige Wasserburg, die 1475–1624 durch Erbschaft an die Häuptlinge von In- und Kniphausen fiel. Zweimal in ihrer Geschichte wurde die Burg komplett zerstört und wiederaufgebaut, zuletzt 1708. Der riesige Besitz mit Ländereien von Varel bis Hooksiel ging nach dem Dreißigjährigen Krieg an Oldenburg und 1738 an die gräfliche Familie von Bentinck (siehe Geschichte S. 66).
Bis 1989 kümmerte sich ein Verein um die Erhaltung der Anlage, die heute in Privatbesitz ist und bewohnt wird, aber öffentlich zugänglich blieb. Ein sehr gepflegter Park umgibt die schlanke Burg mit ihrem achteckigen Treppenturm.

Die Burg befindet sich direkt an der A 29, Abfahrt Fedderwarden (gehört verwaltungstechnisch schon zu Wilhelmshaven). Eine nette Burgschänke sorgt für kulinarische Genüsse (✆ 04432/1352), der sehenswerte Ahnensaal wird für Veranstaltungen genutzt

Horumersiel-Schillig

1000 Einwohner

Horumersiel und Schillig sind genau genommen zwei Orte, die aber weitgehend ineinander übergegangen und zu einem lang gestreckten Doppelort geworden sind. Die Wege zum Wasser sind kurz, weshalb das Nordseebad in erster Linie bei Familien mit Kindern beliebt ist.

Mit 1,2 Mio. jährlichen Gästeübernachtungen gehört das kleine Horumersiel-Schillig zu den beliebtesten Ferienorten der Küste. Die hohen Übernachtungszahlen sind auch darauf zurückzuführen, dass sich zwischen beiden Ortsteilen unmittelbar am langen Sand- und Grünstrand Deutschlands größter Campingplatz befindet. Der erfreut sich nach wie vor großer Beliebtheit, vielleicht auch deswegen, weil Camper in der Friesland-Therme freien Eintritt haben.

Im Ortsteil Horumersiel befindet sich das touristische Zentrum des Wangerlands. Hier gibt es neben einigen netten Geschäften und Restaurants das Kurmittelhaus und die viel besuchte Friesland-Therme. Von Letzterer sind es nur ein paar Schritte über den Deich zum Hafen und zum Strand, wobei sich hier kein Sand-, sondern lediglich ein mit Strandkörben bestückter Grünstrand befindet. Auch der Hafen selbst versprüht aufgrund seiner schlichten und zweckmäßigen Bauweise nur wenig Charme. Aus architektonischer Sicht ist der ganze Ort und insbesondere der Ortsteil Schillig mangels historischer Bausubstanz wahrlich keine Perle.

Landschaftlich sieht das anders aus. Reizvoll ist v. a. der Strandbereich nördlich der modernen Ferienzweckbauten des Ortsteils Schillig. Hier am Schilligshörn, der nordwestlichen Spitze Ostfrieslands, gibt es strömungsbedingte Sandanlagerungen und damit ein kleines Stück jener ursprünglichen Dünenlandschaft, die sonst nur auf den ostfriesischen Inseln zu entdecken ist. Der Sandstrand und die Dünenlandschaft laden gleichermaßen zu Spaziergängen und zum Baden ein. Seewärts kann man von hier aus die 4 km entfernte Insel Minsener Oog erkennen (siehe S. 133).

Geschichte: Wie schon in Hooksiel, so war es auch in Horumersiel das legendäre Fräulein *Maria von Jever*, die hier am Horumer Tief einen Sielhafen anlegen ließ und damit den Ort gründete. Doch anders als seine benachbarten Sielorte konnte Horumersiel nie die Bedeutung als zentraler Warenumschlagsplatz erlangen. Dafür wurde schon früh auf den Fremdenverkehr gesetzt: Bereits 1860 eröffnete ein Strandbad. Während der Weltkriege war Hooksiel Marinestützpunkt und zusammen mit der Insel Wangerooge zuständig für die Verteidigung der Schifffahrtsrinne zum Kriegshafen Wilhelmshaven. Nach dem Zweiten Weltkrieg fasste der Fremdenverkehr schnell wieder Fuß, erst recht, als in den 1970er Jahren durch Aufspülung Raum für Deutschlands größten Campingplatz geschaffen wurde. Staatlich anerkanntes Nordseeheilbad ist der Ort seit 1985.

Schillig: Blick ins Wattenmeer

• *Information/Zimmervermittlung* **Wangerland Touristik GmbH**, Zum Hafen 3, 26434 Horumersiel, ✆ 04426/987110, www.horumersiel.de; www.wangerland.de. Kurtaxe: Erwachsene 2,90 € (im Winterhalbjahr 1 €), Kinder sind frei.

• *Fahrradverleih* **Oltmanns und Drieling**, Heinrich-Tjarks-Str. 1, Horumersiel, ✆ 04426/7192; Mellumweg 4, Schillig, ✆ 04426/1772.

• *Schiffsausflüge* Das gleiche Angebot wie in Hooksiel, siehe S. 67.

• *Schwimmbad/Sauna* **Friesland-Therme Horumersiel**, achteckiges Hallenbad, gespeist aus einem 160 m tiefen Solewasser-Brunnen. Ein großer Saunatrakt, ein Außen-

Schillig: Strandvergnügen auch im Winter

becken mit Liegewiese und ein Café gehören ebenfalls zur Therme. Erwachsene (3 Std.) 7 €, Jugendliche 4,50 €, Familien 20 €. Zuschlag Sauna 5 €. ZumHafen 3, ✆ 04426/987222.

• *Strandkorb* 5,50 € pro Tag.

• *Wattwanderung* Auch für Kinder (ab 8 J.) geeignete Tour zur Vogelschutzinsel Minsener Oog (✆ 04465/570, Gerke Ennen). 4 Std; Erw. 10 €, Kinder 6 €.

• *Wohnmobilstellplatz* Toller Stellplatz direkt am Hafen Horumersiel (10 €/Nacht plus Kurtaxe).

• *Übernachten* **Ringhotel Altes Zollhaus**, die erste Adresse im Ort. Gut 300 m zum Grünstrand. Große und geschmackvoll eingerichtete Zimmer, großer Wellnessbereich, die Friesland-Therme kann kostenlos genutzt werden. Sehr gemütliches und gepflegtes Restaurant mit sehr guter Küche (z. B. Lammfilet). DZ 120–220 €. Zum Hafen 1, ✆ 04426/9909-0, ✆ 990966, info@zollhaus.de, www.zollhaus-online.de.

Nakuk, von außen ein alter Gulfhof, innen ein sehr komfortables, modernes und geschmackvoll gestaltetes Landhotel mit 15 Zimmern. Empfangen wird man in einer geräumigen Eingangshalle mit einem großen Kamin in modernem Design. Zimmer mit Holzfußboden und Lehmputz an den Wänden, Garten mit altem Baumbestand, Obst-, Gemüse- und Kräutergarten. Wiardergroden 22 (1,5 km südlich von Horumersiel). DZ 140 €. Wiardergroden 22, ✆ 04426/904400, ✆ 904429, info@nakuk.de, www.nakuk.de.

Hotel-Pension Arche Noah, ganz ruhig direkt am Grünstrand und an der Therme am Deich von Horumersiel gelegenes, kinderfreundliches Hotel. 23 sehr unterschiedlich, aber jeweils sehr farbenfroh gestaltete Zimmer. DZ 70–120 €. Strandweg 15, ✆ 04426/354, ✆ 04426/1550, hotel-pension.arche-noah@t-online.de, www.hotel-arche-noah.de.

Nordseecamping Schillig, der riesige Platz liegt direkt am Wasser und bietet jeglichen Komfort. Nur im Sommerhalbjahr geöffnet. Camper können die Schwimmbäder Horumersiel und Hooksiel kostenlos nutzen. ✆ 04426/987170, camp-schillig@wangerland.de, www.horumersiel.de.

• *Essen und Trinken* **Portrait Galerie**, sehr gemütliches und gepflegtes Restaurant/Café in der Ortsmitte von Horumersiel, innen rustikal eingerichtet, historische Fotos an den Wänden, auch Galerie, kleine Terrasse vor dem Haus. Zur Teezeit Kuchenbuffet, sonst deftige Bratkartoffelküche. Deichstr. 5, ✆ 04426/904693.

Stumpenser Mühle, zum Café-Restaurant umgebauter, reetgedeckter Galerieholländer von 1816. Ausflugsziel mit Gaststättenatmosphäre, im Angebot ist deftige Hausmannskost. Zur Teezeit reichlich Kuchenauswahl. Unübersehbar zwischen Horumersiel und Minsen an der Kreisstraße gelegen, ✆ 04426/7756.

Minsen-Förrien

400 Einwohner

Minsen mit seinem Nachbarort Förrien ist ein idealer Platz für all jene, die ihren Urlaub lieber in etwas ruhigerer ländlicher Umgebung verbringen möchten (www.minsen-foerrien.de).

Baden kann man hier nicht, denn nordwestlich von Minsen-Förrien erstreckt sich bis Carolinensiel das *Naturschutzgebiet Elisabethaußengroden*. Der Groden (Marschland) gehört schon zur Schutzzone des Naturparks Niedersächsisches Wattenmeer und darf deshalb nur auf den wenigen befestigten Wegen betreten werden. Sehenswert ist die Kirche *St. Severinus und Jacobus*, ein Quaderbau aus dem 13. Jh., der den Seefahrern jahrhundertelang als Orientierungsmarke diente (April–Oktober Mo–Fr 8–16 Uhr geöffnet). Im Innern der Kirche mit ihren hoch sitzenden Rundbogenfenstern und der kunstvoll verzierten Balkendecke ist aufgrund vieler Umbauten lediglich eine mittelalterliche Gewölbemalerei in der Apsis erhalten geblieben. Die Orgel stammt von 1841, die übrige Ausstattung, auch die Empore, ist neueren Datums. Seit 1998 schmückt wieder ein Altar aus dem 17. Jh. die Kirche. Er stammt ursprünglich aus Groß-Partwitz, einem Dorf in der Lausitz, das dem Braunkohleabbau weichen musste.

Einen Besuch wert ist auch das *Nordseehaus Wangerland*, dessen nett gestaltete Ausstellung umfassend über den Lebensraum Nordseeküste informiert. Es gibt sogar fünf kleine Schauaquarien (mit den imponierenden Seenadeln) und ein Erlebnisaquarium, in dem die Tiere schon mal angefasst werden dürfen. Im ersten Stock ist eine Ausstellung dem Schwerpunkt Windenergie und Solartechnik gewidmet.
April–Okt. Mo–Fr 10–17 Uhr, Sa/So 14–17 Uhr. Eintritt frei. Kirchstr. 9, Wangerland-Minsen, ✆ 04426/907400, www.nordseehaus-wangerland.de.

• *Essen und Trinken* **Hanny's Radlercafé**, der urgemütliche Bauerngarten mit altem Baumbestand lohnt einen Ausflug ins Örtchen Horum (zwischen Schillig und Förrien). Ganz auf Radler eingestellt, gibt es hier selbst gebackenen Kuchen, aber auch friesische Hausmannskost. Man sitzt im hübschen Garten oder im netten Café, das sich in dem mit rustikalem Mobiliar ausgestatteten, hölzernen Anbau des Hauses befindet. Hanny bietet auch Unterkunft in nett eingerichteten Zimmern. DZ 62 €, ein üppiges Frühstück inklusive. April–Okt. tägl. außer Mo geöffnet. Störtebeker Str. 15, Horum ✆ 04426/1858

Hohenkirchen

1800 Einwohner

Der für das dünn besiedelte Wangerland relativ große Ort ist Wirtschafts- und Verwaltungsmittelpunkt der Region. Sehenswert ist insbesondere die namensgebende Kirche mit dem Ludwig-Münstermann-Altar (www.hohenkirchen.de).

Der gut erhaltene, lang gestreckte Granitquaderbau der *Sixtus- und Siniciuskirche* mit schmalen Rundbogenfenstern wurde schon im frühen 13. Jh. auf einer etwa 3 m hohen Kirchwarf erbaut. Die mächtige Kirche war lange Zeit die Hauptkirche des Wangerlandes. Wie so oft in Ostfriesland hängen die drei großen Kirchenglocken in einem freistehenden Glockenturm, der gegen die „hohe Kirche" fast etwas verloren wirkt. Das Innere des mit einer mächtigen Balkendecke ausgestatteten Gotteshauses ist reich an Kunstschätzen. Vor allem der im Stile des Manierismus gestaltete dreistöckige *Ludwig-Münstermann-Altar* (1620) ist überregional bekannt. Er stellt die Geburt Jesu, das letzte Abendmahl und die Kreuzigung dar. Bemerkenswert sind auch die Orgel Arp Schnitgers von 1694 und der reich verzierte, auf drei steinernen Löwen stehende Taufstein von 1260. Der prachtvolle Deckel auf dem uralte Taufstein stammt aus dem 17. Jh. und soll ebenfalls ein Werk Münstermanns sein. Geprägt wird der Kirchenraum auch durch das etwas klobig wirkende Kastengestühl und die braune, schön verzierte Empore, die sich über eine ganze Längsseite der Kirche zieht. Die Kirche ist von Ostern bis zum Ende der Herbstferien Mo–Fr von 9 bis 17 Uhr geöffnet. Jeden Donnerstag findet vor der Kirche von 14 bis 17 Uhr ein kleiner Wochenmarkt statt.

Sehenswerter Ort der Ruhe: Granitquaderkirche in Tettens

Wahrzeichen des Ortes ist aber trotz ihrer Bekanntheit nicht die Kirche, sondern der nicht öffentlich zugängliche *Wasserturm* von 1932. Der Backsteinbau steht etwas versteckt Richtung Altgarmsiel und wird heute als Mobilfunkantenne missbraucht. Er stammt vom Architekten *Fritz Höger*, der auch das Chilehaus in Hamburg und das Rathaus in Wilhelmshaven entworfen hat.

Eine touristische Aufwertung verspricht man sich vom Wangermeer, das derzeit am nördlichen Ortsrand als riesiger Baggersee auf einer Fläche von 110 Hektar entsteht. Eine große Personenbrücke überspannt den Freizeitsee. Mit dem Aushub des dichten Kleibodens wurde der Deich am nahen *Elisabethgroden* auf einer Länge von 12 km erhöht. Auf diesem ehemaligen Kasernengelände ist als All-Inclusive-Ferienanlage mit der so genannten Nordsee-Spielstadt das *Dorf Wangerland* entstanden.

• *Nordsee Spielstadt Wangerland* große Indoor-Spielanlage mit Autoscooter, diversen Karussels und vielen weiteren Spielmöglichkeiten, geeignet v. a. für Kinder von 3 bis 10 Jahren. Eintritt 13 € (ab 16 Uhr 7,50 €), dafür sind unbegrenzt Getränke, Pommes und Eis im Preis enthalten. Tägl. 10–18 Uhr, Jeversche Str. 100, ✆ 04426/809790. www.nordsee-spielstadt-wangerland.de

Umgebung von Hohenkirchen

Ziallerns: Neben dem Ort Rysum in der Krummhörn gilt das nördlich von Tettens gelegene kleine und wenig bekannte Dorf Ziallerns als das am besten erhaltene *Rundwarfendorf* Frieslands. Hier bildet keine Kirche den Ortsmittelpunkt, sondern die – früher lebenswichtige – Zisterne am höchsten Punkt der Warfensiedlung. Dort steht auch ein ehemaliges Landarbeiterhaus, in dem eine kleine Ausstellung die Dorfgeschichte dokumentiert (Haus Nr. 7, Mai–Sept. Di u. Do 15–17 Uhr, Eintritt frei). Die ältesten Siedlungsnachweise im kleinen Dorf stammen schon aus der Zeit um 100 v. Chr. Ursprünglich bot die Warf Platz für acht Bauernhöfe, vier davon sind heute noch erhalten, die übrigen Gebäude sind Wohnhäuser, vorwiegend aus dem 19. Jh. Um die 5 m hohe Warf herum zieht sich eine Ringstraße, von der aus von allen Seiten Wege zur Dorfmitte führen.

Zum Ort geht es von der Landstraße Jever–Carolinensiel rechts ab (ausgeschildert) oder über eine schmale, gewundene Straße von Tettens aus. Am Rande dieses baugeschichtlichen Kleinods befindet sich ein kleiner Parkplatz für Besucher.

Fahrradtour: Durch das Wangerland mit seinen uralten Kirchen

Länge: 34 km; Dauer: 5 Std. Die Tour führt von Horumersiel über Minsen und Hohenkirchen und zurück nach Horumersiel. Zu sehen gibt es eine alte Kulturlandschaft mit hübschen Warfendörfern und interessanten Kirchen. Alle Gotteshäuser sind im Sommer tagsüber geöffnet; viele Einkehrmöglichkeiten.

Natürlich kann die Rundtour an jedem Punkt begonnen werden. Wir starten in *Horumersiel.* Man verlässt Horumersiel am südwestlichen Ortsrand und fährt 1,5 km auf der Hauptstraße bis Kaiserhof (Fahrradweg). Bald erkennt man auf der rechten Seite schon die *Stumpenser Mühle*, einen schönen Galerieholländer von 1816, der schon 1 km hinter dem Abzweig erreicht ist (Gaststätte). An der Mühle vorbei führt die Straße nun 1,5 km nach Diekhausen und hier geradeaus über die Straße und nach einem weiteren Kilometer links ab. 3 km sind es nun noch bis zum ersten Etappenziel, zunächst ein Stück auf dem verkehrsarmen Betonweg, dann links ab über Förrien nach Minsen. (Alternativ kann man ab Diekhausen auch gleich links auf der Hauptstraße abbiegen und dann über Horum und Förrien nach Minsen fahren. Das ist etwas kürzer, und man kommt am schönen *Hanny's Radlercafé* in Horum vorbei.) In *Minsen* selbst empfiehlt sich ein Besuch der etwas versteckt liegenden Kirche (kunstvolle Balkendecke) und des Nordseehauses (Aquarien).

Minsen verlässt man westlich Richtung Hohenkirchen (Fahrradweg). Nach 2 km geht's links ab in einen langen und ruhigen Verbindungsweg, der über Bassens und an den vielen Windkraftanlagen vorbei ca. 6 km bis nach *Hohenkirchen* führt. Er mündet kurz vor Hohenkirchen wieder in die Landstraße. Von dort ist es rechts ab nur noch ein kurzes Stück bis zum Marktplatz (Fahrradweg) und der St. Sixtus- und Siniciuskirche mit ihrem Ludwig-Münstermann-Altar (siehe S. 72).

Weiter geht es nach Westen auf dem Fahrradweg neben der Landstraße 1,5 km in Richtung Altgarmsiel (vorbei am Wasserturm). Kurz vor Werdum geht es links ab auf den ehemaligen Bahndamm, der nach Tettens führt. Nach 2 km (Schutzhütte) lohnt aber unbedingt rechts der kleine Umweg von 1,3 km bis nach *Ziallerns*, ins (neben Rysum/Krummhörn) besterhaltene Warfendorf Norddeutschlands (Informationstafel vor Ort). Als nächstes erreicht man *Tettens* (zurück zum Damm und noch knapp 1 km weiter) mit seiner lang gestreckten und sehenswerten St. Martinskirche aus dem frühen 13. Jh. Ihr mächtiges Granitmauerwerk wird durch eiserne Anker gesichert (siehe Bild S. 73). Im Inneren der Kirche erwarten den Besucher eine prachtvoll bemalte Balkendecke, ein außergewöhnliches turmartiges Sakramentshaus sowie ein geschnitzter Flügelaltar von 1520.

Weiter geht es auf der wenig befahrenen Kreisstraße 3 km östlich nach *Oldorf.* Sehenswert ist die ursprünglich im 13. Jh. errichtete backsteinerne St. Marienkirche (im Ort rechts und gleich wieder links) mit einem wertvollen Kreuzigungsaltar (um 1500). Am Gotteshaus vorbei führt eine kleine und gewundene Straße über Weiler und Höfe fast 6 km zur Landstraße bei *St. Joost.*

Nur für unentwegte Kirchenliebhaber lohnt ein kurzer Abstecher von 800 m links ab (Fahrradweg neben der Landstraße und dann über einen Plattenweg) ins kleine Dorf mit seiner Jodocuskirche. Die kleine Kirche von 1497 gilt als Urtyp friesischer Ziegelbaukunst, ist im Inneren jedoch relativ schlicht. Wer auf den Abstecher zur Kirche verzichtet, überquert geradeaus die Landstraße (Feineburger Weg) und gelangt nach 2,5 km auf den Küstenradweg. Links ab sind es jetzt noch einmal 2,5 km bis zum Ausgangspunkt Horumersiel.

Carolinensiel und Harlesiel

1700 Einwohner

Sehenswerter Mittelpunkt von Carolinensiel ist der alte Sielhafen, in dem einige Museumsschiffe vertäut sind und ringsherum historische Sielhäuser mit Cafés und Restaurants die Idylle komplettieren. Strand, Fischerei- und Fährhafen zur Insel Wangerooge befinden sich jedoch erst 2 km meerwärts in Harlesiel.

Obwohl sich Carolinensiel in den letzten Jahren mit etwa einer Million Übernachtungen zum aufstrebenden Ferienort entwickelt hat, ist vom touristischen Trubel noch vergleichsweise wenig zu spüren. Der alte Sielhafen strahlt eine eigentümliche Ruhe aus, und in den Cafés mit schönem Blick auf die Museumsschiffe findet sich immer noch ein Plätzchen zum Genießen. Drei der denkmalgeschützten Häuser und Speicher des Hafenensembles sind heute Teil des Sielhafenmuseums. Neben dem idyllischen Hafen verfügt Carolinensiel nur über wenig historische Sehenswürdigkeiten, sieht man von der alten Deichkirche und der Holländerwindmühle einmal ab.

Die Mühle auf dem Deich geht in ihren Ursprüngen schon auf das Jahr 1773 zurück. Früher eine wichtige Landmarke für die Seeschifffahrt, war sie noch bis 1960 als Getreidemühle in Betrieb und wird heute als Ferienwohnung genutzt. Zwischen Kirche und Mühle stehen zudem noch einige alte Wohnhäuser auf dem alten Seedeich. Eine Deichbebauung war an der Küste sehr ungewöhnlich, in Carolinensiel aber möglich, weil mit dem Friedrichsgroden bereits im Jahr 1765 ein neuer Außendeich entstanden war.

So ruhig es am alten Hafen ist, so belebt sind die drei Durchgangsstraßen, die Richtung Jever, Wittmund und Neuharlingersiel führen. Dort haben sich einige Discounter angesiedelt, die für zusätzliches Verkehrsaufkommen sorgen. Abhilfe verspricht eine für 2011 geplante Umgehungsstraße.

Auf der Ostseite des Siels führt eine belebte Straße nach Harlesiel, dem Zugang zur Nordsee. Auf der Westseite erreichen Fußgänger und Radler über die 1,6 km lange Harle-Promenade Hafen und Strand. Dabei wird das Kurzentrum mit dem Hallenbad und der kleine Hafen Friedrichschleuse passiert. Streng genommen hat der Ort damit sogar drei Häfen, und das ist einmalig an der deutschen Nordseeküste.

Aufgrund der relativ weiten Wege zum Harlesieler Außenhafen und zum Strand empfiehlt sich gerade für Carolinensiel die Mitnahme eines Fahrrads (wenngleich am Strand auch reichlich gebührenpflichtige Parkplätze vorhanden sind). Dennoch lässt sich Carolinensiel auch gut erwandern, denn vom Museumshafen führt bis Harlesiel und entlang der "Goldenen Linie" zurück ein gut 3,5 km langer Rundweg. Themen- und Ortstafeln, die an diesem "Museumsweg" aufgestellt sind, berichten über alles Wissenswerte.

Im Harlesieler Außenhafen sorgt glücklicherweise noch eine kleine Kutterflotte für Flair. Denn die Kutter machen nun einmal nach wie vor den besonderen Reiz eines Nordseehafens aus (siehe Foto, S. 17). Harlesiel ist aber auch Fährhafen für die Schiffe nach Wangerooge. Zudem befindet sich gleich nebenan ein Flugplatz, von wo es fast im Stundentakt in nur fünf Minuten auf die Insel geht. Landeinwärts wird es wieder ruhiger. Hier liegt der geschützte Jachthafen.

Westlich des Hafens liegt einer der größten (künstlich aufgeschütteten) Badestrände Ostfrieslands, reichlich mit Strandkörben belegt und von einem Campingplatz flankiert. Ein Spaziergang am Wasser bzw. der Zugang zu Strand und Wattenmeer ist für Tagesgäste allerdings nicht möglich, es sei denn, man erwirbt eine Strandkarte oder ist sowieso im Besitz einer Kurkarte. Laufen kann man ohnehin besser auf den kilometerlangen Deichen, und davon gibt es hier reichlich. Vor allem in westlicher Richtung empfiehlt sich eine Deichwanderung oder Fahrradtour ins 7 km

Treffpunkt der Traditionssegler: Hafenfest in Carolinensiel

entfernte Neuharlingersiel. Der Weg führt zunächst außendeichs, dann auf dem Deich oder auf geteertem Wege binnendeichs zum schönen Nachbarort mit seinem idyllischen Hafen.

Die goldene Linie – eine Grenze zwischen Ostfriesland und Friesland

Als mit der systematischen Landgewinnung im 17. Jh. durch die Eindeichung der Harlebucht Stück für Stück dem Meer fruchtbares Marschland abgerungen wurde, kam es bald zu Grenzstreitigkeiten. Denn der westliche Teil der Bucht und die davor liegende Insel Spiekeroog gehörten zu Ostfriesland und der östliche Teil mit der Insel Wangerooge zum oldenburgisch-friesischen Jeverland. Man einigte sich pragmatisch und zog im Jahr 1666 auf der Seekarte mit goldener Tinte eine gerade Linie, die genau zwischen dem alten Grenzpunkt am bisherigen Küstendeich und den beiden Inseln verlief. Was aber nicht bedacht wurde: Die Inseln verlagern sich durch die Meeresströmung immer mehr ostwärts, sodass die goldene Linie heute mitten durch Spiekeroog führen würde.

Im Binnenland aber markiert sie noch immer die Grenze zwischen dem ostfriesischen Landkreis Wittmund und dem Landkreis Friesland. Die Grenzlinie verläuft mitten durch das heutige Hafenbecken von Harlesiel. Der Anleger auf der Hafenostseite, an dem die Fährschiffe der zu Friesland gehörenden Insel Wangerooge festmachen, liegt damit ebenfalls noch auf friesischem Gebiet.

Geschichte: Carolinensiel gibt es noch nicht lange. Denn dort, wo sich heute der Ort erstreckt, war einst nur Wattenmeer. Schwere Sturmfluten hatten hier die Harlebucht ins Land gerissen, die im Mittelalter noch bis Wittmund reichte. In Etappen ging man nun daran, diese Bucht der Nordsee wieder abzuringen, und für die Entwässerung brauchte man Sielbauwerke. So entstanden nach und nach zunächst Altfunnixsiel, im Jahr 1658 Neufunnixsiel, 1730 Carolinensiel, 1765 Friedrichschleuse und 1956 Harlesiel.

Carolinensiel bekam den Namen der Frau des damals in Ostfriesland regierenden Fürsten Georg Albrecht Cirksena. Bald entwickelte sich der junge Hafen zum bedeutenden Umschlagplatz für die Ausfuhr landwirtschaftlicher Erzeugnisse und die Einfuhr von Versorgungsgütern für die Region. 1765 wurde die Friedrichschleuse eingedeicht, benannt nach Friedrich dem Großen, denn Ostfriesland war im Jahr 1744 an Preußen gefallen. Damals wie heute war die Friedrichschleuse mit einer Zugbrücke versehen, damit die Segelschiffe noch in den alten und nun ideal geschützten Hafen einlaufen konnten. Und der Ort blühte nun regelrecht auf, mit selbstständigen Kapitänen, zwei Schiffswerften und sogar vier Brauereien. Das kleine Carolinensiel entwickelte sich kurzfristig sogar zum nach Emden wichtigsten Hafen an der ostfriesischen Nordseeküste, 40 Seeschiffe waren um 1880 hier beheimatet. Doch mit dem Aufkommen großer Dampfschiffe und der Verlegung des Güterverkehrs auf die Schiene war es ab dem späten 19. Jh. mit der Herrlichkeit vorbei. Die Bedeutung des Hafens nahm rapide ab. Arbeit fand man nur noch in der Landwirtschaft und in der Fischerei im Friedrichschleuser Kutterhafen. Lange fiel der alte Sielhafen in einen Dornröschenschlaf. Er diente nur noch als Durchlass des Flüsschens Harle und verschlickte zusehends, ja, wurde teilweise sogar zugeschüttet. Erst im Jahr 1987 wurde er erneuert und erhielt seine ursprünglichen Ausmaße zurück.

Häufig frequentiert: Badestrand von Harlesiel

Nachdem in den Jahren 1953–56 das große Siel- und Schöpfwerk Harlesiel sowie eine Fischersiedlung am Hafen entstanden waren, wurden dort 1960 nicht nur der Fischerei- und Fährhafen gebaut, sondern an der Hafenwestseite auch große Mengen Sand aufgespült. Der Zukunft von Carolinensiel/Harlesiel als Badeort stand nun nichts mehr im Wege. Heute gehört Carolinensiel zur Stadt Wittmund.

- *Information/Zimmervermittlung* **Nordseebad Carolinensiel-Wittmund GmbH**, Bahnhofstr. 40, 26409 Carolinensiel, ✆ 04464/94930, www.harlesiel.de. Kurbeitrag (15.3–31.10) ab 16 J. 2 € pro Tag, Kinder ab 4 J. 1 €.
- *Fahrradverleih* **BPS Service**, Gerhard-Tjarks-Str. 1, ✆ 04464/869222; **R. Treede**, Pumphusen 11, ✆ 04464/1357.
- *Ausflugsfahrten/Fähre* DB-Fähre nach **Wangerooge** (inkl. Inselbahnfahrt), für die Tageskarte zahlen Erwachsene 18,80 €, Kinder 11,30 €, Familien 50,80 € (siehe auch S. 130). ✆ 04464/949411. Die DB bietet auch 1,5-stündige **Kutterfahrten** mit dem Fischkutter *Jens Albrecht II* zum Krabbenfang und zu den Seehundbänken (Erwachsene 9,50 €, Kinder 5,70 €). ✆ 04464/949421. Derselbe Kutter startet auch zu Tagesfahrten nach Wangerooge (Erwachsene 12,50 €, Kinder 6 €). www.siw.wangerooge.de.

Zudem gibt es **Raddampferfahrten** mit der *Concordia II* im Pendelverkehr zwischen Carolinensiel und Harlesiel (Erwachsene 3 €, Kinder 1,50 €). Daneben verkehrt das Boot *Marie Vant't Siel* auf der Harle von Carolinensiel nach **Altfunnixsiel** (Di/Mi 14 u. 16 Uhr; Fr 11 u. 13 Uhr), Fahrtzeit 1 Std., Erwachsene (hin und zurück) 9 €, Kinder 5 €.

- *Schwimmbad* **Cliner Quelle**, Solehallenbad mit 30 °C warmem Wasser, Juniorbecken (Außenrutsche, Breitrutsche) und Saunalandschaft. Meist 10–21 Uhr geöffnet. Erwachsene (3 Std.) 6 €, Kinder 5 €, Sauna plus Schwimmbad 13 €. Nordseestr. 1, ✆ 04464/94930. Zudem gibt es ein sehr einfaches, aber beheiztes **Meerwasserfreibad** am Badestrand bei den Deichliegewiesen. ✆ 04464/1210.
- *Strandkorbvermietung* Am Strandeingang, 6 €/Tag. Reservierung unter ✆ 04464/94930 oder 04464/8921.
- *Veranstaltungen* Jedes Jahr am zweiten Wochenende im August ist großes **Hafenfest**. Dann treffen sich die Traditionssegler der ganzen ostfriesischen Küste und aus den benachbarten Niederlanden im Museumshafen.

• *Wattwanderungen* Infos im Nationalparkhaus unter ☏ 04464/8403 oder bei der Kurverwaltung, ☏ 04464/94930.

Nach Spiekeroog (4 Std; Erw. 25 €, Kinder 15 € inkl. Rückfahrt); ☏ 04465/570 (Gerke Ennen).

• *Wochenmarkt* Mi 8–13 Uhr am Sielhafen (März–Okt.).

Ausstellung zum Anfassen: Deutsches Sielhafenmuseum

• *Wohnmobilstellplatz* In Harlesiel, direkt an der Außenmole, ☏ 04464/94930.

• *Übernachten* **Hotel Blischke**, in einer Ferienhaussiedlung am Ortsrand von Carolinensiel Richtung Harlesiel gelegenes Haus mit ordentlichen und relativ großen Zimmern. Fahrstuhl vorhanden. DZ ab 82 €. Mühlenblick 6, ☏ 04464/94900, ☏ 04464/949039, hotel-blischke@t-online.de, www.hotel-blischke.de.

Hotel Schluister Park, an der Friedrichschleuse, zwölf helle und ordentlich eingerichtete Zimmer mit allem Komfort. An der Rückseite des netten Hotels befindet sich ein mit großer Fensterfront versehenes, einfaches, aber ordentlich eingerichtetes Restaurant, die Nr. 1 an der Friedrichschleuse. DZ 98 €. Friedrichschleuse 7, ☏ 04464/8696100, ☏ 04464/86961029, info@hotel-schluister-park.de, www.hotel-schluister-park.de.

Campingplatz Harlesiel, direkt am Badestrand gelegener, riesiger und windiger Platz mit 850 Stellplätzen, Mai–Sept. geöffnet. Bahnhofstraße 40, ☏ 04464/8046 oder über die Kurverwaltung, 04464/94930, ☏ 9493 23.

• *Essen und Trinken* **Hafenblick**, schön am Hafen gelegen, hell und freundlich mit Möbeln aus den 1920er Jahren eingerichtet. Wirklich schmackhafte Gerichte mit frischen Zutaten erwarten den Gast, dazu noch kinderfreundliche Gastgeber, die beste Adresse in Carolinensiel. Am Hafen West 11, ☏ 04464/942291.

Tüdelpott, gemütliche Teestube mit Kachelofen im 1810 erbauten Kapitänshaus an der Harle-Promenade. Hier gibt es 40 verschiedene Teesorten, dazu gute selbst gebackene Torten. Terrasse vorm Haus, außerdem Tret- und Ruderbootverleih und ein kleiner Minigolfplatz. Tägl. 14–18.30 Uhr. Mo Ruhetag. Pumphusen 10, ☏ 04464/536.

Postbödel, tagsüber Café/Bistro und abends klassisch-modern eingerichtete Kneipe in schöner Lage am alten Sielhafen (bis 1999 war hier das Carolinensieler Postamt). Bistroatmosphäre, aber auch Restaurantbetrieb. Tische mit Hafenblick. Vor dem Haus. Am Hafen Ost 9, ☏ 04464/942232.

Javenloch an't Diek, bekannt wegen seiner Fischspezialitäten. Rustikales Ambiente und immer fangfrischer Fisch. Kinderfreundlich, Spielzimmer und Spiellok, netter Biergarten. Knapp 4 km östlich von Carolinensiel am Deich gelegen (ab der Friedrichschleuse geht es immer unterhalb des Deiches entlang). Mit dem Auto fährt man 5 km Richtung Jever, dann links (beschildert). 11–14 Uhr und 17.30–21 Uhr, März–Nov. nur am Wochenende geöffnet. Friedrich-Augustengroden, ☏ 04464/336.

• *Einkaufen* **Gemischtwaren Janssen**, direkt am Sielhafen gelegen (Am Hafen West 8). Von außen unauffällig, innen ein Tante-Emma-Laden im besten Sinne des Wortes. In der an sich schon sehenswerten Ladeneinrichtung werden auch nicht einmal teure Lebensmittel aller Art präsentiert. Herr Janssen selbst ist ein Original, und wer frischen ostfriesischen Tee mag oder ein Teegeschirr braucht, der sollte sich hier damit eindecken.

Sehenswertes

Deutsches Sielhafenmuseum: Das Museum ist auf drei Bauwerke am alten Hafen verteilt. In der alten Pastorei ist der Ausstellungsschwerpunkt das maritime Handwerk. Viel Wert hat man dabei auf die kindgerechte Vermittlung der Ausstellungsbereiche gelegt. Immer wieder findet man so genannte Mitmachstationen für Kinder, die z. B. die Wirkung des Flaschenzugs veranschaulichen. Das Kapitänshaus vermittelt mit rekonstruierten Räumen wie Wohnstuben und Küche oder der alten Hafenapotheke einen Eindruck davon, wie die Menschen an der Küste früher gelebt haben. Im Groot Hus, einem ehemaligen Kornspeicher von 1840, geht es um Schiffsbau und Fischerei und insbesondere um die Geschichte des Deichbaus, der v. a. eine Geschichte des Sielbaus ist.

Zum Museum gehört auch eine Ausstellung zum Rettungswesen in der 1910 erbauten historischen Rettungsstation der DGzRS an der Friedrichschleuse. Zudem verfügt das Sielhafenmuseum über die beiden Museumsschiffe *Immanuel* und *Gebrüder AZ:5*, den letzten segelnden Fischkutter der Küste.

Tägl. 10–18 Uhr (März–Nov. und in den Winterferien). Erwachsene 5 €, Familien 10 €, Kinder bis 16 J. sind frei. Hinweis: Man muss nicht alle drei Häuser an einem Tag aufsuchen, sondern kann den Besuch auf mehrere Tage verteilen. www.deutsches-sielhafenmuseum.de.

Nationalparkhaus: Direkt am Museumshafen gelegen, klärt eine nett gemachte Dauerausstellung die Besucher über den Lebensraum Wattenmeer auf. Vor allem Kinder können hier die Exponate auch anfassen, basteln und spielen. Wechselnde Wanderausstellungen informieren über weitere Themen, z. B. über Naturschutzgebiete oder den Deichbau. Das Haus organisiert auch Wattwanderungen, Ausflüge in die Salzwiesen und vieles mehr.

April–Okt. Mo–Fr 9.30–13 und 15–18 Uhr, Sa/So 14–18 Uhr (Februar/März in der Woche nur vormittags). Eintritt frei. In der alten Pastorei (Pumphusen 3), ✆ 04464/8403, www.wattwelt.de.

Phänomania: Physik-Ausstellung zum Anfassen im denkmalgeschützen alten Bahnhof von Carolinensiel. An etwa 80 interaktiven Stationen geht man auf physikalische Entdeckungsreise und kann Phänomene selbst erzeugen oder beobachen. So kann man z. B. einen Trabi per Hebelwirkung anheben, riesige Seifenblasen erzeugen, ein Kaleidoskop begehen oder in einem Astronautentrainer vertikale und horizontale Drehbewegungen auf sich einwirken lassen.

Tägl. 10–18 Uhr, Erw. 7 €, Studenten 6 €, Schüler 5 €, Kinder (3–6 J.) 3 €. Bahnhof Carolinensiel 3 (Ortseingang von Jever kommend). Bistro im ehemaligen Warteraum. ✆ 04464/942494; www.phaenomania.de.

Deichkirche: Efeuberankt steht die 1776 erbaute Schifferkirche (April–Okt. wochentags 10–17 Uhr geöffnet) auf dem alten Seedeich und ist bis heute die einzige Deichkirche weltweit. Die einheitliche Innenausstattung stammt mit ein paar Ausnahmen noch aus dem Erbauungsjahr. So etwa die weiße Empore mit Orgel, der ebenfalls weiße Kanzelaltar und eines der drei Votivschiffe. Die tonnengewölbte, himmelblaue Holzbalkendecke erinnert nicht zufällig an die Form eines umgedrehten Schiffskörpers. Das schlichte, weinrote Kastengestühl steht in schönem Kontrast dazu. Und auch der freistehende, niedrige Glockenturm stammt aus dem Jahr 1776. Am Turm haben noch drei alte Schiffergrabsteine die Zeit überstanden.

Umgebung von Carolinensiel

Lütge Land: In Altfunnixsiel an der Straße von Carolinensiel nach Wittmund liegt dieser kleine, aber feine Freizeitpark. Begonnen hatte alles Ende der 1970er Jahre mit einer kleinen Modellanlage mit Nachbauten historischer Gebäude im Maßstab 1:25. Im Laufe der Zeit kamen Fahrgeschäfte hinzu, beispielsweise ein mehr als 12 m hohes Riesenrad und ein Wildwasserrondell, das nicht nur Kindern großen Spaß bereitet.

April–Okt. tägl. 9–19 Uhr. Erwachsene und Jugendliche ab 12 J. 9 €, Kinder (3–11 J.) 8 €. Altfunnixsiel, ✆ 04464/1744, www.luetge-land.de.

Skulpturengarten Funnix: Etwas für Gartenfreunde und Liebhaber moderner Kunst. Grundlage ist eine Sammlung zeitgenössischer Stahlplastiken mit Werken des Funnixer Bildhauers *Leonard Wübbena*, die mit Werken anderer Stahlbildhauer ergänzt und alljährlich um eine aktuelle Sonderausstellung bereichert wird.

Im Warfendorf Funnix zwischen Carolinensiel und Wittmund gelegen. Ende Mai bis Sept., Do–Sa 14–18 Uhr, So 12–18 Uhr, Eintritt ab 12 J. 3 €; www.skulpturengarten-funnix.de.

Neuharlingersiel

1200 Einwohner

Ganz sicher einer der malerischsten Häfen der Nordseeküste, denn hier gibt es noch die Krabbenkutteratmosphäre, die andernorts längst Geschichte ist. Zudem lädt ein großer Sandstrand zum Badeurlaub ein.

Der von netten Giebelhäusern gesäumte idyllische Hafen ist eine Perle und ein Muss für jeden Ostfrieslandtouristen, nicht nur zum abendlichen Bummeln (siehe Foto S. 61). Dicht gedrängt sind die Boote vertäut und haben ihre Netze zum Trocknen aufgehängt. Hier kann man natürlich noch die frisch gefangenen Krabben und Speisefische direkt vom Kutter kaufen. Oder man promeniert einfach nur um das enge Hafenbecken herum und schaut dem geschäftigen Treiben der Fischer zu, das immer begleitet wird vom typischen Geschrei der um einen Bissen streitenden Möwen. Das Flanieren ist auf zwei Ebenen möglich: direkt an der Kaimauer vorbei oder etwas erhöht, auf der durch Deich oder Spundwände gesicherten Anhöhe, an der die Hotels und Restaurants liegen. An der Nordwestseite des Hafens steht noch ein alter Bootsschuppen der *Deutschen Gesellschaft zur Rettung Schiffbrüchiger*, der heute als Museumshalle für Seenotrettungsgeräte genutzt wird (tägl. 10–11.30 und 14.30–17 Uhr, Eintritt 1 €). Der Fährverkehr wurde 2008 auf den östlichen, neu angelegten Hafenbereich verlegt. Hier setzen die Fähren nach Spiekeroog über.

Neuharlingersiel ist ein ganz und gar unaufgeregtes Seebad ohne übertriebene Attitüde. Kein Zaun oder Kassenhäuschen versperrt den Zugang zum westlich vom Hafen gelegenen, 600 m langen aufgeschütteten Sandstrand. Die beleuchtete Strand- und Deichpromenade zieht sich ein ganzes Stück nach Westen, denn nach dem Sandstrand folgt noch ein Grünstrand, in dessen Nähe sich ein riesiges Camping-Areal befindet.

Geschichte: Neuharlingersiel entstand durch Eindeichungsmaßnahmen der Harlebucht. Erstmals wurde der Flecken 1693 erwähnt. Mit dem Bau der zunächst hölzernen Sielschleuse 1785 entwickelte sich aus der kleinen Siedlung langsam der um den Hafen angelegte Küstenort. Zunächst prägten kleine Frachtsegler das Bild im Hafen, später kam die feste Fährverbindung nach Spiekeroog hinzu, und seit etwa

1900 sorgten v. a. die Krabbenkutter für Lohn und Brot im Fischerdorf. Heute geht immerhin noch eine Flotte von 13 Kuttern auf Krabbenfang. Auf dem Höhepunkt der Kutterfischerei in den 1950er Jahren fanden sogar einmal 28 Kutter im kleinen Hafen Platz. Schon seit 1861 ist Neuharlingersiel offiziell Badeort und lebt mittlerweile fast ausschließlich vom Tourismus.

• *Information/Zimmervermittlung* **Kurverein Neuharlingersiel**, Edo-Edzards-Str. 1, 26427 Neuharlingersiel, ✆ 04974/188-0, www.neuharlingersiel.de. Kurbeitrag vom 15.3. bis 31.10. fällig: ab 16 J. 2 € pro Tag, Kinder ab 6 J. 1,10 €.

• *Ausflugsfahrten/Fähre* 2- bis 3-mal tägl. eine tidenabhängige Verbindung nach Spiekeroog (Tagesrückfahrkarte 20 €, Kinder 10 €, (siehe auch S. 137) sowie Ausflugsfahrten zu den Seehundbänken .

• *Fahrradverleih* **M. Klattenberg** (Ausgabe der Räder beim Hallenbad und Nordseestr. 4), ✆ 04971/7297 u. 04971/7240; **Johann Steffens**, Von-Euken-Weg 3, ✆ 04971/4608.

• *Schwimmbad* **Meerwasserhallenbad**, 30 °C Wassertemperatur, großes Schwimmbecken, Saunabereich und Bistro. In der Saison 10–21 Uhr geöffnet. Erwachsene 5 €, Kinder 3 €, Sauna 10 €. Im Kurhaus am Strand.

• *Strandkorbvermietung* Am Strand, eine zeitige Reservierung unter ✆ 04974/188-0 empfiehlt sich.

• *Veranstaltungen* Jedes Jahr im Juli findet die **Regatta der Krabbenkutter** statt. Die festlich beflaggten Schiffe liefern sich dann ein Wettrennen, ein Spektakel mit immerhin gut 40-jähriger Geschichte.

• *Übernachten* **Janssen's Hotel**, gepflegtes und gemütlich eingerichtetes Hotel am historischen Hafen, gutes Restaurant mit Kamerun-Zimmer und Friesenzimmer, Veranda mit Blick auf den Hafen. DZ ab 98 €. Am Hafen 7, ✆ 04974/224, ✆ 04974/702, info@hotel-janssen.de, www.hotel-janssen.de.

Poggenstool, kleines Hotel an der Hauptstraße am westlichen Ortsausgang. Bekannt ist das Haus vor allem wegen seines hervorragenden Restaurants. Feine, frische Küche, vor allem Fisch, aber auch Lammrückensteak oder Omelette. Sicher eine der empfehlenswertesten Adressen der Küste. Restaurant Mo und Di geschlossen. DZ 85–110 €. Addenhausen 1, ✆ 04974/91910, ✆ 04974/919120, info@poggenstool.com, www.poggenstool.com.

Landhotel Bauernstuben, nette Zimmer und vor allem eine empfehlenswerte Landgasthof-Küche mit nordischen Spezialitäten. Schöne Außenterrasse. Knapp 3 km außerhalb im Ortsteil Groß-Holum (Richtung Esens) gelegen. Di Ruhetag. DZ 66–70 €. Dorfstr. 10, ✆ 04974/625, ✆ 04974/1312, info@landhotel-bauernstuben.de, www.landhotel-bauernstuben.de.

Camping Neuharlingersiel, ganzjährig geöffneter Platz im Besitz der Gemeinde, riesiges Gelände mit 980 Stellplätzen, in Strandnähe hinter dem Hauptdeich gelegen. ✆ 04974/712.

• *Essen und Trinken* **Sielhof**, in der Ortsmitte. Hier kann man im historischen Ambiente gepflegt Kaffee trinken oder im Restaurant speisen. Zur Wahl stehen ein schöner, runder Wintergarten, die Terrasse oder ein mit wunderbaren blau-weißen Delfter Kacheln ausgestatteter Gastraum. Tägl. 11–21 Uhr. ✆ 04974/605.

Fischerei-Genossenschaft, nett gemachter Fischimbiss und Frischfischverkauf am Ortsrand Richtung Carolinensiel (gegenüber der Zufahrt zum Tagesparkplatz). Tägl. 9–16 Uhr. Cliener Straat 14, ✆ 04974/511.

Dattein, sehr gemütliche Hafenkneipe mit Holzplanken an Boden und Decke, neben Fotos aus alter Zeit gibt es allerlei maritimen Schnickschnack um die zentral ausgerichtete Theke zu sehen. Kaffee und Kuchen, aber auch mal ein warmes Süppchen oder ein Krabbenbrot im Angebot. Am Hafen West 13, ✆ 04974/912444.

Café Störmhuus, tolle Dachterrasse am Hafen. Im Sommer gibt es in Neuharlingersiel keinen schöneren Flecken zum Kaffeetrinken mit Blick auf Hafen und Meer. Die sehr leckeren und kalorienreichen Torten und Eisbecher kann man aber auch etwas windgeschützter in den Räumen im ersten Stock genießen. Tägl. 11–18.30 Uhr. Am Hafen Ost, ✆ 04974/225.

Ostfriesische Teestube Altharlingersiel, 5 km von Neuharlingersiel entfernt (Richtung Carolinensiel, dann rechts). Sehr gemütliches Café, in dem es Kakaospezialitäten und leckere hausgemachte Torten gibt. In der hübsch dekorierten Teestube mit Parkettboden spenden skurrile Leuchten warmes Licht. Tägl. 14–18 Uhr geöffnet, im Winter nur So ab 14 Uhr. Ortskern 8, ✆ 04464/530. Im historischen Haus sind auch komfortable Ferienwohnungen zu mieten, Kinderspielplatz gegenüber.

Sehenswertes

Sielhof: Der schlossähnliche Gutshof hinter dem Siel war das erste feste Steinhaus des Ortes. Die Grundmauern stammen schon von 1755. Seine heutige Gestalt bekam der Sielhof jedoch erst im Jahr 1899, als ihn der oldenburgische Gesandte bei der preußischen Regierung als repräsentativen Familiensitz ausbaute. Im Gebäude wurde eine Kapelle untergebracht, die noch heute zur stillen Einkehr täglich geöffnet ist. Der Gutshof wird darüber hinaus für Veranstaltungen genutzt und beherbergt ein beliebtes Café-Restaurant. Umgeben ist er von einer kleinen Parkanlage mit hohen Bäumen.

Frischer Fisch am Hafen: Außenmole in Neuharlingersiel

Buddelschiffmuseum: Schon viele Jahre behauptet sich das sehr kleine Museum mit seinen über hundert Modellschiffen gegen den Zeitgeist. Es liegt etwas versteckt an der Westseite des Hafens im Untergeschoss von Janssen's Hotel. Die Schiffe wurden von ihren Erbauern mit viel Geduld – wahrscheinlich an langen Winterabenden – in die Flaschen bugsiert. Vom Wikingerschiff bis zur untergehenden Titanic ist hier so ziemlich alles vertreten.

April–Okt. Tägl. 10–13 und 13.30–17 Uhr. Erwachsene 2 €, Kinder 1 €. Am Hafen Westseite 7, ✆ 04974/224.

Umgebung von Neuharlingersiel

Seriemer Mühle: 2 km südlich von Neuharlingersiel steht inmitten von Wiesen und Feldern dieser 1804 erbaute segelbespannte Galerieholländer, dessen Flügel eine Spannweite von über 20 m haben. Die Windmühle trägt den Namen *De goede Verwagting* („Die gute Erwartung"). Noch bis 1975 wurde sie gewerblich genutzt, derzeit bemüht sich ein Mühlenverein um eine Restaurierung. Die Mühle, die täglich 11–18 Uhr kostenlos zu besichtigen ist, lag früher an der noch nicht verlandeten Harlebucht (fries. *seriem* = „am Ufer der See"). Bis zum Jahre 1914 stand hier sogar noch eine zweite Mühle, und zwar eine seltene Bockwindmühle. Diese wurde jedoch gesprengt, um nicht als Richtpunkt für feindliche Kriegsschiffe zu dienen. Im Müllerhaus wurde eine einfache Teestube eingerichtet, in der es auch selbst gemachten Kuchen gibt (in der Saison 13-18.30 Uhr, Sa/So schon ab 10.30 Uhr).

Werdum: 6 km südlich von Neuharlingersiel liegt die idyllische Warfensiedlung Werdum, die all das vorzuweisen hat, was ein typisches Ostfriesendorf ausmacht: Windmühle, Kirche und alte Häuptlingsburg. Als die Harlebucht noch nicht eingedeicht war, lag der Ort am Wattenmeer und hatte natürlich eine weitaus größere Bedeutung. Touristisch hat sich die kleine Gemeinde in den letzten Jahren immer mehr herausgeputzt. Die im Jahr 2002 wunderbar restaurierte Erdholländerwindmühle von 1748 ist täglich kostenlos zu besichtigen. Ihre segelbespannten Flügel reichen bis fast zum Boden, gelegentlich wird auch heute noch gemahlen (mit dem Kauf einer Mühlenaktie für 5 € kann man helfen, das seltene Bauwerk zu erhalten). Neben der Mühle befinden sich ein kleines Backhaus und ein gemütliches Café mit Terrasse (Mo–Fr 14–16 Uhr). Seit dem Jahr 2000 gibt es in Werdum auch wieder ein Brauhaus. Das dort produzierte *Watt'n-Bier* macht dem Platzhirsch, dem „friesisch-herben“ Jever, in den letzten Jahren ein klein wenig Konkurrenz.

Für Familien mit Kindern empfehlenswert ist der schmucke *Haustierpark* mit Spielplatz (Eintritt mit Kurkarte kostenlos). Die relativ große Anlage ist so etwas wie ein kleiner Zoo mit verschiedenrassigen Eseln, Ziegen und allerlei Federvieh. Bei gutem Wetter wird wochentags von 17.30 bis 18.30 Uhr Ponyreiten angeboten. Nebenan befindet sich eine sehr gepflegte Kneipphalle mit Ruhemöglichkeit.

Historisch interessant ist die *Schinkenburg* am östlichen Ortsrand, ein in Hufeisenform errichteter eingeschossiger Backsteinbau, dessen Grundmauern schon im 14. Jh. errichtet wurden. Der Burgname geht auf eine nette Legende zurück: Im Dreißigjährigen Krieg wurde die Burg belagert, und deren Bewohner drohten zu verhungern. Um die Belagerung aussichtslos erscheinen zu lassen, gaben sie vor, noch über genügend Lebensmittel zu verfügen, und schoben ihren letzten Schinken durch den Kamin nach draußen. Die List gelang, und die Belagerer zogen ab. Heute ist die Schinkenburg Privatbesitz und leider nicht zugänglich.

Uralte Mauern tragen auch die einschiffige *Nikolaikirche* (tägl. 8–18 Uhr), die schon 1327 erbaut wurde (der Chor erst 1476). Neben dem barocken Altar mit seinem Abendmahlgemälde und einer Kanzel mit Galerie und Schalldeckel (ca. 1670) findet sich im Kircheninneren ein altes Schiffsmodell. 1763 wurde der Kirche ein gut 40 m hoher Turm angefügt.

• *Information/Zimmervermittlung* **Heimat- und Verkehrsverein Werdum e.V.**, Raiffeisenplatz 1, 26427 Werdum, ✆ 04974/990099, www.werdum.de. Kurbeitrag (15.3–31.10) ab 16 J. 2 € pro Tag, Kinder ab 6 J. 1,10 €.

• *Essen und Trinken/Übernachten* **Küstenbrauerei zu Werdum**, kernige Gasthausbrauerei, in der es tägl. ein Stammessen gibt, aber auch die typischen kalten und warmen Brauhausspeisen. Reichlich Bierbänke drinnen und draußen sorgen für Platz beim Genießen des Watt'n-Biers. Tägl. 11–24 Uhr. ✆ 04974/914949.

Landhaus-Café, ideal für einen Radausflug, 5 km von Werdum entfernt im Wurtendorf Nordwerdum. Großer, heller Wintergarten. Nicht nur Cafébetrieb, es gibt auch kleine Speisen wie Erbsensuppe oder Strammer Max. Kinder erfreuen sich am kleinen Streichelzoo vor dem Haus. Die Wirtin aus Nordhessen bietet auch nette DZ für 64 € an. Nordwerdum 11, ✆ 04974/939018, 📠 04974/939019, anfrage@nordwerdum11.de www.nordwerdum-11.de.

Fahrradtour: Von Neuharlingersiel über Werdum in die Bärenstadt Esens und über Bensersiel an der Küste zurück

Länge: 32 km, Dauer: 3 Std. Die Rundtour bietet Ostfriesland komplett mit Wiesen und Mühlen, Nordseebädern und Hafenromantik sowie den Kleinstadtflair von Esens. Überaus zahlreiche Einkehrmöglichkeiten.

Wir starten in Neuharlingersiel und fahren kurz vor dem westlichen Ortsausgang (Richtung Esens) links in die Straße Mühlenstrich. Schon nach knapp 2 km ist die *Seriemer Mühle* erreicht (Café), die letzten Meter geht es (rechts ab) über die Kreisstraße. Nach kurzem Besuch der Mühle fährt man wieder gut 2 km auf der kleinen Kreisstraße zurück und dann (wieder rechts ab) 1 km ins Wurtendorf Nordwerdum (Landhaus-Café). Beim Café halblinks abbiegen, zunächst geht es auf einem geteerten Weg, anschließend auf einem

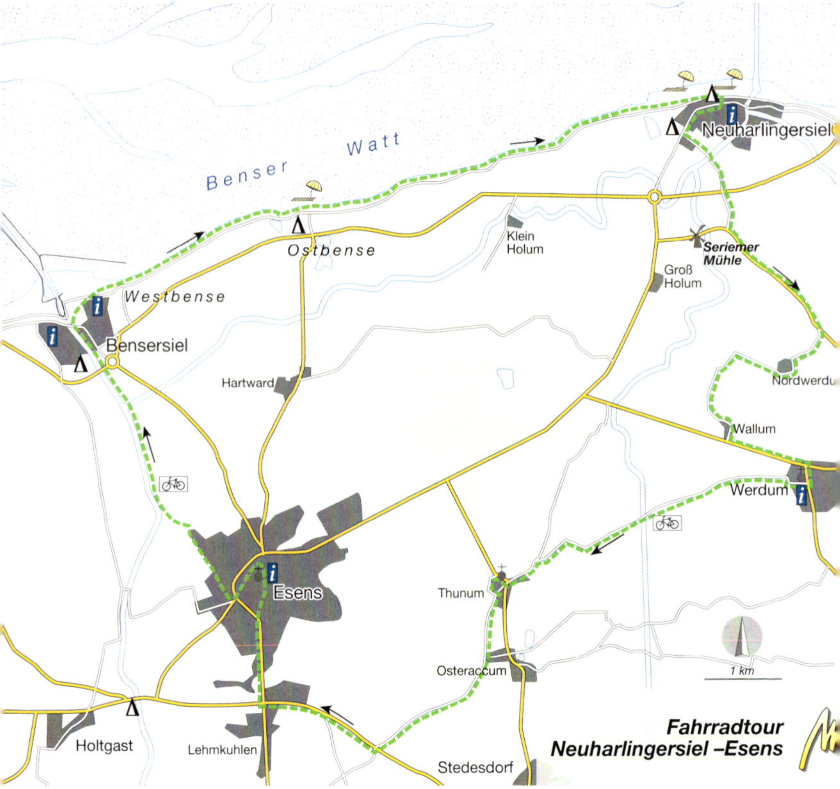

schmalen Plattenweg durch die Felder nach Wallum, und dann radelt man noch ein kurzes Stück (links ab) auf der Kreisstraße, bis nach insgesamt 3 km das beschauliche *Werdum* erreicht ist (mit Mühle, Brauerei, Haustierpark).

In Werdum zweigt der Weg bei der Touristeninformation rechts ab (Nähe Kirche). Über die Thunumer Straße und dann durch die Felder gelangt man ins gut 4 km entfernte Thunum. Dort dann rechts an der Kirche vorbei und gleich wieder links ab um das Warfendorf herum, dann rechts ins 1,2 km entfernte Osteraccum. Nun geht's erst 2 km über den gepflasterten Fahrweg, dann 3 km auf dem Fahrradweg nach *Esens*.

Die Bärenstadt erreicht man von Süden aus und kann sie bequem über die Fußgängerzone erkunden, bevor die Tour durch das autofreie Benser Tief zum 4,5 km entfernten Bensersiel führt. Um den schönen Fahrrad- und Wanderweg zu finden, fährt man vom Marktplatz aus (an der Apotheke) zunächst südwestlich in die fußgängerzonenartige Herdestraße. Dann rechts ab am Busbahnhof die Landstraße überqueren. Nun geht's geradeaus weiter in den Hayungshauser Weg und dann immer geradeaus nach Bensersiel.

Am Hafen von *Bensersiel* überquert man die Straße und fährt über den Deich am Parkplatz vorbei und dann immer auf der Seeseite (Butenseite) des Deichs weiter. Hier führt der Weg breit und asphaltiert, aber mit leichter Schieflage zurück ins 9 km entfernte Neuharlingersiel.

Gelebte Tradition: Volkstanz vor der St. Magnuskirche

Esens

6900 Einwohner

Das kleine, nette Städtchen ist Einkaufs- und Dienstleistungszentrum der Region. Die sehenswerte Kirche St. Magnus ist die größte Ostfrieslands. Besonders an bewölkten Tagen, wenn's am Strand ungemütlich ist, locken Altstadt, Marktplatz und Fußgängerzone viele Urlauber der umliegenden Küstenorte auf einen Einkaufsbummel.

Esens bezeichnet sich als Bärenstadt, und der Bär ist hier tatsächlich los, denn auf Schritt und Tritt begegnet dem Besucher einer von 44 in der Stadt verteilten lebensgroßen, bunten Bären. Weil der Legende nach einst ein Bär Esens vor seinen Belagerern gerettet hatte, ziert Meister Petz auch das Wappen der Stadt.

Der Ort lässt sich ganz bequem zu Fuß erkunden. Zentrum ist der weiträumige, gepflasterte Marktplatz, an dem das historische Rathaus die Blicke auf sich zieht. Und obwohl Esens 4 km im Hinterland liegt, sind Ebbe und Flut auch hier ablesbar, denn am Rande des Marktplatzes befindet sich ein den Gezeitenstand der Nordsee anzeigender Tidebrunnen. An den Markplatz grenzt der Kirchplatz mit der stattlichen Magnuskirche. Zwischen beiden Plätzen steht ein bronzener Bär mit einem Ziegelstein zwischen den Tatzen. Auch eine zweite Bronzeplastik erinnert an die Geschichte der Stadt. Es ist die verhältnismäßig kleine Figur des Junkers Balthasar am gleichnamigen Brunnen, der im Schatten der Linden auf dem Kirchplatz steht. Hier, rund um die Kirche, findet Mittwoch- und Samstagvormittag auch der Wochenmarkt statt, sicher einer der schönsten der Region. Die Nordseite des Kirchplatzes wird von Arkaden aus Glas, Stahl und Beton flankiert, futuristisch anmutende Bausünden vergangener Jahrzehnte. Wer einkaufen möchte, gelangt südlich der Kirche über die Markstraße mit ihren Giebelhäusern in die Steinstraße, der beschaulichen Fußgängerzone des Städtchens.

Der Bär von Esens

Im 16. Jh. – so die Legende – kam ein Bärenführer in die Stadt, gerade zu einer Zeit, als Häuptling Balthasar einen erbitterten Krieg mit seinen Nachbarstämmen führte. Diese belagerten bald darauf die Stadt, weshalb auch der Bärenführer Esens nicht mehr verlassen konnte. Man sperrte den Bären notgedrungen in einem alten Turm ein. Nach und nach wurden die Lebensmittel in Esens knapp, und die eingeschlossenen Bürger der Stadt litten großen Hunger und hätten bald kapitulieren müssen. Natürlich gab niemand dem Bären etwas zu fressen, und so tappte das vom Hunger getriebene Tier schließlich die Wendeltreppe den Turm hinauf, durchbrach die Tür, stellte sich oben auf dem Gemäuer auf die Hinterbeine und begann, aus Leibeskräften zu brüllen.

Das schüchterte die Belagerer spürbar ein, dachten sie doch, den Esenern ginge es noch so gut, dass sie sich den Luxus leisten könnten, einen Tanzbären zu ernähren und auf den Turm zu führen. Da auch bei ihnen selbst die Vorräte zur Neige gingen, beendeten sie kurz darauf ihre Blockade. Zum Dank schmückt seit dieser Zeit ein Bär mit einem Stein in der Tatze das Stadtwappen von Esens. Der Junker-Balthasar-Brunnen auf dem Kirchplatz erinnert ebenfalls an diese Legende.

Der Name *Bärenstadt* ist aber – weniger legendär – vielleicht einfach nur den Attena, dem Häuptlingsgeschlecht des Junkers Balthasar, zu verdanken. Ihr Wappentier war nämlich ein Bär.

Geschichte: Im 8. Jh. wurde Esens auf einem sturmflutsicheren Geestrand erbaut und war bis ins späte Mittelalter über das Falsertief mit dem Schiff zu erreichen. Die regierenden Häuptlinge errichteten hier eine heute nicht mehr vorhandene Wasserburg und machten Esens zur Residenzstadt des gesamten Harlingerlandes.

Zentrale und bis heute verehrte Figur der Stadtgeschichte war der letzte Häuptling aus dem Geschlecht der Attena, Häuptling *Balthasar Omken*. Er regierte von 1522 bis 1540. Ihm ist es angeblich zu verdanken, dass Esens im Jahr 1527 die Stadtrechte verliehen bekam. Esens erlebte zu jener Zeit eine Blüte als bedeutender Markt- und Handelsort. Junker Balthasar, wie er auch genannt wird, war aber eine umstrittene Persönlichkeit. Für die einen gilt er als Häuptling, der die Sache der friesischen Freiheit hochhielt und sich mutig den Machtansprüchen der Grafen von Ostfriesland und der Hanse entgegenstellte. Immerhin blieb er mit seiner Herrschaft Esens unabhängig und erkannte die Oberhoheit der ostfriesischen Grafen nicht an. Für die anderen ist Balthasar dagegen ein streitlustiger Schurke und Seeräuber gewesen, der sich ständig im Krieg mit seinen Nachbarn befand und sich an keine Vereinbarung hielt. Balthasar stellte Kaperbriefe aus und ließ v. a. Bremer Handelsschiffe aufbringen, auch zu Land beraubte er Händler, die durch seine Herrschaft zogen. Er trieb es so weit, dass man 1538 sogar die Reichsacht über ihn verhängte. Nun konnte das mächtige Bremen dem räuberischen Häuptling gewissermaßen legal das Handwerk legen. 1540 griffen die Bremer Esens an. Aber schon nach kurzer Belagerung starb Balthasar an einer Krankheit, ohne Nachkommen hinterlassen zu haben.

Erbin seines Herrschaftsgebiets war Balthasars Schwester Onna (Anna), eine verheiratete Gräfin von Rietberg. Durch deren Erbfolge fiel das Harlingerland mit Esens im Jahr 1600 dann doch an das mächtige Geschlecht der Cirksena, der Grafen und Fürsten Ostfrieslands. Damit endete eine fast 400-jährige Unabhängigkeit. Esens blieb bis zum Aussterben der Fürstenlinie im Jahr 1744 bei Ostfriesland. Danach gehörte der Ort – wie ganz Ostfriesland – dem Königsreich Preußen. Nach der kurzen französischen Besetzung ab 1806 und dem Intermezzo des Königreichs Hannover kam die gesamte Region 1866 wieder in den Besitz des Preußischen Reiches. Aber die Preußen schleiften die verwaiste Burg und machten Wittmund und nicht etwa Esens zur Kreisstadt, weshalb die Esener noch heute mit einem WTM auf ihrem Autokennzeichen vorliebnehmen müssen.

Im September 1943 wurde das militärisch völlig unbedeutende Esens von verirrten Bombern der Alliierten getroffen, die eigentlich Emden zum Ziel hatten. Wie durch ein Wunder blieb die Magnuskirche von den Bomben verschont, die Häuser rund um den Kirchplatz wurden dagegen zu zwei Dritteln zerstört. 165 Menschen fanden dabei den Tod, darunter 102 Landschulkinder, die im Keller des Armen- und Arbeiterhauses Zuflucht gesucht hatten.

Nach dem Zweiten Weltkrieg kam der wirtschaftliche Aufschwung und mit ihm der Tourismus nur langsam in Gang. Erst ab Ende der 1960er Jahre wurde massiv in den Fremdenverkehr investiert.

Mit der niedersächsischen Gebietsreform 1972 wurden sieben Gemeinden zur Samtgemeinde Esens zusammengeschlossen. Sie besteht aus dem gleichnamigen Hauptort mit seinem Vorort Bensersiel sowie den Dörfern Werdum, Stedesdorf, Dunum, Moorweg, Holtgast und dem bekannten Küstenort Neuharlingersiel.

• *Information/Zimmervermittlung* **Kurverwaltung Esens-Bensersiel**, Am Markt, 26427 Esens, ✆ 04971/912700, www.esens.de. Nordsee-Service-Card (Kurkarte) ab 16 J. tägl. 2 €, ab 6 J. 1,10 €.

• *Fahrradverleih* **Fahrrad Janssen**, Herdestr. 10, ✆ 04971/3351; **Lüken**, Auricher Str. 48, ✆ 04971/2131; **Stefan's Fahrradshop**, Herdetor, ✆ 04971/5574.

• *Kino* Kleines, gemütliches Central-Kino mit Tischchen und Lampen aus den 1980er Jahren. Am Markt, Eingang Westerstr., ✆ 04971/3640 u. 2158, www.kino-esens.de.

• *Stadtführungen* Auf Anfrage bei Hannelore Hauer, ✆ 04971/4966.

• *Veranstaltungen* Jedes Jahr am zweiten Wochenende im Juli findet ein fünftägiges **Schützenfest** statt, eines der größten in ganz Deutschland.

• *Wochenmarkt* Im Sommer jeden Mi und Sa vormittags auf dem Kirchplatz.

• *Übernachten* **Krögers Hotel**, erstes Haus am Platz, gepflegt und gediegen. Sauna vorhanden. Gemütliche Gaststube "in d'Drüppel" und Restaurant "Windlicht" mit gehobener Küche. DZ 130 €. Bahnhofstr. 18 (Richtung Aurich), ✆ 04971/3065, ℻ 04971/4265, info@kroegers-hotel.de, www.kroegers-hotel.de.

Wieting's Hotel, im Zentrum gelegen, 19 liebevoll ausgestattete und sehr unterschiedlich eingerichtete Zimmer, Restaurant/Bierkneipe im Haus. DZ 75 €. Am Markt 7, ✆ 04971/4568, ℻ 04971/4151, hotel-wieting@web.de, www.hotel-esens.de.

• *Essen und Trinken* **Restaurant Hopfenlaube**, gutbürgerlich im wahrsten Sinne des Wortes, sowohl was das Interieur als auch was die Fisch- und Fleischspeisen angeht. Hier im alteingesessenen Gasthaus speisen auch viele Einheimische. Am Markt 18, ✆ 04971/7818.

Ostfriesische Teediele Stadt Schkür, etwas versteckt im Hinterhaus am Markt gelegen, Café, Privatmuseum und Antikladen in einem. Man sitzt in einem ehemaligen Stall, der vollgestopft ist mit allerlei antikem Tüddelkram, und genießt auf Omas Sofa seinen ostfriesischen Tee. Auch Frühstück. 10–21 Uhr, im Winter 14–18 Uhr, Di Ruhetag. ✆ 04971/2314.

Sehenswertes

Museum „Leben am Meer"/Peldemühle: Die gepflegte und nicht zu übersehende Mühle an der Kreuzung nach Bensersiel und Neuharlingersiel wird als Heimatmuseum genutzt. Alle Etagen der Mühle und ein Anbau sind als Ausstellungsräume eingerichtet. Zu sehen gibt es weniger Mühlentechnik als viel mehr eine Ausstellung über die Landgewinnung und Siedlungsgeschichte der Stadt und des Harlingerlandes. Funde aus dem Watt, beispielsweise ein erst in den 1990er Jahren gefundenes menschliches Skelett aus dem 5. Jh., zeugen davon, dass die Nordsee so manche Siedlung wieder überspült hat. Aufgebaut wurden auch eine alte Uhrmacherwerkstatt und ein mit den typisch niederländischen blau-weißen Kacheln geschmücktes Fliesenzimmer. Angeschlossen ist das so genannte Müllerhaus, das als Galerie der Stadt Esens fungiert und eine kleine Bildersammlung sowie einen Raum für Wechselausstellungen beherbergt. Die 1850 errichtete Mühle war fast abbruchreif, als sie im Jahr 1989 von der Stadt gekauft und gründlich renovierte wurde. Statt der ursprünglichen Jalousie-Flügel schmücken die Mühle heute (aus Kostengründen) Gitterflügel, die bei schwachem Wind mit Segeln überzogen werden können. Eine Windrose dreht den Mühlenkopf automatisch in den Wind.

Mitte März bis Ende Oktober tägl. außer Mo 10–17 Uhr. Erwachsene 3,50 €, Jugendliche 1,50 €, Kinder bis 14 J. frei. Führungen Mi 15 Uhr. Bensersieler Str. 1, ✆ 04971/5232.

Kirche St. Magnus und Turmmuseum: Die dreischiffige Hallenkirche ist einer der prachtvollsten Sakralbauten der Region und mit einem Fassungsvermögen von 1700 Personen zugleich das größte Gotteshaus Ostfrieslands. Mitte des 19. Jh. wurde sie im spätklassizistischen Rundbogenstil errichtet. In ihrem Inneren ist die Kirche neugotisch gehalten. Eine Empore verläuft rund um das Kirchenschiff. Sie trägt die große Orgel von 1850 mit 30 Registern auf zwei Manualen. Der Altar in der Apsis stammt noch aus dem Vorgängerbau, ebenso die Kanzel (1674) und das Bronze-Taufbecken (1474). Bemerkenswert ist der von einem steinernen Löwen flankierte Sandsteinsarkophag mit der lebensgroßen Figur von Siebet Attena (1473), dem einzigen aller ostfriesischen Häuptlinge, der je zum Ritter geschlagen wurde.

Der Kirchturm ist mit gut 50 m einer der höchsten in Ostfriesland und in der Saison über 113 Stufen begehbar, ein schöner Ausblick ist garantiert (wenn man die Schallklappen öffnet). Im Glockenturm befindet sich ein Turmmuseum auf vier Ebenen, das mit vielen Bildern und Dokumenten die Baugeschichte der Kirche dokumentiert. Zu sehen gibt ist auch eine alte Kutsche, die als Leichenwagen diente.

Gegenüber der Kirche befindet sich das evangelische Gemeindehaus. Es war früher das Schulhaus, wie unschwer an der kleinen Sonnenuhr und an zwei typischen Inschriften noch zu erkennen ist. „Ernste Zucht, Gold'ne Frucht" ist dort zu lesen und „Non Scholae, sed Vitae" (nicht für die Schule lernt ihr, sondern fürs Leben).

März–Okt. Di–Fr 10–11.30 und 14.30–16 Uhr. Das Turmmuseum ist von April bis Sept. Nur Di und Do 15–17 Uhr und So 11–12 Uhr geöffnet. Der Eintritt ist frei (Spende erbeten). Kirchenführung im Sommer jeden Do 15 Uhr. Am Kirchplatz 5, ✆ 04971/919712.

Rathaus: Das im 18. Jh. errichtete „Weiße Haus" am Marktplatz hat eine wechselvolle Geschichte hinter sich. Einstmals Wohnsitz eines Generals, war es seit 1756 adeliges Damenstift und damit Wohnsitz für Witwen, deren verstorbene Männer wenigstens im Kapitänsrang gewesen sein mussten. Seit 1962 befindet es sich im Besitz der Stadt.

Einzigartig sind die um 1760 gefertigten Tapisserien im Ahnensaal des ehemaligen Witwenstifts. Die kostbaren Gobelins im gleichen Raum zeigen waldreiche Parklandschaften mit exotischen Papageien und Bäumen.

Der Ahnensaal ist nur im Anschluss an die in der Saison jeden Do um 15 Uhr angebotene Kirchenführung zu besichtigen.

3D-Museum/Holarium: Dokumentiert wird die Entwicklung der Erzeugung dreidimensionaler Bilder. Zu sehen sind hier neben großformatigen 3D-Bildnissen auch etwa 150 Hologramme.

In der Saison tägl. 11–18 Uhr. Erwachsene 4 €, Kinder 2,50 €. In den Arkaden direkt gegenüber der Kirche gelegen, ✆ 04971/4392, www.holarium.de.

August-Gottschalk-Haus: Das 1899 errichtete, ehemalige Gemeindehaus der Esener Juden, in dem sich auch eine jüdische Volksschule befand, wurde nach dem ehemaligen Gemeindevorsteher und Lehrer benannt. Die benachbarte Synagoge brannte in der Reichspogromnacht 1938 ab. Einzigartig für den nordwestdeutschen Raum ist die bei Sanierungsarbeiten wiederentdeckte Mikwe, das rituelle Tauchbad der Juden. Im Haus erinnert eine Ausstellung an die jüdische Vergangenheit im wirtschaftlichen, kulturellen und politischen Leben Ostfrieslands.

April–Okt. Di, Do u. So 15–18 Uhr. Erwachsene 2 €, Kinder 1 €. Das Museum ist wenig besucht; der Zugang liegt versteckt. In der Passage der Fußgängerzone (Steinstr.) geht es links neben der Hirsch-Apotheke (und Mode Metzner) zum Haus. Burgstr. 8, ✆ 04971/2306.

Klabautermann: Große Indoor-Spielscheune mit 2000 m^2 Spielfläche und Bistro im Gewerbegebiet vor Esens. Auf Klettergerüsten, Trampolinen usw. können sich hier die lieben Kleinen auch an Regentagen austoben.

Mo–Fr 13–19, Sa/So 10–20 Uhr. Kinder (4–16 J.) 7,40 €, Erwachsene 4,90 € (ein Heißgetränk inkl.). Sattlerstr., ✆ 04971/927571, www.klabautermann-spielpark.de.

Bensersiel

500 Einwohner

Zwei kleine, weiße Promenadenbrücken ragen seit 1996 wie Segel in den Himmel und überspannen die Einfahrt zum modernen Sielhafen, von dem die Fähren zur Insel Langeoog pendeln. Von Fischerhafenromantik ist nichts zu spüren, nur noch ein Kutter fährt täglich hinaus und bietet den Fang anschließend zum Verkauf an.

Mangels historischer Bausubstanz will sich Bensersiel architektonisch bewusst von anderen Nordseebädern abheben. Daher ist alles etwas futuristischer gestaltet, so auch das zwischen Hafen und Strand gelegene Strandportal der Touristen-Information. Am Hafen und entlang der Hauptstraße reiht sich ein Restaurant oder Hotel an das andere, allesamt moderne Zweckbauten. Das Ensemble bildet das lebendige Zentrum des kleinen Urlaubsortes. Highlight ist sicherlich der künstlich aufgeschüttete Strand. Denn alles in Bensersiel dreht sich um den Badeurlaub für die ganze Familie. Kinder finden reichlich Abwechslung (z. B. auch in den Schwimmbädern und auf Abenteuerspielplätzen). In der Saison steht zudem ein blau-weiß gestreiftes Zirkuszelt am Strandportal, in dem Animationsprogramme für Kinder und Jugendliche, aber auch für Erwachsene stattfinden.

Geschichte: Weil im 17. Jh. die Schiffszufahrt nach Esens immer mehr verlandete, musste 4 km nördlich in Bensersiel ein neuer Hafen angelegt werden. Esens blieb aber weiterhin der zentrale Marktflecken und Handelsort. Etwas Leben kam in den Ort, als Bensersiel Versorgungshafen für Langeoog wurde. Richtig aufwärts ging es aber erst, als sich nach dem Zweiten Weltkrieg der Tourismus an der Küste immer stärker entwickelte. Schon 1951 schlossen sich Esens und Bensersiel zusammen und investierten in die touristische Infrastruktur. Der Lohn waren ständig steigende Übernachtungszahlen und 1971 das Prädikat als „staatlich anerkannter Küstenbadeort“ und später als „Nordseeheilbad“.

Übrigens: In der Organisation der Kurverwaltung Esens-Bensersiel wurzelt noch etwas von der viel beschworenen friesischen Freiheit. Die Kurverwaltung wird nämlich seit über 30 Jahren von einem Verein getragen. Der Kurdirektor wird damit nicht von der Stadt angestellt, sondern von den Vereinsmitgliedern, und das sind v. a. die Vermieter von Ferienunterkünften. Die Erfolge der Kurverwaltung können sich sehen lassen. Mit über einer Million Übernachtungen gehört Esens-Bensersiel zu den größten Ferienzentren der ostfriesischen Küste.

• *Information/Zimmervermittlung* **Kurverein Esens-Bensersiel**, Am Strand 8, Strandportal, 26427 Bensersiel, ✆ 04971/9170, www.bensersiel.de. Nordsee-Service-Card (Kurkarte) ab 16 J. tägl. 2 €, ab 6 J. 1,10 €.

Historischer Fischkutter im modernen Hafen von Bensersiel

• *Ausflugsfahrten/Fähre* Bis zu 7-mal wird tidenunabhängig die Insel **Langeoog** angelaufen (Tagesrückfahrkarte 19,50 €, Kinder von 6 bis 15 J. 11,70 €, siehe auch S. 145). Zudem werden von einem Kutter Ausflugsfahrten zu den **Seehundbänken** und **Angelfahrten** angeboten. Tagesparkplätze am Anleger.

• *Fahrradverleih* **Stefan's Fahrradshop**, Am Hafen, ✆ 04971/927782; **GM-Tankstelle (Familie Geisler)**, Hauptstr. 1, ✆ 04971/833; **Julius**, Friesenstr. 27, ✆ 04971/92900.

• *Kinderspielhaus* **Takka-Tukka-Land**, Indoor-Strandspielplatz auf 300 m² Fläche, neben der Tourist-Information (Strandportal). Tägl. 10–18 Uhr. Eintritt mit Nordsee-Service-Card frei, mit ortsfremder Kurkarte 1 €, ohne Kurkarte 3 €.

• *Schwimmbad/Sauna* **Nordseetherme Sonneninsel**, subtropisches Badeparadies mit Solebecken, 100 m langer Rutsche, schöner Saunalandschaft und Bistro, tägl. 10 bis 20 bzw. tageweise 22 Uhr geöffnet. Erwachsene (2 Std.) 7 €, Kinder 3,50 €, Sauna 11 €. Schulstr., ✆ 04971/916141.

Meerwasser-Wellenfreibad, schönes beheiztes Freibad (20–23 °C) mit großem Badebecken am Strandportal, 80 m lange Wasserrutsche, alle 30 Min. Wellenbetrieb, Kinderbecken und Einschwimmhalle. Eintritt mit Kurkarte frei, sonst Kinder 3 €, Erw. 1 €. Am Strand, ✆ 04971/917147.

• *Strandkorbvermietung* In der Kurverwaltung, ✆ 04971/9170.

• *Veranstaltungen* Am zweiten Mittwoch im August großes **Lichter- und Brückenfest**.

• *Wochenmarkt* In der Saison am Donnerstagvormittag.

• *Übernachten* **Hotel Vier Jahreszeiten**, an der Hauptstraße gegenüber dem Hafendeich gelegen. Komfortabel eingerichtete Zimmer, oft mit Meerblick. Lichtdurchflutetes Restaurant Miramar mit gehobener Küche. DZ 128–178 €. Hauptstr. 10, ✆ 04971/92510, ✆ 04971/925111, info@hotel-4jahreszeiten.com, www.hotel-4jahreszeiten.com.

Villa Kröger, liebevoll eingerichtetes, schickes Hotel in Strandnähe, 29 gepflegte Zimmer mit allem Komfort. DZ 94 €. Am Wattenmeer 6, ✆ 04971/3018, www.villa-kroeger.de.

Campingplatz Bensersiel, schön gelegener gemeindeeigener Platz auf rund 10 ha Fläche. 550 Stellplätze, halb auf Sand, halb auf Gras. Am Strand vor dem Deich gelegen, daher nur von Ostern bis 15. Sept. geöffnet. Camper haben freien Eintritt in der Nordseetherme und im Wellenfreibad. ✆ 04971/917121, im Winter ✆ 04971/9170.

• *Essen und Trinken* **Waterkant**, Café-Restaurant an der östlichen Hafenseite, große Terrasse und zudem im ersten Stock eine Balkonterrasse. Morgens und nachmittags Café, mittags und abends Restaurant mit gutbürgerlichem Essen. Am Hafen 4, ✆ 04971/7873.

Fisch und Meer, etwas zurückgesetzt von der Hauptstraße gelegenes SB-Restaurant mit großer Gartenterrasse. Vergleichsweise günstige Fischgerichte. Auch Fischverkauf. Hauptstr. 7 (schräg gegenüber dem Naturkundehaus), ✆ 04971/912792.

Teestube Oll Diek, etwas versteckt im Keller der Pension Fischerhus gelegen, zweckmäßig und mit klarer Linie eingerichtet. Mo/Di Ruhetag. Hauptstr. 4, ✆ 04971/1223.

Futuristisch: Promenadenbrücke in Bensersiel

Sehenswertes

Naturkundehaus: Unter einem reetgedeckten Dach erfährt man nicht nur viel rund ums Wattenmeer mit Ausstellungen heimischer Vögel und mit kleinen Seewasseraquarien, es gibt hinter dem Haus am Kurpark auch einen Kräutergarten zu bewundern. Das Haus versteht sich weniger als Museum, sondern vielmehr als eine Einrichtung, die mit Veranstaltungen über das Thema Natur unterrichten will.

Di, Mi, Fr 10–12 und 15–18 Uhr. Eintritt frei, Veranstaltungen sind teilweise kostenpflichtig. Seestr. (Ortseingang Nähe Tankstelle), ✆ 04971/5848

Badestelle Ostbense: schöne, kleine Badestelle mit Treppe ins Watt. 3 km östlich von Bensersiel gelegen, kostenloser Parkplatz vor Ort (Straßenschild „Ostbense am Deich“ bzw. “Ferienwohnung Nordsternweg”). Man muss nur über den Deich gehen, schon ist man dort und kann den Deich zudem als Liegewiese benutzen.

Dornumersiel

430 Einwohner

Im Nordseebad Dornumersiel geht es trotz seines Hafens eher beschaulich zu. Der Ort lebt in erster Linie von seinem weitläufigen Badestrand.

Obwohl der ehemalige Hafenort des 6 km entfernten Dornum einer der ältesten Sielorte der Küste ist, hat nur vergleichsweise wenig historische Bausubstanz die Zeit überdauert. Ferienhäuser prägen stattdessen das Ortsbild, und auch seine Lage am Meer hat Dornumersiel seit 1962 eingebüßt. Denn nach der damaligen Sturmflut wurden weitere Deiche und ein neues Schöpfwerk gebaut und der Hafen etwa 1,5 km weiter seewärts verlegt. Die Gäste bummeln oder fahren mit dem Rad diese Strecke zum Hafen und zum Strand. Dabei geht es zwischen dem Dornumersieler Tief und dem neuen Hafen an einem kleinen Speichersee, dem Mahlbusen, vorbei. Auf halber Strecke liegt ein reetgedecktes Haus. Es ist die zentrale Tourist-Information Dornumersiels mit Leseraum und Spielhaus für Kinder. In der Saison fährt auch ein für Kurkarteninhaber kostenloser Shuttle-Bus vom Ort zum Strand.

Ruhiger Fischerhafen: Dornumersiel

Der künstlich aufgeschüttete Strand ist 60.000 m² groß und mit bunten Strandkörben belegt. Er wird auch von den Campern des angrenzenden Platzes genutzt. Am Hafen selber ist vergleichsweise wenig los, weil es hier keinen regulären Fährverkehr zu den gegenüberliegenden Inseln gibt.. Für Küstenflair sorgt allerdings eine kleine Kutterflotte. Auch einen Jachthafen gibt es hier.

Geschichte: Genau genommen trägt der Ort den Doppelnamen *Dornumersiel/ Westaccumersiel*, denn ursprünglich gabes hier zwei selbstständige, unmittelbar nebeneinanderliegende Sielorte mit jeweils eigenem Hafen, zwischen denen früher die Grenze zwischen Ostfriesland (Herrlichkeit Dornum) und dem Harlingerland verlief. Aber nach der Sturmflut von 1962 beschloss man den Bau eines Schöpfwerkes und eine Seewärtsverlegung der Deichlinie, obwohl die Orte die Katastrophe schadlos überstanden hatten. Man zerstörte bedenkenlos die Sieltore der alten Häfen, schüttete den Westaccumersieler Hafen zu und riss die historischen Häuser ab. Heute wäre das Areal ein wahres Kleinod. Immerhin weisen die Ortschilder den östlichen Ortsteil wieder als Westaccumersiel aus, und auch der östliche Hafenbereich des neuen Außenhafens heißt heute noch Accumersiel. Somit haben auch die wenigen Fischer ein *ACC* und nicht etwa ein *DOR* als Kennung an ihrem Kutter. Dornumersiel/Westaccumersiel ist seit 1990 anerkanntes Nordseebad.

- *Information/Zimmervermittlung* Tourismus GmbH Dornum, Hafenstr. 3, 26553 Nordseebad Dornumersiel. ✆ 04933/91110, www.dornum.de. März–Okt. Kurbeitrag ab 16 J. 1,80 €, Kinder ab 6 J. 1 €.
- *Fahrradverleih* A. Weyerts, Störtebekerstr. 143, ✆ 04933/2278; Kur und Reisen, Up Boers 5, ✆ 04933/2662.
- *Schwimmbad* Solarbeheiztes Meerwasserfreibad am Strand von Dornumersiel. Eintritt mit Kurkarte frei (tägl. 10–19 Uhr).
- *Strand* Mit Kurkarte ist der Zugang zum Strand kostenlos. Ansonsten zahlt man für die Strandkarte 2 €, Kinder (6–15 J.) 1,50 € (plus Parkgebühr). Strandkorb 5 €. Strandkorbreservierung unter ✆ 04933/91110.
- *Übernachten* Nordsee-Caravan-Camping Dornumersiel, gemeindeeigener und vor dem Deich direkt am Badestrand gelegener Platz, 325 Stellplätze, kostenlose Nutzung des Meerwasserfreibads. Mai–Sept. geöffnet. ✆ 04933/351.
- *Essen und Trinken* **Alte Schmiede**, rustikal-gediegen, sehr schmackhafte Küche, v. a. guter Fisch. Cassen-Eilts-Padd 2 (an der Hauptstraße, Ortsrand Richtung Neßmersiel), ✆ 04933/1744.

Historisches Sielhuus, sehr aufwändig renovierte Teestube, ganz urig mit Balkendecken, Steinfußboden oder Dielen, Delfter Kacheln, Kamin und Butzenschrank. Ostfriesisches Frühstück von 9 bis 11 Uhr, natürlich gibt's auch guten Kuchen, Landbäckerei im Haus. Oll Deep 3 (Kreuzung Ortsmitte), ✆ 04933/914014.

Sehenswertes

Nordseehaus: Auch Dornumersiel/Westaccumersiel hat ein schönes Nationalpark-Haus, dessen Ausstellung dem Wattenmeer und seinem Schutz gewidmet ist. Neben Vogelpräparaten, einem Strand- und Salzwiesenmodell sowie einem anschaulichen *Wattwürfel* gibt es auch einige kleine Aquarien zu sehen. Träger des Nordseehauses ist der BUND.

Di–Fr 9–17 Uhr, Sa/So 13–17 Uhr. Eintritt frei, Spende erbeten. Das Nordseehaus befindet sich am Ortsausgang an der Straße von Dornumersiel nach Dornum, im südlichen Bereich des alten Ortskerns (Oll Deep 7), ✆ 04933/1565.

Zwei-Siele-Museum: Vor ihrer „Zerstörung" in den 1960er Jahren lagen die beiden idyllischen Sielhäfen von Dornumersiel und Westaccumersiel unmittelbar nebeneinander. Schautafeln und Bilddokumente informieren über die einstige Bedeutung der Sielorte für Handelsschifffahrt und Fischerei. Das kleine Museum soll mittelfristig im noch erhaltenen alten Rettungsschuppen von Dornumersiel seinen Platz finden.

In der Hauptsaison Di, Do und Sa 15.30–17.30 Uhr, außerhalb der Saison nur Sa 15.30–17.30 Uhr. Ganz in der Nähe des Nordseehauses gelegen, Ostfreesenstraat, ✆ 04933/2713.

Dornum

1200 Einwohner

Dornum gehört eindeutig zu den sehenswerten Orten Ostfrieslands, denn in Dornum begegnet einem die Geschichte auf Schritt und Tritt. Mit Burg, Schloss, einer Synagoge, schönen Bürgerhäusern und der eindrucksvollen Kirche ist noch vieles von der einstigen Herrlichkeit Dornums erhalten geblieben.

Wahrzeichen von Dornum ist aber weder die Burg noch die Kirche, sondern eine ganz besondere Mühle am südwestlichen Ortsrand (Richtung Aurich). Diese wurde schon 1626 erbaut und ist heute die einzige erhalten gebliebene Bockwindmühle in Ostfriesland. Dornum kann man in den Sommermonaten sogar mit der Bahn erreichen, und zwar mit einer Museumsbahn vom Städtchen Norden aus (Fahrradmitnahme möglich, Näheres siehe S. 107). Die Fahrt mit der Bahn ist ein ganz besonderes Erlebnis.

Durch den historischen Ortskern kann man sehr bequem zu Fuß schlendern. Mit der Kirchstraße gibt es auch so etwas wie eine kleine Einkaufsstraße, die in der Mitte durch den Marktplatz unterbrochen wird. Hier laden zwei Straßencafés zum verweilen ein. Vom Marktplatz aus gibt es in allen vier Himmelsrichtungen etwas zu sehen: Nach Norden führt die Kirchstraße an der Synagoge vorbei zum beeindruckend großen Wasserschloss, nach Süden zur bedeutenden Warfkirche. Westlich des Marktplatzes liegt etwas versteckt der *jüdische Friedhof*, und im Osten des Zentrums erhebt sich die *Beningaburg*, ebenfalls eine Wasserburg. Sehenswert sind auch die in Burgnähe gelegene Heimatstube und die efeuberankte Apotheke (Enno-Hektor-Str. 10). Die Ladeneinrichtung der Apotheke stammt noch aus dem Jahre 1850.

Geschichte: Der strategisch günstig auf einer Geestinsel gelegene Ort hat eine bewegte Geschichte. Immer wieder wechselten die Herrscher. Das Geschlecht der Attena baute um 1400 hier drei stattliche Burgen, die Osterburg, die Wester- und die Norderburg. Seither ziert der aufrechte Bär, das Wappentier der Attenas, auch das Dornumer Wappen. Doch schon um 1420 waren die Konkenas Häuptlinge der Herrlichkeit Dornum, und ein Jahrhundert später hatte das Geschlecht der Beningas das Sagen. Alle drei Burgen wurden bei kriegerischen Auseinandersetzungen zerstört. Nur die Osterburg (die heutige Beningaburg) und die Norderburg (das heutige Wasserschloss) wurden – schöner als zuvor – im 16. Jh. wiederaufgebaut.

Trotz der geschützten Lage brachte die Weihnachtsflut von 1717 auch Dornum Not und Elend, viele Gebäude wurden zerstört, und 262 Menschen fanden den Tod. Zum Wiederaufbau wurden auch jüdische Kaufleute und Handwerker nach Dornum geholt. Die Synagoge von 1841 und der kleine jüdische Friedhof sind noch heute Zeugnisse der jüdischen Vergangenheit.

Ein „echter" Drache: Ritterfest zu Dornum

Beeindruckende Realschule: Wasserschloss Dornum

- *Information/Zimmervermittlung* Tourismus GmbH Dornum, in Dornumersiel gelegen, siehe S. 94.
- *Fahrradverleih* Auto-Wittig, Schatthäuser Str. 11, ✆ 04933/457; IDAT-Touristik, Enno-Hektor-Str. 3, ✆ 04933/990036.
- *Veranstaltungen* Alljährlich Ende Juli finden im Schlosspark Ritterspiele und ein mittelalterlicher Handwerkermarkt statt. Ritter, Gaukler und Musikanten sorgen dann für eine Zeitreise ins Mittelalter.
- *Übernachten/Essen und Trinken* Zum Kronprinzen, das denkmalgeschützte Haus am ruhigen Marktplatz besticht durch seine zwölf geschmackvollen, nostalgisch eingerichteten Zimmer. Gutbürgerliches Restaurant im Haus, bei schönem Wetter Tische auf dem Marktplatz. DZ 76 €. Kirchstr. 11, ✆ 04933/992740, ℻ 04933/992741.

Sehenswertes

Wasserschloss Dornum: Die ehemalige Norderburg wurde im 17. Jh. zu einem prächtigen barocken Wasserschloss umgebaut. Ganz selbstbewusst ließ der damalige Burgherr und Präsident der *Ostfriesischen Landschaft* Harro Joachim von Closter über dem Eingangsportal im inneren Schlosshof in lateinischen Buchstaben den Leitsatz „Neid ist mir lieber als Mitleid“ anbringen.

Die ganze Anlage ist von einem Wassergraben umgeben. Der Zugang erfolgt über eine kleine Brücke und durch die Toreinfahrt der imposanten Vorburg, die von einem schlanken Turm gekrönt wird. Nun gelangt man in einen riesigen Innenhof. Hier genießen heute Schüler ihre große Pause, seit 1951 beherbergt das Dornumer Schloss die Kreisrealschule.

Das eigentliche Wasserschloss mit einem weiteren kleinen Innenhof ist seinerseits von einem Wassergraben umgeben. Es kann daher nur über die von zwei steinernen Löwen bewachte Holzbrücke betreten werden. Trotz der langen Nutzung des Gebäudes als Schule ist der zweigeschossige Rittersaal mit seiner barocken Deckenmalerei erhalten geblieben, heute dient er als Aula. In den Ferien wird das Schloss gelegentlich für Ausstellungen genutzt.

Wegen des Schulbetriebs ist eine Besichtigung nur von außen ab 14 Uhr möglich, Sa/So und in den Ferien ganztags. Innenhof und Festsaal sind nur im Rahmen von Ausstellungen oder Führungen (meist Fr 16 Uhr) zu besichtigen. ✆ 04933/2280

Synagoge und jüdischer Friedhof: Die 1841 erbaute kleine Synagoge entging als einzige Ostfrieslands den Brandstiftungen in der Reichspogromnacht, weil sie zwei Tage vorher für 600 Reichsmark an einen Möbelhändler verkauft worden war, der sie als Lager nutzen wollte. Sämtliche Einrichtungsgegenstände wurden allerdings am 9. November 1938 zerstört. Heute erstrahlt die Synagoge wieder in altem Glanz und ist Gedenkstätte und Ausstellungsraum zugleich. Von der ehemaligen jüdischen Gemeinde in Dornum zeugt auch der kleine jüdische Friedhof, der nur 200 m entfernt über den Marktplatz und die Marktstraße zu erreichen ist. Der älteste Grabstein stammt aus dem Jahr 1721 (nach jüdischer Zeitrechnung 5482).

Die Synagoge ist Fr, Sa und So 15–18 Uhr zu besichtigen. ✆ 04933/342 (männliche Besucher bekommen eine Kippa/Kopfbedeckung). Eintritt frei, aber Spende erbeten. Vom Markt aus führt eine kleine Straße (Marktstr.) zum Friedhof. Diesen bitte am Samstag (Sabbat) nicht besuchen.

Idyllische Wasserburg: die Beningaburg

Bartholomäuskirche: Um 1270 wurde die sehr sehenswerte Kirche auf einer 8 m hohen Warf mit 1,5 m dicken Mauern aus schweren Backsteinen errichtet. Die Innenausstattung ist für ostfriesische Verhältnisse geradezu prunkvoll mit barocker Kanzel von 1597, einem Altaraufsatz von 1683 und der zweitgrößten historischen Orgel Ostfrieslands von 1711. Im Sommer 2004 entdeckte man einige einfache Schnitzereien und Ritzungen an der Rückwand dieser Orgel. Sie wurden – wohl aus Langeweile – im 18. und 19. Jh. von denjenigen angefertigt, die mühsam den Blasebalg der Orgel treten mussten.

Das Gesicht der Kirche prägen zudem die teilweise doppelstöckigen herrschaftlichen Emporen der früheren Burg- und Schlossherren von Dornum. An sie erinnern auch die Grabsteine und Epitaphen an den Wänden sowie eine Krypta als – nicht zugängliche – Grabstätte von Dornumer Häuptlingsfamilien. Unter der Kanzel sieht man eine kostbar gestaltete Grabplatte aus belgischem Blaustein. Sie erinnert an Häuptling Gerhard II. von Closter, der 1594 tragisch und sehr unritterlich in Emden bei einem Treppensturz zu Tode kam. Der neben der Grabplatte stehende Taufstein von 1275 ist das einzige Einrichtungsstück aus vorreformatorischer Zeit.

Drei Glocken hängen im nebenstehenden gedrungenen Glockenturm. Die *Johanna-Glocke* befindet sich im östlichen Schallloch und soll bereits um das Jahr 1200 gegossen worden sein. Damit wäre sie die älteste Glocke Ostfrieslands. Sehr imposant ist auch die sehr alte Linde mit ihrem knotigen Wurzelwerk vor dem Kircheneingang (siehe Foto S. 33).

Im Sommerhalbjahr tägl. 10–12 und 15–17 Uhr. Im Juli und August lädt die Gemeinde jeweils Fr um 21 Uhr zum stimmungsvollen Orgelkonzert bei Kerzenschein ein. Infos/Kartenvorverkauf unter www.nachtorgel.de und ✆ 04933/91110.

Heimatstube Oma Freese Hus: unauffälliges, kleines, aber feines Heimatmuseum. Zu sehen gibt es Wohnraum und Küche von Oma Freese, die hier noch bis 1979 gelebt hat. Eingerichtet ist auch eine kleine Schuhmacherwerkstatt. Man kann so manches hier entdecken, beispielsweise ein *Verzeichnis der Trunkenbolde* von 1893. Diese Polizeiverordnung machte die Namen von Schuldnern öffentlich und war sozusagen die regionale „Schufa-Liste".

April–Okt. Di und Do 11–12 Uhr, So 15–16 Uhr. Eintritt frei. Beningalohne (schräg gegenüber der Burg), ✆ 04933/1343.

Umgebung von Dornum

Westeraccum: Nur 1 km östlich von Dornum liegt der kleine Ort Westeraccum mit seinem gewaltigen, frisch renovierten, fünfstöckigen Galerieholländer mit großem *Mühlenhaus* (Privatbesitz, aber gelegentlich mit einer Modellmühlenausstellung zu besichtigen, z. B. So 13–17 Uhr, dann auch Kaffee und Kuchen). Zwar drehen sich die Flügel, aber das Mahlwerk ist nicht mehr vorhanden. In ganz Ostfriesland gibt es überhaupt nur drei Mühlen dieser Größe (zusätzlich noch in Hage und Aurich). Sehenswert ist im Ort auch die alte *Backsteinkirche* aus dem 12. Jh. Sie beherbergt eine besonders prunk- und wertvolle Barockkanzel von 1694. Beim Glockenturm auf dem Friedhof sind eindrucksvolle Grabsteine aus dem 17. und 18 Jh. erhalten geblieben, die mit Reliefs von Engeln oder Segelschiffen geschmückt wurden (Kapitänsgrabstelen). Die Kirche ist leider häufig geschlossen, doch durch ein Fenster an der westlichen Stirnseite einsehbar.

Neßmersiel

430 Einwohner

Der kleine Sielort liegt geschützt hinter dem Deich, während Strand und Fährhafen zur Insel Baltrum 2 km weiter nördlich liegen.

Neßmersiel ist ein unspektakulärer, kleiner Ort mit zahlreichen Ferienhäusern. Neben den Resten einer alten Windmühle von 1804 ist das einzige historische Gebäude im Ort ein imposanter Bauernhof mit großer Gulfscheune, der schon im 18. Jh. erbaut wurde (Dorfstr. 26, bei Edeka). Am ehemaligen Hafenbecken befindet sich noch das restaurierte Sieltor von 1779. Die touristische Infrastruktur beschränkt sich auf ein neues Gebäude der Kurverwaltung, das unübersehbar an der Durchgangsstraße liegt (mit Indoor-Strandspielplatz).

Der Ort lebt fast ausschließlich von der Nähe zum Strand. Dieser ist wie fast überall an der Küste künstlich aufgeschüttet und dicht mit Strandkörben belegt, wird aber nicht – wie sonst üblich – von einem riesigen Campingplatz flankiert. Im Winter ist es hier grau und trist, aber im Sommer geht es bunt und geschäftig zu.

Der angrenzende Fährhafen ist das Tor zur kleinen Nordseeinsel Baltrum. Viele Tagestouristen besuchen die am küstennächsten gelegene Insel, die man bei Ebbe auch zu Fuß mit einer Wattführung besuchen kann. Und weil es sich um eine besonders schöne Tour handelt, gibt es nirgendwo an der deutschen Küste so viele geführte Wattwanderungen wie von Neßmersiel nach Baltrum oder umgekehrt. Zudem ist Neßmersiel auch Startpunkt für Wattwanderungen nach Norderney. Weil sich das Meer zweimal am Tag zurückzieht, reicht die Zeit aber nur, um eine Strecke zu wandern. Der Rückweg erfolgt dann per Fähre.

Geschichte: Der kleine, ursprünglich um 1570 errichtete Hafen des Fischerorts war lange Zeit auch Umschlagplatz für Getreidelieferungen in die umliegenden Küstenstädte. Er musste jedoch wegen Verschlammung um 1700 aufgegeben und näher seewärts verlegt werden. Durch weitere Eindeichungen und neu gewonnene Polder wurde der Hafen Mitte des 20. Jh. abermals um 2 km nach Norden verlegt. Doch längst sind die Frachtschiffe zu groß für kleine Sielhäfen mit ihren flachen Fahrrinnen geworden, und so wird hier schon lange nicht mehr Handel getrieben. Lediglich die Fähren für Baltrum und kleine Sportboote laufen Neßmersiel noch an, das heute Teil der Gemeinde Dornum ist.

• *Information/Zimmervermittlung* **Touristeninformation**, Störtebekerstraße 18, 26553 Neßmersiel ✆ 04933/91110. Kurbeitrag ab 16 J. 1,80 €/Tag, Kinder ab 6. J. 1 €.

• *Fähre* 2- bis 3-mal tägl. eine tidenabhängige Verbindung nach Baltrum (Tagesrückfahrkarte 16,50 €, Kinder 8,50 €, siehe auch S. 153).

• *Fahrradverleih* **Hinrich Kleen**, Störtebekerstr. (bft–Tankstelle), ✆ 04933/2028; **M. Krey**, Taubenweg 1, ✆ 04933/990202; **IDAT Touristik**, Dorfstr. 1, ✆ 04933/991064.

• *Freizeitcenter Sturmfrei* Indoor-Spielplatz Spiel-, Kletter- und Freizeitcenter für Kinder (in der Tourist-Information). Eintritt 7 € (mit Nordsee-ServiceCard 5 €), Mo Ruhetag, ✆ 04933/879980. www.sturmfrei-dornum.de.

• *Sauna* Im Wellness- und Freizeitcenter Sturmfrei, 7,50 €, Störtebekerstr. 18, ✆ 04933/879980 oder 992494.

• *Strand/Parken* Mit Kurkarte ist der Strand frei. Ansonsten kostet die Strandkarte 2 €, Kinder (6–15 J.) 1,50 €. Strandkorb 5 €. Am Fähranleger gibt es einen Tagesparkplatz. 2 Std. kosten 1 €, 12 Std. 3 €.

• *Wattwanderung* Zur Insel Baltrum (3 Std.) und zur Insel Norderney (3 Std. plus 3,5 km zur Bushaltestelle) z. B. bei Behrends, ✆ 04944/913875, Besemann ✆ 04933/1809, Brüggemann, ✆ 04941/991216, Eilers ✆ 04933/2681; Kurt, ✆ 04931/3096 Ortelt, ✆ 04933/1706, Rieken, ✆ 04942/204160. Die Preise liegen bei 10 € (Kinder 8 €) zzgl. Fährticket für die Rückfahrt (ca. 13 €).

Spaßig: Tandem am Strandbad von Neßmersiel

• *Übernachten/Essen und Trinken* Fährhaus, mächtiges, verklinkertes Gebäude. Hotel und Restaurant mit rustikaler Gaststube, empfehlenswerte Küche, in der nicht nur hervorragender Fisch zubereitet wird, sondern auch zahlreiche Fleischgerichte. Lieferanten sind regionale Erzeuger. Gutes Frühstücksbuffet. DZ 70–100 €. Dorfstr. 42 (am Deich, altes Sieltor), ☎ 04933/303, 📠 04933/2390, faehrhaus-nessmersiel@t-online.de, www.faehrhaus-nessmersiel.de.

Café Aggi Huus, das Haus ist alles in einem: Café und Restaurant, Imbiss, Tee-Kontor und Souvenirladen. Einfach und nett eingerichtet. Dorfstr. 49, ☎ 04933/914073.

Umgebung von Neßmersiel

Lüttje Huus an't Diek – Heimatmuseum: In diesem ehemaligen Landarbeiterhaus 2,5 km östlich des Zentrums (letzten Haus von Neßmergrode) wird mit viel Liebe zum Detail die einfache Lebens- und Arbeitswelt ostfriesischer Landarbeiter früherer Zeiten dargestellt. Zu sehen sind Wohn- und Schlafräume, aber auch ein Kolonialwarenladen und ein Stall. Auf dem Freigelände kann man zudem landwirtschaftliche Fahrzeuge und Gerätschaften bewundern.

Humorvoll dargebotene Führungen April–Okt. Di–Do 16.30–18 Uhr. Der Eintritt ist frei. Osterdeicher Weg 11, Ortsteil Neßmergrode, ☎ 04933/1748.

Nesse: Geschichtsträchtiger als Neßmersiel ist das 2 km südlich gelegene Nesse (zwischen Dornum und Hage), denn diese Langwarf ist bereits seit dem 8. Jh. besiedelt. Die aus Tuffsteinen erbaute, uralte Kirche aus dem 12. Jh. bildet zusammen mit dem freistehenden Glockenturm (15. Jh.), dem von einer Mauer umgebenen Friedhof und dem alten Steinhaus aus dem 16. Jh. den am vollständigsten erhaltenen Kirchenkomplex Ostfrieslands. Auch das Innere der *Marienkirche* weist eine Besonderheit auf, denn das Kirchenschiff und der spätgotische Chor werden noch durch einen Lettner getrennt. Dieser hat die Reformation deshalb überstanden, weil er nicht wie üblich aus Holz, sondern 1493 mit der Chorerweiterung aus Stein eingezogen wurde und zudem eine Orgelempore trägt. Sehenswert sind auch das

Kastengestühl von 1706 sowie die Sandsteintaufe aus dem 13. Jh. Der kleine Ort verfügt zudem noch über einen ansehnlichen Galerieholländer aus dem Jahr 1856 (heute Restaurant).

Von Neßmersiel ist der Ort für Fahrradfahrer über eine kleine, gepflasterte Straße zu erreichen. Leider ist die schöne Kirche nur selten geöffnet, aber im Haus daneben kann man sich bei der Küsterin den Schlüssel ausleihen.

Badestelle Hilgenriedersiel: Es gibt sie noch, die naturbelassene Badestelle an der Nordsee, an der nicht einmal – wie sonst üblich – abkassiert wird. Diese hier gehört zum Weiler Hilgenriedersiel, der nur aus ein paar Häusern besteht. Es gibt weder Kiosk noch Toilette, stattdessen findet man eine kleine Wiese und bizarre Abbruchkanten in der Grasfläche, die den Übergang zum Wattenmeer bilden. Aber gerade das macht die Schönheit dieses Platzes aus, vor dem in Blickweite die 5 km entfernt liegende Insel Norderney mit ihrem markanten Leuchtturm liegt.

5 km westlich von Neßmersiel geht es rechts ab durch den Ort Hilgenriedersiel bis zu einem kleinen Parkplatz. Von dort führt ein 1 km langer Zugangsweg zur Badestelle. Zunächst führt der Weg über den Deich zu einem Infohäuschen, dann links ab durch die Salzwiesen zur Badestelle.

Postkutsche nach Norderney

Norderney wurde im 18. und 19. Jh. nicht nur per Schiff, sondern auch mit der Postkutsche versorgt. Bis zum Jahr 1879 fuhr vom Postamt Norden über den kleinen Küstenort Hilgenriedersiel ein breit bereifter Wattpostwagen in knapp vier Stunden über das Watt bis ins Staatsbad Norderney. Denn das Watt hat bei Hilgenriedersiel einen hohen sandigen Anteil, und die niedrigen Priele reichten bei Ebbe nur bis zu den Bäuchen der Pferde, teilweise konnte man sie auch umfahren. 300–500 Personen und natürlich die Post wurden auf diese Weise bei Ebbe jährlich durchs Watt zur Insel befördert. Auch Fuhrleute brachten mit ihren Gespannen Waren zur Insel.

Aber immer wieder kamen die Kutschen – v. a. im Nebel – von der Strecke ab und wurden von der Flut überrascht. Deshalb kam im Jahr 1876 der Personenverkehr zum erliegen, wenig später wurden auch die Postzustellung und der Warentransport aufgegeben. Heute befindet sich an der Übergangsstelle eine naturbelassene Badestelle.

Norden

25.000 Einwohner

Die älteste Stadt Ostfrieslands verfügt über einige bedeutende historische Bauten, und in der mittelalterlichen Ludgerikirche befindet sich eine weltberühmte Orgel. Zudem kann die kleine Stadt mit einer Vielzahl interessanter Museen aufwarten und verführt mit einer netten Fußgängerzone zum Einkaufsbummel. Norden ist also ein echter Schlechtwettertipp.

Zentrum Nordens ist der große, baumbewehrte Marktplatz mit der größten mittelalterlichen Kirche Ostfrieslands, der Ludgerikirche und ihrem freistehenden Glockenturm. Die Südseite des Platzes wird von stattlichen Gebäuden gesäumt, beispielsweise von den Renaissance-Bürgerhäusern aus dem Jahr 1617, den *Dree Süsters* (Drei Schwestern). Zwei Häuser weiter steht die imposante, im klassizistischen Stil erbaute Mennonitenkirche (nur Sa 10–12 Uhr zu besichtigen, sehenswerte Deckenmalerei). Auch das alte Rathaus mit dem Norder Tee- und Heimat-

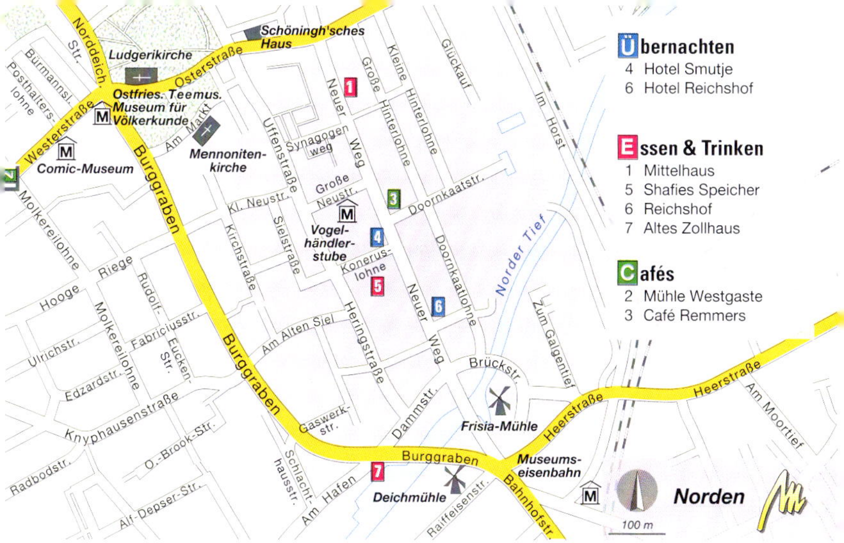

museum grenzt an den historischen Marktplatz, der von der Osterstraße geteilt wird. Diese Straße wird nach Osten hin zur Einkaufsmeile, in der sich gleich am Anfang auf der linken Seite das 1576 erbaute *Schöningh'sche Haus* befindet. Es ist das wohl prächtigste Renaissance-Giebelhaus Ostfrieslands, dessen Gesamteindruck allerdings etwas durch das Restaurant im Erdgeschoss gestört wird. Dennoch, die Giebelwand mit den vielen muschelbekrönten Fenstern und der aufwändige Sandsteingiebel suchen im Land ihresgleichen. Nach etwa 50 m gelangt man rechter Hand zur eigentlichen Flaniermeile Nordens (Neuer Weg), in der Geschäfte und Straßencafés zum Bummeln und Verweilen einladen.

Geprägt wird die Stadt zudem durch ihre Mühlen, ehemals 14 an der Zahl. Lediglich drei davon sind bis heute erhalten. In Bahnhofsnähe liegen die mächtigen, vierstöckigen Galerieholländer *Frisia-Mühle* (erbaut 1864, mit Muschelmuseum) und die *Deichmühle* (erbaut 1900, technisches Museum)). Richtung Greetsiel befindet sich die *Westgaster Mühle* (1863), die nach wie vor als Schrotmühle in Betrieb ist und besichtigt werden kann (Bauernladen/Teestube).

Geschichte: Wann die nach ihrer Lage benannte Stadt gegründet wurde, ist nicht ganz klar. Überliefert ist lediglich, dass hier schon vor dem Jahr 900 eine bäuerliche Versammlung, die so genannte *Theelacht* zusammentrat, um als eine Art genossenschaftlicher Verbund nach einem Sieg der Friesen über die Wikinger das wieder gewonnene Land gemeinsam zu nutzen. Die Theelachtskammer tagt noch heute (allerdings eher unter traditionell-folkloristischen Gesichtspunkten) und gilt als die älteste Genossenschaft der Welt. Urkundlich erwähnt wurde der aufstrebende Flecken erstmals im Jahr 1255. Norden gilt damit als älteste Stadt Ostfrieslands. Mit der Dionysosflut im Jahre 1373 und der damit verbundenen Erweiterung der Leybucht wurde Norden zur Hafenstadt und lief im 14. Jh. sogar Emden den Rang ab.

Danach durchlebte Norden eine ähnliche Geschichte wie andere ostfriesische Städte: Reichtum und wachsender Handel durch die günstige Lage am Meer, verbunden mit dem Bau prächtiger Patrizierhäuser und Kirchen; dann Verlandung des Hafens und folglich Verlust der Vormachtstellung; schließlich Stabilisierung durch die preußische Vorherrschaft.

Südseite des Norder Markplatzes: Dree Süsters

Sehr bedeutsam für Norden war im Jahr 1862 der Anschluss an das nationale Eisenbahnnetz. 1892 wurde diese Strecke bis zum Norddeicher Fähranleger weitergeführt. Mit dem Bau des Leybuchtsiels 1929 wurden auch die letzten Hafenaktivitäten Nordens dann endgültig nach Norddeich verlagert.

Was seine Fläche angeht, ist Norden mittlerweile übrigens größer als Bremen oder Oldenburg, denn durch ländliche Eingemeindungen bei der Gebietsreform 1972 wuchs das Gemeindegebiet auf 105 km² an. Darum kümmerte sich die niedersächsische Kreis- und Kommunalreform allerdings wenig, Norden verlor 1977 seinen Kreissitz an Aurich.

• *Information/Zimmervermittlung* Tourist-Information Norden und Norddeich, Am Markt (im Marktpavillon), 26506 Norden, ✆ 04931/986-201 oder 01805/008375200, www.norddeich.de; www.blickpunkte-norden-norddeich.de. Kurbeitrag: Erwachsene ab 16 J. 1,80 € (Nebensaison 1,20 €), Kinder ab 6 J. 0,90 € (0,60 €).

• *Ausflugsfahrten/Fähre* Tagesausflüge nach Norderney und gegebenenfalls auch nach Juist sind möglich (siehe. S. 163 und S. 171).

• *Fahrradverleih* Eisbein, Zur Fremouthswarf 10 (mit Zubringerdienst), ✆ 04931/167219; de Fietsenmoaker, Am Markt (mit Zubringerdienst), ✆ 04931/15810.

• *Wochenmarkt* Jeden Mo und Sa vormittags auf dem Marktplatz gegenüber der Ludgerikirche.

• *Übernachten* **Hotel Reichshof (6)**, am Rande der Fußgängerzone, aber dennoch sehr ruhig gelegen. Das Hotel besteht aus mehreren geschmackvoll renovierten Gebäuden, die fast wie ein kleines backsteinernes Altstadtviertel arrangiert sind. 56 komfortable und behagliche Zimmer. Großer Wellnessbereich mit entsprechenden Angeboten. Das niveauvolle Restaurant ist – fast alpenländisch – mit Weichholz vertäfelt. Hier gibt's von der deftigen Mahlzeit bis hin zum Gourmet-Menü so ziemlich alles, was kulinarisch möglich ist. DZ 112–142 €. Neuer Weg 53, ✆ 04931/1750, ℻ 04931/17575, rezeption@reichshof-norden.de, www.reichshof-norden.de.

Stadthotel Smutje (4), familien- und tierfreundliches, sauberes, kleines Hotel mit zehn Zimmern an der Fußgängerzone. Im denkmalgeschützten Haus mit Neubau befinden sich auch ein Restaurant mit kleinem Biergarten im Grünen und eine gemütliche Teestube. DZ 74 €. Neuer Weg 89, ✆ 04931/94250, ℻ 04931/942526, info@stadthotelsmutje.de, www.stadthotelsmutje.de.

• *Essen und Trinken* **Mittelhaus (1),** in der Fußgängerzone, tagsüber Café mit einem breiten Angebot verschiedener Kaffees, Tische vor dem Haus. Abends wird das Mittelhaus zur immer gut besuchten Thekenkneipe mit sechs Biersorten vom Fass. Neuer Weg 11, ✆ 04931/971881.

Altes Zollhaus (7), Restaurant im einstigen Pack- und Zollhaus der Stadt am ehemaligen Norder Hafen, Terrasse am Hafenbecken. Breite Auswahl an Speisen von Pasta bis Seezunge, auch Frühstück. Am Hafen 1, Mo Ruhetag, ✆ 04931/9321444.

Café Remmers (3), in dem bereits in der vierten Generation geführten Café sind neben selbst gemachten Torten auch ein Frühstück oder große warme Baguettes zu haben. Man sitzt in einfachem Ambiente im ersten Stock des historischen Hauses und blickt auf die Fußgängerzone, oder man setzt sich direkt an die zum Café gehörigen Tische auf der Einkaufsmeile. Neuer Weg 28, ✆ 04931/2462.

Mühle Westgaste (2), einfache, aber gemütliche Teestube. Vergleichsweise preiswert (Milchreis, Kuchen, auch belegte Brote sind zu haben). Hier gibt es auch einen Bauernladen (Gemüse, Kartoffeln, Brot usw.). Mo–Sa 9.30–12.30 und 15–18 Uhr, So Ruhetag. Besichtigung der voll funktionsfähigen Mühle möglich. Alleestr. 65 (Richtung Greetsiel), ✆ 04931/14527.

Shafies Speicher (5), Bistro-Restaurant in gepflegtem Backstein-Ambiente, kalte und warme Speisen aller Art, nachmittags Café, abends ansprechendes Restaurant und Cocktailbar. Neuer Weg 77, ✆ 04931/932226.

Das Schöningh'sche Haus

Sehenswertes

Ludgerikirche: Sicher eines der ungewöhnlichsten Gotteshäuser Ostfrieslands und sehr sehenswert. Augenfällig ist zunächst der freistehende Glockenturm aus dem 14. Jh., der heute durch eine vielbefahrene Straße von der Kirche getrennt ist.

Aufgrund der Bauweise und der überaus reichen Ausstattung aus verschiedenen Epochen wirkt diese größte mittelalterliche Kirche Ostfrieslands wie zwei aneinandergebaute Kirchen. Man betritt die Ludgerikirche durch ihren ältesten Teil, das schmale Langschiff, das als romanische Einraumkirche schon in der ersten Hälfte des 13. Jh. erbaut wurde. Um 1445 wurde der Bau durch ein geräumiges gotisches Querschiff erweitert, bald danach kam auch der großräumige dreischiffige Chor hinzu.

Der erste Blick fällt auf die barocke Kanzel (1712) mit ihrem mächtigen Schalldeckel, deren kunstvoll geschnitzte Figuren die Heilsgeschichte darstellen. Am Deckengewölbe des Mittelschiffs ist ein mittelalterliches Fresko mit der Darstellung Christi als Weltenrichter erhalten geblieben. Zentrales Ausstattungsstück ist jedoch die weltberühmte Orgel, die der Hamburger Orgelbauer *Arp Schnitger* zwischen 1686 und 1692 erbaut hat. Damit der edle Klang in allen Raumteilen gut zu hören ist, platzierte Schnitger die große Orgel mit ihren 46 Registern in der Mitte der Kirche und verstärkte damit die räumliche Zweiteilung. Diese wird noch durch den so genannten Fürstenstuhl unterstrichen, einer großen Loge für die werte Obrigkeit, die 1596 eingebaut wurde.

Im übergroßen Chor befindet sich ein gotisches Chorgestühl von 1481, das vermutlich aus dem in der Reformation aufgelösten Norder Benediktinerkloster stammt. Im Chor stehen auch das sandsteinerne Sakramentshaus (um 1500) und der ungewöhnlich gestaltete Hochaltar (15. Jh.), ursprünglich ein geschnitzter Bildaltar, der nach der Reformation zum Schriftaltar umgestaltet wurde. Schließlich sollte das Wort Gottes im Mittelpunkt stehen, die Goldbeschriftung von 1582 mit den Einsetzungsworten zum Abendmahl zeigt dies deutlich.

Di–Sa 10–12.30 und 15–17 Uhr geöffnet. Führungen Di/Do 16 Uhr. Vor allem im Sommer werden Orgelkonzerte auf dem berühmten Instrument gegeben (meist Mi 20 Uhr). Tägl. erklingt im freistehenden Kirchturm um 9, 12, 15 und 18 Uhr das Glockenspiel. ✆ 04931/169173; www.norden-ludgeri.de.

Ostfriesisches Teemuseum mit Museum für Volkskunde: Norden ist seit 1723 eine Teehandelsstadt, und die Firma Onno-Behrends-Tee ist nach wie vor gut im Geschäft. Da ist es nur konsequent, dass die Stadt im alten Rathaus und seinen Nachbarbauten auch über ein Museum zum Thema Tee verfügt. Hier finden sich kostbares Teeporzellan und allerlei Teegerätschaften. Im für Ostfriesland einmaligen mittelalterlichen Gewölbekeller gibt es anschauliche Informationen über den Anbau und die Verarbeitung des Tees.

Auch das Museum für Volkskunde ist in den historischen Räumen des Alten Rathauses von 1540 untergebracht. Beeindruckend ist der mit alten Möbeln und Fliesenkamin ausgestattete Festsaal im ersten Stock. Zu sehen sind zudem vollständig eingerichtete Handwerksstuben vergangener Tage, darunter eine Zinngießerei, eine Blaudrucker- und eine Schreinerwerkstatt, aber auch Kaufläden und Wohnstuben aus alter Zeit. Interessant ist zudem die ständige Ausstellung zur Firmengeschichte der seit fast 200 Jahren in Norden beheimateten Brennerei Doornkaat.

März–April. Di–So 12–16.30 Uhr, Mai—Okt. Di—So 10–17 Uhr (Juli/August auch Mo). Erwachsene 3 €, Kinder 1,50 €, Familien 7,50 €. Am Markt 36 (Altes Rathaus), ✆ 04931/12100, www.teemuseum.de.

TeeMuseum: Gleich neben dem alten Rathaus mit dem Ostfriesischen Teemuseum befindet sich in einem historischen Gebäude von 1546 ein weiteres, allerding privates Teemuseum. Es zeigt die *Sammlung Oswald von Diepholz*. Diese Ausstellung, die über 2000 Exponate umfasst, gilt als eine der bedeutendsten Sammlung zur internationalen Kulturgeschichte des Tees. Thematische Schwerpunkte sind die internationale Geschichte des Teeanbaus und der auch über den Teehandel vermittelte kulturelle Austausch zwischen Europa und Asien.

Ostern–Okt. tägl. 12–18 Uhr. Erwachsene 2,50 €, Jugendliche bis 16 J. 1 €, Familien 6 € (individuelle Führung inbegriffen). Am Markt 33 (neben dem Alten Rathaus), ✆ 04931/13800, www.teemuseum-norden.de.

Comic-Museum: Im einzigen Museum dieser Art in Europa kann man 60.000 verschiedene Comic-Figuren aus den Jahren 1900–1999 und nicht etwa Comic-Hefte zu bewundern. Ob Schlümpfe, Donald Duck oder Figuren aus Star Trek, entscheidend ist nur, dass die Figuren etwas mit Comic-Magazinen, Kino und Fernsehen zu tun haben. Tausende von kleinen Comic-Figuren sind v. a. im ersten Stock in einer ehemaligen Wohnung in Glasvitrinen ausgestellt. Unten befindet sich ein Comic-Laden mit Antiquariat.

April-Sept. nur Mo, Mi, Fr 14–18 Uhr (im Winter variable Öffnungszeiten). Erwachsene 3 €, Kinder bis 14 J. 2 €. Westerstraße 10 (in der Nähe des Alten Rathauses), ☏ 04931/975151, www.comicmuseum-ostfriesland.de.

Museumseisenbahn/Eisenbahnmuseum: Die Küstenbahn Ostfriesland fährt auf der 17 km langen Strecke Norden–Hage–Westerende–Dornum im Bummeltempo und vermittelt mit ihren schön restaurierten Wagen ein Stück Eisenbahnromantik. Auch in Kombination mit einem Fahrradausflug ist die Strecke interessant, weil der von einer Diesellok angetriebene Zug immer einen Gepäckwagen für den Transport von Rädern mitführt. Im ehemaligen Norder Lokschuppen von 1911 gibt es zudem ein kleines Eisenbahnmuseum mit historischen Fahrzeugen und Gleisbaugeräten zu entdecken. In einem Nebenraum befindet sich neben Fotos und Dokumenten so ziemlich alles, was die Eisenbahngeschichte an Utensilien hervorgebracht hat, beispielsweise auch unscheinbare Knallkapselbehälter. Knallkapseln wurde in der Zeit vor der Erfindung des Sprechfunks bei Bauarbeiten zur Warnung auf die Gleise gelegt. Überfuhr sie ein Zug, knallten sie laut.

Die von einem Museumseisenbahnverein betreuten Züge fahren zwischen Mai und Okt. nur sonntags 4-mal tägl. bis Dornum und wieder zurück, an Feiertagen gibt es Sonderfahrten (einfache Fahrt 35 Min.). Erwachsene (hin und zurück) 6,60 €, Kinder (4–12 J.) 3,30 €, Fahrrad 1,90 €. Abfahrt meist 10.30, 12.30, 14.30 und 16.30 Uhr. Fahrplan unter www.mkoev.de, Auskünfte auch unter ☏ 04931/169030. Das **Eisenbahnmuseum** hat in der Saison So 12–17 Uhr geöffnet. Erwachsene 1,50 €, Kinder 0,50 €.

Muschel- und Schneckenmuseum: kleines privates Museum im zweiten Stock der Frisia-Mühle (bzw. Gnurre-Mühle). 1000 Muscheln und Schnecken aus aller Welt, manche winzig klein, andere riesengroß, können bestaunt werden. Das klingt viel, ist aber angesichts der bekannten 80.000 Muschel- und 105.000 Schneckenarten doch verhältnismäßig wenig. Alles ist eben relativ. Die Mühle selbst stammt aus dem Jahr 1700 und wurde 1993 wieder instand gesetzt.

April–Okt. nur Di–Do 14.30–18 Uhr. Erwachsene 1,50 €, Kinder 0,50 €. In der Gnurre 40, ☏ 04931/12615, www.muschel-und-schneckenmuseum.de. Die **Frisia-Mühle** ist mit einer Ausstellung alter Maschinen aus dem Bäckerei-Handwerk im Sommer nur Mi 15–17 Uhr kostenlos zu besichtigen.

Deichmühle: hoch aufragender, vierstöckiger Galerieholländer mit gewaltigem Packhaus am Hafendeich Nordens, erbaut im Jahr 1900. Im privaten Museum gibt es so unterschiedliche Exponate wie eine Ausstellung zur Kulturgeschichte der Wasserfördertechnik (v. a. Wasserpumpen) und japanische Motorräder aus der Zeit der 1970/1980er Jahre zu sehen.

Mo—Fr 10–12 und 15–17 Uhr (nur im Sommer). Erwachsene 2 €, Jugendl. 1 €, Kinder 0,50 €. Raiffeisenstr. 1a (Nähe Frisia-Mühle), ☏ 04931/12339; www.deichmuehle.de.

Vogelhändlerstube (Harzer-Roller-Kanarien-Museum): Der Verein für Vogelliebhaber und Ziergeflügelzüchter zeigt in dem in einem Kellerraum in der Fußgängerzone gelegenen Museum eine liebevoll arrangierte Ausstellung über 500 Jahre Vogelzucht. Schwerpunkt ist natürlich die Geschichte der Kanarienzucht. Man erfährt z. B., dass die Bergleute Kanarienvögel mit unter Tage nahmen. Die Vögel warnten die Kumpel vor „schweren Wettern". Fiel der Kanarienvogel erstickt von der Stange, konnte man sich noch schnell in Sicherheit bringen.

April bis Mitte Okt. Mi—Sa 10–13 Uhr. Neuer Weg 89 (im Keller des Stadthotels Smutje), ☏ 04931/957214.

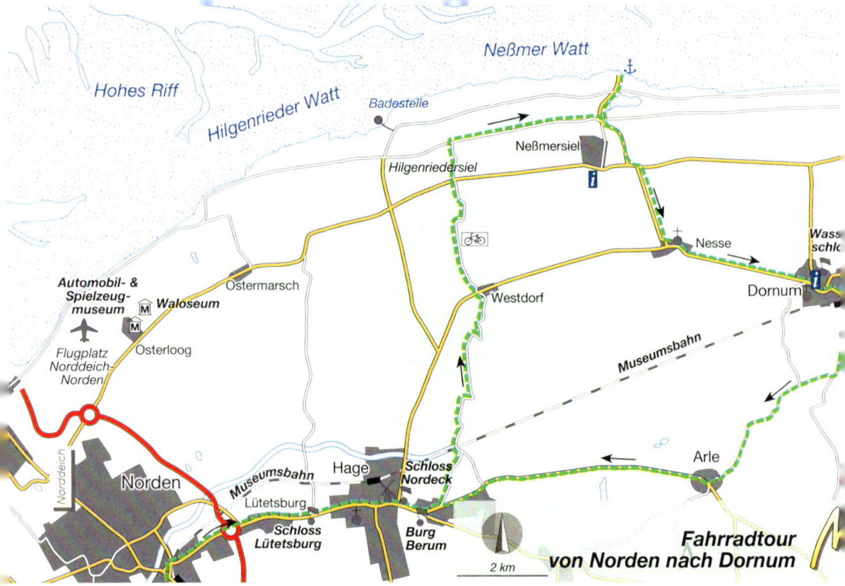

Kunsthaus Norden/Sportmuseum: In einem historischen Bürgerhaus werden wechselnde Ausstellungen zeitgenössischer Kunst gezeigt. Vom Kunsthaus erfolgt auch der Zugang zum benachbarten Sportmuseum, das vor allem eine Bilderausstellung über die Sportgeschichte der Stadt Norden ist.
Di—Fr 15–18 Uhr und Sa/So 11–13 Uhr, Große Neustr. 12 und 13; www.kunstverein-norden.de.

Fahrradtour: Von Norden nach Dornum mit einem Abstecher an die Küste bei Neßmersiel

Länge: 29 km (ohne Zugfahrt 43 km), Dauer: 3 Std. Schlösser, Burgen und Mühlen liegen auf dem Weg. Zahlreiche Einkehrmöglichkeiten. Die Rückfahrt erfolgt mit der historischen Museumseisenbahn, die jedoch nur an Sonn- und Feiertagen fährt.

Ausgangspunkt ist der Bahnhof von Norden mit seinem Eisenbahnmuseum. Vor dem alten Lokschuppen überquert man zunächst zweimal die Gleise rechts Richtung Hage. Der Fahrradweg führt immer an der Landstraße entlang, aber schon nach 4 km erreicht man mit *Schloss Lütetsburg* das erste Highlight der Tour (Schlosspark, Café). Schon nach weiteren 2 km und der Durchquerung des Ortes *Hage* mit seinem fünfstöckigen Galerieholländer von 1871 (mit 30,2 m bis zur Kappenspitze nicht nur die höchste Mühle in Ostfriesland, sondern ganz Deutschlands) lohnt die Häuptlingsburg Berum ebenfalls einen kurzen Stopp.

Man folgt nun 500 m weiter der Hauptstraße und biegt dann links in einen schmalen, ungeteerten Fahrrad- und Wanderweg in den Wald (Roter Weg) ein. Damit beginnt der fast 10 km lange autofreie und sehr ruhige Teil der Tour: Auf gewundenen Fahrrad- und Feldwegen geht es Richtung Küste. Nach 2 km orientiert man sich nach links, dann überquert man die Schienen der Museumseisenbahn und das Norder Tief. Gut 4 km später bei Westdorf wird die Kreisstraße gekreuzt, nach weiteren

3 km über den Pflasterweg am Hilgenriedersieler Osterdeich überquert man halblinks die Landstraße. Von hier ist es nur noch 1 km, bis man über einen Teerweg den Außendeich erreicht hat. Dort geht's rechts ab gut 4 km bis zur Zufahrtsstraße zum Fähranleger der Baltrumfähre. Nun folgt ein Abstecher zum 1 km vorgelagerten Hafen von *Neßmersiel* mit seinem netten Badestrand.

Wieder zurück fährt man 2 km auf dem Abzweig zum Fähranleger bis zur verkehrsreichen Küstenstraße. Diese wird überquert und kurz darauf geht es rechts ab in die Sielstraße (bei der Windkraftanlage), auf der nach 2 km der Ort *Nesse* mit seiner uralten Kirche erreicht ist. Ein Fahrradweg führt nun neben der schnurgeraden Kreisstraße links ab ins 3 km entfernte *Dornum* mit seinen zahlreichen Sehenswürdigkeiten. Wer die Tour an einem Sonntag unternimmt, kann den Rückweg mit der Museumsbahn antreten – nur um 11.30, 13.30, 15.30 und 17.30 Uhr, siehe auch S. 107). Der kleine Museumsbahnhof liegt etwas versteckt am südlichen Ortsrand (Richtung Aurich/Westerholt). Rückfahrt per Rad (insg. 13 km): zunächst 1,5 km südlich in Richtung Westerholt, dann rechts ab nach Arle (5,5 km), wieder rechts nach Hage und weiter nach Norden (meist Fahrradweg).

Gräflicher Wohnsitz: Schloss Lütetsburg

Umgebung von Norden/Hage

Schloss und Schlosspark Lütetsburg: Lütetsburg liegt etwa 4 km östlich von Norden und gehört zur Samtgemeinde Hage (www.hage-nordsee.de). Das Wasserschloss, dem der Ort seinen Namen verdankt, geht auf eine Burg zurück, die Häuptling Lütet II. aus dem Geschlecht der Manninga schon im frühen 14. Jh. errichtete. Seit 1508 ist die Burg ohne Unterbrechung im Besitz der Grafen von Inn- und Knyphausen, die hier noch heute ihren Stammsitz haben. Deswegen ist das außerordentlich prachtvolle Gebäude selber nicht zu besichtigen. Teile der Vorburg stammen noch aus dem 16. Jh., der große Rest ist aber baugeschichtlich ein Kind des 20. Jh., denn der ursprüngliche Bau brannte 1956 bis auf die Grundmauern nieder. Zugänglich ist der riesige, fast 30 ha große Schlosspark. Er wurde 1797 im Stil eines englischen Landschaftsparks angelegt. 150 Baumarten, zahlreiche Azaleen, Rhododendren und einige Wasserläufe prägen die Anlage, zu der auch eine runde Holzkapelle und ein ebenfalls runder, ganz dem sentimentalen Zeitgeist des 18. Jh. geschuldeter Freundschaftstempel gehören.

Der Park ist tägl. 8–21 Uhr geöffnet (im Winterhalbjahr 10–17 Uhr). Eintritt 1 €, Benutzung Parkplatz 1 €. An einem Automaten sind sowohl Parkgebühr als auch Eintritt (Drehkreuz) zu entrichten (Münze bereithalten). Im Sommer hat das unter Weinreben in einem Wintergarten angelegte Parkcafé geöffnet (Mo–Sa 14.30–17.30 Uhr, So 10–18 Uhr). ✆ 04931/1750.

Ansgarikirche in Hage: Das erhöht auf einer Warf stehende Gotteshaus (Mo–Fr 15–17 Uhr geöffnet) stammt aus der Zeit um 1220. Der spätgotische Chor wurde Ende des 15. Jh. angebaut, der mächtige Wehrturm hingegen wurde schon 1250 hinzugefügt. Da dieser nur vor das Kirchenschiff gemauert und nicht fest damit verbunden wurde, bekam er mit den Jahren eine mächtige Schieflage, derzeit 1,50 m. Bemerkenswert sind im Innern der Kirche der geschnitzte Passionsaltar von 1480, das Triumphkreuz von 1500 und die von Löwen getragene Sandsteintaufe aus dem 13. Jh.

Berum: Hage, der Hauptort der gleichnamigen Samtemeinde und der Ortsteil Berum, gehen unmittelbar ineinander über (siehe Karte S.108). Links der Hauptstraße liegt hinter Zaun und Buschwerk das prächtige Schloss Nordeck, das zwar alt aussieht, aber erst 1951 erbaut wurde. Nur wenige Meter weiter befindet sich auf der rechten Seite der Straße aber eine der traditionsreichsten Burgen Ostfrieslands. Als im Jahr 1744 mit dem Aussterben des ostfriesischen Fürstengeschlechts der Cirksena auch die zuvor als Witwensitz genutzte Burg Berum an Preußen fiel, wurde die Immobilie zur finanziellen Belastung und verfiel. Kurzerhand verfügten die Preußen 1764 den Abriss des prächtigen Schlosses. Lediglich die Vorburg mit Tor und ein Eckturm blieben erhalten, hinter deren historischen Mauern man in schönen Gästezimmern und Ferienwohnungen stilvoll urlauben kann (✆ 04931/7755).

Am östlichen Ortsrand von Berum gibt es zudem einen Ferienpark mit Freibad (Erw. 3,50 €, Kinder 2 €), aber auch mit einer kostenlosen Badestelle am See.

Norddeich

500 Einwohner

Norddeich präsentiert sich nicht als gewachsenes Fischerdorf, sondern als modernes Seebad. Für Betrieb sorgt in erster Linie der größte Fährhafen Ostfrieslands, denn von hier aus wird der rege Fährverkehr nach Norderney und Juist abgewickelt. Beliebt und weithin bekannt ist zudem die Seehundaufzuchtstation.

Früher führte die stark befahrene Bundesstraße 72 schnurgerade in den Ort hinein; seit dem Bau einer Umgehungsstraße wurde es hier deutlich ruhiger. Dennoch sucht man die Idylle eines alten Fischerortes vergebens, alles ist mehr oder weniger zweckmäßig auf die Feriengäste und den Inselverkehr abgestellt. Man kann auch bequem mit dem Zug anreisen, denn Norddeich-Mole ist ein eigener Bahnhof, von dem aus die Inselurlauber direkt zu den Fährschiffen gelangen können. Und dennoch gibt es auch hier so etwas wie Kutteratmosphäre, und zwar am Osthafen.

Nur ausgestopft zum Anfassen: Robbe in der Seehundaufzuchtstation

Dieser ist nicht nur ein beliebter Jachthafen für etwa 400 Boote, hier haben immerhin noch 19 Norddeicher Krabbenkutter ihren Liegeplatz gefunden.

Westlich des Hafens sorgt ein breiter, künstlicher Sandstrand für Badefreuden. Aber auch ein ebenfalls mit Strandkörben belegter Rasenstrand lädt zum Badeurlaub ein. Ab 2011 wird ein Badepolder (also eine Eindeichung im Watt) hier eine 10 ha große, naturbelassene Wasserfläche entstehen lassen. Baden und Windsurfen sind dann sogar gezeitenunabhängig möglich. Am großen Strand und über die Deichpromenade kann man aber auch einfach nur spazieren gehen, ohne – wie andernorts – gleich zur Kasse gebeten zu werden. Für Ruhe und Erholung ist also trotz des Trubels gesorgt – auch weil die Gemeinde die vielen in Autos anrollenden Tagesgäste weitgehend im Griff hat. Die Besucherströme werden schon vor dem Ortseingang um Norddeich herumgeführt und entweder zum Fährhafen oder zu Großparkplätzen in Nähe der Seehundaufzuchtstation und des Erlebnisbades geleitet.

Geschichte: Schon seit jeher stieg man „am Norddeiche“ von der Pferdekutsche auf ein Segelschiff um, wenn man die Inseln Norderney oder Juist besuchen wollte. Mit dem aufstrebenden Badetourismus auf den Inseln bekam Norddeich im Jahre 1892 dann eine große Hafenmole, auf der die Gleise der Bahn endeten. Im wahrsten Sinne um die Welt ging der Name Norddeich aber aus einem anderen Grund: Bis zum Silvesterabend 1998 befand sich hier seit fast hundert Jahren die weltbekannte Küstenfunkstelle *Norddeich-Radio*, die vor dem GPS-, Satelliten- und Handyzeitalter die einzige Verbindung zwischen den deutschen Seeleuten auf den sieben Weltmeeren und den Lieben daheim war. Von hier aus wurden Weihnachtsgrüße und Liebesschwüre, aber auch andere lebenswichtige Informationen in alle Winkel der Erde gefunkt. Unzählige Grußtelegramme und Telefongespräche wurden vermittelt, und 250 Menschen fanden hier Arbeit. Seit 2006 befindet sich auf dem Gelände der Sendefunkstelle im Ortsteil Osterloog das Waloseum.

• *Information/Zimmervermittlung* Tourist-Information Norden und Norddeich, Dörper Weg 22, 26506 Norddeich, ✆ 04931/986-200 oder 01805/008375200, www.norddeich.de. Kurbeitrag Erwachsene ab 16 J. 1,80 € (Nebensaison 1,20 €), Kinder ab 6 J. 0,90 € (0,60 €).

• *Fahrradverleih* U. Freese, auf dem Großparkplatz, ✆ 04931/998220; Heinz, Nordlichtstr. 7, ✆ 04931/81181; Jansen, Kutterstr. 4a, ✆ 04931/81852; Töff Töff, Dörper Weg 6, ✆ 04931/96661491.

• *Schwimmbad/Sauna* Ocean Wave, das größte Erlebnisbad an der ostfriesischen Küste lockt mit seinem 15 m hohen Leuchtturm, von dem eine 103 m lange Riesenrutsche ins mit Nordseewasser gefüllte Becken führt. Großes Meerwasser-Wellenbecken, zwei Saunadecks mit großem Saunagarten. Mo–Fr 10–21 Uhr, Sa/So 10–20 Uhr. Erwachsene für 4 Std. 8,50 €, Kinder 6,50 €, Sauna 13 €. Dörper Weg, ✆ 04931/986300, www.ocean-wave.de.

• *Strandkörbe* Tageskorb 6 €. Reservierung unter ✆ 04931/986255 oder www.norddeich.de.

• *Wattwanderung* Nach Norderney (3 Std.): z. B. Kurt, ✆ 04931/3096, Dirks ✆ 04931/74204, sowie die unter Neßmersiel (S. 100) aufgeführten Wattwanderführer. Preis 10 € (Kinder 7 €) zzgl. Fährticket für die Hin-oder Rückfahrt.

Beliebt: Strandurlaub in Norddeich

• *Wochenmarkt* März–Okt. jeden Fr auf dem Parkplatz beim Sozialwerk Nazareth (Friedenstraße).

• *Wohnmobilplatz* Viele schöne Plätze direkt an der östlichen Hafenmole. Zudem 50 Stellplätze beim Schwimmbad Ocean Wave.

• *Übernachten* **** **Hotel-Fährhaus**, mit Meer- und Fernblick auf sechs Etagen, direkt am Hafen von Norddeich gelegen. Außenschwimmbad und Saunen 25 m über dem Meer auf der Dachterrasse, der Wellnessbereich ist auch für Nicht-Hausgäste zugänglich. 42 noble und helle Zimmer. Gehobenes Restaurant im Haus, ostfriesische Küche, frischer Fisch. DZ 130–175 €. Hafenstr. 1, ✆ 04931/98877, ✆ 04931/988788.

Hotel Weinhaus, von außen schlicht, von innen rustikal gestaltetes Hotel in Strandnähe. Café und ein Restaurant mit deftiger, aber guter Küche im Haus. Mi Ruhetag. DZ preisgünstige 56 € (Halbpension 9 € Aufschlag). Golfstr. 3, ✆ 04931/8065, ✆ 04931/81812, hotel-weinhaus-poetke@ewetel.net, www.weinhaus-norden.de.

Nordsee-Camp Norddeich, großer, gemeindeeigener Platz, nicht in Norddeich, sondern etwa 1,5 km westlich des Ortes hinter dem Seedeich auf einem Gelände der ehemaligen Küstenfunkstelle „Norddeich-Radio" gelegen. Deichstr. 21, ✆ 04931/8073, ✆ 04931/8074.

• *Essen und Trinken* **Dat Skipperhuus**, unübersehbar ganz am Ende der Mole in dem in Form eines Schiffes erbauten Jachtclub Norden gelegen. Schöner Rundumblick, exponierte Terrasse, gut bürgerliche, schmackhafte Küche. ✆ 04931/998485.

Zum Störtebeker, Fischlokal der alten Art, auch Fischgeschäft. Einfach und klein, aber immer frischer Fisch, der v. a. gebraten serviert wird (z. B. gemischte Fischplatte). Eigene Räucherei und Fischgeschäft im Haus. Norddeicher Str. 219, ✆ 04931/8790.

Das Pfannkuchenhaus, einfach, aber freundlich eingerichtet, Terrasse vorm Haus, hier gibt es nicht nur deftige Pfannkuchen, sondern auch Schnitzel oder Bratfisch. Norddeicher Str. 204 (Nähe Hafenstr.), ✆ 04931/917550.

de Beer, SB-Fischrestaurant mit allen Variationen von fangfrischem Fisch. Windgeschützte Terrasse, etwas versteckt in einer ehemaligen Lagerhalle am Osthafen gelegen. Innen größer und gemütlicher, als es von außen den Anschein hat. Tägl. bis 20 Uhr geöffnet. Hafenstr. 6, ✆ 04931/932830.

Sehenswertes

Seehundstation/Nationalpark-Haus: Gleich neben dem Ocean Wave werden junge Heuler aufgepäppelt, die ihre Mutter auf den Sandbänken des Wattenmeeres verloren haben. Die kleinen Seehunde sollen auch unter menschlicher Aufsicht so wenig wie möglich gestört werden, und so sind sie nur durch eine Glasscheibe zu betrachten. Dennoch drängeln sich hier im Sommer die Besucher in Scharen. Das Gebäude ist aber v. a. auch Nationalparkhaus mit allerlei Wissens- und Sehenswertem rund um die Tier- und Pflanzenwelt des Nationalparks Niedersächsisches Wattenmeer.

Tägl. 10–17 Uhr, Fütterung der Seehunde 11 und 15 Uhr. Erwachsene 5 €, Kinder 3 €, Familie 14 €. Die Station finanziert sich ausschließlich über Eintritts- und Spendengelder. Dörper Weg 22 (neben dem Ocean Wave), ✆ 04931/8919, www.waloseum.de.

Waloseum: Das organisatorisch, aber nicht räumlich an die Seehundstation angegliederte Museum wurde 5 km östlich von Norddeich in den Räumen der ehemaligen Sendestation von Norddeich-Radio eingerichtet. In der Empfangshalle steht ein Modell der ostfriesischen Küste, das alle 15 Minuten Ebbe und Flut simuliert. Die eigentliche Ausstellung informiert über die Evolutionsgeschichte der schwimmenden Säugetiere. Auf Bildschirmen und in einem Kinosaal werden Filme vorgeführt, die Wale in ihrer natürlichen Umgebung zeigen. Highlight ist das in einem abgedunkelten Raum effektvoll in Szene gesetzte Skelett eines 15 m langen und ehemals 40 t schweren Pottwales, der Ende 2003 vor Norderney gestrandet war. Beeindruckenderweise macht der Kopf dieses Tieftauchers ein Drittel seiner Gesamtlänge aus.

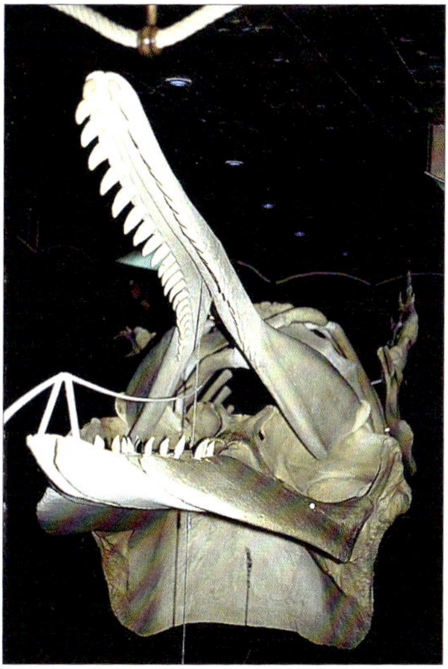

Eindrucksvoll: Kopf eines Pottwals im Waloseum

Auf dem Gelände befinden sich zudem eine Vogelpflegestation und eine Quarantänestation für (kranke) Robbenbabys; durch ein Fenster kann man einen Blick auf die kleinen Heuler werfen.

Tägl. 10–17 Uhr. Eintritt 5 €, Kinder 3 €, Familien 14 €, Kombikarte mit der Seehundstation in Norddeich 9 €, Kinder 5 €, Familien 20 €. Kleines Café und Museumsshop. 5 km östlich von Norddeich Richtung Neßmersiel, hinter dem Automobil- und Spielzeugmuseum geht es links ab in den Osterlooger Weg. Osterlooger Weg 3, ✆ 04931/8919, www.waloseum.de.

Automobil- und Spielzeugmuseum: In der ehemaligen Scheune eines alten Gulfhofs kann man all das zu sehen, was der auto- und motorradbegeisterte Stuttgarter Museumsgründer Michael Klein in seiner Sammelleidenschaft so zusammengetragen hat. Die rund 50 beeindruckenden Oldtimer und die vielen Motorräder sind fast ausschließlich Fahrzeuge mit einer ganz eigenen Geschichte, beispielsweise als

Staatskarosse oder Rennwagen. In der relativ kleinen Spielzeugabteilung auf der Empore ist v. a. technisches Spielzeug zu bewundern.

April–Okt. tägl. 11–18 Uhr, in den Wintermonaten nur So und feiertags geöffnet. Erwachsene 4,50 €, Kinder 2 €, Familien 10 €. 5 km östlich von Norddeich an der Landstraße Richtung Neßmersiel. Ostermarscher Str. 29, ✆ 04931/9187911, www.automuseum-nordsee.de.

Maritimmuseum: In einigen an ein Wohnhaus angebauten kleinen Räumen wird seit über 40 Jahren allerlei maritimer Tüddelkram, wie Buddelschiffe, größere Schiffsmodelle und nautische Gerätschaften, gezeigt.

Mai–Okt. Di–Do 14.30–18 Uhr. Backersweg 2 (Ortseingang), Erw. 2 €, Kinder 1 €; ✆ 04931/82162; www.maritimmuseum.de.

Malerischster deutscher Sielhafenort: Greetsiel

Greetsiel

1500 Einwohner

Der perfekt restaurierte Küstenort mit seinem malerischen Fischerhafen versprüht noch das Flair alter Zeit. Täglich fahren die Krabbenkutter hinaus zu den Fangplätzen und sorgen für ein idyllisch-geschäftiges Treiben am Hafen. Der weitverbreitete Ruf als schönster deutscher Sielhafenort sorgt allerdings auch für Heerscharen von Touristen.

Schon von weitem erkennt man die Zwillingsmühlen, das Wahrzeichen des Küstenorts. Um der Touristenströme Herr zu werden, wurde Autos aus dem Ort verbannt. In Mühlennähe hat man für die auf vier Rädern anreisenden Touristen ausreichend Parkplätze gebaut (Parkgebühr 2 € für 3 Std.). Von hier aus streben in der Hochsaison die Besuchermassen in den Ort. Abends und in der Nebensaison ist Greetsiel jedoch noch so beschaulich wie in alten Zeiten.

Zentrum ist nach wie vor der 650 Jahre alte historische Hafen, der seit den Eindeichungsmaßnahmen an der Leybucht tidenunabhängig ist. Nirgends an der deutschen Küste sind mehr Krabbenkutter beheimatet (etwa 23). Die Westseite des Hafens (Sielstraße) säumen holländisch anmutende Bürgerhäuser, die meist aus dem 18. Jh. stammen und in denen heute einige Läden und Gastronomiebetriebe Einzug gehalten haben (siehe Titelbild oben). Hier befindet sich auch *Poppinga's Alte Bäckerei*, eine verwinkelte Teestube, die Galerie und Wohnkultur-Museum in einem ist. Den Schlusspunkt des bildhübschen Häuserensembles bildet ein Bistro auf dem Hafendeich, das von 1905 bis 1934 die Seenotrettungsstation war.

Es lohnt sich, durch die autofreien Gassen des historischen Ortskerns zu schlendern und gemütlich in den kleinen Geschäften zu stöbern oder in den Cafés und Restaurants zu verweilen, auch wenn die Gastronomen für die besondere Lage einen Aufpreis verlangen.

Der schöne Ort ist auch idealer Ausgangspunkt für ausgedehnte Deichwanderungen und für Ausflüge in die Umgebung. Nahezu klassisch ist der Spaziergang zum nur 4km entfernten Pilsumer Leuchtturm, der durch seinen Auftritt in dem Film *Otto – der Außerfriesische* als *Otto-Turm* einige Bekanntheit erlangt hat. Für eine längere Wanderung empfiehlt sich der Weg rund um die so genannte *Nase* in der Leybucht (12 km) oder über den Deich am Leybuchtpolder entlang.

Geschichte: Das ehemals selbstständige Greetsiel wurde mit der Gebietsreform von 1972 mit 18 weiteren Dörfern der Region zur Gemeinde Krummhörn vereint, hat aber seine eigene, für Ostfriesland wichtige Geschichte. Im Jahr 1388 wird Greetsiel erstmals urkundlich erwähnt, weil Hamburger Schiffe vor dem kleinen Ort vor Anker lagen und Zoll zu entrichten hatten. Gegründet wurde der "Ort in der Greet" (d. h. im Groden, vgl. S. 17) von der Häuptlingsfamilie der Cirksena, die hier später auch ihren Häuptlingssitz hier einrichtete. Die Cirksenas wurden im Laufe der Zeit immer mächtiger und bestimmten für fast 300 Jahre die Geschichte und die Geschicke ganz Ostfrieslands. Als mit deren Aussterben 1744 die Preußen im Land die Herrschaft übernahmen, wurde zunächst die bedeutende Häuptlingsburg geschleift, andererseits aber auch der Hafen ausgebaut. Damals dominierten Frachtschiffe, die v. a. Torf, Ziegel, Heu und Getreide verluden. Zu einem reinen Fischerort entwickelte sich Greetsiel erst in den 1920er Jahren. Nach wie vor ist die Fischerei übrigens ein gefährliches Geschäft. Im Jahr 2004 starb der Kapitän des Greetsieler Fischkutters *GRE 8* bei einer Schiffskollision vor Borkum, die zwei Besatzungsmitglieder konnten sich in einer Luftblase des kieloben treibenden Wracks retten.

Das alte Siel wurde 1798 errichtet, stammt also aus preußischer Zeit. Mit dem Bau des Ems-Jade-Kanals im späten 19. Jh. wurde dann ein neues Siel im Osten des Ortes nötig. Im 20. Jh. verlandete die Leybucht zusehends. Für die Wasservögel war dies ein Segen, aber die Zufahrt zum Greetsieler Hafen war gefährdet. Es galt, die Interessen des Küstenschutzes, des Naturschutzes, aber auch die des Tourismus und der Fischerei unter einen Hut zu bringen. Mehr als 20 Jahre arbeitete man an einer Lösung: Die Leybucht wurde nicht komplett eingedeicht, statt dessen wurde die *Leybuchtnase* gebaut, die weit in das Watt hinausreicht und seit 1991 Deutschlands größter Kutterflotte einen tidenunabhängigen Zugang zur Nordsee gewährt. Gleichzeitig entstand so das Naturschutzgebiet Leyhörn, ein Feuchtbiotop und Paradies für Wasservögel.

• *Information/Zimmervermittlung* Touristik GmbH Krummhörn Greetsiel, Zur Hauener Hooge 11, 26736 Greetsiel, ✆ 04926/91880, www.greetsiel.de; www.greetsiel.org. Kurbeitrag 1,50 €, Kinder ab 6 J. 0,50 €/Tag, in der Nebensaison die Hälfte.

• Fahrradverleih Fam. Poppinga, Mühlenstr. 3, ✆ 04926/348 u. 04926/660. Fam. Jacobsen,

Schatthauser Weg 1, ✆ 04926/335 u. 04926/660.

• *Führungen* April–Okt. jeden Sa 10.30 Uhr (Hochsaison zusätzl. Di 16 Uhr). Karten und Treffpunkt in der Tourist-Information.

• *Kanal- und Schifffahrten* In der Saison tägl. in der Zeit von 11 bis 16.35 Uhr (1-stündig). Erw. 5,50 €, Kinder (4–12 J.) 2 €. Ausgangspunkt sind die Zwillingsmühlen am Kanal (zwei verschiedene Anbieter). Am Hafen zudem 1,5-stündige Ausflugsfahrten zur Seeschleuse (Juli/Aug. 11.30 u. 14.30 Uhr), 8 €, Kinder (4–14 J.) 4,50 € (MS Gretchen).

• *Parken* Die meisten Besucher parken an den großen Parkplätzen in Mühlennähe. Aber wer an den Zwillingsmühlen vorbeifährt, gelangt hinter der kleinen Tankstelle rechts zu einem weiteren öffentlichen Parkplatz mit Parkscheinautomat (Okko-tom-Brook-Str.). 2 Std. 1,50 €, 3 Std. 2 €, bis 6 Std. 2,50 €.

• *Schwimmbad/Sauna* **Oase**, kreisrundes Becken mit 30 °C warmem Wasser, Planschbecken, finnischen Saunen, Dampfbad usw. Je nach Tag unterschiedliche Öffnungszeiten. Erwachsene bis 2 Std. 4,50 €, Kinder die Hälfte, Sauna bis 4 Std. 9 €. Zur Hauener Hooge 11, ✆ 04926/918830.

• *Veranstaltungen* Jedes Jahr im Juli veranstalten die Greetsieler Fischer und der Fremdenverkehrsverein die traditionelle **Kutter-Korso-Fahrt**. Festlich geschmückt schippern dann die Greetsieler Krabbenkutter zu einer Ausflugsfahrt hinaus auf die See, bei der auch Feriengäste willkommen sind (Kartenvorverkauf bei der Tourist-Info). Im Greetsieler Hafen gibt es gleichzeitig ein buntes Rahmenprogramm. Um diese Zeit findet zudem die jährliche **Norddeutsche Schlickschlittenmeisterschaft**) im Watt am Uplewarder Trockenstrand statt.

• *Wohnmobilhafen* 55 ganzjährig zugängliche Stellplätze an den Zwillingsmühlen (Mühlenstr.). 10 €/Nacht, inkl. Kurtaxe.

• *Übernachten* **Hohes Haus**, friesisch-historisches Ambiente, das wenig Wünsche offen lässt. Alles ist liebevoll gediegen hergerichtet, die Zimmer sind geräumig. Schöne Terrasse mit Blick auf die Kirche. Im Restaurant gibt es v. a. guten Fisch. Das schon 1696 errichtete Gebäude liegt mitten im Zentrum. DZ 100–115 €. Hohe Straße 1, ✆ 04926/1810.

*** **Witthus**, im Herzen des Orts und doch ruhig gelegenes, kleines Hotel, bestehend aus vier in unmittelbarer Nähe gelegenen Häusern. Alles ist in Grün und Weiß gehalten. Teestube, Gartencafé, Kunstgalerie und ein gutes Restaurant gehören ebenfalls zum Hotel. DZ 92–123 €. Kattrepel 7–9, ✆ 04926/92000.

Schatthaus, (Schatzhaus), zwischen Hafen und Nationalparkhaus gelegenes, relativ einfaches, aber sehr ordentliches Hotel mit empfehlenswertem Restaurantbetrieb. In der blau-weiß gestalteten Gaststube oder auf der Terrasse gibt es gutbürgerliche Küche mit großen Portionen. In der Nebensaison Mo und Di Ruhetag. DZ 67–81 €. Schatthauser Weg 2, ✆ 04926/1711, ℻ 04926/1248.

• *Essen und Trinken* **Fischerhus**, beste Lage am Hafen, innen hell, einfach und sauber, nette Tische vor dem Haus. Es gibt v. a. deftigen gebratenen Fisch. Di Ruhetag, Sielstraße 5, ✆ 04926/319.

Fischrestaurant de Beer („Greeje"), SB-Restaurant und Fischgeschäft mit allen Variationen von fangfrischem Fisch im ehemaligen Lagerhaus der Fischerei-Genossenschaft am Kalvarienweg 3 (Richtung Tourist-Info). Tägl. 10–18 Uhr. ✆ 04926/1314.

Poppinga's Alte Bäckerei, museumsartiges Café, klein, aber urig verwinkelt. Das Bäckerei-Museum mit Teeladen vermittelt einen Eindruck vom Wohnen und Arbeiten in früheren Zeiten. Auch im kleinen Garten sind ein paar ruhige Tische versteckt. Tägl. 11–19 Uhr. Sielstr. 21 (am Hafen), ✆ 04926/1393.

Is Teetied, Teestube, Café und Restaurant in einem, friesisch-gemütlich eingerichtet. Sehr windgeschützte Terrasse hinterm Haus. Hohe Str. (gegenüber der Kirche), ✆ 04926/1732.

Sehenswertes

Zwillingsmühlen: Unübersehbar stehen die beiden zweistöckigen Galerieholländer, die Wahrzeichen Greetsiels, am Ufer des Greetsieler Tiefs, die eine grün, die andere rot. An beiden Standorten gab es schon seit Jahrhunderten Vorgängerbauten,

Auch vom Tretboot aus zu bewundern: die Zwillingsmühlen

die jedoch durch Brand und Sturm zerstört wurden. Die ortsnähere grüne Mühle wurde 1856 erbaut und beherbergt heute eine Kunstgalerie. Die rote Mühle stammt aus dem Jahr 1921 und ist noch voll funktionsfähig, nach wie vor wird hier produziert. Im Mühlenladen werden Mehl, Backwaren, Vollwertlebensmittel, Teegeschirr und vieles mehr angeboten. Zudem gibt es im Packhaus ein einfaches, aber gemütliches Café mit schöner Terrasse direkt am Kanal.

Der Mühlenladen hat Mo–Sa 7–18 Uhr geöffnet (Café tägl. 11–18.30 Uhr). Mühlenbesichtigung (Mahlwerk und Gang auf die Galerie) Erwachsene 1,50 €, Kinder (5–15 J.) 0,70 €. Mühlenführung Mi und Sa 15 Uhr. Mühlenstr. 2, ✆ 04926/926530, www.zwillingsmuehlen.de.

Nationalparkhaus Greetsiel: Wer von den Mühlen aus in den Ort läuft, kommt an einer 1909 erbauten Gulfscheune vorbei, in der das Nationalparkhaus untergebracht ist. Eine anschaulich aufbereitete Ausstellung mit guten Fotos, Exponaten wie ausgestopften Vögeln und einem Aquarium informiert über das Leben im Watt der Leybucht. Zu sehen gibt es zudem einen originalen Greetsieler Schlickschlitten und Livebilder aus dem Naturschutzgebiet Leyhörn, die von einer Kamera ins Nationalparkhaus gesendet werden. Die Einnahmen des angeschlossenen Souvenirladens kommen dem Naturschutzbund Deutschland (NABU) als Träger des Hauses zugute.

April–Okt. tägl. 10–18 Uhr. Eintritt frei. Das Zentrum bietet zahlreiche naturkundliche Ver anstaltungen an, so auch Wattwanderungen. Schatthauser Weg 6, ✆ 04926/2041, www.nationalparkhaus-greetsiel.info.

Kirche in Greetsiel: Das Gotteshaus (tägl. außer Sa 10–18 Uhr geöffnet) wurde in zwei Bauphasen im 14. und 15. Jh. errichtet. Das Innere mit seinem grün-weißen Kastengestühl, den Emporen und der flach gewölbten Decke wirkt angenehm schlicht. Die helle Orgel und die Kanzel stammen aus dem 18. Jh. Um die Kirche mit ihren schiefen Mauern herum befinden sich der Glockenturm und der Friedhof, auf dem einige alte Grabsteine die Zeit überdauert haben.

Greetsieler Museumshaus: Mit über 80 Buddelschiffen eine der größten Sammlun gen dieser Art. Zu sehen sind historisch maritime Sammlerstücke sowie ein kleines Kajüten-Kino, in dem maritime Filme aus dem frühen 20. Jh. gezeigt werden.

Nähe Tourist-Info gelegen (Richtung Parkplatz). April–Okt. tägl. 10–18 Uhr. Eintritt Erw. 3,50 €; Kinder 2,50 €, Familien 7,50 €. ✆ 0171/7774467.

Fahrradtour: Von Greetsiel über den Pilsumer Leuchtturm zu den Burgen und uralten Kirchen der Krummhörn

Länge: 40 km (mit Abzweig über die Leybuchtnase zum Sperrwerk 49,5 km); Dauer: 4 Std. Die Tour bietet Ostfriesland pur: Wind und Wattenmeer auf der einen und Burgen, Kirchen und Warfendörfer auf der anderen Seite.

Vom Greetsieler Hafen führt die Tour an der Kirche und am *Haus der Begegnung* vorbei und folgt dem Schild Richtung Pilsum auf der Deichstrecke. Eine kleine, gewundene Straße führt nach kurzer Zeit zum Deich. Von Ferne grüßt schon der 4 km entfernte Pilsumer Leuchtturm, unterhalb des Deiches (windgeschützt) geht es darauf zu. Etwa 3,5 km nach dem Start kann man einen Abstecher zum *Sperrwerk Leysiel*) machen – v. a., wenn man Gefallen daran findet, auf dem breit asphaltierten Weg ohne störenden Deich unmittelbar am schönen Wattenmeer entlangzufahren (etwa 8,5 km). Leider muss man den gleichen Weg zurück, da die Ostseite des Speicherbeckens nicht betretbares Naturschutzgebiet ist.

Ab dem *Pilsumer Leuchtturm* ist der Außendeich beiderseits befahrbar. Nun geht es immer am Deich entlang 9,5 km nach Süden. In der Ferne kann man die holländische Küste mit den Industrieanlagen von Eemshaven erkennen. Kurz vor dem Leuchtturm Campen erreicht man eine Badestelle. Hinter dem Deich lockt der *Uplewarder Trockenstrand*, eine Art Abenteuerspielplatz, um den herum sogar einige Strandkörbe stehen. Nebenan befindet sich ein Campingplatz (Camping am Deich) mit Kiosk und Pizzeria. Wir bleiben noch 2 km auf dem Deichweg und erreichen als lohnendes Ausflugsziel Deutschlands höchstes Leuchtfeuer, den *Leuchtturm Campen*, an dessen Kiosk man sich auch erfrischen kann. Von hier fährt man auf der kleinen Straße 3 km ins Binnenland nach Campen (Einkehrmöglichkeit, Museum, schöne Kirche) und dann links ab auf dem Fahrradweg neben der Landesstraße 2,5 km nach *Upleward*, Upleward dessen von Wasserläufen umgebene Kirche man sich nicht entgehen lassen sollte.

Vorbei an der Westerburg (Privatbesitz) geht es auf dem Fahrradweg weiter bis nach *Groothusen* (3 km) und von dort geradeaus nach *Pewsum* (Einkehrmöglichkeit auf dem Weg dorthin in Woquard, Landgasthof zur Eiche, Mo Ruhetag), wo der Fahrradweg an villenartigen Häusern und einer Mühle vorbei zur schönen Manningaburg führt. Im Ort selbst gibt es leider nur wenig gemütliche Einkehrmöglichkeiten für die schnelle Rast.

Am Ortsausgang orientiert man sich Richtung Eilsum (Fahrradweg). Aber schon 1 km hinter dem Ort hält man sich halb links und fährt auf der unscheinbaren Ubbo-Emmius-Straße (kein Wegweiser) durch die Felder und an den Windrädern vorbei 3 km bis nach *Visquard*. Im Ort lohnt die Kirche mit ihrem freistehenden, mit Treppengiebeln verzierten Glockenturm einen kurzen Blick. Über dem Kirchenportal wurde 1598 eine bedeutende Renaissance-Sandsteinuhr eingelassen. Das Besondere: Die Uhr hat – wie im 16. Jh. üblich – keinen Minuten-, sondern nur einen Stundenzeiger. Vor der Kirche geht es links am Rondell über die Brücke zurück nach Greetsiel (Appinger Weg), das sich schon durch die Zwillingsmühlen in 4 km Entfernung ankündigt.

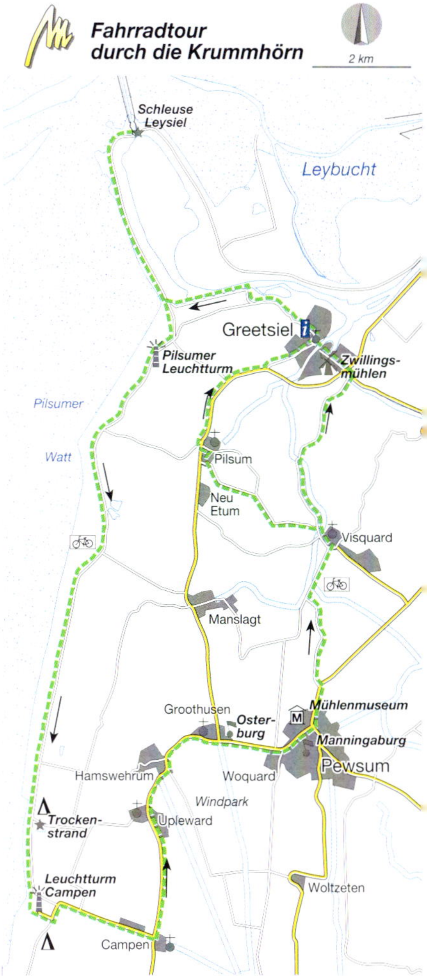

Wer sich noch die schönste Kirche der Krummhörn und einen kleinen Umweg von 2 km gönnen will, der biegt in Visquard nach der kleinen Brücke links ab und gelangt nach 3 km über eine kleine Betonstraße nach *Pilsum* (gepflegte Einkehr im Alten Brauhaus). Von dort geht es auf dem Fahrradweg weitere 3 km zurück nach Greetsiel.

Krummhörn

13.000 Einwohner

Die Krummhörn ist ein flaches und sehr geschichtsträchtiges Seemarschgebiet. Hier steht Deutschlands größter, aber auch Deutschlands kleinster Leuchtturm. Mit Rysum verfügt die Krummhörn darüber hinaus über das ursprünglichste Rundwarfendorf Ostfrieslands, das zudem in seiner Kirche die wahrscheinlich älteste Orgel Deutschlands beherbergt.

Krummhörn heißt so viel wie „krummes Kap" oder „Ecke" und beschreibt die bogenförmig verlaufende Küstenlinie des Gemeindegebiets, das sich von der Leybucht bis hinunter zum Rysumer Nacken an der Einfahrt zum Dollart erstreckt. Im Mittelalter reichte die Küstenlinienoch weit in das heutige Festland hinein. Einige große Kirchen zeugen noch heute davon, dass die kleinen Dörfer einst wohlhabende Hafenorte waren. Die Krummhörn besteht seit der Gebietsreform 1972 aus 18 Warfendörfern und dem Fischerdorf Greetsiel, das – weil touristisch herausragend – oben separat vorgestellt wurde. Verwaltungszentrum und größter Ort ist mit 3300 Einwohnern Pewsum. Das flache und sehr fruchtbare Marschland mit den allgegenwärtigen Deichen ist von einem verzweigten Kanalnetz durchzogen und hat sich entsprechend zu einem Geheimtipp für Kanu- und Kajakfahrer entwickelt. Ansonsten ist die Krummhörn mit Ausnahme Greetsiels touristisch noch kaum erschlossen.

- *Information/Zimmervermittlung* Siehe Greetsiel, S. 115.
- *Baden* Nur bei Upleward Upleward hinter dem Deich (so genannter Trockenstrand). Hier geht es über Treppen vom befestigten Deich aus direkt in die Nordsee bzw. das Watt. Binnendeichs gibt es einen Abenteuerspielplatz mit einigen Strandkörben, Kiosk und Sanitäreinrichtungen.
- *Fahrradverleih* Zehn Fahrradverleihe, verteilt über die Dörfer der Krummhörn, die meisten in Greetsiel.
- *Schwimmbad* Udo-Solick-Bad, einfaches Hallenbad in Pewsum, außer So eingeschränkte Öffnungszeiten. Bunter Weg, ✆ 04923/916-138.
- *Wochenmarkt* Jeden Mi 8–12 Uhr auf dem Marktplatz in Pewsum.
- *Wohnmobilplatz* Zwei Plätze am Ortseingang von Rysum (Straße namens Dorfring).
- *Camping* Camping am Deich, schöner und sauberer Platz mit 350 Stellplätzen in Upleward beim Campener Leuchtturm. Pizzeria und Kiosk vorhanden. Über den Deich geht's gleich ans Wasser, allerdings ohne Sandstrand. März–Okt. geöffnet. ✆ 04923/525, info@camping-am-deich.de, www.camping-am-deich.de.

Orte und Sehenswürdigkeiten der Krummhörn

Pilsum: Der bemerkenswert idyllische Ort hatte einst einen seegängigen Hafen und war daher im Mittelalter ein wichtiger Warenumschlagplatz. Aus alten Unterlagen geht hervor, dass das kleine Pilsum zeitweise die höchsten Abgabensummen in Ostfriesland an die Diözese Münster zahlen musste, der Handel muss also prächtig floriert haben. Damit war auch Geld für einen eindrucksvollen Kirchenbau vorhanden. Die im 13. Jh. erbaute Kreuzkirche in der Ortsmitte ist die wohl schönste Kirche der Krummhörn, da sie nur wenige Umbauten erdulden musste. Über der Vierung wird die Kirche durch einen weithin von Meer und Land zu sehenden quadra-

Sakrale Kunst aus dem 15. Jh.: Bronzetaufe in Groothusen

tischen Turm gekrönt. Aus statischen Gründen mussten jedoch schon im Mittelalter die schweren Glocken in einen kleineren freistehenden Glockenturm umgehängt werden.

Das Gotteshaus gilt als nationales Baudenkmal und gehört heute zur evangelisch-reformierten Kirchengemeinde. So steht im Inneren nur ein moderner Abendmahlstisch statt eines Altars, auch ein Kruzifix ist nicht zu finden. Die Orgel auf der Empore mit ihren 925 Pfeifen stammt von 1694, die Kanzel mit dem gewaltigen Deckel wurde einige Jahre später, nämlich 1704, erbaut. Davor steht die bronzene Taufe des berühmten Bremer Glockengießers *Ghert Klinghe*, die ebenso wie einige noch erhaltene Wandmalereien schon um das Jahr 1470 entstanden ist (Führungen von März bis Oktober Di und Do 11 Uhr).

Alte Brauerei, schön restauriertes Steinhaus in Pilsum mit großer Tradition und einer sehr schmackhaften Küche. Im liebevoll gestalteten Inneren dominieren warme Pastellfarben, die Karte wechselt je nach Jahreszeit, auch Caféterrasse und Bistrobetrieb. Di Ruhetag, für abends besser unter ✆ 04926/912915 reservieren.

Pilsumer Leuchtturm: Deutschlands kleinster Leuchtturm ist auch einer der berühmtesten (siehe Foto S. 29). Spätestens seit im Jahr 1989 der Komiker Otto Waalkes hier einen Film drehte, ist der nur 11 m hohe, gelb-rot gestreifte Turm nahezu zum Symbol Ostfrieslands geworden. Souvenirhändler vermarkten den auf der grünen Deichkrone 2,5 km nordwestlich von Pilsum stehenden Leuchtturm in allen Variationen. Seiner eigentlichen Bestimmung wurde er aber nur kurz gerecht. 1889 erbaut, wurde der Pilsumer Leuchtturm schon 1919 wieder außer Dienst gestellt, weil das Fahrwasser in seiner Umgebung stark verlandete.

In der Saison So 14-tägig kostenlose Führungen (14, 14.45 und 15.30 Uhr). ✆ 04923/916150. Romantische Gemüter können sich im Leuchtturm auch das Jawort geben. Das Turmzimmer wird von der Gemeinde Krummhörn als Trauzimmer angeboten.

Groothusen: Im kleinen, heute verschlafen wirkenden Dorf herrschte im Mittelalter noch reges Treiben, denn da war es noch vom Meer aus erreichbar. Groothusen nannte sich bei seiner Gründung um das Jahr 1000 noch Husum. Doch entwickelte es sich schnell zu einem wohlhabenden Handelsort, sodass man sich den Zusatz „Groß" verlieh. Hier standen ehemals sogar gleich drei Burgen, von denen aber nur noch die im 18. Jh. stark erweiterte Osterburg übrig geblieben ist. Diese ist von einem waldähnlichen Park umgeben und befindet sich im Privatbesitz. (Der Besuch der Parkanlage kostet 1 €. Führung in der Burg nur für Gruppen ab 10 Personen möglich, ✆ 04923/1270.)

Die lang gestreckte Kirche wurde um 1400 aus einem Gemisch aus Tuff- und Backsteinen (vom Vorgängerbau) errichtet. Der mächtige Turm mit seltener Turmuhr von 1599 steht ungewöhnlicherweise im Osten der Kirche, seine großen Turmglo-

cken sind von außen gut sichtbar. Bis auf das prächtige bronzene Taufbecken von 1454 des Glockengießers *Ghert Klinghe* wurde die mittelalterliche Ausstattung beseitigt. Im Chor sind zahlreiche alte Grabplatten eingelassen. Als besondere Kostbarkeit gilt ein in Blaustein gehaltenes Exemplar mit der lebensgroßen Nachbildung der verstorbenen Ada von Meckenborch, Herrin von Groothusen (1590).
Die Kirche ist von Ostern bis Ende Okt. tägl. 8–18 Uhr geöffnet.

Uralt und schön: Manningaburg in Pewsum

Pewsum: Der Ort im Herzen der Krummhörn wurde immerhin schon im Jahr 945 urkundlich erwähnt. Sein Wahrzeichen ist die 1458 errichtete Manningaburg, Stammsitz der gleichnamigen Häuptlingsfamilie. Mehrfach wurde die ockerfarbene Wasserburg umgebaut und erheblich erweitert. Doch bis ins 18. Jh. hinein verfiel das Gebäude zusehends und wurde teilweise auf Abbruch verkauft. Übrig blieb nur der älteste Teil der Burg. Heute beherbergt die *Manningaburg* ein Museum des Heimatvereins mit einer Ausstellung zur Geschichte Pewsums. Eingerichtet wurden auch ein Trauzimmer und ein Festsaal für Feierlichkeiten.

Unübersehbar steht im Ort zudem ein mächtiger dreistöckiger Galerieholländer aus dem Jahr 1843 mit angebautem Packhaus und Gulfscheune. Er beherbergt ein *Mühlenmuseum* mit einer interessanten Ausstellung über die bewegte Vergangenheit der Mühle und das ländliche Leben in Pewsum.

• *Öffnungszeiten* Manningaburg und Mühlenmuseum, Di/Do/Sa/So 15–17 Uhr, Di/Do auch 10–12 Uhr. Eintritt für beide Museen: 1,50 €, Kinder 0,75 €, Familien 3,50 €. ✆ 04923/7432; www.heimatverein-krummhoern.de.

• *Essen und Trinken* Landgasthof zur Eiche, rustikales Ambiente, ebensolches Essen, in der Saison tägl. geöffnet. Sluiterspadd 1, in Woquard (bei Pewsum), ✆ 04923/1402.

Campen: Das Warfendorf hat eine kleine, aber sehr sehenswerte gotische Einraumkirche aus dem 13. Jh. (Ostern bis Oktober tagsüber geöffnet), deren äußere Gestalt weitgehend unverändert geblieben ist. Eindrucksvoll im Inneren des Gotteshauses sind insbesondere die sich über die ganze Decke erstreckenden, wertvollen mittelalterlichen Gewölbemalereien, die im mittleren Kuppelgewölbe den Kampf zwischen Gut und Böse darstellen. Die reich verzierte Kanzel mit Schalldeckel wurde 1794 gefertigt und wirkt in der kleinen Kirche etwas protzig. Neben dem Gotteshaus steht ein Glockenturm. Hier hängt als weitere Besonderheit eine schon 1295 gegossene Glocke.

Am Abzweig zum Leuchtturm (siehe unten) befindet sich in zwei großen denkmalgeschützten Gulfhöfen und einer neuen Remise das schöne *Ostfriesische Landwirtschaftsmuseum Campen*. Dargestellt wird die Entwicklung zur motorisierten Landwirtschaft. Historische Traktoren und etwa 500 andere landwirtschaftliche Geräte der 30er bis 50er Jahre wurden zusammengetragen und mit den nötigen Erklärungen versehen.

• *Öffnungszeiten* Vom 15.5. bis 15.10. Di–Fr 11–17 Uhr, Sa/So 14–17 Uhr. Eintritt frei. ✆ 04927/939523. www.olmc.de.

Leuchtturm Campen: 2,5 km westlich des Ortes streckt er sich satte 65 m in den Himmel und ist damit der höchste Leuchtturm Deutschlands (und übrigens höher als jedes Leuchtfeuer Amerikas). Kein anderer deutscher Turm schickt sein Licht so weit hinaus wie der filigrane Turm in Campen, nämlich etwa 52 km (30 Seemeilen) weit. Nach wie vor in Betrieb, sichert er die Zufahrt zur Ems. Eine schmale Röhre, die den Treppenaufgang ummantelt, wird von drei sich pyramidenförmig nach oben verjüngenden Stahlstützen flankiert. Oben auf der Spitze sitzt ein rotes Laternenhäuschen. Mit seinem dreibeinigen Stahlgestell sieht der Campener Leuchtturm fast futuristisch aus. Doch weit gefehlt, das Signalzeichen wurde schon vor 120 Jahren errichtet und ist damit sozusagen der Eiffelturm Deutschlands. Denn er wurde 1889 im gleichen Jahr wie das Pariser Wahrzeichen erbaut. In den Sommermonaten kann man die 320 Stufen zur vergitterten Aussichtsplattform hinaufsteigen und einen atemberaubenden Rundblick hinüber nach Holland, Borkum oder in die Weite der Krummhörn genießen.

Im Maschinenhaus nebenan befindet sich noch der für die Stromerzeugung des Leuchtfeuers gebaute 20-PS-Dieselmotor von 1908. Dieser wurde also bereits zu Lebzeiten von Rudolf Diesel (1858–1913) gebaut und steht noch immer an seinem ursprünglichen Platz.

Vor dem Leuchtturm in Campen befindet sich am Meeresufer ein Naturdenkmal der seltenen Art, das auf den ersten Blick so aussieht wie ein heller Sandstrand. Doch an dieser Stelle wurden aus der Außenems Abermillionen von Muscheln (= Schill) mit den Gezeiten angespült und bilden auf einen Kilometer Länge eine 200 m breite Muschel-

Der Leuchtturm Campen

Ostfriesische Küste

bank. Bis zu 2 m türmen sich die Muscheln hier auf. Das Betreten des einzigartigen Wattenmeer-Biotops ist allerdings verboten, vom Leuchtturm aus jedoch gut zu überblicken.

Mitte April bis Ende Okt. Mo/Di/Do/Fr/Sa 14–16 Uhr, So 11–16 Uhr. Im Hochsommer auch Mi geöffnet. Erwachsene 3 €, Kinder 2,50 € (mit Kurkarte 1 € Ermäßigung), Familien zahlen maximal für ein Kind. Die Kinder können für 1 € ihre Prüfung zum „Leuchtturmhilfswärter" ablegen, indem sie einen Fragebogen möglichst richtig beantworten, um dann eine Urkunde zu bekommen. ✆ 04923/916150. Am Turm gibt es auch einen Kiosk und die einfache Gaststätte Leuchtturmklause. Der Dieselmotor ist leider nur am Tag des offenen Denkmals zu bewundern (jedes Jahr am ersten Sonntag im September).

Loquard: Das kleine, gut erhaltene Rundwarfendorf liegt zwischen Campen und Rysum. Die Backsteinkirche in der Ortsmitte stammt aus der zweiten Hälfte des 13. Jh., der Turm wurde etwa 200 Jahre später angefügt. Sehenswert ist das Sandsteintaufbecken aus dem 13. Jh. und der filigran geschnitzte Altaraufsatz (um 1510) mit einer Darstellung der Leidensgeschichte Christi (Besichtigung der Kirche nach Absprache mit dem Küster, ✆ 04927/266).

Rysum: Kein Warfendorf der Küste ist noch so ursprünglich als Runddorf erhalten wie der sehr gepflegte Ort Rysum im Süden der Krummhörn. Lange vor dem Deichbau waren die Warfen der einzig wirksame Hochwasserschutz. Am Ortsrand existiert sogar noch der so genannte Zingel – ein eingedeichter Wiesenbereich, der an die Warf grenzt und in den früher bei Hochwasser die Tiere getrieben wurden (heute ein Spiel- und Bolzplatz).

Die kleinen Straßen ziehen sich in drei Ringen um den 800-Einwohner-Ort. Sie werden gekreuzt von so genannten Lohnen, Straßen, die auf den Mittelpunkt der Warf zuführen, der von einer bemerkenswerten Kirche gekrönt wird. Das Gotteshaus selber wurde aus Back- und Tuffsteinen als Saalbaukirche errichtet (im Sommer tagsüber geöffnet). Bekannt ist die Dorfkirche aber v. a. wegen ihrer spätgotischen Orgel von 1457, der wahrscheinlich ältesten noch vollständig erhaltenen Orgel Deutschlands (siehe Foto S. 30). Der Legende nach mussten damals die Rysumer Bauern drei ihrer fettesten Rinder über die zugefrorene Ems nach Groningen treiben, um das wertvolle Instrument zu bezahlen. Anfang des 20. Jh. sollte die alte Orgel einer neuen weichen. Geldmangel und der Ausbruch des Ersten Weltkrieges verhinderten aber die Neuanschaffung.

Sehenswert ist zudem die Rysumer Mühle. Der Galerieholländer wurde 1895 gebaut und war bis 1964 in Betrieb. Danach verfiel die Mühle zusehends, wurde aber bis 1995 in liebevoller Kleinarbeit wiederaufgebaut. Im ehemaligen Müllerhaus ist ein ehrenamtlich betriebenes Café eingerichtet worden.

- *Öffnungszeiten* Die Besichtigung der Mühle mit Mahlvorführung ist im Sommer jeden Sa 14–17 Uhr. Dann hat auch das Café geöffnet, in dem es zu sehr akzeptablen Preisen nicht nur selbst gebackenen Kuchen, sondern auch eine leckere Suppe oder frischen Matjes gibt.
- *Essen und Trinken/Übernachten* Landhaus HC Rysumer Plaats, das Café und Abendrestaurant befindet sich direkt im Ort (Nähe Windmühle). Architektonisch interessant in einer alten Gulfscheune untergebracht, sozusagen ein Glashaus in der liebevoll restaurierten Scheune. Außerhalb der Hochsaison Mi Ruhetag. Im Haus befinden sich auch je drei schöne Appartements im Landhausstil. Zwei Personen 55 €. Am Judendobbe 4, ✆ 04927/187944, hartung@landhaus-hc-rysumer-plaats.de, www.landhaus-hc-rysumer-plaats.de.

Kutter vor Norderney

Ostfriesische Inseln

Ostfrieslands Inseln gehören zweifellos zu den schönsten Flecken Deutschlands. Zur offenen See hin haben sie alle traumhafte Sandstrände, wie man sie sonst nur in Südseeregionen vermutet. Hohe Dünenketten schützen den meist im Westen gelegenen Inselort vor Sturm und Wind. Die Inselmitte besteht aus einer herrlichen Dünenlandschaft, und an der Festlandseite aller Inseln befinden sich Salzwiesen, die hier unmittelbar ins Wattenmeer übergehen.

Mindestens eine der Inseln sollte man als Ostfriesland-Urlauber besuchen, und sei es auch nur für einen Tagesausflug. Zur Erkundung empfiehlt sich ein Fahrrad, das man auf den Inseln bequem leihen kann – mit Ausnahme Spiekeroogs und Baltrums, wo die Inselruhe selbst durchs Radfahren nicht gestört werden soll. Wer mit kleinen Kindern urlaubt, kann auch einen Bollerwagen gut gebrauchen.

Seit jeher geben auf den Inseln Ebbe und Flut den Rhythmus an. Es ist der Rhythmus der Natur, dem auch die Fähren unterliegen. Wangerooge, Spiekeroog, Baltrum und Juist sind nur tideabhängig zu erreichen, weil die Fahrrinnen zu flach und nur bei Flut zu befahren sind. Dort verkehren die Fähren täglich zu einer anderen Zeit. Zu Langeoog, Norderney und Borkum hingegen führen tiefere Fahrrinnen, weshalb sie täglich nach einem festen Fahrplan bedient werden können.

Mit Ausnahme von Spiekeroog sind in allen Inselorten nur noch sehr wenige alte Inselhäuser von Sturmfluten verschont geblieben. Niedrig gebaut, ducken sich diese in die Dünen, um den heftigen Stürmen standzuhalten. Überall herrscht Ruhe und Beschaulichkeit, nur Wind, Wasser und hier und dort das Geschrei der Vögel sorgen für einen behaglichen Geräuschpegel. Auch der Verkehrslärm hält sich auf den Inseln in Grenzen, bis auf Borkum und Norderney sind sie nämlich gänzlich autofrei. Pferdefuhrwerke und Fahrräder sorgen für den Transport.

Die sensationellen weiten, weißen Strände machen den ganz besonderen Reiz der Inseln aus. Doch ein wenig Vorsicht ist beim Baden geboten. Die Gezeiten sorgen für teilweise überaus starke Strömungen, sodass außerhalb der von Ebbe und Flut abhängigen Badezeiten und der bewachten Badeplätze das Baden in offener See verboten ist.

Trinkwasser ist auf den Inseln übrigens kaum ein Problem. Denn unter den Dünen der Eilande hat sich jeweils eine große Süßwasserlinse gebildet, die allein aus Niederschlägen gespeist wird. Da Süßwasser leichter ist, schwimmt es wie ein Fettauge auf dem Salzwasser und kann abgepumpt werden.

Wangerooge

1200 Einwohner

Schon von weitem ist der markante Westturm zu erkennen, das Wahrzeichen der zweitkleinsten Ostfriesischen Insel. Landschaftlich gesehen ist Wangerooge typisch ostfriesisch, auch wenn das Eiland kurioserweise politisch niemals zu Ostfriesland gehörte. Ostfriesisch sein heißt: Wangerooge ist ein autofreies Familienbad mit langen Sandstränden, Dünen und Salzwiesen, das stressfreien Urlaub garantiert.

Wer nach Wangerooge kommt, muss die Hektik des Alltags hinter sich lassen. Schon die Anreise braucht Zeit, weil mehrere verschiedene Verkehrsmittel zu benutzen sind. Aber sie ist auch ein Erlebnis: Wer mit dem Auto bzw. mit der Kombination Zug (bis Sande) und Bus anreist, steuert zunächst Harlesiel und damit eine Besonderheit an: Harlesiel ist der einzige Bahnhof Deutschlands, der zwar in Betrieb ist, aber nicht von Zügen angefahren wird. Die Deutsche Bahn benutzt ihn als Fahrkartenschalter und betreibt ansonsten nur noch die Fähre. Alle sechs Stunden kommt zuverlässig die Flut, und wenn sich das Bahnschiff dann in Bewegung gesetzt hat, kommt es zur Freude vieler Fahrgäste etwa auf halber Strecke dicht an einer Seehundbank vorbei, auf der gewöhnlich Dutzende der niedlichen Robben liegen. Wenn das Schiff dann nach 50 Minuten Überfahrt in Wangerooges Hafen einläuft, ist man aber noch nicht am Ziel. Denn wie schon am Hafengebäude zur Begrüßung deutlich zu lesen ist: „Gott schuf die Zeit, von Eile hat er nichts gesagt.“ Nun heißt es nämlich auf die Inselbahn warten. Vom einsam am Südwestzipfel gelegenen, wegen der Flutgefahr auf Stelzen gebauten Anleger geht es dann noch einmal 4 km mit der bunten Inselbahn durch die naturgeschützte Lagune mit ihren Salzwiesen bis ins Inseldorf. Die Strecke schafft die betagte, aber hübsch renovierte Schmalspurbahn in 20 Minuten. Wer die Insel per

Fahrrad erkunden möchte, kann sich aber auch gleich am Hafen einen Drahtesel leihen. Und wem das alles zu lange dauert, der setzt sich einfach ins Propellerflugzeug. Wangerooge erreicht man nämlich auch mit dem weltweit kürzesten Linienflug. Eilige bringt die LFH (Luftverkehr Friesland-Harle) nach festem Flugplan bei Wind und Wetter in nur fünf Minuten hinüber zur Insel.

Vom historischen Bahnhof von 1906 sind es nur eine paar Schritte zum Alten Leuchtturm, dessen Besuch unbedingt lohnt. Von dort zieht sich die Zedeliusstraße als Flaniermeile durch den ganzen Inselort. Sie ist die Haupt- und Geschäftsstraße der autofreien Insel und führt bis unmittelbar an den Badestrand. Dort wird sie gekrönt von einem Rondell mit dem historischen *Café Pudding* in der Mitte. Das Besondere an Wangerooge ist, dass der Inselort anders als auf den anderen Ostfriesischen Inseln unmittelbar am Strand liegt. Die ehemals vorgelagerte Schutzdüne haben die Fluten der Vergangenheit längst weggerissen. Zur maritimen Stimmung trägt der Blick auf die großen Pötte bei, die auf ihrem Weg nach Bremerhafen oder Wilhelmshaven dicht an Wangerooge vorbeisteuern oder im Schutz der Insel auf Reede liegen.

Gleich zwei Strandpromenaden flankieren den Strand, eine unten, eine oben. Im Westen der Promenaden befinden sich die Kuranlagen, also das Schwimmbad, die Kurverwaltung, Strandkorbvermietung, Gästekindergarten usw. Davor erstreckt sich für die Tagesgäste der so genannte Tagesstrand. Der mittlere Strandabschnitt beim *Café Pudding* und der Oststrand sind den Inselurlaubern vorbehalten.

Mangels historischer Bauten präsentiert sich Wangerooge-Ort als aufgeräumtes Feriendomizil mit häufig backsteinernen, verklinkerten Zweckbauten. Lediglich rund um den parkähnlichen Dorfplatz sind noch einige wenige Inselhäuser aus dem 18. Jh. zu finden. Nördlich des Dorfplatzes befindet sich der in den 1920er Jahren angelegte Rosengarten mit dem Musikpavillon. Dort finden im Sommer Kurkonzerte statt. Im Kurpark Rosengarten ist auch das Nationalparkhaus zu finden.

Ganz einsam und beschaulich wird es im Inselosten, einem überwiegend unberührten Naturschutzgebiet. Gut 5 km lang führt ein Fahrrad- und Wanderweg fast

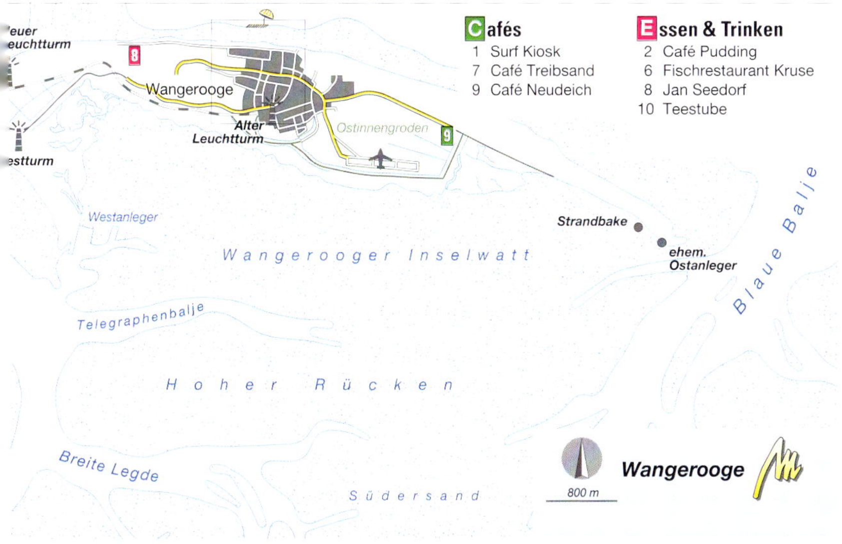

immer geradeaus Richtung Ostspitze Wangerooges. Das letzte Stück geht es durch Watt und Sand bis zu einer hölzernen Strandbake, einem Seezeichen aus dem Jahr 1909. Hinter der Strandbake ragen unzählige alte Holzpfähle aus dem Sand, die letzten Reste des ehemaligen Ostanlegers der Inselbahn. In nur 2 km Entfernung ist die künstliche Insel Minsener Oog zu erkennen. Zurück radeln Fahrradfahrer der Abwechslung wegen beim *Café Neudeich* über den Ostdeich. Dieser verläuft um den Ostinnengroden und damit um den Flugplatz. Begleitet wird man mitunter von dicht vorbeifliegenden Propellermaschinen, die hier landen.

Während der ruhigere Inselosten ganz Natur geblieben ist, weist der Inselwesten auch ein wenig Bebauung auf. Natürlich kann man am Strand entlanglaufen, die meisten Gäste fahren die 4 km bis zur Westspitze aber mit dem Fahrrad. Durch die Dünen führt ein gewundener und schön geteerter Weg bis zum markanten Westturm (Jugendherberge) und dann weiter bis zum Hafenanleger. Auf dem Weg dorthin kommt man am Neuen Leuchtturm und einigen Schullandheimen vorbei. Rund um die ganze Westküste erstreckt sich noch ein schmaler, teilweise bewachter Badestrand, der von einem geteerten Weg flankiert wird. Der Blick fällt auf die Insel Spiekeroog, die hier zum Greifen nahe scheint, aber durch das tiefe und strömungsreiche Fahrwasser auch für geübte Schwimmer unerreichbar bleibt. Zurück geht es ab dem Westturm einfach über den Deich. Verirren kann man sich auf Wangerooge nun wirklich nicht.

Geschichte

Es erscheint kurios, aber die östlichste aller Ostfriesischen Inseln gehörte politisch nie zu Ostfriesland, hat also gänzlich andere Wurzeln als die übrigen Inseln. Das drückt schon der Name aus: Wangerooge, also „Insel des Wangerlands“. Nach dem Tod der letzten Regentin des Wangerlandes im Jahr 1575, der Häuptlingstochter *Maria von Jever*, fiel die Insel per Erbfolge an die Grafschaft Oldenburg. Noch heute fühlen sich die Wangerooger nicht wie ihre Inselnachbarn als Ostfriesen, sondern als Oldenburger und gehören politisch noch immer zum ehemals oldenburgischen Landkreis Friesland.

Schon immer bestimmte die exponierte Lage der erstmals im Jahre 1217 erwähnten Insel an der Einfahrt in Jade und Weser ihre Geschichte. Im Schutze Wangerooges wetterten Schiffe die Stürme ab. Dies nutzten v. a. im 14. Jh. wiederholt Seeräuber, um die hier versammelten Handelsschiffe zu kapern. Andererseits wurden die armen Insulaner mitunter selbst Opfer von Freibeutern, später aber auch von Überfällen holländischer Kriegsschiffe.

Jahrhundertelang diente der Turm der alten Nikolaikirche den Schiffern als lebenswichtige Landmarke. Doch mit den Jahren verfiel die Kirche zusehends, und die Steine wurden von den Insulanern zum Häuserbau verwendet. Das rief die Bremer Kaufmannschaft auf den Plan, die vehement den Bau eines neuen Orientierungspunktes für eine sichere Einfahrt in die Weser forderte. Nach fast 15 Jahren gab der Graf von Oldenburg dem Drängen der Bremer nach und ließ um 1600 ganz im Osten der Insel Wangerooge einen mächtigen Turm erbauen. Etwas später erhielt der Turm auch noch eine verglaste Spitze, hinter der die mit Tran oder Öl befeuerten Leuchten den Schiffen auch nachts den Weg wiesen. Doch weil der *Blanke Hans* immer wieder an Wangerooge zerrte und die Kräfte der Natur die Insel langsam ostwärts wandern ließen, mussten auch die Menschen ihr Inseldorf verlagern. Zunächst rund um den großen Turm, ab 1863 noch weiter auf das sich nun neu bildende Ostland. Wie gewaltig die Landverschiebung war, wird erst deutlich, wenn man sich vergegenwärtigt, dass sich die ehemalige Westspitze der Insel einst dort befand, wo heute die Ostspitze der Nachbarinsel ins Meer ragt. Der alte Ostturm „wanderte" so ganz an den neuen Nordweststrand Wangerooges und wurde mit den Jahren folgerichtig *Westturm* genannt.

Ankunft am Pier: Umsteigen in die Inselbahn

Der Badebetrieb auf der mit 9 m Länge und 5 km^2 Fläche zweitkleinsten Ostfriesischen Insel startete bereits 1804 – Wangerooge ist damit das viertälteste Seebad Deutschlands. Mit der Entscheidung der großherzoglichen Familie von Oldenburg, ihre Sommerresidenz hierher zu verlegen, wurde Wangerooge endgültig hoffähig. Dann kam die verheerende Weihnachtsflut von 1854, als der nunmehr florierende Badeort fast vollständig ein Opfer des Meeres wurde. Der zerstörte Ort musste aufgegeben und an seine heutige Stelle verlegt werden. Mit dem Wiederaufbau befestigte man auch die Westküste der Insel mit mächtigen Buhnen.

Während des Ersten und stärker noch während des Zweiten Weltkriegs kam Wangerooge eine hohe militärische Bedeutung zu, denn an der Ostflanke der Insel verlief die Fahrrinne zum wichtigen Kriegshafen Wilhelmshaven. Zur Verteidigung der deutschen Marineschiffe gegen Angriffe von See und aus der Luft wurden auf der Insel Geschützbatterien installiert und Truppen stationiert, zeitweise war Wangerooge sogar eine Art Vorposten der deutschen Luftverteidigung. Das aber sollte sich in den letzten Kriegstagen bitter rächen. Kurz vor der Kapitulation, am 24. April 1945, wurde die Insel Opfer eines 15-minütigen Bombenangriffs, bei dem 480 alliierte Flieger gut 6000 Bomben auf das Eiland warfen. Das Ausmaß der Zerstörung auf der kleinen Insel war gigantisch, fast alle Gebäude lagen in Schutt und Asche, und 311 Menschen verloren bei dem Angriff ihr Leben. Es war der letzte Großeinsatz der Royal Air Force auf Deutschland und damit für die meisten Piloten der letzte Feindflug im Zweiten Weltkrieg. Ein weithin sichtbares Holzkreuz am Standort des ehemaligen Bunkers Hartmannsstand (am westlichen Tagesstrand) und ein kreisrunder Kriegsgräberfriedhof im nahe gelegenen Kiefernwäldchen erinnern heute an die Getöteten.

Auf einen Blick

• *Information/Zimmervermittlung* **Kurverwaltung Wangerooge**, Strandpromenade 3, 26486 Wangerooge, ✆ 04469/990, www.wangerooge.de. **Verkehrsverein Wangerooge e.V.**, Zimmervermittlung, im Bahnhof, Postfach 1220, 26476 Wangerooge. ✆ 04469/94880, www.westturm.de. Tageskurbeitrag in der Hochsaison für Erwachsene (WangeroogeCard) 3 €, für Kinder 1,30 € .

• *Fähre und Parkplätze* 2- bis 5-mal tägl. eine tidenabhängige Verbindung ab Harlesiel mit den Schiffen der Deutschen Bahn (Fahrtzeit inkl. Inselbahn: 1:20 Std.). Rückfahrkarte inkl. Inselbahn bis Wangerooge Bhf. 28,80 €, Kinder 6–14 J. 17,30 €, Fahrräder 21 €. Tageskarten sind günstiger: Erwachsene 18,80 €, Kinder 11,30 €, Familien 50,80 €, zzgl. Tageskurbeitrag 1,50 €, Kinder 0,50 € Fahrpläne unter www.siw-wangerooge.de. ✆ 04464/949411.

Mit der Bezahlung des Fährtarifs erhält man die **WangeroogeCard**, eine elektronische Chipkarte, die als Servicekarte gleichzeitig Fährkarte, Kurkarte und Eintrittskarte für Veranstaltungen ist. Bei der Abreise wird die Karte beim Durchgang durch die Drehsperre wieder eingezogen.

Tagesparkplätze am Harlesieler Hafen (4 €). Wer länger auf der Insel bleibt, lädt sein Gepäck an der Fähre aus, es wird dann bis in den Ort transportiert. In Harlesiel stehen sowohl am Hafen als auch am Flugplatz Pkw-Stellplätze und Garagen zur Verfügung (Firma Heyken, ✆ 04464/307, oder Harle-Garagen, ✆ 04464/942020).

• *Flug* Vom Flughafen Harlesiel aus verkehren im Winter tagsüber stündlich, im Sommer sogar in kürzeren Abständen die Flieger der **LFH (Luftverkehr Friesland-Harle)**, Flugzeit nur 5 Min. Erwachsene Hin- und Rückflug 64 €, Kinder (ab 12 J.) 32 €. Infos und Flugplan unter ✆ 04931/94810, www.inselflieger.de. Am Flugplatz Wangerooge befindet sich auch ein Fahrradverleih (Beier).

• *Fahrradverleih* **Beier**, Kapt.-Wittenberg-Str. 11, ✆ 04469/8194; **Düvelsdorf**, Friedrich-August-Str. 15, ✆ 04469/945888; **Eden's Fahrradinsel**, Zedeliusstr. 2a, ✆ 04469/266; **FeWo-Insel**, Zedeliusstr. 4, ✆ 04469/337; **Petrus**, Im Westen, ✆ 04469/1209.

• *Hundestrand* Nur am Oststrand. Hunde sind ansonsten auf der Insel an der Leine zu führen und dürfen die anderen Strände und den Nationalpark nicht betreten. Kostenlose Abfalltüten für Hundekot gibt es in Spendern an vielen Stellen der Insel.

• *Kinderspielhaus* Am Fußweg zum Westen (bei der Mehrzweckhalle) mit Kletterwand, Trampolin u. a., Mo–Fr 14–18 u. Sa/So 10–14 Uhr, Eintritt frei.

• *Kino* Im **Hotel Hanken** (Eingang Peterstr.), nur in der Saison geöffnet.

• *Strandkorbvermietung* Für Urlauber in der **Kurverwaltung** (auch Vorbestell-Service), für Tagesgäste nur am „Tagesstrand" unterhalb der Kurverwaltung (für 8 €). Achtung: Der Strandkorbvermieter hat keinen festen Standort, man muss sich am Strand nach ihm umschauen.

• *Schwimmbad/Sauna* **Meerwasser-Freizeitbad Oase**, großes Bad mit 25-m-Außenbecken und ebenso großem Innenbecken, 70-m-Riesenrutsche, Whirlpools, Dampfbad, Sauna usw. Täglich 10–19 Uhr geöffnet, Fr bis 22 Uhr. Tageskarte 9,50 €, Kinder ab 5 J. 4,50 €, Familien 19 €. Sauna 12 €. ✆ 04464/99147.

Übernachten/Essen und Trinken (siehe Karte S. 126/127)

• *Übernachten* **** **Upstalsboom Strandhotel Gerken (3)**, traditionelles First-Class-Hotel im Gründerzeitambiente. Verglaster Speisesaal mit Blick auf den Strand. Schwimmbad, Sauna, Wellnessbereich. Gleich drei Restaurants im Hause. 81 gepflegte DZ zu 192–122 €. Strandpromenade 21, ✆ 04464/8760, strandhotel@upstalsboom.de, www.upstalsboom.de.

*** **Hotel Hanken (4)**, Hotel in bester Lage mit 100-jähriger Tradition. Der große, vorgebaute Pavillon wird als Frühstücksraum und (gutes) Restaurant genutzt. DZ 87–120 €. Zedeliusstr. 38, ✆ 04464/8770, ✆ 04464/87788, hotel-hanken@t-online.de, www.hotel-hanken.de.

Haus Zum Damenpfad (5), ordentliche Familienpension mit Frühstücksbuffet und Aufenthaltsraum; etwa 50 m zum Strand. DZ 98 €. Peterstr. 27, ✆ 04464/209, ✆ 04464/1845, haus@damenpfad.de, www.damenpfad.de.

• *Essen und Trinken* **Café Pudding (2)**, nur noch der Tresen erinnert daran, dass dies

Sportlich: Einradhockey an Wangerooges Strand

hier einmal ein Bunker war. Die Düne, auf der das Café steht, wurde von den Einheimischen einst Pudding genannt, daher der Name. Neben einem schönen Blick auf den Strand gibt es hier leckeren Kuchen aus eigener Konditorei und als Spezialität seit vielen Jahren Vanilleeis mit nach besonderem Rezept hergestellter Karamellsoße. 11–21 Uhr geöffnet, auch Restaurantbetrieb, Mo Ruhetag. ✆ 04464/220.

Fischrestaurant Kruse (6), einfaches Ambiente, große Portionen, Fischgeschäft nebenan. Mo Ruhetag. Elisabeth-Anna-Str. 17 (neben der Post), ✆ 04464/1414.

Teestube (10), seit über 50 Jahren am Ort und entsprechend urig-rustikal eingerichtet. Nicht nur Teestube, v. a. auch Restaurant mit guter Küche (Fischteller, Heilbutt, Mo/Di kein Mittagessen). Reservierung empfohlen. Sogar Zimmer gibt es hier (DZ 80 €). Friedrich-August-Str. 13, ✆ 04464/256, www.wangerooge-teestube.de.

Jan Seedorf (8), ganz einfach, fast eine Baracke, klein, aber nett und mit blumengeschmückter Terrasse. Hier gibt es v. a. Fisch, nicht billig, aber gut und mit frischen Zutaten. Auf halbem Wege zum Inselwesten (am Windrad). Di Ruhetag. Straße zum Westen 72, ✆ 04464/387.

Café Treibsand (7), tagsüber Café mit Tischen auf der Fußgängerzone, abends Kneipe im künstlichen Palmenambiente. Nachts bis 2 Uhr geöffnet. Zedeliusstr. 32, ✆ 04464/ 1210.

Surf Kiosk (1), gemütliche und ganz einfache Strandbar in der Baracke der Surfschule mit Blick auf den Strand. Hier gibt es auch eine Internetstation (im Strandkorb), zu essen bekommt man Bockwurst und Pizza. Untere Strandpromenade, letztes Haus am Tagesstrand, ✆ 04464/942222.

Café Neudeich (9), beliebtes Ausflugsziel im Inselosten (1,5 km östlich des Dorfes), mit Holz verschaltes Haus, große Terrasse und relativ kleine, aber nette Gaststube. Einfache, aber schmackhafte Speisen . 12–14 und 18–21 Uhr, Di Ruhetag. Zum Osten 1, ✆ 04464/272.

Sehenswertes

Alter Leuchtturm: Das älteste erhaltene Bauwerk der Insel war von 1856 bis 1969 in Betrieb. Im unteren Teil befindet sich heute das Heimatmuseum. Zu sehen gibt es neben Bildern und Dokumenten zur Inselgeschichte auch eine kleine Bernsteinsammlung. Ganz oben in der Glaskuppel des Turms befindet sich ein Modell, das

Blick auf den ... *... und vom Alten Leuchtturm*

den Inselort um das Jahr 1933 zeigt. In erster Linie dient das Leuchtfeuer aber als Aussichtsturm, von dem man einen tollen Blick über Wangerooge bis hinüber zu den anderen Inseln und zum Festland hat. Bei gutem Wetter kann man mit einem Fernglas von hier aus sogar das 43 km weit entfernte Helgoland erkennen. Zuvor sind allerdings die 161 Stufen der engen Treppe zu überwinden. In der alten Wachstube hoch oben im Turm wurde ein begehrtes Trauzimmer eingerichtet, in dem sich jährlich etwa 400 Paare das Jawort geben.

Vor dem Turm stehen ein ehemaliges Rettungsboot der DGzRS und eine alte Dampflok, die 1929–57 auf der Insel ihren Dienst tat. Sie hat in diesen Jahren auf dem kleinen Eiland über 350.000 km zurückgelegt.

Unterschiedliche Öffnungszeiten, meist jedoch tägl. 10–13 und 14–17 Uhr. Erwachsene 2 €, Kinder 1 €. In der Ortsmitte in der Nähe des Bahnhofs gelegen. Zedeliusstr. 3, ✆ 04464/8324; www.leuchtturm-wangerooge.de.

Neuer Leuchtturm: Im Westen der Insel steht das höchste Bauwerk Wangerooges. Weil der Alte Leuchtturm den Ansprüchen nicht mehr genügte, wurde im Jahr 1969 der neue Turm zur Sicherung des Jadefahrwassers in Dienst gestellt, damals ein technisches Meisterwerk. Eine auskragendes Etage in 25 m Höhe gibt dem 64 m hohen Bauwerk das Aussehen eines Fernsehturms. Der blinkende Lichtstrahl ragt bei Nacht 56 km in die Deutsche Bucht hinein. Die gigantische Anlage funktioniert vollautomatisch, ist aber leider nicht zu besichtigen (Infotafel vor Ort).

Westturm: Das unbestrittene, 56 m hohe Wahrzeichen der Insel ist kein Original. Denn der etwa 3,5 km vom Hauptort entfernte Turm ist eine bereits 1932/33 erbaute und fast exakte Nachbildung der alten, ursprünglich schon 1602 errichteten

Landmarke. Über dem Eingang mauerte man den alten Wappenstein des Vorgängerbaus ein. Die Fensterreihen sind allerdings der Nutzung als Jugendherberge geschuldet, die im Turm nach wie vor untergebracht ist.

Das historische Seezeichen befand sich etwas weiter nördlich des heutigen Standorts. Diese Stelle war einmal die Ostspitze der Insel. Weil sich Wangerooge aber in den letzten 400 Jahren unaufhaltsam nach Osten verlagerte, wurde der Leuchtturm mit der Zeit zum Westturm, wo er lange wie ein Fels in der Brandung den ihn zweimal täglich umspülenden Fluten trotzte. Doch nicht das Meer, sondern der Erste Weltkrieg machte dem Turm den Garaus: Er wurde 1914 gesprengt, denn natürlich hatte er auch feindlichen Schiffen als Orientierungsmarke für die Jadeeinfahrt gedient – und im nahen Wilhelmshaven war fast die gesamte kaiserliche Kriegsflotte stationiert.

Noch heute ist das Turmfundament des alten Westturms sichtbar. Es befindet sich 800 m nördlich des heutigen Gebäudes, genau auf einer Buhne am nordwestlichen Strand. Der ehemalige Standort ist das große Steinrondell in der Mitte der Buhne, die sich unterhalb des Schullandheims Haus am Meer befindet. Bei Niedrigwasser sind in der Nähe mitunter auch Überreste des 1854 untergegangenen alten Westdorfes zu sehen.

Nationalparkhaus Rosenhaus: Im ganz idyllisch am Rande des Kurparks gelegenen Haus steht das Naturerlebnis mit allen Sinnen im Vordergrund. Das Leben im Nationalpark Wattenmeer wird nicht nur anhand von Schautafeln erklärt, entstanden ist auch eine kleine Erlebniswelt, in der v. a. Kinder vieles ausprobieren, basteln oder mikroskopieren können. Zu sehen gibt es zudem ein kleines Meerwasseraquarium, in dem sich Wattbewohner tummeln.

Im Sommerhalbjahr Di–Fr 9–13 und 14–18 Uhr, Sa/So 10–12 und 14–17 Uhr, im Winterhalbjahr 10–13 Uhr und 14–17 Uhr, Sa/So 14–17 Uhr, Mo immer Ruhetag. Tägl. gibt es Filmvorführungen, zudem werden regelmäßig naturkundliche Führungen angeboten. Eintritt frei. Friedrich-August-Str. 18, ✆ 04464/70299, www.nationalparkhaus-wangerooge.de.

Minsener Oog und Alte Mellum: Östlich von Wangerooge flankieren zwei Inseln das Jadefahrwasser. Beide sind unbewohnt und nur für Mitarbeiter der Vogelwarte zugänglich.

Die nur 2 km jenseits der Ostspitze Wangerooges gelegene Doppelinsel Minsener Oog ist eine künstliche Insel. Schon seit etwa 100 Jahren hat man hier auf einer Sandbank Buhnen und Dämme errichtet, um die mit Wind und Strömung ostwärts wandernden Sande aufzuhalten. Man will damit das tiefe Fahrwasser nach Wilhelmshaven vor Versandung schützen. Die beiden Leuchtfeuer der Insel stehen zwar noch, sind aber seit 1998 nicht mehr in Betrieb.

Jenseits des Fahrwassers liegt die Vogelinsel Alte Mellum. Entstanden ist die junge Insel im 19. Jh. auf natürliche Weise und hat sich seitdem auf etwa 750 ha vergrößert. Die Insel selbst darf nur außerhalb der Brutsaison und selbst dann nur mit Ausnahmegenehmigung betreten werden. Denn die gewissermaßen im Herz des Nationalparks gelegene Insel gilt als eines der letzten unberührten Vogelparadiese Deutschlands. Sie wurde bereits 1921 unter Schutz gestellt und wird vom Mellumrat e. V. in Dangast betreut (www.mellumrat.de.). Im Zweiten Weltkrieg war auf Mellum eine durch einen Ringdeich geschützte Flakbatterie stationiert. Dort befindet sich heute die Vogelwarte des Mellumrats. Im Sommer 2009 wütete ein verheerender Brand auf der Insel. Tausende von Jungvögeln wurden Opfer der Flammen.

Herrlich: weiter Strand auf Spiekeroog

Spiekeroog

830 Einwohner

Die grüne Insel Spiekeroog hat eine ganz besondere Atmosphäre: ein „ruhender Pol" inmitten der Nordsee, denn kein Autolärm stört die Stille, ja, selbst Fahrräder sind verpönt. Hinzu kommt ein schönes Dorf, das von Bausünden weitgehend verschont geblieben ist, und eine vergleichsweise üppige Vegetation rundherum, schließlich ein weiter, weißer Strand der Extraklasse. Sicher eines der schönsten Urlaubsziele Deutschlands.

Das autofreie Spiekeroog hat als einzige Ostfriesische Insel auch keinen Flugplatz. Der Inselhafen liegt nahe am Dorf, sodass man bequem zu Fuß zurechtkommt. Lärmfreie Fortbewegung ist auf Spiekeroog angesagt, und wer Gepäck transportieren will oder muss, tut es mit dem Handwagen oder überlässt dies dem Fuhrunternehmer mit seinen (gebührenpflichtigen) Elektrokarren. Das einzige öffentliche Verkehrsmittel ist die historische Pferdebahn auf Schienen, gelegentlich fährt auch ein Pferdefuhrwerk durch die Straßen. Selbst Fahrräder wirken deplatziert, und demzufolge gibt es auf der Insel auch keinen Fahrradverleih. Dennoch fahren Einheimische und Feriengäste hier und dort mit ihrem Drahtesel umher.

Schon diese äußeren Umstände sorgen für eine entspannende Ruhe, die den Spaziergang durch die schmalen und von stattlichen Bäumen flankierten Sträßchen Spiekeroogs zum Genuss werden lassen. Nicht umsonst wird Spiekeroog auch „die grüne Insel" genannt. Und weil Spiekeroog die Sturmfluten der letzten Jahrhunderte vergleichsweise unbeschadet überstanden hat, sind noch relativ viele Häuser aus dem 18. Jh. mit ihren typischen grün-weiß gestrichenen, verglasten Veranden erhalten geblieben. Die Inselväter und -mütter haben es zudem verstanden, viel Ursprüngliches zu bewahren. So gibt es auf der Insel auch keine Bettenburgen, stattdessen ducken sich die Hotels, Pensionen und Ferienhäuser dicht gedrängt zwischen den Dünen.

Vom Dorf zum Strand ist zunächst ein außergewöhnlich breiter Dünengürtel zu überwinden. Belohnt wird man durch einen herrlichen Sandstrand. Dieser reicht bis zur Ostspitze und ist auch in Ortsnähe nur mit verhältnismäßig wenigen Strandkörben belegt. Strandwanderer können hier schier endlos durch die Einsamkeit laufen. Der an den Strand grenzende Dünen- und Salzwiesenbereich der Ostplate ist aber tabu: Er ist Ruhezone des Nationalparks und damit nicht frei zugänglich. Dieses Gebiet macht etwa die Hälfte der Insel aus und ist erst in den letzten 150 Jahren entstanden. Noch 1860 war Spiekeroog nur halb so lang. Grund dafür ist die Eindeichung der Harlebucht. Dadurch haben sich die Strömungsverhältnisse so verändert, dass es im Osten Spiekeroogs gewaltige Sandanlagerungen gab, die längst durch eine dünne Vegetation begrünt sind und ein wichtiges Rückzugsgebiet für die Vogelwelt bilden.

Die andere Hälfte und insbesondere der hohe Dünengürtel der über 12 km langen und 2,5 km breiten Insel lassen sich auf einigen Wanderwegen und -pfaden erkunden. Zwischen Ort und Badestrand streckt sich die *Wittdün* (Weiße Düne) fast 25 m in die Höhe und wird anerkennend *Mount Everest Ostfrieslands* genannt – immerhin ist sie die höchste natürliche Erhebung im flachen Ostfriesland.

Für eine kleine Wanderung bietet sich ein Rundweg von der alten Inselkirche Richtung Nordstrand bis hin zu einer 18 m hohen Aussichtsdüne an. Bei guter Sicht lässt sich von hier aus fast die gesamte Insel überblicken. Weiter geht es südöstlich bis zum Inselinternat Hermann-Lietz-Schule (2,5 km). Von dort sind es wieder 2,5 km nach Westen über den Hellerpad zurück zum Dorf.

Der Untergang der „Johanne"

Im November 1854 verließ das nagelneue Auswandererschiff *Johanne* mit 216 hoffnungsfrohen Emigranten an Bord Bremerhaven Richtung Amerika. Doch geriet die Bark vor Helgoland in einen schweren Orkan, driftete ab und strandete vor Spiekeroog. Die Insulaner liefen zum Strand und konnten doch nur zusehen, wie der Sturm den Dreimaster langsam zerschlug und seine Opfer nach und nach in die eisigen Fluten riss. Es gab kein Rettungsboot vor Ort, um den Schiffbrüchigen zu Hilfe zu eilen. Zwar überlebten 139 Menschen die Katastrophe, 77 jedoch starben, darunter auch viele Kinder. Das furchtbare Unglück war einer der Auslöser für die Gründung des Emder *Vereins zur Rettung Schiffbrüchiger* (1862) und anderer lokaler Rettungsorganisationen. Bereits 1865 konstituierte sich dann die überregional ausgerichtete *Deutsche Gesellschaft zur Rettung Schiffbrüchiger (DGzRS)*. Durch die Landverschiebungen befindet sich der erste Spiekerooger Rettungsschuppen heute im Inselwesten (etwa auf halbem Wege der Pferdebahn) und wird als Stall für Islandpferde genutzt.

Die geborgenen Toten des Johanne-Unglücks wurden übrigens auf dem *Drinkeldoodenkarkhoff* beigesetzt, dem Friedhof der Ertrunkenen. Er befindet sich am Tranpad im Nordosten des Dorfes.

Urlaubstraum: Haus in den Dünen

Geschichte

Spiekeroog taucht in den Geschichtsbüchern erstmals 1398 als *Spickeroch* auf. Wahrscheinlich bedeutet der Name schlicht „Speicherinsel", vielleicht geht er aber auch auf das Küstendorf *Spieka* (nahe Bremerhaven) zurück, von dem vermutlich die ersten Siedler der Insel stammten.

Fest steht, dass die Insel und ihre meist in Armut lebenden Bewohner aufgrund ihrer exponierten Lage immer wieder Opfer von Überfällen waren und natürlich auch die eine oder andere Sturmflut ertragen mussten. Ganz schlimm kam es im Jahr 1570, als die Insel erst von den Geusen (niederländische Freiheitskämpfer) überfallen und im Herbst von der Allerheiligenflut weitgehend zerstört wurde. Daraufhin wurde der Ort weiter östlich wiederaufgebaut. Doch im Vergleich zu den anderen Ostfriesischen Inseln wurde Spiekeroog in weit geringerem Ausmaß von Sturmfluten in Mitleidenschaft gezogen, weshalb sich der Inselort mit seinem alten Baumbestand seit 450 Jahren an der gleichen Stelle befindet.

Seebad wurde Spiekeroog im Jahr 1846, doch Gäste verirrten sich zunächst nur selten auf die abgelegene Insel. Erst als die Küstenbahnlinie im Jahr 1883 bis Esens ausgebaut wurde, nahm die Zahl der Inselbesucher spürbar zu. Die Anreise mit dem Fährschiff blieb mangels Inselhafen jedoch immer noch beschwerlich. So mussten die Gäste nach dem Ankern auf der Reede bei Wind und Wetter in hochbeinige Wattenwagen ein- und ausgebootet werden. Bis 1890 die finnische Bark *Neptun*, beladen mit 8000 Holzbohlen, vor Spiekeroog strandete. Des einen Pech ist bekanntermaßen oft des anderen Glück. Ein Großteil der Ladung wurde von den Insulanern geborgen und an die Gemeinde verkauft, die das Holz dann zum Bau der ersten Landungsbrücke verwandte. Einem geregelten und bequemeren Fährverkehr stand nun nichts mehr im Wege. Der alte Fähranleger befand sich lange Zeit im Südwesten der Insel (heute Nähe Campingplatz). Noch bis 1981 fuhr die alte Inselbahn von dort bis ins Dorf. Doch dann wurde ein neuer Hafen in Ortsnähe gebaut und machte die Bahn damit überflüssig.

Auf einen Blick

- *Information/Zimmervermittlung* **Nordseebad Spiekeroog GmbH**, Postfach 1160, 26466 Spiekeroog, ✆ 04976/9193-101, www.spiekeroog.de. **Kurbeitrag** pro Tag von April bis Oktober 2,80 € (Kinder 1,20 €). Nebensaison 1 €, Kinder 0,40 €
- *Fähre und Parkplätze* 2- bis 3-mal tägl. gibt es eine etwa 45 Min. dauernde tidenabhängige Verbindung ab Neuharlingersiel mit eigenen Schiffen der Nordseebad Spiekeroog GmbH. Rückfahrkarte 24 €, Kinder 12 €. Tagesrückfahrkarte (Ausflügler): Erwachsene 20 € (inkl. Kurkarte), Kinder 10 €, Fahrräder 21 €, Handwagen 10 €. Fahrpläne unter www.spiekeroog.de. Tagesparkplätze am Hafen (4 €). Inselurlauber laden ihr Gepäck an der Fähre aus und bringen danach ihr Fahrzeug in die Spiekeroog-Garagen von Neuharlingersiel (Bus-Shuttle). Infos unter ✆ 04976/9193-133.
- *Kinderspielhaus* **Kinderspielhaus Trockendock**, ein großer, überdachter Spielplatz mit Kinderbetreuung, der v. a. für Schlechtwetter gedacht ist. Einen Computerraum für Kids gibt es auch. Mo–Fr 9–12.30 und 14–17 Uhr, So nur 14–17 Uhr. Kein Eintritt. ✆ 04976/9193-166.
- *Kino* In der Saison 1- bis 3-mal wöchentlich im Inselkino, Noorderpad 25 (Kurmittelhaus).
- *Schwimmbad/Sauna* **Meerwasserschwimmbad Schwimmdock**, 30 °C Wassertemperatur. Mo–Sa 10–13 und 14–19.30 Uhr, So 9–13 Uhr; Sauna Mo–Sa 14–19.30 Uhr. Erwachsene 4 €, Kinder 2 €, Sauna 7 €. Norderpaad 20, ✆ 04976/9193-161,
- *Strandkorbvermietung* In der Kurverwaltung (auch Vorbestell-Service), Tagesgäste direkt vor Ort am Hauptbadestrand (Tageskorb 7 €).
- *Wattwandern* Infos bei der Kurverwaltung und z. B. bei den Wattführern Carsten Heithecker, ✆ 04976/651, Chris Deepen, ✆ 04976/422 (auch Führungen in englischer Sprache), und Gerjet Stahl, ✆ 04976/706884.

Deutschlands letzte Pferdebahn auf Spiekeroog

Übernachten/Essen und Trinken (Siehe Karte S. 138/139)

- *Übernachten* **Spiekerooger Leidenschaft (1)**, neu erbautes, schön gemachtes Apart-Hotel mit Teakholzveranda und exklusivem Anspruch. Sauna. Im dazugehörigen Restaurant gibt' es eine wechselnde Auswahl an leichten Speisen, aber auch Fisch- und Lammspezialitäten. Tägl. 8–23 Uhr geöffnet. DZ 160–180 €. Noorderpad 6, ✆ 04976/70600, info@spiekerooger-leidenschaft.de, www.spiekerooger-leidenschaft.de.

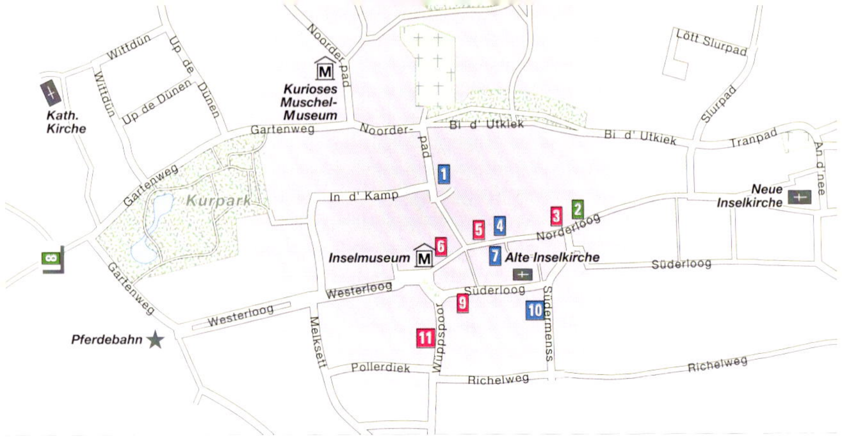

**** **Hotel Inselfriede (10)**, nettes Hotel in Nähe der Inselkirche, Schwimmbad/Sauna, sehr schönes Restaurant. Wie es sich gehört, ist dort alles im friesischen Blauweiß gehalten. Terrasse unter einer Kastanie, Irish Pub im Haus. Ordentliche DZ 140–170 €. Süderloog 12, ✆ 04976/91920, ✆ 04976/919266, info@inselfriede.de, www.inselfriede.de.

*** **Hotel zur Linde (4)**, klassisches Hotel mit großer Veranda, im Ortsmittelpunkt gelegen, kostenfreie Nutzung des Wellnessbereichs im nahen „Hotel Spiekeroog" möglich. 22 komfortable Zimmer, Gute Küche im hauseigenen Restaurant, Di Ruhetag. DZ 130–150 €. Noorderloog 5, ✆ 04976/91940, ✆ 04976/919430, hotelzurlinde@t-online.de, www.hotelzurlinde.eu.

Hotel zur alten Inselkirche (7), kleines Hotel im zweiten Stock an der Kirche, schöner Garten. Nettes Café „Klönstuv" und kleine Boutique im Haus. DZ 110 €. Norderloog 4, ✆ 04976/91050, ✆ 04976/910525, hotel_zur_alten_inselkirche@gmx.de, www.spiekeroog-onlline.de/hotel-zur-alten-inselkirche.

• *Zeltplatz* **Zeltplatz Spiekeroog**, im Dünengebiet ganz am Westende der Insel. 100 Stellplätze. Sanitärhaus und Kiosk vor Ort. Der herrliche Platz ist im Sommer fast immer ausgebucht. Sehr rechtzeitige Anmeldung bei der Kurverwaltung ist zwingend notwendig. Zudem gibt es auf Spiekeroog noch neun Herbergen gemeinnütziger Träger für Gruppen, Familien oder Senioren. Noorderpad 25, ✆ 04976/9193-224 u.-228, ✆ 04976/9193-213, www.spiekeroog.de.

• *Essen und Trinken* **Altes Inselhaus (9)**, nettes Café und Restaurant im ältesten Haus Spiekeroogs (um 1700). Das rustikal eingerichtete Haus ist ein so genanntes Treibhaus *(Drif-Huus)*, das mit einem Schwimmdach errichtet wurde. Für den Fall einer Sturmflut konnte das Dach als Rettungsfloß dienen. Das Essen ist schmackhaft und eher deftig. Hinter dem Haus steht ein knorriger Feigenbaum, der erstaunlicherweise in dem rauen Nordseeklima überleben konnte. Cafébetrieb 15–17 Uhr, Restaurantbetrieb 19–23 Uhr (abends besser reservieren). Süderloog 4, ✆ 04976/473.

Spiekerooger Teestube (6), im typisch grünweißen Inselhaus in der Ortsmitte. Nicht nur Teestube, sondern v. a. auch Fischrestaurant mit ostfriesischen Spezialitäten, Veranda und Terrasse unter den Bäumen. Noorderpad 1, ✆ 04976/204.

Capitänshaus (3), wie es sich gehört, mit edlen Segelschiffmodellen dekoriert. In maritimem Ambiente gibt es nicht gerade preiswerten, aber stets guten Fisch. Norderloog 11, ✆ 04976/ 900016.

Inselzauber (5), natürlich-elegantes Ambiente zwischen Buchladen und Boutique, v. a. selbst gemachte Pasta, Tapas und Salatvariationen im Angebot. Schöne Hofterrasse, tägl. ab 11 Uhr geöffnet. Norderloog 3, ✆ 04976/706510.

Janssand (11), Fischrestaurant, nettes Ambiente, gutes Essen. Di Ruhetag. Am südlichen Ortsrand Richtung Hafen gelegen, Wüppspoor 2, ✆ 04976/590.

Inselcafé (2), in einem historischen Haus liebevoll eingerichtet, kleine Terrasse unter Bäumen. Morgens gibt es Frühstück, nachmittags Tee mit leckerem Kuchen aus Spiekeroogs einziger Konditorei. Mittags auch Restaurant mit Gerichten aus der Region. Tägl. 8–18 Uhr. Norderloog 13, ✆ 04976/912010.

Übernachten

1 Spiekerooger Leidenschaft
4 Hotel zur Linde
7 Hotel zur alten Inselkirche
10 Hotel Inselfriede

Essen & Trinken

1 Spiekerooger Leidenschaft
3 Capitänshaus
4 Siwalu
5 Inselzauber
6 Spiekerooger Teestube
9 Altes Inselhaus
11 Janssand

Cafés

2 Inselcafé
8 Café Westend/ Old Laramie

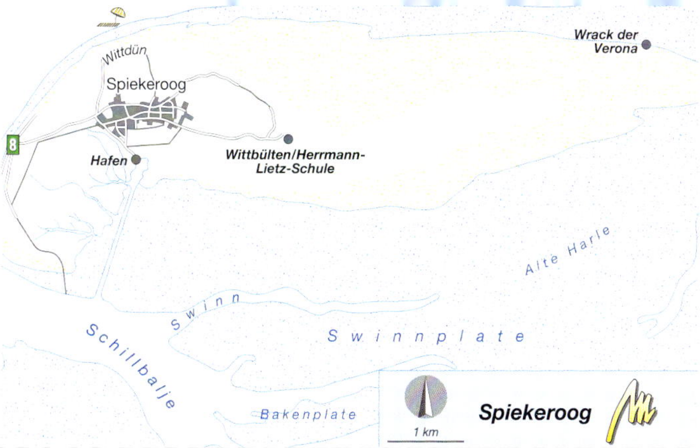

Café Westend/Musik-Gaststätte Old Laramie (8), das etwas verwegen aussehende Gebäude an der Endstation der Pferdebahn hat Geschichte. Es war ehemals die Warmbadeanstalt Spiekeroogs (1899) und bis 1945 das Flughafengebäude. Mittags kann man auf der etwas skurrilen Terrasse Kaffee und Apfel- oder Käsekuchen genießen. Gläser gibt es nicht: Limo oder Cola trinkt man einfach aus der Flasche. Abends wird die ganz unkomplizierte Kneipe zum einzigen Tanzschuppen der Insel. Tägl. 14–18 und ab 21 Uhr geöffnet.

Sehenswertes

Museumspferdebahn: Das ist wirklich etwas Besonderes: die letzte von Pferden gezogene Schienenbahn Deutschlands, heute nur mehr Museumsbahn und Touristenattraktion, von 1885 bis 1949 aber ganz reguläres Verkehrsmittel mit zwei Verbindungen: Eine führte zum Weststrand mit Damen- und Herrenbad (aus Gründen der öffentlichen Moral mit einigem Abstand zueinander), die zweite als Abzweigtrasse ins Watt, um Passagiere und Waren direkt zu den Schiffen fahren zu können – so sparte man sich das Umladen auf die Wattwagen. 1949 wurde die vertraute Pferdebahn auf eine Dieselbahn umgestellt, die noch bis 1981 Dienst tat. Ein schwäbischer Lehrer im Ruhestand erfuhr von der Einstellung, kaufte dem Stuttgarter Straßenbahnmuseum einen originalen Sommerpferdebahnwagen von 1886 ab und nahm auf Spiekeroog die Pferdebahn als Museumsbahn wieder in Betrieb. Seit vielen Jahren schon läuft ein Haflinger brav die 1200 m lange Strecke und bringt die Gäste vom neu gebauten kleinen Bahnhof zum Westend. Die 15 Minuten, die das Pferd dafür benötigt, stimmen die Gäste auf die ruhige Gangart auf Spiekeroog ein.

Die Bahn verkehrt in der Zeit zwischen den Oster- und Herbstferien tägl. außer Sa um 10, 10.45, 15 und 15.45 Uhr (Rückfahrt 30 Min später). Sonntagvormittag keine Fahrten). Erwachsene 2 € (hin und zurück 3 €), Kinder (2–10 J.) 1 € (2 €).

Inselmuseum: Wie es sich für ein Heimatmuseum gehört, ist das *Haus der Erinnerungen* in einem der ältesten und schönsten Krüppelwalmdachhäuser der Insel untergebracht. Innen erinnern maritime Gegenstände an die Spiekerooger Geschichte und ihre Entwicklung von der Fischer- zur Urlaubsinsel. Neben Schiffsmodellen und -fotos hängt hier auch die Glocke der *Johanne*, des 1854 vor Spiekeroog gestrandeten Auswandererschiffs. Zudem ist ein 2001 am Strand angeschwemmter und zu Ausstellungszwecken präparierter Zwergwal zu sehen. Auch ein hübsches Trauzimmer befindet sich im Haus.

Di–So 15.30–17.30 Uhr. Erwachsene 1,50 €, Kinder 0,50 €. Norderloog 1.

Klein, aber fein: Alte Inselkirche

Kurioses Muschelmuseum: Über 3000 Muscheln sind hier in bunten Gruppen zusammengestellt worden. Kurios nennt sich das Museum deshalb, weil die Muscheln an Stelle ihrer wissenschaftlichen (lateinischen) Bezeichnungen hier humor- und fantasievolle Namen tragen. Zu sehen gibt es außerdem mehrere Modellschiffe, die ursprünglich aus dem Inselmuseum stammen.

Mo–Fr 9–17 Uhr, Sa 9–12 Uhr. Eintritt 1 € (Münze nötig!). Auf der Galerie des Hauses des Gastes, Norderpaad 25, ✆ 04976/9193-225.

Alte Inselkirche: Sie ist die älteste und zugleich die kleinste Kirche der Ostfriesischen Inseln. Schon seit 1696 trotzt sie Sturm und Fluten. Die Ausstattung ist sogar teilweise noch älter, die mittelalterliche Pietà rechts an der Wand soll von einem 1588 vor Spiekeroog gestrandeten Schiff der spanischen Armada stammen. 1869 fand man unter dem Fußboden nicht nur ein Skelett, sondern auch einen spanischen Degen, eine spanische Seeflagge und einige Münzen von der Iberischen Halbinsel. Doch ruhte hier ein Offizier der Armada? Vielleicht. Vielleicht handelt sich aber auch um Relikte aus der Zeit der kurzen spanischen Belagerung der Insel im 16. Jh. Erwähnenswert sind auch die Apostelbilder in der Eingangshalle. Es handelt sich dabei um alte, aber nicht sehr gekonnte niederländische Malereien: Der Apostel Paulus (am Eingang links) z. B. muss das Wort Gottes mit zwei linken Händen verkünden.

Die Kanzel und ein für ostfriesische Kirchen typisches Kastengestühl für die Gemeinde stammen aus der Renaissance. Die Jugendstil-Glasfenster (um 1900) wurden vom Geld einiger begeisterter Stammgäste finanziert. Umgeben ist die Kirche von einigen schönen Grabsteinen aus dem 18. Jh.

Mo 16–17 Uhr (16.30 Uhr kostenlose Führu6ng), Di 10.30–11.30 Uhr, Mi 11–12 Uhr, Fr 17–18 Uhr.

Katholische Kirche St. Peter: Das zeltartige Bauwerk von 1970 steht auf einer Düne und ist wie ein Seezeichen schon von weitem zu sehen. Im Stil der Zeit sind die

Wände des Gotteshauses außen mit Metallplatten und innen mit Holz verkleidet.
Tägl. 9–19 Uhr geöffnet. Up de Höcht (ganz im Westen des Ortes).

Hermann-Lietz-Schule: Das 1928 gegründete Gymnasium mit heute etwa 90 Schülern der 7.–13. Klasse ist benannt nach dem berühmten Reformpädagogen *Hermann Lietz* (1868–1919). Neben den üblichen Schulfächern wird hier auch viel Wert auf den Erwerb handwerklicher Fertigkeiten und eine familiäre Atmosphäre gelegt. 4–8 Schüler leben jeweils mit einem Lehrer in Wohngruppen zusammen. Bekannt ist die Schule auch als High-Seas-High-School mit dem so genannten *Segelnden Klassenzimmer*. Oberstufenschüler erhalten hier ihren Unterricht auf mehrmonatigen Törns rund um die Welt. Einige große Namen aus Kultur und Wissenschaft haben hier ihre Schulzeit verbracht, darunter der Physiker und Raketenentwickler Wernher von Braun. Das Internat liegt gut 2 km östlich des Dorfes am Rande der Ostplate.

Wittbülten – Umweltzentrum, Aquarium, Café: Erst im Jahr 2006 wurde an der Hermann-Lietz-Schule ein Umweltzentrum eröffnet, das einen Besuch lohnt. Im Mittelpunkt stehen die Themen Wattenmeer, Gezeiten, Inselflora und -fauna sowie Inselentstehung. Sehr anschaulich werden mit Hilfe eines großen Wattenmeermodells die Gezeiten simuliert. Neben einigen Aquarien ist der optische Blickfang das an der Decke hängende 15 m lange Skelett eines 2003 vor Baltrum gestrandeten Pottwals. Wittbülten heißt übrigens so viel wie Primärdüne, bezeichnet also den ersten Schritt der Dünenbildung.

Mitte März bis Mitte Okt. tägl. außer Mo 11–17 Uhr, im Winter Di u. Sa 11–17 Uhr. Erwachsene 4 €, Kinder 2,50 €, Familienkarte 12 €. Im Selbstbedienungscafé vor Ort gibt es vorwiegend Produkte aus ökologischem Anbau. Hellerpad 2, ✆ 04976/910050, www.wittbuelten.de.

Wrack der Verona: Am Nordoststrand, etwa 7 km vom Badestrand entfernt, tauchen bei Ebbe gelegentlich Reste des britischen Dampfers *Verona* auf. Nach seiner Strandung im Dezember 1883 konnten sich alle 21 Besatzungsmitglieder retten. Nur Bug und Heck sind mitunter sichtbar und heute ein bevorzugtes Ziel langer Strandwanderungen.

Langeoog

2100 Einwohner

Die „Lange Insel" bietet eine abwechslungsreiche Dünenlandschaft und den für die Ostfriesischen Inseln obligatorischen weiten Traumstrand, der sich hier über 14 km Länge vom Flinthörn im Südwesten bis zum Osterhook zieht. Weil Langeoog gezeitenunabhängig mit der Fähre von Bensersiel aus zu erreichen ist, eignet sich die Insel bestens für Tagesausflügler.

Angekommen auf der autofreien „Insel fürs Leben", wie der Tourismusverband Langeoog nennt, steigt man am Schiffsanleger in die Inselbahn mit ihren bunten Nostalgiewagen, die in nur wenigen Minuten bis ins Ortszentrum fährt. Direkt vor dem großen Bahnhof befindet sich ein Fahrradverleih. Die meisten Besucher schlendern zunächst aber zu Fuß über die Haupt- und Barkhausenstraße, durchstöbern Läden und Boutiquen oder essen eine Kleinigkeit. Mangels Autoverkehrs herrscht trotz der vielen Fußgänger und Radfahrer eine entspannte Ruhe in den breiten, von Bäumen gesäumten Straßen. Irgendwann landen alle Besucher am endlosen Strand, der Hauptattraktion Langeoogs. Viele Tagesbesucher kommen überhaupt nur her, um auf der Insel einen wunderschönen Strandtag zu erleben. Bei Ebbe ist dem von zahlreichen bunten Strandkörben gesäumten Meeresufer eine breite Sandbank vorgelagert, was das Baden für Kinder vergleichsweise ungefährlich macht.

Alles im Blick: Rettungswache am Westbad Langeoog

Wahrzeichen Langeoogs ist der die ganze Insel überragende Wasserturm. Von dort bietet sich ein Spaziergang über die Höhenpromenade an, die sich durch den breiten Dünengürtel schlängelt, der das Dorf vom Badestrand trennt. Die Promenade, eigentlich mehr ein Dünenweg, führt in nordwestlicher Richtung zunächst am modernen Kurzentrum (mit Schifffahrtsmuseum, Schwimmbad und Kinderspielhäusern) vorbei und macht dann am nördlichen Strandabschnitt einen weiten Bogen über den sehenswerten Dünenfriedhof zurück zum Dorf.

Wer vom Friedhof nicht direkt zurück ins Inseldorf möchte, für den bietet sich die reizvolle Wanderung durch das 2 km lange Pirolatal an. Es ist nach einer Pflanze benannt, die im Volksmund Dünen-Maiglöckchen heißt. Über einen gepflasterten

Blick von der Seenotbeobachtungsstation Langeoog

Pfad, der Fortsetzung der Höhenpromenade, geht es durch das breite Dünental Richtung Osten. Der Aussicht wegen bietet sich hier ein kurzer Umweg zur Seenotbeobachtungsstation an: Zunächst geht es 300 m in das Pirolatal hinein, dann rechts hoch 150 m zur Station. Auf der anderen Seite der Düne führt der Norderpad zurück zum Dorf. Wer aber noch Bewegungsdrang verspürt, der wandert weiter durch das idyllische Pirolatal. Am Ende des Tals muss man sich entscheiden: Entweder läuft man über den weiten Nordstrand oder über die Straße zurück zum Dorf. Eine dritte Möglichkeit ist der Weg am Watt vorbei über den südöstlichen Schutzdeich bis zum Hafen. Hier kann man dann in der gemütlichen Teestube in Ruhe auf die Fähre warten.

Will man die Insel noch weiter erkunden, dann lohnt ein Ausflug zur Inselmitte. Denn etwa 4,5 km hinter dem Dorf liegt die Melkhörndüne. Mit satten 21,3 m über NN ist sie die zweithöchste natürliche Erhebung Ostfrieslands. Natürlich befindet sich auf dem für hiesige Verhältnisse gewaltigen Berg ein schöner Aussichtspunkt, der einen Rundblick über die Insel erlaubt. Links und rechts der Melkhörndüne liegen das Große und das fast vollständig verlandete Kleine Schlopp. Diese beiden Brackwasserseen in der flachen Wiesenlandschaft sind heute noch sichtbare Zeichen der großen Sturmflut von 1717, durch die Langeoog beinahe in zwei Inseln geteilt wurde.

Auch der Südwesten der Insel hat seinen Reiz, v. a. für Strandwanderer, die am Wasser entlang und ab dem Schutzgebiet über die Dünen zur südwestlichen Inselspitze, dem Flinthörn, gelangen. Dort gibt es einen kleinen Naturlehrpfad, der mit Schautafeln über die hiesige Vogel- und Pflanzenwelt informiert. Vor allem abends kann man hier einen wunderschönen Sonnenuntergang über der Nachbarinsel Baltrum erleben. Die nahe Insel Baltrum vor Augen, darf man sich im Inselwesten jedoch bei Niedrigwasser niemals zu weit auf die dem Strand vorgelagerten Sandbänke wagen. Denn die Priele darin werden bei auflaufendem Wasser besonders

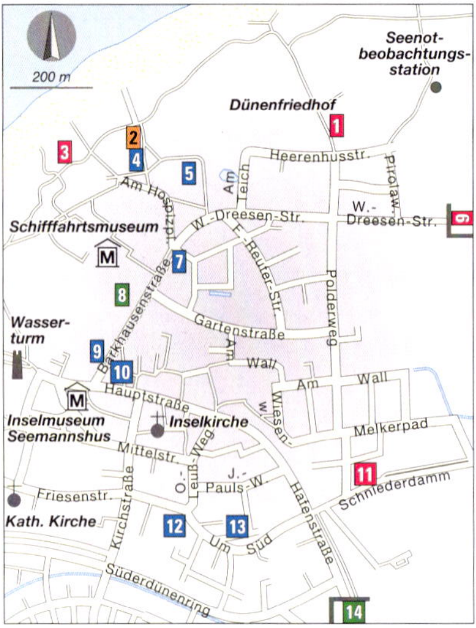

schnell zur lebensgefährlichen Falle. Die Strömung zwischen den Inseln ist außerordentlich stark!

Für eine Ostfriesische Insel ungewöhnlich ist das sich südlich des Dorfes erstreckende kleine Wäldchen, das auf markierten Wegen durchquert werden kann. Das Wäldchen wurde an jener Stelle angepflanzt, an der sich bis nach dem Zweiten Weltkrieg ein Militärflughafen befand. Der heutige Flughafen liegt etwas weiter östlich des Dorfes und erlaubt einen Besuch der L-förmigen Insel in nur wenigen Minuten.

Doch nicht nur Wanderer kommen auf Langeoog auf ihre Kosten. Die 11 km lange und 20 km² große Insel bietet Radlern ein Wegenetz von 25 km.

Geschichte

Langeoog wird um 1400 erstmals erwähnt, nachweislich besiedelt wurde die Insel aber erst nach dem Ende des Dreißigjährigen Krieges (um 1650). In dieser Zeit erkannte man die Bedeutung der Ostfriesischen Inseln als Wellenbrecher für die nahe Küste und sicherte die sich verlagernden Wanderdünen durch Anpflanzungen. Bedeutende Einnahmen durch die Fischerei waren für die Insulaner nicht zu erzielen, weil es wegen des flachen Wassers keinen Hafen und damit auch keinen Platz für größere Fischerboote gab. Den Lebensunterhalt verdiente man sich u. a. durch das Einsammeln angetriebenen Strandguts, für das Bergelohn gezahlt wurde.

Die Weihnachtsflut von 1717 zerbrach die Randdünen und zerriss die Insel in zwei Teile. Sie zerstörte auch das damals noch in der Inselmitte gelegene Dorf und entvölkerte Langeoog für einige Zeit. Erst 1732 siedelten sich wieder ein paar Familien an und wagten sich an einen Neuaufbau. Sie lebten von der Kaninchenjagd, der Vogeleiersuche und dem mühsamen Abtragen von Muschelschalen (Schill). Diese konnte man aufs Festland zum Kalkbrennen verkaufen, vorausgesetzt, man hatte vorher die fälligen Steuern bezahlt.

Um 1850 kamen die ersten Badegäste nach Langeoog. Als 1885 das Kloster Loccum vor Ort ein evangelisches Hospiz eröffnete, das alle vorhandenen Badeeinrichtungen übernahm, ging die Entwicklung zum Nordseebad rasant vonstatten. 1892

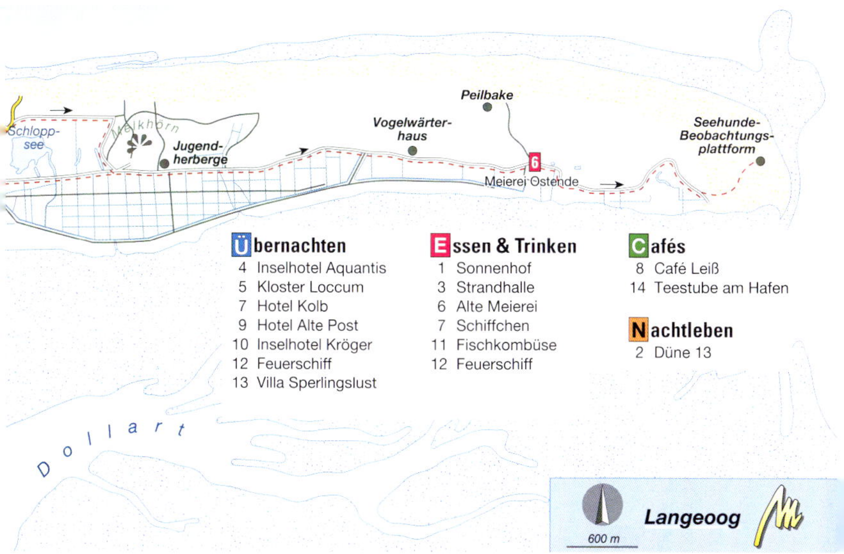

erfolgte der Bau einer Landungsbrücke für größere Fährschiffe. Ab 1902 beförderte eine Pferdebahn als Vorläufer der heutigen Inselbahn die Gäste vom Anleger ins Dorf (bis 1937). Mit dem Bau des Wasserturms 1909 war auch die Trinkwasserversorgung gesichert. 1932 wurde das Inseldorf eingedeicht. Die Nationalsozialisten bauten dann einen großen Hafen sowie einen Militärflugplatz und machten die Insel zum Garnisonsstandort. Die Militäreinrichtungen wurden von den Alliierten zum größten Teil zerstört. Kurz nach dem Krieg wurde Langeoog als Nordseeheilbad anerkannt.

Auf einen Blick

• *Information/Zimmervermittlung* **Kurverwaltung Langeoog**, Hauptstr. 28, 26465 Langeoog, ✆ 04972/6930, www.langeoog.de, Zimmernachweis ✆ 04972/693201. Kurbeitrag: 3,30 € (Kinder 6–15 J. 1,90 €). Vor- und Nachsaison 2,60 € (Kinder 1,50 €). Übrige Zeit 2 € (Kinder 1,20 €). Mit Kurkarte tägl. freier Eintritt für 1,5 Std. im Erlebnisbad.

• *Fähre und Parkplätze* 7-mal tägl. eine tidenunabhängige Verbindung ab Bensersiel mit den Schiffen der Inselgemeinde. Fahrtzeit 30 Min. plus 5 Min. Inselbahn. Rückfahrkarte 23 € (Kinder 13,50 €), Tagesrückfahrkarte für Ausflügler 19,50 € (inkl. Kurkarte), Kinder (6–15 J.) 11,70 €, Fahrräder 15 €. ✆ 04972/693260 (Langeoog), ✆ 04971/92890 (Bensersiel).

Fahrpläne unter www.schifffahrt-langeoog.de.

Mit der Bezahlung des Fährtarifs erhält man die **LangeoogCard**, eine elektronische Chipkarte, die als Servicekarte gleichzeitig Fährkarte, Kurkarte und Eintrittskarte für Veranstaltungen ist. Bei der Abreise wird die Karte beim Durchgang durch die Drehsperre wieder eingezogen.

Die Inselbahn ist im Fährpreis enthalten, aufgegebenes Gepäck wird automatisch von der Inselbahn bis Langeoog Ort transportiert. Tagesparkplätze am Hafen (3,75 €), Inselurlauber parken in Bensersiel bei: **Autogaragen Arians** (✆ 04971/887), **Graefs Garagen** (✆ 04971/833), **Inselparkplätze GmbH** (✆ 04971/3100). Von Esens und Leer (Linie 2913) sowie von Norden (Linie 312) aus gibt es zudem eine Busverbindung zum Hafen von Bensersiel.

Die Inselschifffahrt bietet auch Ausflugsfahrten zu den Nachbarinseln oder zu den Seehundbänken an.

• *Flug* Vom Flughafen Harlesiel aus. Tagesflug hin und zurück: Erw. 105 €, Kinder 55 €. Infos und Flugplan unter ✆ 04931/94810, www.inselflieger.de.

• *Fahrradverleih* Zahlreiche Verleiher vor

Ort z. B. **Inselcenter**, Barkhausenstr. 1, ✆ 04972/274; **Insel-Radgeber**, Barkhausenstr. 8, ✆ 04972/990311; **Fahrradverleih am Bahnhof**, K. Lütjemeier, ✆ 04972/6474; **Fahrrad Freese**, Gerk-sin-Spoor, ✆ 0171/7251153; **Fahrrad Dirks**, Lütje Pad 3, ✆ 04972/847; **Verleih am Weststrand**, Weststrand 1, ✆ 04972/912966; **Bike Corner**, Um Süd 6, ✆ 04972/90960.

• *Kinderspielhaus* Ganzjährig haben die **Spöölstuv** und das **Spöölhus** kostenfrei geöffnet. Am Kurzentrum (in Strandnähe).

• *Kino* **Windlicht**, Bistro und Restaurant angeschlossen, Hospitzplatz 7. Das aktuelle Kinoprogramm gibt es unter www.windlicht-langeoog.de.

• *Schwimmbad/Sauna* **Meerwasser-Erlebnisbad**, Wellenbad mit 42 m langer Rutsche, schöne Dünensaunalandschaft. Tägl. 10–18 Uhr (Sauna bis 20.30 Uhr, Sa/So bis 18 Uhr). Eintritt bis 1,5 Std. im Kurbeitrag enthalten (3 Std. zzgl. 2 €); Sauna 15 €. Im Kurzentrum, ✆ 04972/693241.

• *Strandkorbvermietung* Direkt vor den Strandabschnitten. 8 €/Tag, ✆ 04972/693241.

• *Veranstaltungen* Am letzten Juliwochenende ist großes **Dörpfest** mit Livemusik, dann steht ganz Langeoog Kopf.

Übernachten/Essen und Trinken (siehe Karte S. 144/145)

• *Übernachten* **** **Hotel Kolb (7)**, ruhiges und sehr gepflegtes, elegantes Haus, edler Wellnessbereich. Geschmackvolle Zimmer. In dunklem Holz getäfeltes Restaurant „Schiffchen". DZ 136–206 €. Barkhausenstr. 30, ✆ 04972/ 91040, 📠 04972/910490, info@hotel-kolb.de, www.hotel-kolb.de.

*** **Inselhotel Kröger (10)**, gepflegtes, zentral gelegenes und sehr gemütliches Haus, Zimmer im englischen Stil gehalten, großes Frühstücksbuffet. Im gediegenen Restaurant Friesenstube gibt es v. a. guten Fisch. DZ 130–150 €. Barkhausenstr. 2, ✆ 04972/ 96970, 📠 04972/969788, info@inselhotel-kroeger.de, www.inselhotel-kroeger.de.

Hotel Aquantis am Strand (4), optimale Lage am Fuße der Dünen in unmittelbarer Strandnähe, großer, moderner Gebäudekomplex mit allem Komfort. Sauna, Schwimmbad, auch Apartmenthaus und Restaurant. 36 Hotelzimmer, überwiegend mit Balkon und Meerblick. DZ 138 €. Warmbadeweg 2, ✆ 04972/6990, 📠 04972/699800, info@aquantis.dewww.aquantis.de.

*** **Upstalsboom Hotel Feuerschiff (12)**, gepflegtes Appartementhaus und Hotel, zu dem mehrere Häuser gehören (z. B. Traumschiff, Fährschiff, Flaggschiff, Galerie-Hotel, je nach Haus sehr unterschiedlich ausgestattete Zimmer). Eine Wasserfontäne am Eingang begrüßt den Gast, im modernen Restaurant gibt es neben deftigen Hauptgerichten auch leichte Speisen und Salate. DZ 120–160 €. Friesenstr. 1–5, ✆ 04972/6970, 📠 04972/69797, feuerschiff@upstalsboom.de, www.upstalsboom.de/hotelfeuerschiff.

Hotel Alte Post (9), mitten im Ort, 5 Min. vom Strand entfernt. Kinderfreundliches Restaurant mit türk. Spezialitäten im (Nachbar-)Haus, gutes Frühstücksbuffet. DZ 90–124 €. Barkhausenstr. 1, ✆ 04972/274, 📠 04972/ 1604, info@langeoog-vermietung.de, www.langeoog-vermietung.de.

Villa Sperlingslust (13), Nichtraucher-Frühstückspension, freundlich und sauber, zehn gut ausgestattete Zimmer und gutes Frühstück. DZ 70–100 €. Um Süd 5a, ✆ 04972/544 u. 04972/236, 📠 04972/1843, lange-langeoog@t-online.de, www.villa-sperlingslust.de.

Haus Kloster Loccum (5), im großen Gebäudekomplex des historischen Inselhospizes von 1885 nimmt die gemeinnützige Familienferienstätte bevorzugt kinderreiche und einkommensschwächere Familien auf. Modernisierte Zimmer in Strandnähe. Wohnungen für 2–8 Pers. 50–109 €/Tag. Am Hospizplatz 8-14, ✆ 04972/805, 📠 04972/443, urlaub@loccumerhaus.de, www.inselhospiz.de.

• *Essen und Trinken* **Strandhalle (3)**, traditionsreiches Promenadenlokal, hier lassen sich besonders schön die Sonnenuntergänge von der windgeschützten Terrasse aus beobachten. Innen neu und elegant. Vom Angebot her eher ein Steakhaus, aber es gibt z. B. auch Pasta und sogar Frühstück bis 15 Uhr. Höhenpromenade 5, ✆ 04972/ 990776.

Sonnenhof (1), im einstigen Wohnhaus von Lale Andersen erinnern einige Exponate und Fotos an die durch *Lili Marleen* berühmt gewordene Sängerin. Im Vorderhaus des reetgedeckten Anwesens befinden sich heute eine Teestube und ein Restaurant. Tägl. 11–23 Uhr. Gerk-sin-Spoor 6 (neben dem Dünenfriedhof), ✆ 04972/713.

Fischkombüse (11), SB-Fischrestaurant in einem alten Inselhaus etwas abseits des badetouristischen Trubels. Tische v. a. draußen. Auch Fischgeschäft, frischer Fisch deshalb immer garantiert (auch Räucherfisch und Krabbenbrötchen). Mo–Sa 9–18 Uhr, An den Bauhöfen 2, ✆ 04972/912960.

Alte Meierei (6), beliebtes Ausflugsziel ganz im Osten der Insel. Als Spezialität gilt die im Hause selbst hergestellte Dickmilch, sie wird mit Zucker und Schwarzbrot serviert. Kleine Terrasse. 10.30–17.30 Uhr, Di Ruhetag.

Café Leiß (8), so muss ein Café aussehen: Zwei Akazien flankieren den Eingang, innen gediegene Kaffeehausatmosphäre, schöne Terrasse vor dem Haus auf der belebten Barkhausenstraße (Nr. 13). Tägl. 8.30–23 Uhr, abends auch Bistro. ✆ 04972/6514.

Teestube am Hafen (14), gemütliche ostfriesische Teestube. Kleine Terrasse vor dem reetgedeckten Haus mit Blick auf den Hafen. Teelädchen im Haus, hier gibt es auch Sanddornspezialitäten. Tägl. ab 11 Uhr geöffnet, Do Ruhetag. ✆ 04972/6156.

Düne 13 (2), Kneipe, die abends zur netten Bier-, Cocktail- und Tanzbar wird. Die Abendsonne kann man draußen auf einfachen Bänken genießen. Auch später am Abend ist hier fast immer was los. Einsam in den Dünen unter dem Panorama-Restaurant Seekrug gelegen. Höhenpromenade 1, ✆ 04972/1531.

Sehenswertes

Wasserturm/Altes Wasserwerk: Der 1909 auf der 18 m hohen Kaapdüne erbaute Wasserturm ist Wahrzeichen und Blickfang der Insel. Er kann bestiegen werden und bietet von der Aussichtsplattform in 32 m Höhe eine schöne Aussicht. Noch heute dient er der Schifffahrt als Seezeichen, als Wasserspeicher wird der Turm aber nicht mehr genutzt. Wer sich für das Thema Trinkwasserversorgung auf der Insel interessiert, kann sich im Eingangsbereich des Turmes informieren. Einen tieferen Einblick in die Problematik bekommt der Besucher im 200 m südlich in den Dünen gelegenen Infohaus *Altes Wasserwerk*. Dort erfährt man u. a., dass die Versorgung mit Trinkwasser ausschließlich über eine große Süßwasserlinse im Bereich des Pirolatals gewährleistet wird.

Turmbesteigung nur Mo–Fr 10–12 Uhr; Eintritt mit LangeoogCard frei, sonst 1 € (Kinder 6–15 J. 0,50 €). Altes Wasserwerk tägl. 9–16 Uhr geöffnet. Eintritt frei.

Schifffahrtsmuseum mit Nordsee-Aquarium: Viele schöne Schiffsmodelle, nautische Geräte, aber auch historische Protokolle von Rettungseinsätzen der Deutschen Gesellschaft zur Rettung Schiffbrüchiger (DGzRS) sind im Langeooger Schifffahrtsmuseum ausgestellt. Es erstreckt sich im *Haus der Insel* auf zwei Etagen. Bemerkenswert ist v. a. das so genannte Knochenschiff *Le Mystère*, wirklich ein kleines Meisterwerk. Es wurde um 1800 von französischen Seeleuten in britischer Kriegsgefangenschaft aus kunstvoll bearbeiteten Rinder- und Hühnerknochen erbaut, für die Takelage opferten die Matrosen ihr eigenes Haupthaar. Im angegliederten kleinen Nordsee-Aquarium kann man typische Nordseebewohner von Nahem betrachten, vom Einsiedlerkrebs über Schollen und Seezungen bis zum Katzenhai.

Vor dem *Haus der Insel* ist das Rettungsboot *Langeoog* aufgebaut, das von 1945 bis 1980 vor der Insel im Einsatz war und in dieser Zeit 800 Menschen vor dem Ertrinken rettete.

Mo–Sa 10–12 Uhr, Mo–Do auch 15–17 Uhr. Erwachsene 2 €, Kinder 1 €. Das Rettungsboot ist nur Di u. Do jeweils nachmittags und samstagvormittags zu besichtigen. Eintritt frei. Im Kurzentrum werden zudem regelmäßig Sonderausstellungen verschiedener Künstler gezeigt. Tägl. 10–18 Uhr, der Eintritt variiert (ca. 4 €). Haus der Insel (Kurzentrum), ✆ 04972/693211.

Heimatmuseum Seemannshus: In einem der letzten Insulanerhäuser (von 1844) ist die heimatkundliche Sammlung Langeoogs zu bewundern. Die mit historischen Gegenständen eingerichtete Friesenstube und die angrenzenden kleinen Räume des Hauses vermitteln einen Eindruck vom früheren Leben auf der Insel. Dokumentiert wird dies auch mit Fotografien aus alter Zeit. Zu sehen gibt es zudem die

Sonderausstellung *Lale Andersen* (siehe auch *Lili Marleen auf Langeoog*, S. 150). Einer der Räume dient auch als Trauzimmer. Im Hinterhof des Hauses ist neben dem alten Obstbaum noch der historische Brunnen erhalten. Gepflastert ist der Hof mit Ziegelsteinen, auf denen sich zum Andenken viele hier getraute Hochzeitspaare mit ihren Initialen verewigt haben.

Nur Mi u. Fr 15–18 Uhr und So 10–12 Uhr. Erwachsene 1 €, Kinder 0,50 €. Caspar-Döring-Pad/Ecke Mittelstr.

„Lili Marleen" am Wasserturm und unter der Laterne

Dünenfriedhof: In Norden des Inseldorfs (erreichbar auch über die Höhenpromenade vom Kurzentrum aus) befindet sich dieser gepflegte Gottesacker. Auf mit Muscheln bedeckten Wegen inmitten der Dünenlandschaft pilgern viele zum schlichten Grab von Lale Andersen. Doch der Friedhof erinnert auch an andere Seiten der Inselgeschichte, die Baltengedenkstätte etwa an die Zwangsaussiedlung der Baltendeutschen nach Langeoog durch die Russen in den 1940er Jahren. Andererseits liegen hier – auf dem Russenfriedhof – auch russische Zwangsarbeiter begraben, die beim Bau des Militärflughafens 1941 ihr Leben ließen.

Seenotbeobachtungsstation: Schon von der ankommenden Fähre aus kann man den orangefarbenen kleinen Kastenbau erkennen, der nicht weit entfernt vom Dünenfriedhof steht. Der Sockel der alten Beobachtungsstation der DGzRS stammt noch aus Kriegszeiten. Die Station kann besichtigt werden. Von ihrem Dach aus hat man einen tollen Ausblick über Langeoog hin zur Hauptschifffahrtslinie vor den Inseln.

Die Aussichtsplattform ist tägl. 10–18 Uhr kostenlos geöffnet. Der Funkraum darunter ist So 14–16 Uhr zu besichtigen.

Inselkirche Langeoog: Mit dem Aufkommen des Badetourismus bekam Langeoog Ende des 19. Jh. eine repräsentative neugotische evangelische Kirche mit hohem Turm (tagsüber geöffnet, mitten im Ort). Die Innenausstattung wird durch einige Werke moderner Kunst bereichert. Provokantester Kontrast ist das surrealistisch anmutende Altarbild des Nordener Künstlers Hermann Buß (von 1990). Das etwas trostlos wirkende, aber durchaus sehenswerte graugrüne Kunstwerk zeigt kein Bibelmotiv, sondern unter hohem Himmel ein gestrandetes Fährschiff, um das völlig teilnahmslos einige Reisende stehen. Bemerkenswert sind auch der wie eine Weltkugel geformte Friedensleuchter unter der Empore und das aus zwei Treibhölzern bestehende Kruzifix über der Kanzel.

Katholische Kirche: Anfang der 1960er Jahre im Inselwesten errichtet. Der markante, bügelartige Turm soll die Meeresflut symbolisieren, wird aber aufgrund seiner Rundung von den Einheimischen auch schlicht „Möwenrutsche" genannt.

Tagsüber geöffnet. Kirchpfad, im Inselwesten bei den Kurheimen.

Wanderung/Fahrradtour: Über Melkhorndüne und Vogelkolonie zur Seehund-Beobachtungsplattform

Länge: 23 km; Dauer zu Fuß 6-7 Std., mit dem Fahrrad 2:30 Std. Einmal quer über die schöne Insel bis zur Ostspitze und wieder zurück.

Von der Dorfmitte aus geht es zunächst geradeaus über die breite Barkhausenstraße und die Willrath-Dreesen-Straße. Am Ortsende links ab am Lale-Andersen-Haus (Sonnenhof) vorbei und bald rechts hinein ins schöne Pirolatal. Nach 2,5 km orientiert man sich am Ende des Tals halblinks (beim Stranddurchgang). Nun durch ein weiteres Dünental, zunächst geradeaus, dann um die Melkhörndüne herum bis zur Jugendherberge, die nach etwa 3,5 km erreicht ist. Zwischendurch kann man allerdings zu Fuß die fast 22 m hohe Melkhörndüne erklimmen.

Weiter auf dem eingeschlagenen Weg erreicht man nach etwa zwei Dritteln der Strecke die Vogelkolonie mit ihrem grünen Vogelwärterhäuschen. Sie darf jedoch nur im Rahmen von gelegentlich angebotenen Führungen betreten werden (Information und kleine Ausstellung werktags ab 10.30 Uhr am Vogelwärterhäuschen), denn die brütenden Vögel – v. a. Silbermöwen – sollen nicht gestört werden. Aber ein Blick von der kleinen Aussichtsplattform ist natürlich erlaubt. Nach insgesamt 8 km ist das Ausflugslokal *Alte Meierei* erreicht (Di Ruhetag). Der nach wie vor befestigte Weg wird jetzt etwas kurvenreicher und die Natur noch etwas schöner. Er führt zum 2 km entfernten Osterhook, endet aber kurz vor dem Ziel an einem Schutzhüttchen. Die letzten gut 500 m über die Dünen und an der Dünenabbruchkante entlang zum Beobachtungsstand sind nur zu Fuß zu überwinden. Man sieht hier nicht nur die nahe Insel Spiekeroog, sondern wird auch mit Schautafeln über Langeoogs Tier- und Pflanzenwelt informiert. Mit etwas Glück kann man hier auch Seehunde beobachten.

Mit dem Fahrrad geht es am schnellsten auf demselben Weg zurück zur Jugendherberge und dann immer geradeaus bis in den Ort. Wanderer können den Dünengürtel auf dem gekennzeichneten Strandweg queren und dann an der Wasserlinie entlang zurück ins Dorf laufen: Sie erwartet dann nichts weiter als 11 km traumhaft weiter, weißer Strand.

„Lili Marleen" auf Langeoog

Von den vielen Liedern, die Lale Andersen im Laufe ihrer Karriere gesungen hat, ist *Lili Marleen* ein bis heute unvergessener Welthit. Die als Lise-Lotte Helene Berta Bunnenberg 1905 in Bremerhaven geborene Künstlerin heiratete bereits mit 19 Jahren und bekam drei Kinder. Ihre Ehe scheiterte, die junge Mutter nahm Gesangs- und Schauspielunterricht und zog der Karriere wegen 1931 in die Weltstadt Berlin, wo sie sich den Künstlernamen Lale Andersen zulegte. 1939 schaffte sie nach mühsamen Jahren schlecht bezahlter Auftritte den Durchbruch, und zwar mit einem Engagement beim seinerzeit berühmten Berliner *Kabarett der Komiker*. Schon ab 1937 gehörte *Lili Marleen* gelegentlich zu ihrem Repertoire.

Mit Ausbruch des Krieges 1939 nahm sie das Lied auf Schallplatte auf (Musik von Norbert Schultze und Text von Hans Leip). 1941 geriet der Soldatensender für das Deutsche Afrikakorps – Radio Belgrad – zufällig an eine Aufnahme des Schlagers und spielte fortan täglich zum Sendeschluss um 22 Uhr: „Vor der Kaserne, vor dem großen Tor...". Über Nacht wurde das melancholische und so gar nicht heroische Lied mit der eingängigen Melodie zum Lieblingslied der deutschen Soldaten. Doch nicht nur die deutschen Landser fernab der Heimat träumten von *Lili Marleen*, auch der Feind hörte mit, und bald rührte Andersens rauchige Stimme allabendlich auch die britischen Soldaten im Mittleren Osten. Anfang 1944 entstand dann eine englische Fassung mit dem Titel *Underneath the lantern*, die mit Marlene Dietrich aufgenommen und von nun an auch im britischen Rundfunk und sogar in den USA gespielt wurde. Später wurde das erfolgreichste Kriegslied aller Zeiten in insgesamt 48 Sprachen übersetzt.

Propagandaminister Goebbels nannte *Lili Marleen* ein „wehrkraftzersetzendes Lied". Aber auch er konnte seine Macht nicht brechen, wohl aber die Künstlerin im September 1942 mit einem Auftritts- und Ausreiseverbot belegen, offiziell wegen eines „undeutschen" Briefwechsels mit einem jüdischen Emigranten in der Schweiz. Aus Angst vor der Verhaftung nahm die Andersen eine Überdosis Schlaftabletten und lag einige Zeit im Koma. Vielleicht rettete die Reichspropaganda der Künstlerin das Leben. Denn nach ein paar Monaten fiel den Briten auf, dass Lale Andersen plötzlich von der Bildfläche verschwunden war, und bald meldete die BBC, dass die Sängerin des inzwischen berühmtesten Liedes des Zweiten Weltkrieges verhaftet und ins KZ gesteckt worden sei. Goebbels ließ sofort dementieren, bezichtigte die Briten der Lüge und ließ Lale Andersen nach ihrer Genesung wieder auftreten, allerdings ohne *Lili Marleen* im Repertoire. Von nun an musste sich die Künstlerin zweimal pro Woche bei der Gestapo melden.

1944 floh Lale Andersen nach Langeoog und versteckte sich dort. Auch nach dem Krieg tourte sie mit Chansons und Seemannsliedern durch die junge Republik und später auch durch das Ausland, blieb aber immer auf Langeoog wohnen. Sie starb unerwartet mit 67 Jahren in Wien und wurde 1972 auf dem Dünenfriedhof Langeoogs beigesetzt, gleich neben ihrem Haus *Sonnenhof*.

Zu ihrem 100. Geburtstag im März 2005 wurde am Fuße des Wasserturms ein Bronzedenkmal der Sängerin enthüllt. Es zeigt sie – wie kann es anders sein – an eine Laterne gelehnt.

Konsequent autofrei: Müllabfuhr per Pferdewagen

Baltrum

570 Einwohner

Die kleinste Ostfriesische Insel nennt sich selbst „Dornröschen der Nordsee", und tatsächlich geht es hier märchenhaft ruhig zu – vor allem im Winterhalbjahr. Aber selbst zur Hochsaison verteilen sich die Urlaubsgäste und die zahlreichen Tagestouristen auf der nur 5 km langen auto- und sogar elektrokarrenfreien Insel überraschend schnell, sodass sich auch dann der Trubel in Grenzen hält. Selbst Fahrradfahren ist weitgehend tabu und Animation ein Fremdwort: Ausspannen ist angesagt.

Baltrum ist die festlandnächste Ostfriesische Insel und wegen ihrer geringen Ausmaße bequem zu Fuß zu entdecken. Daher kommen v. a. an warmen Sommertagen die Tagesausflügler in Scharen. Bei Ebbe kann man sogar bequem zur Insel hinüberlaufen, die zweistündige Wanderung sollte man jedoch nur mit einem erfahrenen Wattführer wagen. Die Fähre von Neßmersiel benötigt auch nur gut 30 Minuten zum Inselhafen. Baltrum wird dabei wegen der Untiefen im Zickzackkurs angesteuert. Deshalb kommt man zunächst unmittelbar an der Ostspitze von Norderney vorbei, an dessen vorgelagerter Sandbank fast immer einige Seehunde liegen, die sich von der Fähre kaum stören lassen.

Hat die Fähre an der Hafenmole festgemacht, gelangt man schnell zu Fuß in das Westdorf mit der üblichen Infrastruktur eines gepflegten Nordseebades. Sofort fallen die Kofferkarren auf, hier *Wippen* genannt, die vom Vermieter am Hafen deponiert werden. Andere Verkehrsmittel gibt es nämlich kaum, und so laden die ankommenden Urlauber ihre Koffer auf einen Handwagen und ziehen ihr Gepäck selbst ins Feriendomizil. Hier und dort sieht man ein Pferdefuhrwerk, das diese Aufgabe übernimmt. Überhaupt kommt den Pferdefuhrwerken auf der Insel eine zentrale Bedeutung zu. Der ganze Warentransport wird damit erledigt, und selbst vor die Müllabfuhrwagen sind Pferde gespannt. Auch Gäste auf Fahrrädern sind unerwünscht, nur die Einheimischen huschen hier und dort einmal mit dem Drahtesel vorüber. Ganz Baltrum ist quasi eine riesige Fußgängerzone.

Wer nicht direkt ins Dorf läuft, sondern den kleinen Umweg am westlichen Ufer entlang wählt, der kann gut erkennen, wie sich das Dorf rundherum mit einem mächtigen Deich absichert. Zudem wird die Insel an der Westseite durch gewaltige Buhnen vor den Fluten und der Kraft der Brandung geschützt. An der Nordseite der Insel geht das breite Deckwerk aus Stein und Beton in sanfte Dünen über, hinter denen sich ein breiter und feinsandiger Badestrand verbirgt. Er ist das Kapital der familienfreundlichen Insel, ein Eldorado für Sandburgenbauer und Strandwanderer. Bei Niedrigwasser kann man durch das flache Wasser zur gegenüberliegenden Sandbank waten oder mit dem Leihkanu dorthin fahren. Längst haben auch die Kitesurfer den flachen Strand für sich entdeckt. Baden ist jedoch nur bei auflaufendem Wasser gestattet (damit man nicht hinausgetrieben wird). Natürlich gibt es hier auch Strandkörbe. Sie stehen auf einem vor den Fluten sicheren, leicht erhöhten Strandstreifen und bieten den Sonnenhungrigen Schutz und Komfort. Weiter östlich wird es einsam am weiten Strand. Er gehört hier allein denjenigen Spaziergängern und Badegästen, die Ruhe und Abgeschiedenheit bevorzugen.

Ein ruhiges Plätzchen in den Dünen Baltrums

Der feine Sand wird nur im Norden der Insel angespült. An der östlichen Spitze Baltrums geht der Sandstrand in ein flaches Dünengelände über. Den südlichen Teil der Insel bilden Salzwiesen, die sich bis zum Hafen ziehen. Für Wanderungen eignet sich besonders das Dünental im Osten Baltrums. Der Weg führt auch über zwei Aussichtsdünen, von denen man einen schönen Rundblick über das kleine Eiland hat. Wer nicht so weit laufen möchte, kann einen malerischen Blick auf Meer und Strand von *Willy's Utkiek* aus genießen. So nennt sich eine Holzplattform am Badestrand gegenüber dem Schwimmbad.

Auf der nur 5,5 km langen und an der breitesten Stelle nicht einmal 2 km messenden Insel wohnen die Menschen in zwei Siedlungen: dem größeren Westdorf und dem kleinen Ostdorf, die allerdings fast nahtlos ineinander übergehen. Alte Bausubstanz findet sich nur noch selten auf Baltrum, am ehesten sieht man die flachen Friesenhäuser noch im etwas weitläufiger bebauten Ostdorf. Auch Straßennamen sucht man kurioserweise auf Baltrum vergeblich. Alle Häuser sind in der Rangfolge ihrer Entstehung nummeriert.

Geschichte

Der Name Baltrum rührt nicht daher, wie manche Spötter meinen, dass man auf der kleinsten der Ostfriesischen Inseln auch zu Fuß „bald rum“ wäre. Umstritten ist auch die Annahme, dass der Inselname auf den germanischen Gott *Balder*, einen der Söhne des Göttervaters Odin, zurückgeht. Wahrscheinlicher ist vielmehr, dass Baltrum vom altfriesischen *Balteringe* stammt. So nämlich ist auf einer Urkunde aus dem Jahr 1398 das Eiland benannt, und das bedeutet in der Übersetzung ganz einfach „Weideland“. Um diese Zeit wurde die Insel auch erstmals vorübergehend besiedelt und war wahrscheinlich noch um einiges größer als heute.

Durch Strömungen und Sturmfluten hat sich Baltrum im Laufe der Zeit aber nicht nur verkleinert, sondern ist auch nach Osten gewandert – vor Jahren hat man ganz im Osten der Nachbarinsel Norderney Grundmauern gefunden, die von der ersten Baltrumer Kirche herrühren sollen. Besonders dramatisch war die Februarflut von 1825. Sie riss das Eiland in zwei Teile und zerstörte bis auf zwei Häuser alle Gebäude der Insel, das damalige Westdorf versank ganz in den Fluten. Der Wiederaufbau begann im einstigen Mitteldorf, das nun zum neuen Westdorf wurde.

Die wenigen Einwohner Baltrums führten lange ein armseliges Leben. Bescheidener Wohlstand kam auf die Insel erst mit dem beginnenden Fremdenverkehr. Immerhin wurde Baltrum schon 1876 Seebad, wenn auch die Besucherzahl mangels günstiger Verkehrsanbindung bis zum Zweiten Weltkrieg eher bescheiden blieb. Erst ab 1925 gab es auf Baltrum elektrischen Strom und ab 1935 eine zentrale Wasserversorgung. Die Insel wird vom Festland aus mit Trinkwasser versorgt, die Süßwasserlinse unter der Insel wird daher nicht angezapft und speist ein Feuchtbiotop im unter Naturschutz stehenden Dünental. Erst 1966 wurde Baltrum staatlich anerkanntes Nordseeheilbad.

Auf einen Blick

- *Information/Zimmervermittlung* **Kurverwaltung Baltrum**, Haus Nr. 130, Postfach 1355, 26574 Baltrum, ✆ 04939/800, www.baltrum.de, www.zimmervermittlung-baltrum.de, ✆ 01805/914003. Kurbeitrag (nur vom: 15.3.–31.10.) 2,50 €, Kinder 1 €.
- *Fähre und Parkplätze* 2- bis 3-mal tägl. eine tidenabhängige Verbindung ab Neßmersiel mit der Reederei Baltrum-Linie. Rückfahrkarte 25 €, Kinder ab 6 J. 12,50 €. Tagesrückfahrkarte (für Ausflügler) Erwachsene 16,50 € (inkl. Kurkarte), Kinder 8,50 €, ✆ 04939/91300, Fahrpläne unter www.baltrum-linie.de. Tagesparkplätze am Hafen (3,50 €), Inselurlauber parken bei den Garagenparkplatz-Service in Neßmersiel, ✆ 04933/2223.

• *Flug* Vom Flughafen Harlesiel aus. Tagesflug hin und zurück: Erw. 105 €, Kinder 55 €. Infos und Flugplan unter ✆ 04931/94810, www.inselflieger.de.

• *Kinderspielhaus* In der Saison hat **Onno's Kinderspöölhus** als „überdachter Kinderspielplatz" tägl. und kostenfrei geöffnet (15–18 Uhr, Mo–Fr auch 10–12 Uhr), Haus Nr. 68, in Strandnähe gelegen, ✆ 04939/8036. Zudem gibtes auf Baltrum zwischen dem West- und Ostdorf einen Spielteich.

• *Schwimmbad* **SindBad**, schönes, lichtdurchflutetes Meerwasserhallenbad mit Wasserrutsche, Felsengrotte und Saunalandschaft. In der Saison und in den Weihnachtsferien tägl. 12–19 Uhr. 2 Std. 5 €, Kinder 3 €. Westdorf Nr. 24.

• *Strandkorbvermietung* 8,50 €/Tag.

• *Wattwanderung* Vom Festland zur Insel, Auskunft bei Hans Ortelt, ✆ 04933/1706, oder Tammo Besemann, ✆ 04933/1809.

Übernachten/Essen und Trinken (siehe Karte S. 153)

• *Übernachten* **Strandhotel Wietjes (2)**, tolle Lage und auch vom Service her die wohl beste Adresse der Insel. Innen frisch renoviert in gemütlich warmen Farben, großer, überdachter Vorbau für das Restaurant. DZ 110–140 €. Haus Nr. 58, ✆ 04939/91810, 📠 918191, strandhotel@wietjes.de, www.wietjes.de.

Inselkirche Baltrum

Hotel Dünenschlösschen (8), 40 gepflegte Zimmer, einziges Inselhotel mit Schwimmbad und Sauna. Im ruhigen Ostdorf gelegen. Sonnenterrasse mit Blick aufs Wattenmeer. In der Friesenstube gibt es hausgemachte Kuchen, im Restaurant eine große Karte, v. a. mit Fischgerichten. DZ 115–160 €. Haus Nr. 48, ✆ 04939/91230, 📠 912313, info@duenenschloesschen.de, www.duenenschloesschen.de.

Hotel Seehof Baltrum (6), zentral im Westdorf gelegen, ordentliche Zimmer mit allem Komfort. Kinderfreundlich. Restaurant Moby Dick, bis ins letzte Detail maritim ausgestattet, selbst die Decke schmückt eine gemalte Weltkarte, gutbürgerliche Küche. DZ 100–134 €. Haus Nr. 86, ✆ 04939/249, 📠 1334, seehof-baltrum@t-online.de, www.seehof-baltrum.de.

Haus Elfriede (5), kleine und unauffällige, aber nette Pension garni, auch Appartements. verglaste Veranda, saubere DZ zu 90 €. Haus Nr. 182, ✆ 04939/322, 📠 914147 , HausElfriedeBaltrum@t-online.de, www.haus-elfriede-baltrum.de.

Camping Baltrum, auf Baltrum ist nur Zelten möglich, und zwar in der Inselmitte auf dem Gelände der Jugendbildungsstätte des Niedersächsischen Turnerbundes. Vorherige Anmeldung notwendig. ✆ 04941/99 1164, Margret.Tobiassen@NTB-infoline.de.

• *Essen und Trinken* **Teestube (4),** gepflegtes Haus mit großer Terrasse auf dem Deich Richtung Wattenmeer. Innen alles in friesischen Blautönen gehalten. Nicht nur Teestube mit selbst gebackenem Kuchen, sondern auch Restaurant (leckere Seezunge), in der Woche auch Mittagstisch, zudem Ferienwohnungen. Westdorf 149, ✆ 04939/600.

Skipper's Inn (7), nettes Bistro, in dem es von 9 bis 11.30 Uhr ein prima Frühstücksbuffet gibt. Gemütlich, sauber und, wie es sich gehört, mit Schiffsparkett und allerlei Seemannskram geschmückt. Im Angebot sind auch leckere Suppen und Salate. So Ruhetag, im Winter erst ab mittags geöffnet. Westdorf 50, ✆ 04939/910933.

Strandcafé (1), wie der Name schon sagt, holt man sich in diesem großen, gemütlichen Selbstbedienungsrestaurant den Imbiss für den Strand. Reichhaltige Auswahl. Außen Biergarnituren und einige Strandkörbe, innen Holztische. Abends wird das Strandcafé zur Musikkneipe. Am Hauptbadestrand gelegen. Saisonbetrieb. Haus Nr. 70, ✆ 04939/200.

Café Kluntje (9), in einem der letzten alten Insulanerhäuser ganz versteckt in den Dünen gelegen. Die vier kleinen Stuben des alten Kapitänshauses mit Kamin und Holzdielen sind originalgetreu gemütlich restauriert. Auch Tische sowie ein kleiner Sandspielplatz vor dem Haus. Es gibt neben Kaffee/Tee und Kuchen auch kleine Speisen wie Spaghetti oder Baguettes. Im Sommer tägl. 11–22 Uhr. Im alten Ostdorf, Haus Nr. 29, ✆ 04939/419.

Kiek rin (3), Musikkneipe für junge Leute in den Kellerräumen unter dem Hotel Strandhof (Haus Nr. 123). Kleine, etwas rustikale Disko. Mo–Do bis 2 Uhr, Fr/Sa bis 3 Uhr, So Ruhetag.

Der Fluch des Holländers

Im Jahre 1849 lag der holländische Schiffer *Jan de Boer* bei Ebbe mit seinem Plattbodenschiff im Watt vor der Insel und wartete auf die Flut. Es kam starker Ostwind auf und drückte das Wasser aus der Nordsee. Jan de Boer saß mit seinem Boot fest, tagelang wartete er auf genügend Wasser unter dem Kiel. Allmählich ging der Proviant zur Neige. Der Kapitän wandte sich an die Einwohner von Baltrum, doch die armen Insulaner konnten ihm nur Schwarzbrot und Ziegenmilch anbieten und nicht das geforderte Weißbrot mit Genever. Darauf verfluchte der Seemann die Insel laut und erklärte, dass er auf diesem elenden Sandhaufen nie leben, ja nicht einmal begraben sein wolle. Am nächsten Morgen lag Jan de Boer tot in seiner Koje. Die fluchenden Worte noch in Erinnerung, sahen die Insulaner darin ein Zeichen Gottes und verweigerten dem Schiffer vehement ein christliches Begräbnis auf dem Inselfriedhof. So musste die Besatzung Jan de Boer in den Dünen verscharren, wo noch heute ein Gedenkstein an den kulinarisch wählerischen Kapitän erinnert.

Das Grabmal befindet sich in der Inselmitte, ganz in der Nähe des BK-Heims (ev. Bibelkreisheim/Rheinland).

Sehenswertes

Nationalpark-Haus (Gezeitenhaus): Auf dem direkten Weg vom Hafen ins Dorf kommt man zwangsläufig am Gezeitenhaus vorbei, das in einem ehemaligen Schuppen der Inselreederei untergebracht ist. Ein Blick hinein lohnt sich, erfährt man doch einiges über die Ökologie von Wattenmeer, Salzwiesen und Dünen und über die sturmflutgefährdete Insellage Baltrums. Präparierte Vögel und Seehunde sind ebenso zu sehen wie kleine Aquarien. Eine interessante Gezeitensäule verdeutlicht den jeweiligen Wasserstand auf der Insel, denn Ebbe und Flut sind Schwerpunktthema der Ausstellung.

Di–So 15–19 Uhr, Di–Fr auch 10–12 Uhr. Mo geschlossen. Der Eintritt ist frei. Westdorf, Haus Nr. 177; www.gezeitenhaus-baltrum.de

Inselkirche mit Inselglocke: Die evangelische Kirche wurde 1826 erbaut. Nur der Vorraum ist immer geöffnet, aber durch eine Glastür kann man sich den einfach ausgestatteten und in kräftigen Blautönen gehaltenen Innenraum anschauen. Im hölzernen Glockenturm hängt die Inselglocke, die einst bei Sturmflut an Land gespült wurde. „Turm“ ist jedoch eine glatte Übertreibung, zutreffender wäre „Glockengalgen“, denn die vergleichsweise kleine Glocke hängt an einem Holzgerüst neben der Kirche. Dennoch ist die Inselglocke das Wahrzeichen Baltrums, selbst das Inselwappen zeigt diesen Glockengalgen.

Katholische Kirche St. Nikolaus: Im Jahre 1957 recht trickreich erbautes und dem Schutzpatron der Seefahrer geweihtes Gotteshaus. Den Kern bildet ein reetgedeckter Rundbau, der als Winterkirche dient. Ihm wurde ein Vorhof in Form eines Kreisausschnittes hinzugefügt. Öffnet man die Verbindungstüren, so haben im Sommer auf diese Weise 300 Gläubige Blickkontakt zum Altar. Umschlossen wird der Hof von einem ebenfalls reetgedeckten Umgang. Bekannt wurde die am Weg Richtung Ostdorf gelegene Kirche auch durch ihre 14 kräftig bunten Glasfenster der Künstlerin Margarete Franke. Die Kirche (Haus Nr. 34) ist täglich geöffnet.

Der Baltrumwal

Im November 1994 fanden Fischer auf der nördlichen Sandbank vor Baltrum einen noch lebenden, etwa sechs Jahre alten Pottwal. Das 15 m große und etwa 40 t schwere Tier war gestrandet. Alle Versuche, ihn wieder ins offene Meer zu ziehen, scheiterten. Der Wal verendete und wurde von einem Seenotrettungsboot nach Norddeich geschleppt. Es wird berichtet, dass das blutgetränkte Wasser um das tote Meeressäugetier brodelte. Aus dem Mund des Tieres entwichen nämlich große Mengen heißer Faulgase, die beim sofort einsetzenden Verwesungsprozess freigesetzt wurden.

Schnellstmöglich wurde der Wal an Land gehievt und zerlegt. Dabei wurden die riesigen Organe von Gunther von Hagen entnommen und mit derselben Technik plastiniert, die bereits bei der umstrittenen Ausstellung *Körperwelten* zum Einsatz gekommen war. *„wal.welten“* heißt wohl in Anlehnung daran auch die Ausstellung im Küstenmuseum Wilhelmshaven, deren Herzstück das in mühevoller Kleinarbeit präparierte Skelett sowie das plastinierte, rund einen Kubikmeter große Herz und der gut 2 m lange Penis des Pottwalbullens bilden (siehe Foto S. 58).

Immer wieder verirren sich Wale vor den deutschen Küsten. Angelockt werden sie vermutlich durch ein vorübergehend reichhaltiges Futterangebot. Doch warum bislang nur männliche Pottwale gestrandet sind, ist noch ungeklärt.

Altes Zollhaus: Im Haus Nr. 18 am südlichen Dorfende wurden Mitte des 19. Jh. zwei Zöllner stationiert, um gegen Schmuggler vorzugehen. Später war das Haus Schwestern- bzw. Wöchnerinnenstation, und heute gehört es dem Heimatverein, der hier ein Museum eingerichtet hat. . Das Zollhaus ist in der alten ostfriesischen Hausform des *Bummert* gebaut – ein Doppelhaus, bei dem gewissermaßen zwei Friesenhäuser im Wohnbereich zusammengebaut sind und sich an beiden Enden ein etwas breiterer Stallbereich anschließt. Nicht nur auf den Inseln, sondern in ganz Ostfriesland haben nur sehr wenige Häuser dieses Typs die Zeit überdauert. Im dem liebevoll mit Leihgaben der Insulaner eingerichteten Heimatmuseum wird der Besucher mittels einer Hörführung durch die Räume geleitet und erfährt allerlei Interessantes über die bewegte Vergangenheit Baltrums.

April–Okt. tägl. 10–12 und 15–18 Uhr; So Ruhetag. Erwachsene 3 €, Kinder 1,50 €, Familien 5,50 €. ✆ 04939/910630; www.baltrum.org.

Accumer Ee/Wichter Ee: Als Ee bezeichnet man die Meerengen zwischen Baltrum und den Nachbarinseln. Die Accumer Ee ist die Fahrrinne zwischen Baltrum und dem keine 2 km entfernten Langeoog. Viermal am Tag drängen die Wassermassen bei Ebbe und Flut mit einer Fließgeschwindigkeit von 18 Knoten (ca. 33 km/h) hier

Baltrum: kleine Insel, betriebsamer Strand

hindurch. Auf diese Weise ist eine 18 m tiefe Rinne entstanden, die auch in den kältesten Wintern nicht zufriert. In Sachen Strömung hat die Wichter Ee noch mehr zu bieten. Weil das westliche Norderney nur 800 m entfernt liegt, ist hier die Strömung entsprechend stärker. Faszinierend nah liegt die Nachbarinsel und ist doch für Schwimmer unüberwindbar weit entfernt.

Wanderung: Rund um Baltrum

Länge: 9 km, Dauer: 3,5 Std. Sprichwörtlich „bald rum" ist man um Baltrum, daher ist die Wanderung in den unberührten Inselosten auch für Tagestouristen geeignet.

Nachdem man sich ein wenig im Westdorf umgeschaut hat, startet die schöne Rundwanderung vom Ostdorf aus. Verlaufen kann man sich auf Baltrum kaum. Doch des Überblicks wegen läuft man am besten zur ortsnahen, 19 m hohen Aussichtsdüne in der Inselmitte (beschildert). Von hier aus geht es weiter bis zur Jugendbildungsstätte (Zeltplatz), dann leicht rechts und gleich wieder links. Der Weg führt nun 2 km fast geradeaus durch die Salzwiesen (noch an der Schutzhütte vorbei) bis zum Osterhook. Im Winterhalbjahr ist dieser Weg oft knöcheltief überschwemmt, dann empfiehlt sich der Umweg nordostwärts über die weithin sichtbare Bake. Von der Ostspitze Baltrums aus hat man einen schönen Blick aufs kaum 2 km entfernte Langeoog.

Für den Rückweg hat man zwei Möglichkeiten. Entweder man geht 1 km zurück bis zur Schutzhütte, biegt dann rechts ab und läuft durch das die Inselmitte bildende *Große Dünental* am Wetterhäuschen vorbei zurück ins Dorf. Oder aber man umrundet die Ostspitze nordwärts immer am unendlich breiten Sandstrand entlang bis ins Westdorf. Wer auch hier noch variieren möchte, kann in Höhe der Bake und auch danach noch zweimal über einen Stichweg ins Dünental gelangen (erkennbar an den grün-rot markierten Dünenkreuzen). In den weitgehend unberührten Dünen führt der ab dem Wetterhäuschen wieder gepflasterte Weg dann zurück ins Dorf.

Silhouette eines Staatsbades: Norderney

Norderney

6400 Einwohner

Norderney ist das älteste deutsche Nordseebad. Wenn auch Sylt der Insel längst den Rang als „Insel der Schönen und Reichen" abgelaufen hat, so haftet der alte Ruf von Mondänität Norderney heute noch an. Und noch immer erinnern elegante Gründerzeitvillen an die Zeiten, als es besonders schick war, hier zu kuren.

Von allen Ostfriesischen Inseln ist Norderney diejenige mit dem städtischsten Charakter, außergewöhnliche Strände und viel Ruhe findet man aber auch hier. Außerdem ist das 15 km lange und nur 2,3 km breite Eiland von einem Rad- und Wanderwegenetz von immerhin 80 km durchzogen, Bewegungsfreiheit ist also garantiert.

Die Fähren verkehren von den Gezeiten unabhängig stündlich von Norddeich aus zur Insel. Das sorgt für Betrieb und macht Norderney mit jährlich 400.000 Gästen zur meistbesuchten Ostfriesischen Insel. Tatsächlich ist Norderney auch für einen Tagesausflug bestens geeignet, wenngleich Insulaner darauf hinweisen, dass die wahre Schönheit der gut 26 km^2 großen Insel natürlich nur der Dauergast erfahren kann.

Trotz noch reichlich vorhandener historischer Bausubstanz wurde auch Norderney von Bausünden nicht verschont, sodass die Silhouette auf den ersten Blick eher an einen urbanen Küstenbadeort erinnert als an eine vergleichsweise einsame Insel. Zudem gibt's auf Norderney auch störenden Autoverkehr. Man kann also seinen Pkw mit auf die Insel nehmen, zu empfehlen ist es jedoch nicht.

Wenn man nach einer knappen Stunde Überfahrt auf der Insel ankommt, lohnt ganz in der Nähe des Fähranlegers zunächst ein kurzer Besuch im Nationalparkhaus mit dessen Ausstellung über die heimische Tier- und Pflanzenwelt (Eintritt frei). In die Stadt fährt ein Bus (Rückfahrkarte 3,20 €, Kinder 2,40 €). Zu empfehlen ist aber v. a. die Inselerkundung mit dem Rad (zwei Verleihstationen am Hafen).

Wer wenig Gepäck hat, kann auch per pedes über den Weststrand bis ins Zentrum laufen. Dabei geht es immer auf der langen Strandpromenade um die komplette Westspitze der Insel herum und dann am Westbad in die Stadt hinein. Die Promenade ist ein ansprechend gestaltetes, fast 5 km langes Bauwerk aus Stein und Beton, das den gefährdeten West- und Nordteil der Insel vor Sturmfluten schützt.

Wie auch immer man vom Hafen in den Ort gelangt, zunächst kommt man ins elegante Kurviertel und damit gleich ins Herz des Staatsbades, dort, wo das Ambiente weiß getünchter Häuser im Stil der Bäderarchitektur des 19. Jh. noch allgegenwärtig ist. Vom Glanz vergangener Zeiten zeugen das *Conversationshaus* (Kurhaus) mit gediegenem Lesesaal und Spielbank (Automatenspiel, Eintritt 1 €), der adrette Kurpark, das historische Kurtheater, das Kurhotel und einige andere Gründerzeitgebäude im Viertel. Am Kurplatz liegen auch das Badehaus mit Wellenbad und Entspannungsbad.

Vom Kurviertel aus zieht sich die Poststraße in die Stadt hinein, sie ist die Flaniermeile Norderneys. In den Sommermonaten ist der Trubel hier beträchtlich, fast großstädtisch. Dann drängeln sich Tausende von Urlaubern und Tagesgästen durch den Ort zum Bummeln und Einkaufen. Hier und dort gibt es aber eine ruhige Gasse zu entdecken, in der Gästehäuser mit verglasten Veranden ein wenig Gründerzeitcharme versprühen.

Für einen Rundgang flaniert man jedoch weiter über die Friedrichstraße Richtung Kaiser-Wilhelm-Denkmal. Monumental und deutschnational wurde es 1899 aus mächtigen Steinen errichtet, die aus 75 deutschen Städten stammen sollen. Bis 1917 schmückte die Nordseite des Denkmals noch Wilhelms bronzene Büste, und die Spitze wurde vom preußischen Adler gekrönt. Beide fielen einer Metallspende zur Kanonenherstellung zum Opfer. Seit den 1930er Jahren ziert das Ehrenmal eine schlichte Möwe. Weiter der Knyphausenstraße folgend und damit Richtung Osten wird Norderney deutlich ruhiger, und die Luft riecht schon nach Meer. Kurz darauf ist man schon in den Dünen. Von der dortigen Aussichtsplattform *Georgshöhe* (ehemals Signalstation) bietet sich ein Rundblick über Stadt und Insel und das breite, durch Buhnen gesicherte und mit Strandkörben übersäte Nordbad (siehe Bild S. 8/9).

Westwärts zieht sich von hier aus die lange Strandpromenade um den ganzen Nordwestteil der Insel. Hier findet sich ein ganz schmaler Strand, der durch mächtige Buhnenbauwerke aus Beton vor der Gewalt der Nordsee geschützt wird. Platz für Strandkörbe gibt's hier nur auf dem Deichrasen (Kaiserwiese).

Conversationshaus Norderney

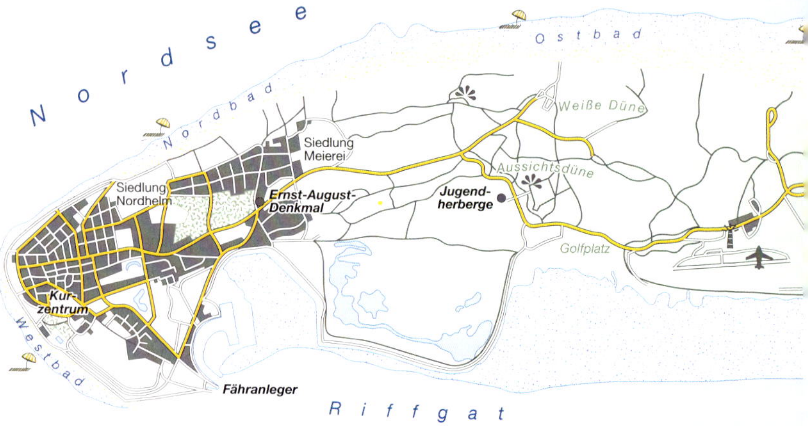

Breiter wird der Strand wieder am ortsnahen Weststrand, dessen Promenadenabschnitt von Hotels und Cafés flankiert wird. Natürlich hat man auch das Westbad dicht mit den für Norderney typisch blau-weißen Strandkörben belegt. Hier ist immer etwas los, und hier gibt's auch immer etwas zu sehen, weil die Fahrrinne der Schiffe dicht am kleinen Strand vorbei verläuft.

Wer mehr Ruhe sucht, der findet sie im 4 km vom Ortszentrum entfernt liegenden Ostbad, das ungeachtet seines Namens im geografischen Norden der Insel liegt. Hier beginnt ein herrlich einsames Stück Insellandschaft. Kilometerlang bis zur Ostspitze der Insel zieht sich der herrlich breite Strand, der bis zur *Rattendüne* reicht. Die lange Strandwanderung ist für viele Norderney-Urlauber ein Pflichtprogramm, sind doch im Sand der Düne die bunt bemalten Reste eines Schiffswracks zu sehen. Es handelt sich dabei um das von den Kräften der Natur zernagte Wrack eines Muschelbaggers, der 1968 einem auf der Sandbank festsitzenden Schiff zu Hilfe kam. Doch Undank ist manchmal der Welten Lohn: Der Muschelsauger strandete bei dieser Aktion unrettbar, während das andere Schiff wieder freikam. Die Insel Baltrum ist von hier nur einen Kilometer entfernt und doch unerreichbar weit weg, weil die Nordsee mit der tiefen *Wichter Ee* und ihrer lebensgefährlichen Strömung ein Hinübersetzen oder gar -schwimmen unmöglich macht.

Einen Besuch wert ist auch die Inselmitte. Hier befinden sich der Flugplatz, ein Golfplatz, die Jugendherberge und der Campingplatz. Überragt wird alles vom höchsten Gebäude der Insel, dem Leuchtturm, und das schon 135 Jahre lang. Landschaftlich ist die Inselmitte geprägt von einer natürlichen Dünenlandschaft mit tiefen Tälern im Norden und von Salzwiesen im Süden. Von Aussichtspunkten wie der *Senderdüne* (neben der Jugendherberge) hat man einen schönen Blick auf diese feuchten, biotopähnlichen Dünentäler. Hinter dem Leuchtturm führt die Straße noch ein wenig weiter und teilt sich dann. Ein Abzweig führt zum weitläufigen Nordstrand (FKK-Strand), der andere noch 1,5 km weiter nach Osten, wo Straße und Fahrradweg am Parkplatz Ostheller enden. Für Autos und Fahrräder ist dann Schluss, denn der Ostteil der Insel – auch Heller genannt – ist nur zu Fuß zu erkunden. Von dort sind es noch einmal 6 km bis zur bereits erwähnten Rattendüne mit dem Schiffswrack.

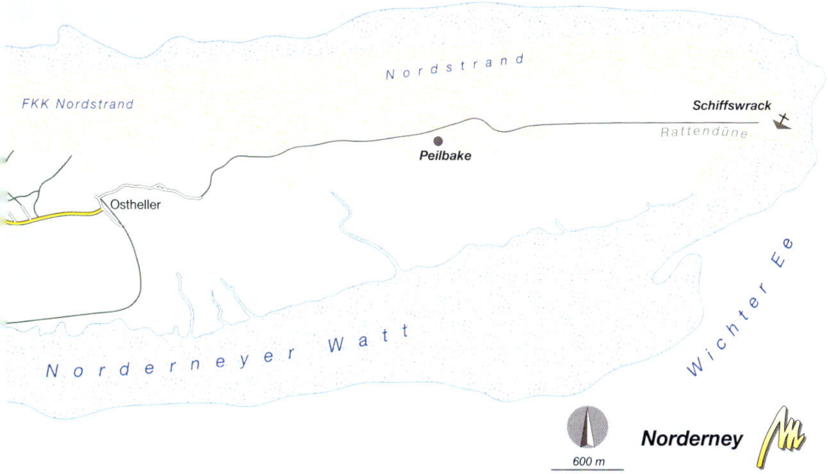

Geschichte

Norderney ist vermutlich jünger als die anderen Ostfriesischen Inseln. Denn im 14.–17. Jh. zerbrach in diversen Sturmfluten in dieser Region die alten Insel Buise in zwei Teile. Der westliche Teil verschwand allmählich ganz von der Landkarte, der östliche Teil hingegen verzeichnete immer größere Landgewinne und taucht ab dem Jahr 1549 in einer Urkunde unter dem Namen *norder neye oog* (die nördliche neue Insel) wieder auf. Zu dieser Zeit wohnten dort immerhin etwa 80 Personen in 16 Häusern, auch eine erste Kirche gab es bereits. Die fleißigen Insulaner lebten hauptsächlich von der Fischerei und der Bergung des Strandguts, verdienten ihr Auskommen aber mehr und mehr auch mit dem Handel. Nach und nach konnten sie sogar eine kleine Handelsschiffflotte aufbauen, die bis Ende des 18. Jh. unter der Flagge der ostfriesischen Grafen die Meere befuhr.

Ab 1793 durfte sich Norderney, nun preußisch geworden, mit Zustimmung des ostfriesischen Ständeparlaments Seebad nennen und ist damit ältestes deutsches Nordseebad überhaupt. 1799 wurde ein erstes hölzernes Kurhaus mit kleiner Billardstube gebaut und im darauffolgenden Jahr sogar schon ein Warmbadehaus. Die ersten Gäste reisten übrigens nicht zwangsläufig per Schiff an, sondern kamen bei Ebbe auch mit der Postkutsche über das Watt (siehe Kasten S. 102). Wohnten die Erholungssuchenden zunächst noch in einfachen Fischerkaten, entstanden bald erste Logierhäuser. Die Entwicklung war rasant. Bereits 1804 überstieg erstmals die Zahl der Sommerfrischler die der Einwohner auf der Insel.

Zu einem Einbruch des aufkeimenden Fremdenverkehrs kam es mit der französischen Besatzung. Die Napoleonschanze im Osten des Ortes – heute ein kleines Wäldchen im Kurpark – erinnert an diese kurze Episode. 1811 hatten etwa 300 Soldaten zur Abwehr englischer Landungsunternehmen an der Schanze Stellung bezogen. Aber in den Folgejahren, mittlerweile unter Hannoveraner Herrschaft, ging es wieder bergauf. Und man tat fast alles, um die noblen Sommergäste bei Laune zu halten. Schon im Jahre 1822 eröffnete eine Spielbank, um die Hautevolee anzulocken. Nicht nur die Spielsucht wurde befriedigt, auch der Jagd konnten die Gäste frönen. So durfte beispielsweise ab 1839 jeder Gast so viele Kaninchen, Seevögel oder Seehunde jagen, wie er Lust hatte, während dies den Einheimischen bei strenger Strafe untersagt war.

Alles, was Rang und Namen hatte, gab sich auf der Insel ein Stelldichein, v. a. Blaublütige und Politprominenz zog es hierher. Und als *Heinrich Heine* 1825 und 1826 auf der Insel weilte und Strand und Meer in bis dahin nicht bekannter Weise zum Gegenstand von Poesie und Lyrik machte, wurde die Insel endgültig en vogue (sein Denkmal steht vor dem *Kur-Theater*). Weitere Prominente folgten: In den Sommern 1831–33 kam Wilhelm von Humboldt als Badegast. König Georg V. von Hannover machte Norderney zu seiner Sommerresidenz und besuchte die Insel fast 30 Jahre lang (1836–65) meist für mehrere Wochen im Jahr. Vor allem seiner Frau, Königin Marie (seit 1843), hatte es das schöne Eiland angetan. Auf der ortsnahen hohen Düne pflegte die Königin ab 1848 ihren Nachmittagstee einzunehmen und lud hier die vornehme Gesellschaft zum Picknick ein. Zu diesem Zweck wurde ein kleiner Pavillon gebaut (seit 1923 empfängt an dieser Stelle das Café Marienhöhe seine Gäste). Dass 1866 mit dem Ende des hannoverschen Königreichs auch Norderney an Preußen zurückfiel, tat der Beliebtheit der Insel keinen Abbruch. Schon 1844 und 1853 kam Otto von Bismarck zu einem Badeaufenthalt. Auch *Bernhard von Bülow*, Reichskanzler von 1900 bis 1909, weilte von 1900 bis zum Ausbruch des Ersten Weltkriegs alljährlich auf der Insel, wodurch das Seebad Norderney automatisch ins Blickfeld der Reichspolitik geriet. Zudem adelte Kaiser Wilhelm II. die Insel mit seiner Anwesenheit, er besuchte 1906 seinen Reichskanzler.

Der Feldmarschall und das Glücksspiel

Auch der preußische Feldmarschall Gebhard Leberecht von Blücher (1742–1819), Napoleons Bezwinger in der Schlacht von Waterloo (gemeinsam mit dem britischen Feldmarschall Wellington), ließ sich gerne auf Norderney sehen. In seiner Zeit als Stadtkommandant von Emden (ab 1795) suchte er Entspannung im nahen Seebad. Jedoch kam er wohl nicht so sehr wegen der schönen Natur und der Kuranwendungen, sondern wegen des Glücksspiels, was im jungen und modernen Seebad Norderney in erlesener Gesellschaft möglich war. Seine Majestät hatte Offizieren das Glücksspiel eigentlich verboten, doch der alte Haudegen Blücher war ein leidenschaftlicher Spieler, der sich insbesondere dem Würfelspiel hingab. Ein glückliches Händchen hatte er dabei nicht, er verlor große Teile seines Besitzes. Nach seinem historischen Sieg, bei dem über 60.000 Menschen verletzt oder getötet wurden, wurden dem mit Ruhm und Ehren überhäuften, über 70-jährigen „Marschall Vorwärts" dann aber großzügige königliche Zuwendungen zuteil. Leicht verklärend hieß es später, dass der tollkühne Feldmarschall sein taktisches Geschick eben gerade beim Glücksspiel trainiert habe, worauf letztlich sein Erfolg zurückzuführen sei.

Nicht nur Politiker, auch berühmte Künstler verbrachten ebenfalls viele Wochen auf Norderney, z. B. der Komponist Robert Schumann im Jahr 1846 oder der Dichter Theodor Fontane in den Sommern 1882 und 1883. 1901 fand Franz Kafka den Weg aus Prag nach Norderney.

In beiden Weltkriegen diente die Insel als Seefestung. An diese Zeit erinnert noch der Bahnhof *Stelldichein* am östlichen Ortsrand, der historische Rest der 1915–47 betriebenen Marinebahn. Bereits 1931 gab es für die Gäste ein Meerwasser-Hallenbad, bald sogar das erste Wellenbad Europas, dessen alte Wellenmaschine vor dem Bademuseum zu besichtigen ist. 1948 erhielt Norderney Stadtrechte.

Heute ist Norderney ein modernes Familienbad, und ein sportliches dazu. Seit Jahren verzichtet Fußball-Bundesligist Werder Bremen auf südliche Gefilde und trainiert zur Saisonvorbereitung auf der nahen Insel.

Auf einen Blick

- *Information/Zimmervermittlung* **Kurverwaltung**, Conversationshaus, Postfach 1355, 26548 Norderney, ✆ 04932/8910, Zimmervermittlung ✆ 04932/891300, www.norderney.de. Besucher erwerben die **NorderneyCard**, eine Chipkarte, die Fahrschein und Kurkarte zugleich ist. Tageskurbeitrag in der Hochsaison für Erwachsene 3 €, für Jugendl. (14–17 J.) 1,50 € (Tagesgäste: 1,80 €). Mit der Karte ist die Nutzung des innerstädtischen Ringbus-Verkehrs vergünstigt.
- *Fähre und Parkplätze* Von 6.15 bis 20.30 Uhr verkehrt stündlich die **Fähre** ab Norddeich (Fahrtzeit 45–60 Min.). Rückfahrkarte 17 €, Kinder (6–13 J.) 8,50 €. Tagesrückfahrkarte 16 € (inkl. Kurtaxe), Kinder 7,20 €, Fahrrad 7,50 €. Fahrpläne unter www.reederei-frisia.de. Die Tarife für die Kfz-Mitnahme variieren je nach Höhe und Länge des Fahrzeugs und liegen zwischen 64 € und 82 €. Das Auto sollte man aber besser nicht mit auf die Insel nehmen, denn in großen Teilen der Stadt herrscht Fahrverbot und auf fast allen öffentlichen Straßen Parkverbot. Man parkt meist auf gebührenpflichtigen Parkplätzen.

  In Norddeich befinden sich nur wenige **Tagesparkplätze** unmittelbar am Anleger (4–6,50 €), die **Frisia-Parkplätze** (✆ 04931/9871166) sind aber recht nah gelegen. Dort parken auch die Inselurlauber, nachdem sie zuvor ihr Gepäck an der Fähre ausgeladen haben (es gibt sogar einenBus-Shuttle für 1 €).

Auch die Anreise mit dem **Zug** ist problemlos, denn Norddeich-Mole ist Haltepunkt der Deutschen Bahn. Ab Inselhafen Norderney stehen für den weiteren Weg zum Urlaubszuhause Linienbusse am Anleger bereit. Gepäckbeförderung auf der Insel durch die Spedition Johann Fischer, Am Hafen 5, ✆ 04932/601.

• *Flug* Nach festem Flugplan verkehrt bis zu 9-mal tägl. ein Lufttaxi der **FLN-Frisia-Luftverkehr** von Norden-Norddeich aus (Flugzeit 5 Min.), Hin und zurück: Erwachsene 67 , Erw. hin und zurück 110 €, ab zwei Personen 68 €; Kinder bis 11 J. 34 €. Infos und Flugplan unter www.reederei-frisia.de, ✆ 04931/93320. Flugplatzgaragen sind vorhanden (4 € am Tag).

• *Fahrradverleih* Viele Verleihstationen auf der Insel. Direkt am Hafen der **Verleih Reinke**, Hafenstr. 1, ✆ 04932/1326 (6,50 €/Tag). **Fahrrad Jenssen**, Jann-Berghaus-Str. 72, ✆ 04932/601. **Bike & Fun**, Herrenpfad 16, ✆ 04932/990909.

• *FKK-Strand* Am riesigen Nordstrand, etwa 5 km nordöstlich des Ortes. Mit Strandkörben, Strandsauna (3 Std. 9 €, tägl. 11–17 Uhr) und Restaurant (Busverbindung).

• *Kinderspielhaus* In der Saison hat das Kinderspielhaus *Kleine Robbe* am Weststrand als „überdachter Kinderspielplatz" tägl. und kostenfrei geöffnet. ✆ 04932/891149.

• *Kino* Sehr stilvoll im historischen Kurtheater. Der moderne Vorbau täuscht, denn innen existiert noch das alte Hoftheater von 1894 mit roten Sesseln, Logen und zweigeschossigen Rängen. ✆ 04932/891239.

Jedes Jahr im Juni findet das **Filmfestival Emden-Norderney** statt, der Schwerpunkt liegt auf aktuellen Filmen aus dem nordwesteuropäischen Raum. Mehr Informationen unter www.filmfest-emden.de.

• *Kurkonzert* In der Saison 10.30, 16 u. 20 Uhr vor dem Conversationshaus oder im *Haus der Insel*.

• *Strandkorbvermietung* Die typisch blauweißen Körbe gibt es an den bewachten Stränden zu mieten: Nordstrand, Weststrand, Kaiserwiese, Oststrand und am FKK-Strand, 8 € pro Tag, Vorbestellung unter www.norderney.de.

• *Schwimmbad/Sauna* **Badehaus** am Kurplatz gelegenes Meerwasserbad (Thalasso) mit *Erlebnis-Ebene* (Brandungsbecken und 60 m langer Rutsche usw.; Eintritt für 4 Std. 8 €, Kinder 5 €, Familien 16 €.), *Wasser-Ebene* (Bewegungsbecken, Salzbad, Dampfbad usw.; 13 €) und *Feuer-Ebene* (Saunalandschaft, Schlammbad, Massage usw.; 19 €). Tägl. 9.30–18 Uhr (bzw. 21.30 Uhr) geöffnet. www.badehaus-norderney.de, ✆ 04932/891141.

• *Segeln und Windsurfing* **Segelschule am Jachthafen**, ✆ 04932/766, www.segelschule-norderney.de. Surfschule **Happy-Surf**, ebenfalls am Jachthafen, hier auch Kitesurfing und Kajakverleih, ✆ 04932/648, www.surfschule-norderney.de.

• *Spielbank* An historischer Stätte. Vom Glanz früherer Zeiten, als Blücher hier ein Vermögen verspielte, ist leider nichts mehr zu sehen. Der „Marschall Vorwärts" könnte heute nur noch an Spielautomaten (88 Stück) sein Glück versuchen. April–Okt. 11–0.30 Uhr, Nov.–März 14–22.30 Uhr. Eintritt frei. ✆ 04932/91100.

Übernachten/Essen und Trinken (siehe Karte S. 163)

• *Hotel/Pension* **** **Hotel Haus Am Meer (7)**, Backsteinfassade mit Panoramafenstern und Logenblick an der Nordwestspitze Norderneys. Innen gediegen und doch modern und zweckmäßig. Schöner Wellnessbereich. DZ 150–260 €. Damenpfad/Kaiserstr, ✆ 04932/8930, ✆ 04932/3673, info@hotel-haus-am-meer.de, www.hotel-haus-am-meer.de.

**** **Strandhotel Pique (14)**, historisches Gebäude in traumhafter Lage direkt am Weststrand. Hoher Komfort mit Schwimmbad und Sauna, wohnliche, geräumige Zimmer. Gutes Restaurant mit windgeschützter Seeterrasse (auch Vollwertkost). DZ 150–175 €. Am Weststrand 3–4, ✆ 04932/93930, ✆ 04932/939393, hotel-pique@t-online.de, www.hotel-pique.de.

Hotel Haus Norderney (13), gepflegt-modernes Ambiente in einer denkmalgeschützten Villa gegenüber dem Kurtheater, nur zehn in Pastellfarben gehaltene Zimmer. Zum Entspannen setzt man sich ins Kaminzimmer, auf die Sonnenterrasse oder in die Sauna. Fahrräder sind im Zimmerpreis inklusive. DZ 120–160 €. Janusstr. 6, ✆ 04932/2288, ✆ 04932/83617, info@hotel-haus-norderney.de, www.hotel-haus-norderney.de.

Landhuis am Denkmal (4), kleines Gästehaus hinter historischer Fassade, jedoch nicht im alten Stil, dennoch geschmackvoll eingerichtet, das gilt auch für die elf Zimmer. Nettes Café/Restaurant mit mediterraner Küche, Terrasse. DZ 100–150 €. Friedrichstr. 21, ☏ 04932/93830, ℻ 04932/938330, info@landhuis-norderney.de, www.landhuis-norderney.de.

** **Haus Tjarks (5)**, zentral und dennoch ruhig gelegene Frühstückspension im Gründerzeitstil. DZ mit Du/WC 74–84 €. Heinrichstr. 10, ☏ 04932/2118 u. 91190, ℻ 04932/84169, www.haustjarks.de.

Pension Boomgaarden (3), einfache, aber sehr ordentliche Frühstückspension im klassischen Gästehaus mit kleiner Veranda, Waschbecken im Zimmer, aber Etagendusche. Nur März–Okt. geöffnet. DZ 55–59 €. Roonstr. 4, ☏/℻ 04932/2823, pension.boomgaarden@web.de, www.boomgaarden-norderney.de.

• *Camping* **Campingplatz Booken**, am Stadtrand im Kiefernwäldchen, 400 m vom Strand entfernt. Waldweg 2, ☏ 04932/442, ℻ 04932/478, camping-booken@t-online.de, www.camping-booken.de.

Camping Um Ost, in den Salzwiesen am Rande der Dünen mit Blick aufs Wattenmeer gelegen (im Inselsüden). Am Golfplatz 3, ☏ 04932/618, ℻ 04932/84155, info@campingplatz-umost.dewww.campingplatz-umost.de.

Camping Domäne Eiland, in Nähe des Leuchtturms im Inselosten am Rande einer Dünenlandschaft gelegen. Badestrand hinter den Dünen; Kiosk, Bushaltestelle vor Ort. Am Leuchtturm 10, ☏ 04932/2213, ℻ 04932/83588.

• *Essen und Trinken* **De Leckerbeck (8)**, auf Ostfriesisch bedeutet der Name so viel wie „das Leckermäulchen". Tatsächlich gibt es hier v. a. ostfriesische Spezialitäten, zudem hat sich die Küche auf Allergiker und Diabetiker eingestellt. Kaum etwas erinnert daran, dass diese stufig verwinkelten Räume einmal als Synagoge für die jüdischen Bade- und Kurgäste genutzt wurden. Mo Ruhetag. Schmiedestr. 6, ☏ 04932/840984.

Restaurant zur Mühle (12), nett und friesisch-gemütlich in der einzigen Mühle der Ostfriesischen Inseln untergebracht. Schöne Gartenterrasse. Gute, etwas deftige Küche. Es gibt Grillspezialitäten und natürlich ostfriesische Spezialitäten wie z. B. Grünkohl mit Hafergrütze. Mi Ruhetag. Marienstr. 24, ☏ 04932/2006.

Leger (10), Cafébar und Restaurant in gediegener Kaffeehausatmosphäre, etwas abseits des Trubels in einer Seitenstraße gelegen, gutes Essen mit frischen Zutaten. Kirchstr. 5, ☏ 04932/555.

Kurkonzert Norderney

Café Marienhöhe (9), 1856 ließ sich Königin Marie von Hannover auf ihrem Lieblingsplatz der Insel, der *Hohen Düne*, eine Schutzhütte errichten, heute das Café Marienhöhe mit seinem schönen Panoramablick. Auch Restaurant (11–23 Uhr geöffnet). Damenpfad 42, ☏ 04932/686.

Giftbude (15), Strandrestaurant und Café am Westbad. Durch die erhöhte Terrasse ist ein toller Strandblick garantiert, insbesondere bei Sonnenuntergang. Von der Pizza bis zum Lammrücken gibt es hier so ziemlich alles – ausgenommen Gift, der besorgniserregende Name rührt vom niederdeutschen Wort für „geben". Am Weststrand 2, ☏ 04932/991372.

Surfcafé (1), nette und helle Strandbar, aber auch abendliche Cocktailbar mit Blick auf den Nordstrand, natürlich mit geräumiger Terrasse; auch kleine Speisen. Am Januskopf 9, ☏ 04932/935750.

Weiße Düne (2), lang gestrecktes Holzhaus am Zugang zum Oststrand und damit ein lohnendes Ausflugsziel. Luftig-geräumig, ruhige Musik. Draußen auf der Holzterrasse Bänke, innen auch gemütliche Sofas und ein Kaminfeuer. Vom süßen Quark bis zum Zanderfilet ist alles zu haben. Weiße Düne 1, ☏ 04932/935717.

Windjammer (11), urige und enge Bierbar im Stile einer Hafenkneipe. In der Saison Mo–Sa 17–1 Uhr geöffnet. Kirchstr. 1, ☏ 04932/616.

Die Cocktail-Schmiede (6), Musikkneipe mit niedrigen Räumen, in der man (tägl. ab 18 Uhr) die Nacht ausklingen lässt. Schmiedestr. 8, ✆ 04932/935410.

Sehenswertes

Fischerhaus-Museum: Ein kleines, altes Fischerhaus aus dem Jahr 1803 hat man an wunderschön ruhiger Stelle im Argonner Wäldchen wiederaufgebaut und darin das Heimatmuseum eingerichtet. Unzählige, liebevoll arrangierte Exponate illustrieren die Norderneyer Wohnkultur sowie die seemännische Tradition der Insel. Interessantes Detail sind drei mit goldenen Monogrammen versehene Männerohrringe, die die Insulaner auf ihren Fahrten aufs Meer trugen (im Bilderrahmen im hinteren Raum). Beim Seemannstod in der Fremde konnte man so leichter identifiziert werden, zudem deckte der Wert des Goldes die Kosten für ein christliches Begräbnis. Neben dem Fischerhaus wurde ein zweites Gebäude errichtet, das v. a. für Veranstaltungen, wie beispielsweise Teeseminare, genutzt wird.

Mitte Mai bis Sept. Mo–Sa 15–17 Uhr, So 11–12 Uhr. Erwachsene 2 €, Kinder 1 €. Argonner Wäldchen (Nähe Weststrand). ✆ 04932/1791.

Bademuseum: Die Ausstellung im Gebäude des ehemaligen Freibads informiert über die Geschichte der Reise- und Badekultur im Allgemeinen und über die Entwicklung des Nordseeheilbads Norderney im Besonderen (in der Zeitspanne von 1800–1950). Im Museum befindet sich auch eine Dauerausstellung mit Gemälden und Grafiken des Malers *Hans Trimborn* (1891–1979). Es werden zudem sehr interessanteSonderausstellungen gezeigt.

Mai–Sept. Di–So 11–16 Uhr. Erwachsene 3 €, Kinder ab 8 J. 1,50 €. Am Weststrand neben dem Spielhaus, ✆ 04932/935422, www.museum-norderney.de.

Kurtheater: Auch wenn ihm das moderne *Haus der Insel* und ein gläserner Eingang vor die Nase gesetzt wurden, hat das alte Kurtheater aus dem 19. Jh. doch die Zeit überdauert. 1893 wurde es im Stile eine Hoftheaters erbaut – mit roten Cord-Samt-Sesseln, Logen und Rängen. Es verfügt über 450 Plätze.

Nur zu Veranstaltungen geöffnet, beispielsweise bei Aufführungen der Landesbühne Niedersachsen Nord, vor allem aber auch für Kinovorführungen.

Rettungsbootschuppen: Die Deutsche Gesellschaft zur Rettung Schiffbrüchiger *(DGzRS)* nutzt die im Jahr 1891 erbaute Rettungsstation Norderney-West als Museumsraum. Zu sehen sind historische Rettungshilfsmittel und das längst ausgemusterte Ruderrettungsboot *Fürst Bismarck*.

Nur gelegentlich im Rahmen so genannter Schnuppertage zu besichtigen (meist Sa 15–17 Uhr). Eintritt gegen Spende. Direkt am Weststrand gelegen.

Wasserturm: Unübersehbar ragt dieser schlichte Bau aus rotem Backstein satte 42 m in den Himmel. Der 1929 erbaute Turm ist als Wasserhochbehälter noch in Gebrauch. 205 Stufen sind es bis zur obersten Etage, die einen traumhaften Blick auf Strand und Stadt verspricht.

Besichtigungen sind derzeit nur eingeschränkt möglich, die hier nistenden Turmfalken sollen nicht zu sehr gestört werden. Der Turm befindet sich in der Jan-Berghaus-Str.

Evangelische Inselkirche: Das Gotteshaus in der Kirchstraße (Mo–Do 8–17 Uhr geöffnet) wurde im neugotischen Stil an Stelle der alten Inselkirche errichtet und – ganz kaisertreu – am Tag der goldenen Hochzeit des Kaiserpaares 1879 eingeweiht. Die einheitliche Ausstattung im hohen Innenraum unter der rot-weißen Holzbalkendecke stammt noch aus der Erbauungszeit. Um die Kirche herum befindet sich ein ehemaliger Friedhof, auf dem wenige alte Seefahrer-Grabsteine und schlanke Eisenkreuze aus dem 19. Jh. die Zeit überdauert haben.

Der Retter des Welfenhauses

Das *Ernst-August-Denkmal* am östlichen Ortsrand (beim Bahnhof Stelldichein, siehe S. 162) erinnert an den Tag des Jahres 1861, als der waschechte Norderney-Insulaner *Gerrelt Janssen* den damals 16-jährigen Kronprinzen Ernst-August von Hannover vor dem Ertrinken bewahrte. Ernst-August war der einzige Sohn Georgs V., durch dessen Rettung ist die direkte Erbfolge des Königshauses Hannover bis heute gesichert. Das jetzige Oberhaupt des Welfenhauses heißt noch immer Prinz Ernst-August von Hannover; es ist der als „Prügelprinz" verschriene Ehemann von Prinzessin Caroline von Monaco.

Der Retter Janssen verstarb übrigens nur vier Jahre nach seiner Heldentat, tragischerweise durch Ertrinken.

Weil die Könige von Hannover auch den Titel des Herzogs von Cumberland trugen, heißt das Mahnmal auch Cumberland-Denkmal. Es wurde erst 2002 wieder neu errichtet, nachdem der ursprünglich 1866 aufgestellte kleine Obelisk 1938 beim Versuch, es an einer anderen Stelle zu platzieren, zu Bruch gegangen war. Beim Original war auf jeder der vier Seiten in einem Medaillon ein Mitglied des hannoverschen Königshauses abgebildet. Diese konnten aber nicht mehr rekonstruiert werden.

Norderneyer Kornwindmühle: In der Marienstraße im Südosten des Ortes steht seit 1862 die einzige Windmühle, die jemals auf einer ostfriesischen Insel gebaut wurde. Sie heißt *Selden Rüst* („Selten Ruhe"), angesichts des ständig wehenden Windes auf der Insel ein zutreffender Name. Die Mühle war ursprünglich mit einem Weizen-, Roggen- und einem Pelde- bzw. Graupengang versehen und blieb bis 1962 in Betrieb. Heute befindet sich in dem reetgedeckten Galerieholländer ein nettes Restaurant.

Nationalparkhaus: Das direkt am Fähranleger gelegene Haus informiert in seiner Dauerausstellung über die Flora und Fauna des Nationalpark Niedersächsisches Wattenmeer. In kleinen Meerwasseraquarien kann man die Wattbewohner in Aktion beobachten. Alle halbe Stunde wird ein Film über das Wattenmeer gezeigt.

Im Sommerhalbjahr tägl. außer Mo 9–18 Uhr, im Winterhalbjahr nur bis 17 Uhr. Das Haus organisiert auch Wattwanderungen und naturkundliche Radausflüge, außerdem werden Vorträge mit naturkundlichem Inhalt angeboten. Eintritt 2 €, Kinder 1 €, Familien 5 €. Am Hafen 1, ✆ 04932/2001, www.nationalparkhaus-norderney.de.

Leuchtturm: Auf einem 13 m hohen Sockel steht der 1872–74 erbaute Backsteinturm, der mit fast 60 m Laternenhöhe das höchste Gebäude der Insel ist. Noch immer ist das Leuchtfeuer in Betrieb, dennoch dürfen Besucher die 253 Stufen erklimmen, um von oben eine grandiose Aussicht auf das Festland und die Inseln zu genießen. In der noch originalen gläsernen Kuppel verstärken 1018 geschliffene Prismen und 24 Linsen das Licht so sehr, dass es 20 Seemeilen (für Landratten: fast 40 km) weit zu sehen ist. Außerdem ist das Leuchtfeuer auch noch links drehend – einmalig an der Nordseeküste (siehe S. 29).

Nur im Sommerhalbjahr tägl. 14–16 Uhr geöffnet. Erwachsene 3 €, Kinder (6–17 J.) 1 € (mit NorderneyCard 2 € bzw. 0,50 €). Der in der Inselmitte liegende Turm ist von der Stadt aus über den Dünenweg nach 6 km erreicht. Bushaltestelle und Restaurant vor Ort.

Zauberland Juist: Pferdekutsche am Billriff

Juist

1900 Einwohner

Juist ist an manchen Stellen nur 500 m breit, aber insgesamt satte 17 km lang. Und weil die Insel so schmal ist, liegt der endlos weite Sandstrand immer nur ein paar Schritte entfernt. Kein Wunder, dass die Insel von ihren Bewohnern nicht ohne Stolz auch als „schönste Sandbank der Welt" bezeichnet wird. Zum besonderen Inselflair gehört auch, dass die einzigen öffentlichen Verkehrsmittel hier gemächliche Pferdekutschen sind.

Juist, das von der Kurverwaltung als *Töwerland* (= Zauberland) vermarktet wird, bietet Einsamkeit pur und das Flair eines eleganten Seebades in einem. Was Letzteres angeht, ist es manchen schon ein bisschen zu viel des Guten, denn die Insel steht im Ruf, sich langsam zum Sylt Ostfrieslands zu entwickeln – Prominenzzuwachs inklusive. Das wiederum treibt die Preise in die Höhe. Doch auch der traditionelle Juist-Urlauber ist bereit, ein wenig mehr als auf den Nachbarinseln zu zahlen.

Für Ausflügler ist Juist dagegen nicht ganz so geeignet, denn die Gezeiten erlauben nur ganz selten einen Tagesbesuch. Man muss den Schiffsfahrplan schon rechtzeitig studieren, um doch einmal einen Tag zu erwischen, an dem die Fähre von Norddeich morgens ablegt und abends auch wieder zurückfährt. Als Alternative kann man aber mittels Verbundkarte einen Teil der Reise bequem und schnell mit dem Flugzeug und den anderen mit dem Schiff buchen.

Hat man einmal die Fähre in Norddeich bestiegen, dann ist schon nachnach knapp 45 Minuten der so genannte *Kalfamer*, die Ostspitze des autofreien Eilands, erreicht. Hier tummeln sich oft Seehunde auf den Sandbänken. Aber jetzt ist man noch längst nicht am Ziel, denn nun macht die Fähre eine Kehre nach Westen und manövriert langsam und in vielen Kurven 45 weitere Minuten durch das flache Fahrwasser des Juister Watts, das nur bei Flut passierbar ist. Dafür spart man sich die Inselbahnfahrt früherer Zeiten, denn der erst 1985 gebaute Hafen wurde direkt am Ortsrand gebaut. Und der Inselort liegt hier auf Juist nicht wie bei allen anderen

Ostfriesischen Inseln im Westen, sondern genau in der Inselmitte. Juists „Skyline" prägen nicht nur der kleine Memmert-Leuchtturm am Hafen, sondern das mit seiner gläsernen Kuppel schon von weitem mondän wirkende historische Kurhotel. Im Jahr 2008 ist noch ein weiteres Wahrzeichen entstanden: ein 17 m hoher, segelförmiger Stahlturm mit Aussichtsplattform, der am Ende des 450 m langen, halbkreisförmigen Damms des neuen Jachthafens die Hafeneinfahrt markiert.

Angekommen am Hafen von Juist, muss man nur den Deichdurchlass überqueren und ist schon mitten im Ort, wo Cafés und Geschäfte in den verklinkerten Häusern zum Bummeln einladen. Man gelangt direkt auf den kleinen Kurplatz, auf dem in den Sommermonaten (außer montags) zwei- bis dreimal täglich das Juister Kurorchester spielt. Überall spürt man die beruhigende Langsamkeit der Insel, auf der bedächtige Pferdekutschen und die Radfahrer das Tempo angeben.

Von der alten Juister Bautradition zeugen nur noch einige wenige Insulanerhäuser rings um den östlich der Strandstraße gelegenen Janusplatz mit seinem kleinen Park. In einem der Häuser ist eine Boutique, in einem anderen eine sehr gemütliche Teestube untergekommen. Vom Platz aus führt ein Pfad in die nördlichen Dünen zum *Haus des Kurgastes* und weiter zum Meerwasser-Erlebnisbad. Hier, auf der hohen Düne, erhebt sich auch der 1928 erbaute Wasserturm über die Insel. Von dieser höchsten Stelle im Ort hat man einen schönen Blick hinunter auf Dorf, Watt, Strand und die weite See.

Von jeder Stelle des Ortes – ja, von jeder Stelle der Insel – ist in wenigen Minuten über enge Pfade der traumhaft weite Strand erreicht (siehe Foto S. 11). Allerdings muss man dabei immer die schmale, aber hohe Schutzdüne überwinden. Nur unmittelbar vor dem Kurhaus ist der Strandzugang etwas breiter. Von hier führt auch eine Strandpromenade – auf Juist nichts anderes als ein breiter Dünenweg – in Richtung Inselwesten und -osten. Der 17 km lange Sandstrand ist in Ortsnähe von Strandkörben gesäumt, die angesichts der Weite hier fast ein wenig verloren wirken.

Juist verfügt sogar über eine zweite Siedlung: 2,5 km westlich des heutigen Hauptortes liegt der Ortsteil *Loog*, was auf Friesisch einfach „Dorf" bedeutet – ein Indiz dafür, dass Loog lange Zeit das einzige Dorf auf der Insel war. Von einem Aussichtspunkt auf der Stranddüne hat man einen schönen Blick auf Loog und die Dünen. Einen Besuch wert ist hier v. a. das Küstenmuseum.

Auf dem Weg zur Westspitze der Insel, *Bill* genannt, führt die von vielen Fahrradfahrern genutzte Straße am Hammersee vorbei. Hier lohnt ein kurzer Stopp, denn hinter dem See zweigt ein Sandweg zu einer Aussichtsdüne ab. Von hier kann man seinen Blick über den relativ großen See, die Dünenlandschaft und ein kleines Wäldchen mit vom Wind gekennzeichneten Bäumen schweifen lassen. Der in den 1920er Jahren angelegte Wald bietet scheuem Rotwild Unterschlupf und Sicherheit – allerdings nicht verlässlich, denn das ein oder andere Restaurant der Insel hat Wild als Spezialität im Angebot ...

Kurz vor dem Westkopf der Insel liegt die *Domäne Bill*, ein Bauernhof und Ausflugsrestaurant. Der befestigte Weg führt noch ein Stück weiter zum alten Rettungsschuppen, dann betritt man den Strand. *Bille* bedeutet auf Friesisch so viel wie „Hintern" und bezieht sich auf die wohlgeformten Rundungen der sich um die Westspitze ziehenden Sandbänke. Das Billriff bietet bei Niedrigwasser einen fantastischen Anblick auf endlose Sandbänke, die bei Flut rasch überspült werden. Hier treffen sich Nordsee und Wattenmeer. Die Vogelinsel *Memmert* mit dem gut erkennbaren Vogelwärterhaus liegt zum Greifen nah, ist aber 3 km entfernt. Noch weiter westlich sind die Düneninsel *Kachelotplate* und in der Ferne die Insel Borkum zu erkennen.

Auch das Ostende der Insel ist sehenswert, wenn auch weniger gut zugänglich. Hier, 4 km vom Ortskern entfernt, liegt der Flugplatz (kleines Café). Bei schwierigen Wetterbedingungen ist er oft die einzige Verbindung mit der Außenwelt für die stark tideabhängige Insel. Schnell ist die Insel also mit dem Lufttaxi erreichbar, aber die An- und Abfahrt der Gäste vom Flughafen erfolgt nach wie vor auf gemächliche Art mit der Pferdekutsche.

Vom Flugplatz aus sind es noch weitere 2,5 km zum Ostende Juists, dem Kalfamer. Der Name bedeutet auf Altfriesisch so viel wie „Kälberwiese". Durch die Strömung lagert sich hier ständig neuer Sand an, sodass neue Dünen entstehen. Die jungen Dünenfelder sind geschütztes Vogelrast- und -brutgebiet. Vom Flugplatz aus führt ein Naturlehrpfad mit Schautafeln in zwölf Stationen bis zum 1 km entfernten Infowagen der Nationalparkwacht am Kalfamer. Auch der Strand ist dann noch einmal ein Stück weiter ostwärts begehbar, bis ein Zaun die Ruhezone des Nationalparks markiert.

Kachelotplate: Eine neue Insel entsteht

Sieben Ostfriesische Inseln gibt es. Gibt es westlich von Juist bald eine achte? Kachelot heißt das Paradies der Zukunft. Das Eiland ist bisher kaum mehr als eine riesige Sandbank, 220 Hektar groß und 3 km lang. Immerhin wachsen hier schon erste Pionierpflanzen. Und daher werden schon Stimmen laut, hier Bauland anzubieten oder doch wenigstens einen Golfplatz anzulegen.

Die Euphorie kommt wohl zu früh. Schon seit Jahrhunderten sorgen die gewaltigen Strömungen zwischen Borkum, Juist und der Emsmündung für sich ständig verändernde Landbewegungen. Und schon seit über 200 Jahren spricht man von der Kachelotplate, auf der seit alters her nicht nur Schiffe, sondern immer wieder einmal Wale stranden (daher der Name: franz. cachalot heißt Pottwal). Von einer Insel, die touristischen Attraktionen Platz bietet, kann also noch nicht die Rede sein. Die Kachelotplate ist heute lediglich ein bedeutendes Rast- und Nahrungsgebiet für unzählige Vögel und ein Ruheplatz für Seehunde.

Wenn überhaupt von neuen Inseln gesprochen werden kann, dann von der in unmittelbarer Nachbarschaft gelegenen Insel Memmert und dem Lütje Horn, die zwar ständig Form und Größe wechseln, aber mit ihren Dünen und Salzwiesen schon lange Inselcharakter haben.

Geschichte

Der Name Juist kommt vom Niederdeutschen *güst*, was „trocken", „dürr" und „unfruchtbar" heißt und darauf hindeutet, dass die Insel nur eine Düne und zunächst nicht bewohnt war.

Im Jahr 1398 wird Juist erstmals urkundlich erwähnt, doch genauer beschrieben erst um 1530: als Insel, auf der wilde Pferde leben und auf der Kaninchen gejagt werden. Um 1580 ist die Besiedelung so weit gediehen, dass auf der ursprünglich viel kürzeren, aber wesentlich breiteren Insel sogar die Existenz einer kleinen Kirche belegt ist. Doch an keiner der Ostfriesischen Inseln nagte der Blanke Hans so stark wie an Juist. Schon 1651 wurde das Eiland in einer schweren Sturmflut geteilt. Lange Zeit mussten die Bewohner daher auf zwei Inseln leben, die zeitweise 2 km voneinander entfernt lagen. Immer wieder setzten die Sturmfluten der Insel stark zu, und immer wieder wurden zerstörte Weiler und Kirchen neu aufgebaut, jeweils an anderer Stelle. Bei der Weihnachtsflut von 1717 wurde das erste bei der heutigen Domäne Bill gelegene Inseldorf so stark in Mitleidenschaft gezogen, dass es endgültig aufgegeben werden musste. Was das Meer nahm, gab es in diesem Fall wieder. Im Osten verzeichnete die Insel zunehmend Landgewinne. Von nun an siedelten die Juister immer weiter ostwärts.

Erst im 19. Jh. beruhigte sich die Lage, und die Insel begann sich durch aufgewehte Dünenketten langsam wieder zu schließen. Aber erst im Jahre 1932 wuchs zusammen, was zusammengehört. Beide Inselteile konnten endgültig durch einen Dünendeich auf der Nordseite zusammengefügt werden. An der ehemaligen Durchbruchstelle entstand auf diese Weise der Hammersee, heute der größte Süßwassersee der Ostfriesischen Inseln. Ein Schilfgürtel zieht sich um den nur 1 m tiefen See, der nun immer mehr verlandet.

Schon im Jahr 1783 machte der Inselpastor Janus eine Eingabe an seinen Landesherren Friedrich den Großen und empfahl, auf der verarmten Insel Juist eine Seebadeanstalt nach englischem Vorbild zu eröffnen. Die Denkschrift ist das erste Dokument der deutschen Seebadgeschichte. Doch das Ansinnen scheiterte. Die Ehre des ersten Nordseebades kam 1799 dem benachbarten Norderney zu.

Um 1825 lebten etwa 200 Menschen völlig verarmt auf Juist. Brunnen und Keller waren durch Sturmfluten versalzen und versandet. Die arbeitsfähigen Männer verdingten sich als Matrosen auf fremden, meist holländischen Schiffen, und die Frauen mussten sich mit mühsamen Arbeiten, z. B. dem Muschelgraben im Watt, im wahrsten Sinne des Wortes über Wasser halten. Erst 1840 wurde das Seebad Juist gegründet, bald jedoch mangels Gästen schon wieder geschlossen. 1866 erfolgte die Neugründung des Bades, diesmal mit mehr Erfolg: Gästezahlen und Wohlstand auf der Insel nahmen langsam, aber stetig zu.

Auf einen Blick

• *Information/Zimmervermittlung* **Kurverwaltung Juist**, Friesenstr. 18, Postfach 1464, 26560 Nordseebad Juist, ✆ 04935/809105, Zimmernachweis ✆ 04935/809222, www.juist.de. Kurbeitrag (ab 14 J.) 3,10 €, Kinder frei. Bei der Überfahrt erhält man statt eines Tickets die so genannte **TöwerCard**, eine Chipkarte, die gleichzeitig auch als Kurkarte verwendet wird.

• *Fähre und Parkplätze* 1- bis 2-mal tägl. eine 90-minütige tidenabhängige Verbindung ab Norddeich mit den Schiffen der **Frisia-Reederei**. Rückfahrkarte (ab 14 J.) 29,50 €, Kinder (ab 6 J.) 14,80 €. Tagesrückfahrkarte für Ausflügler: Erw. 19,55 € (inkl. Kurbeitrag), Kinder 9,80 €, Fahrrad 11 €. Fahrpläne unter www.reederei-frisia.de.
Tagesparkplätze am Hafen (4–6,50 €), Inselurlauber laden ihr Gepäck an der Fähre aus und bringen danach ihr Fahrzeug zu einem der gewerblichen Parkplatzanbieter, beispielsweise zu den **Frisia-Großgaragen** (Bus-Shuttle 1 €) für 4 € proTag. Infos unter ✆ 04931/9871166. Die Anreise mit dem Zug ist einfach, die Züge der Deutschen Bahn halten auch in Norddeich-Mole. Pferdebusse bringen die Gäste im Sommer den weiten Weg vom Hafen bis zu ihrer Ferienunterkunft (6 € pro Person). Mit den am Hafen stehenden Handkarren der Ferienhäuser oder Hotels ist der Transport der Koffer aber auch problemlos möglich.

• *Fahrradverleih* Auf der Insel gibt es zahlreiche Fahrradvermieter, pro Tag sind je nach Fahrradtyp 5–7 € fällig. Eine kleine Auswahl: **Fahrrad G. Ahrens**, Billstr. 21,

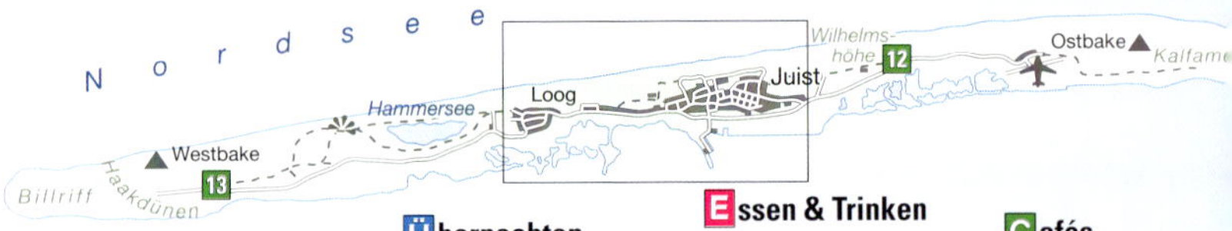

Juist

1 km

Übernachten
3 Kurhaus Juist
7 Hotel-Pension AnNatur
9 Pension Marie-Luise
10 Hotel Hultsch
11 Hotel Achterdiek

Essen & Trinken
5 Gabeljürge
14 Hafenrestaurant

Nachtleben
2 Zappel
6 Spelunke

Cafés
1 Café del Mar
4 Lütje Teehuus
8 Baumann´s
12 Café Wilhelmshö
13 Domäne Bill

☏ 04935/1645. **Frische Brise**, Wilhelmstr. 17, ☏ 04935/1061. **Fahrradvermietung Cirksena**, Cirksenastr. 18, ☏ 04935/354. **Fliegender Holländer**, Wilhelmstr. 58, ☏ 04935/914914. **Fahrradverm. Schwips**, Loogster Pad 10, ☏ 04935/8171.

• *Flug* Nach festem Flugplan verkehrt bis zu 9-mal tägl. ein Lufttaxi der **FLN-Frisia-Luftverkehr** von Norden-Norddeich aus (Flugzeit 5 Min.), Hin und zurück: Erwachsene 67 € (Kinder bis 11 J. 34 €). Interessant ist die Verbundkarte Flugzeug/Schiff für 47 €. Infos und Flugplan unter www.reederei-frisia.de, ☏ 04931/93320. Flugplatzgaragen sind vorhanden (4 € am Tag). In den Sommermonaten fliegt die **OLT (Ostfriesische Lufttransport GmbH)** auch ab Emden, Infos unter www.olt.de, ☏ 04921/89920. Jeder Linienflug wird in Juist von einem Pferdegespann erwartet. Die Kutschfahrt ins Dorf dauert ca. 45 Min. und kostet 8 € (Kinder 4 €).

• *Kino* **Insellichtspiele**, in der Saison tägl. 3–5 Vorstellungen. Friesenstr. 24, ☏ 04935/677.

• *Schwimmbad/Sauna* **Meerwasser-Erlebnisbad** mit Wasserrutsche, Felsengrotte und Strömungskanal, Dampfbad und Sauna. Geöffnet in der Saison Mo–Sa 7.30–9 und 10.30–19 Uhr, So Ruhetag, 2 Std. Erwachsene 5 €, Kinder in Begleitung Erwachsener sind einmalig zum kostenlosen Besuch des Bades berechtigt, sonst Kinder 3 €. ☏ 04935/809243.

• *Strandzelt- und Strandkorbvermietung* Nur direkt am Hauptstrand und in Loog zu mieten. Vorbestellungen sind nicht möglich. Strandzelt 6 €, Strandkorb 9 € am Tag.

• *Veranstaltungen* Seit dem Jahr 2000 wird immer am Christi-Himmelfahrts-Wochenende das **Töwerland-Musik-Festival** veranstaltet. Etwa 20 Musikgruppen bieten dann ein Spektrum von Jazz über Rock bis Blues. Infos unter www.toewerland-musikfestival.de.

• *Wind- und Kitesurfschule* Auskunft im Nordseehotel Freese, ☏ 04935/8010.

Übernachten/Essen und Trinken/Einkaufen

• *Übernachten* **** **Hotel Achterdiek (11)**, einmaliges und sehr geschmackvolles Interieur im englischen Stil. Hier stimmt jedes liebevoll arrangierte Detail. Restaurant und Wintergarten mit erstklassiger, gehobener Küche, nur abends geöffnet. Das alles hat seinen Preis: DZ 215–310 €. Wilhelmstr. 36 (Richtung Wattseite der Insel gelegen), ☏ 04935/8040, ℻ 04935/1754, info@hotel-achterdiek.de, www.hotel-achterdiek.de.

**** **Kurhaus Juist (3)**, unübersehbar thront das alte Kurhaus über der Insel. Tadellos renoviert, erstklassige Lage, 70 komfortabel eingerichtete Zimmer und Suiten. Eine hohe Treppe führt hinein ins mondäne Reich. Man isst standesgemäß unter viel Stuck und mächtigen Kronleuchtern im „Weißen Saal". Thalasso-Kuren (u. a. mit Peeling und Algenmousse-Packung im Wasserbett). DZ 206–216 €. Strandpromenade 1, ☏ 04935/9160, ℻ 04935/916222, hotel@kurhaus-juist.de, www.kurhaus-juist.de.

Hotel Hultsch (10), einfaches und familiär geführtes kleines Hotel mit zehn netten Zimmern und fünf Appartements. Reichhaltiges Frühstücksbuffet mit viel frischem Obst. Das Hultsch hat auch ein Restaurant mit guter Küche. Ganz am westlichen Ortsrand (Wattseite) gelegen. DZ 116–126 €. Billstr. 26, ☏ 04935/433, ℻ 04935/1263, www.hotel-hultsch.de.

Hotel-Pension AnNATUR (7), Nichtraucherhaus, alles steht im Zeichen ökologisch einwandfreien Lebensstils. Vollwertfrühstück und vegetarisches Abendessen, dazu im Haus ein Naturkosmetikstudio mit Massagen und ayurvedischen Anwendungen. Halbpension obligatorisch. DZ inkl. HP 178–186 €. Dellertstr. 14, ☏ 04935/91814, ℻ 04935/1236, info@annatur.dewww.annatur.de.

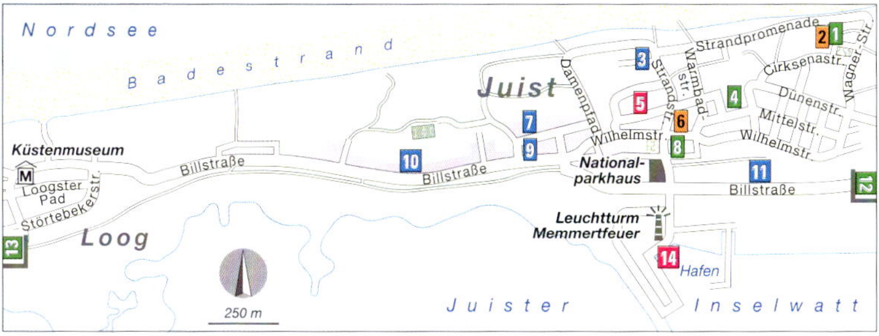

Pension Marie-Luise (9), sehr gepflegt und nett eingerichtet in einer Villa von 1911. Südterrasse und Balkon mit Blick aufs Wattenmeer, die Frühstücksveranda ist in angenehmen Gelb- und Blautönen gehalten. DZ 74–92 €. Billstr. 10, ✆ 04935/8487, ✆ 04935/8505, danzer@pension-marie-luise.de, www.pension-marie-luise.de.

• *Essen und Trinken* **Gabeljürge (5)**, Kellerrestaurant nahe des Kurhauses, vom Interieur relativ einfach, das Essen liegt jedoch überwiegend über dem Durchschnitt. Hier gibt es guten Fisch, französische Küche und ostfriesische Spezialitäten. Gräfin-Theda-Str. 3, ✆ 04935/1007.

Hafenrestaurant (14), helle Gaststätte im ersten Stock des Hafengebäudes. Terrasse mit Hafenblick. Hier wird guter Fisch mit frischen Salaten gereicht. So etwas spricht sich rum, meist gut besucht. Reichlich alte Fotos der Schifffahrt und Seenotrettung Juists an den Wänden. Do Ruhetag, ✆ 04935/1363.

Baumann's (8), geräumig mit schoner Empore und mit Kaffeehausatmosphäre. Von der Balkonterrasse mit Blick Richtung Kurplatz und Hafen lässt es sich in der Abendsonne aushalten. Auch kleine Speisen und Pizza im Angebot. Tägl. 10.30–22 Uhr. Bahnhofstr. 4 (direkt am Kurplatz), ✆ 04935/990233.

Lütje Teehuus (4), tolles, als friesische Stube mit Kamin eingerichtetes Teehaus, Terrasse im Grünen vor und hinter dem Haus. Natürlich gibt es hier Tee, aber auch Kaffee und Kuchen in allen Variationen. Etwas versteckt im Januspark gelegen, ✆ 04935/8402.

Domäne Bill (13), Ausflugsziel ganz im Westen der Insel. Spezialität ist hier der so genannte „Stuten", ein Hefeteigbrot, das entweder süß mit Rosinen oder deftig mit grober Leberwurst serviert wird. Sehr freundlich-gemütliche Gaststube mit Selbstbedienung. Tägl. 11–17 Uhr, Mi Ruhetag. ✆ 04935/71212.

Café Wilhelmshöhe (12), in den Dünen im Inselosten, auf halber Strecke zum Flugplatz gelegenes Ausflugslokal. Freundlicher Gastraum, windgeschützte Terrasse mit Blick aufs Watt. Kuchen und Milchreis, aber auch einfache Speisen. Di Ruhetag. ✆ 04935/249.

Café del Mar (1), einfache, aber gemütliche Latin-Bar in den Dünen. Frühstück ab 9 Uhr, es gibt Tapas und andere Kleinigkeiten, abends wird das Café zur Cocktail-Bar. Strandpromenade 7.

Zappel (2), Juists einzige Diskothek, in der ausschließlich Nachtschwärmer „abzappeln". Daher auch erst ab 23 Uhr geöffnet (Mo Ruhetag). Einsam in den Dünen neben dem Café del Mar gelegen. Strandpromenade 7.

Spelunke (6), maritime Kneipe mit Bierkelleratmosphäre, immer gut besucht. Tägl. ab 17 Uhr geöffnet. Strandstr. 21 (Ecke Kurplatz), ✆ 04935/319.

• *Einkaufen* **Kees un Botterfatt**, kleiner, aber sehr gut bestückter Käseladen, in dem auch Voll- und Buttermilch zum Selbstabfüllen, Juister Sanddornbeerenkonfitüre und andere Spezialitäten angeboten werden. Am Beginn der Strandstraße in der Ortsmitte, etwas versteckt im Souterrain des Hotels Friesenhof gelegen. Mi–Sa 8.30–12.30 und 15.30–18 Uhr geöffnet, So 10–12 und 17–18 Uhr.

Sehenswertes

Küstenmuseum: Wie der Name schon sagt, gibt es in den elf Räumen einer ehemaligen Schule verschiedene Ausstellungsräume rund um die Themen Küste, Insel und Meer. Hier kann man einiges über die friesische Schifffahrt, das Seenotrettungswesen, den Deichbau und Küstenschutz, die Fauna und Flora der Insel und natürlich über die Juister Inselgeschichte erfahren.

April–Okt. Di–Fr 9.30–13 und 14.30–17 Uhr, Sa 9.30–14 Uhr, So 14.30–17 Uhr. Nov.–März Di u. Sa 14.30–17 Uhr. Erwachsene 2,50 €, Kinder 1,50 €, Familien 5 €. Im Loog, ✆ 04935/1488.

Nationalparkhaus: Auch auf Juist kann man sich über den Nationalpark Niedersächsisches Wattenmeer informieren. Die liebevoll arrangierte Ausstellung wurde 1990 im alten Inselbahnhof eingerichtet und unterrichtet über die Tier- und Pflanzenwelt in Watt, Meer, Salzwiesen und Dünen der Insel. Die tatsächliche Unterwasserwelt des Wattenmeers ist in kleinen Meerwasseraquarien zu sehen. Zu bestaunen gibt's auch ein 9,20 m langes Skelett eines Zwergwals. Das Meeressäugetier strandete im Oktober 2001 am Billriff, angeschossen von Waljägern.

April–Okt. Mi–Fr 9.30–12.30 und 15–18 Uhr, Sa/So nur 15–18 Uhr, im Winter nur Mi 15–18 Uhr. Fast tägl. werden interessante Führungen in den Nationalpark und Vorträge mit naturkundlichem Inhalt angeboten. Eintritt frei, Spende erbeten. Carl-Stegmann-Str. 5, ✆ 04935/595, www.nationalparkhaus-juist.de.

Leuchtturm Memmertfeuer: Im Jahr 1986 hat man den überflüssig gewordenen Leuchtturm am Südende der Vogelinsel Memmert abgerissen. Die Laterne jedoch wurde gerettet und befindet sich seit 1992 direkt am Juister Hafen auf neuem Unterbau. Das Licht des Memmertfeuers darf die Schifffahrt nicht irritieren und erstrahlt daher im 13-Sekunden-Takt lediglich in Längsrichtung zur Insel.

Der nur 15 m hohe Turm enthält eine kleine Leuchtturmausstellung und ist in den Sommermonaten nur Mi zwischen 15 und 17 Uhr für 1 € zugänglich.

Insel Memmert: Das von Prielen durchzogene Eiland zwischen Juist und Borkum wurde schon 1924 zum Vogelschutzgebiet erklärt, 1968 verlieh der Deutsche Rat für Vogelschutz der Insel das Prädikat „Europareservat". Als Vater des Schutzgebiets gilt der Juister Lehrer *Otto Leege* (1862–1951), der durch gezielte Anpflanzungen und mühevollen Dammbau dafür sorgte, dass aus der einstigen wenig bewachsenen Sandbank eine schützenswerten Insel wurde. Leege hat sein ganzes Leben lang die Idee verfolgt, aus der Insel ein Vogelschutzgebiet zu machen. Auch sein Sohn Otto teilte die Ideen seines Vaters und war jahrzehntelang Insel- und Strandvogt auf Memmert. Die Insel wird gegenwärtig mangels Sandzufuhr immer kleiner und verlagert sich wegen besonderer Strömungen nach Westen, ganz im Gegensatz zu allen anderen Ostfriesischen Inseln, die ja ausschließlich nach Osten wandern.

Die Insel darf ohne ausdrückliche Genehmigung der Nationalparkverwaltung nicht betreten werden. Außerhalb der Brutsaison, im August und September, werden aber gelegentlich Fahrten zur Insel mit Führungen durch den Vogelwart angeboten.

Borkum

5500 Einwohner

An Borkums Stränden endet Deutschland. Dahinter wartet die offene See. Die größte und zugleich westlichste aller Ostfriesischen Inseln ist daher die einzige mit Hochseeklima. In ihm spaziert der Borkum-Besucher über die endlosen Sandstrände, liegt unter den bunten Strandzelten und amüsiert sich im lebhaften Inselort.

Nach Borkum macht man schon eine kleine Seereise. Über zwei Stunden brauchen die Fähren für die 28 km lange Strecke von Emden. Wer es eilig hat, nimmt den Katamaran (1 Std.) oder gar das Lufttaxi (15 Min.). Doch Hektik und Lärm haben auf Borkum nichts verloren. Angekommen mit dem Schiff, darf man noch einmal das

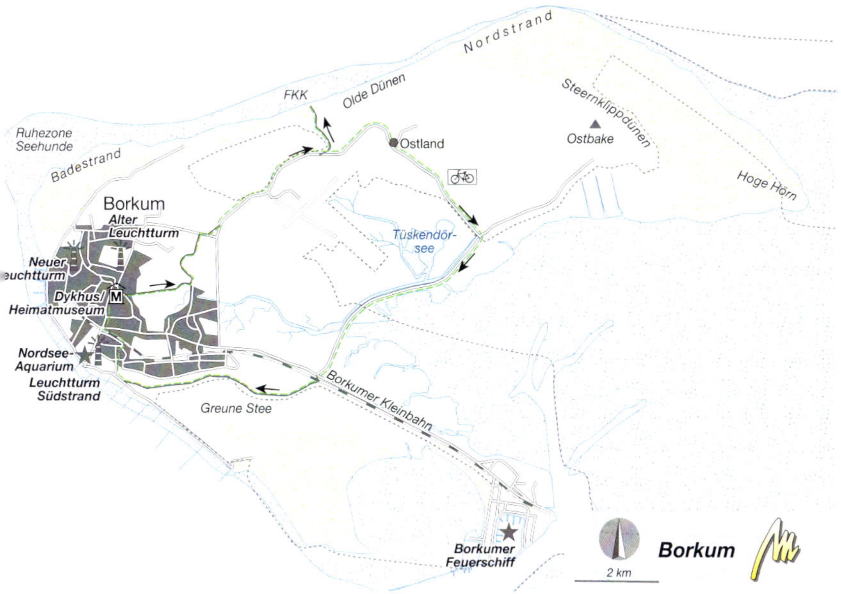

Verkehrsmittel wechseln: Vom Pier geht's direkt hinüber zur historischen Kleinbahn und dann in gemütlichem Tempo immerhin 7,5 km durch die Salzwiesen bis in den Hauptort.

Vom Inselbahnhof aus machen viele Besucher zunächst einen ausgiebigen Bummel durch das autofreie Ortszentrum mit den zahlreichen Geschäften, Restaurants und Cafés.

Wer den Ort ein wenig genauer erkunden möchte, dem sei ein kleiner Rundgang empfohlen, denn alle wesentlichen Sehenswürdigkeiten lassen sich bequem zu Fuß erkunden. Gleich am Bahnhof steht der 60 m hohe Neue Leuchtturm, der von einer gepflegten Dünenwiese umgeben ist. Der Gang auf den Turm ist des fantastischen Rundblicks wegen unbedingt empfehlenswert. Vom Turm bzw. Bahnhof aus führt in östlicher Richtung die Strandstraße hinab und weiter die Wilhelm-Bakker-Straße ins Altdorf. Kurz vor dem Alten Leuchtturm gibt es eine wahre Rarität zu bestaunen: Am Garten des evangelisch-reformierten Gemeindebüros befinden sich noch die Reste der von Fangfahrten mitgebrachten Walkinnladen, die, als stabiler Zaun zusammengestellt, zu Walfängerzeiten als Statussymbol galten. Ein weiterer, weit weniger auffälliger Gartenzaun befindet sich am Haus direkt gegenüber dem Alten Leuchtturm. Heute wirken die längst abgebrochenen und unter der Witterung leidenden Walknochen eher schlicht, doch im 18. Jh. müssen die Zäune prächtig ausgesehen haben.

Nur wenige Meter entfernt lohnt das etwas versteckt liegende Heimatmuseum einen Besuch, bevor der Rundgang dann langsam durch den Ort zurück in Richtung Strand führt. Zwar führen alle Wege früher oder später zum Strand, doch am besten geht man vorbei an den Walkinnladen-Zäunen zurück bis zum Rathaus, biegt dann links ab in die Neue Straße und nach etwa 300 m rechts in die Franz-Habich-Straße, die viel besuchte Fußgängerzone der Insel. Hier wird's zur Hochsaison richtig eng. Die Einkaufsmeile führt zum Bahnhof, wo sie in die Bismarckstraße mit ihren Geschäften und Kneipen übergeht und direkt zur Strandpromenade führt.

Borkums Trumpf ist nach wie vor der gigantische, 26 km lange, hellweiße Strand. Die schöne, rund 5 km lange Strandpromenade verbindet den nördlichen mit dem südlichen Strandabschnitt. Im Zentrum der breiten Promenade befinden sich die Kurhalle und der kleine Musikpavillon, in denen im Sommer täglich Kurkonzerte stattfinden (um 11, 16 und 20 Uhr, Mo Ruhetag). Vor allem aber die weißen Hotelfassaden aus der Zeit der vorletzten Jahrhundertwende versprühen hier noch einiges vom Charme der Gründerzeit, wenn auch einige neuzeitliche Plattenbauten nicht zu übersehen sind. Vor der Kurhalle laden Promenadencafés zum Verweilen ein, ein toller Blick auf den Strand und das Meer ist fast überall garantiert. Abseits des Zentrums haben auf der Insel kaum historische Gebäude überlebt. Moderne, verklinkerte Häuser prägen das Erscheinungsbild.

Als einzige der Ostfriesischen Inseln pflegt Borkum die Tradition der Strandbuden (Milchbuden). Entlang der gesamten Promenade steht immer wieder einmal so eine eigentümliche Imbissbude mit Holzterrasse, in der verhältnismäßig preiswert und per Selbstbedienung Getränke und Speisen (oft auch gute Suppen) zu bekommen sind.

Auch landschaftlich hat die facettenreiche Insel einiges zu bieten. Direkt gegenüber dem Hauptstrand ist hakenförmig eine weite Sanddüne vorgelagert, auf der sich fast immer Seehunde tummeln. Südlich des Ortes befindet sich das Naturschutzgebiet „Greune Stee“ (Grüne Stelle) mit einem Inselwald in den Dünentälern. Das Gelände auf den liebevoll geklinkerten Wegen zu erwandern ist lohnenswert, ebenso wie der Spaziergang durch die Norddünen oder durch den Kurpark in den Westdünen. Richtig erkunden kann man Borkum eigentlich nur mit dem beliebtesten Verkehrsmittel der Insel, dem Fahrrad, das hier überall zu leihen ist. Ein sich über 130 km erstreckendes, gut markiertes Wegenetz erschließt die Insel fast lückenlos.

Problemlos mit Bus oder Fahrrad besuchen lässt sich auch das Ostland, ein in der Inselmitte gelegener Weiler mit den letzten großen Inselbauernhöfen, Gartenwirtschaft und Bauerncafé (Ponyreiten).

Wen es noch weiter nach Osten zieht, der kann sich an den Ausflugslokalen vorbei zu Fuß in Richtung des 5 km entfernten *Hoge Hörn* aufmachen, der Ostspitze Borkums. Ein Wanderweg führt durch die Wiesen bis zu den *Steernklippdünen*, der ehemaligen östlichen Geschützstellung aus Borkums Festungszeit. Fahrradfahrer erreichen die Steernklippdünen auch, indem sie zunächst 2 km südlich am Tüskendörsee vorbei und dann 2 km ostwärts am Deich entlang zur Düne fahren. Von der Düne aus geht es über weite Sandflächen bis zum Hoge Hörn („hohes Horn“). Hier, am äußersten Punkt Borkums, kann man ein noch unberührtes Eiland im Wattenmeer erkennen: 3 km östlich liegt die kleine Vogelinsel *Lütje Hörn*. Zu sehen sind auch die Vogelschutzinsel Memmert (5,5 km entfernt) und die Insel Juist (8,5 km). Für den Rückweg empfiehlt sich für Wanderer der schöne, aber lange Weg über den Nordstrand immer am Wasser entlang (12 km sind es alleine bis zum Ostland, ab dem ein Bus wieder zurück in den Ort fährt). Möglich ist aber auch (für Radler) der direkte Weg über den neuen Deich im Süden der Insel, immer am Watt entlang bis nach Borkum-Ort.

In der Nähe des Ostlandes befindet sich das Naturschutzgebiet um den *Tüskendörsee*, der mit den ihn umgebenden Feuchtwiesen heute ein Paradies für Wasservögel ist. Tüskendör heißt so viel wie „zwischendurch", wegen diverser Sturmfluten war die Insel an dieser Stelle einst in zwei Teile getrennt. Erst im Jahre 1864 wurde Borkum durch den heute dicht mit Heckenrosenbüschen bewachsenen Hinterwall wieder zusammengefügt. Der See selbst ist ein Baggersee und entstand erst 1975 durch Sandentnahme für den Deichbau.

Auch der Hafen im Süden ist einen Ausflug wert, beispielsweise mit einer Sonderfahrt der Kleinbahn mit Dampflok und Nostalgiewagen. Bus und Fahrrad führen ebenfalls zum Hafen mit seinem markanten Feuerschiff, aber auch der Fußweg über den Damm durch die Salzwiesen ist reizvoll. Der Hafen ist zweigeteilt. Im Alten Hafen legen die Fähren an. Der geräumige Neue Hafen hingegen dient als Jachthafen. Er wurde als Marinestützpunkt im Zweiten Weltkrieg gebaut und ist heute bei Unwetterwarnung zudem Schutzhafen für die Emsschifffahrt.

Die Saison kann kommen: Strandkorbvermieter auf Borkum

Geschichte

„Mediis tranquillus in undis" (Ruhig inmitten der Wogen), so wird die außergewöhnliche Lage Borkums im Inselwappen beschrieben. Das Wappen zeigt den Alten Leuchtturm mit zwei Walen und symbolisiert damit Borkums Geschichte in Kurzform.

Die selbstbewussten Borkumer legen großen Wert darauf, dass ihr Eiland bereits in die antike Geschichtsschreibung Eingang gefunden hat und damit die älteste namentlich erwähnte Ostfriesische Insel ist. Sie behaupten, dass Borkum geologisch gesehen ein Rest der ursprünglich weitaus größeren *Insel Bant* ist, die der griechische Geschichtsschreiber Strabon unter dem Namen *Byrchanis,* der römische Gelehrte Plinius der Ältere als *Burchana fabaria* (Bohneninsel) erwähnte. Zudem wusste Tacitus zu berichten, dass vor eben jener Bohneninsel eine große Römerflotte im Jahre 16 n. Chr. im Sturm sank, die ausgezogen war, um die römische Niederlage im Teutoburger Wald 9 n. Chr. zu rächen. Unter Historikern ist stark umstritten, ob die antike Bohneninsel mit dem heutigen Borkum gleichzusetzen ist, und dass somit vor Borkum die römischen Bestrebungen zur Unterwerfung Westgermaniens scheiterten.

Der Name Bant erscheint in den Geschichtsbüchern dann erst wieder um das Jahr 800 zur Zeit der Karolingerherrschaft als zu christianisierendes Gebiet. Ab der Jahrtausendwende bis zum 17. Jh. wurde die zwischen Greetsiel und dem heutigen Juist gelegene Marscheninsel Bant durch zahlreiche Sturmfluten zerschlagen. Es entstanden Borkum, Juist und Norderney in ihrer jetzigen Form. Diese sind jedoch Schwemmlandinseln und nicht ehemalige Teile der Insel Bant, wie fälschlicherweise oft zu lesen ist. Auch ob sich der Name Borkum von Bant herleitet (über Burchana und Byrchanis), ist nicht ganz sicher. Eindeutig bestätigt ist vielmehr der Name *Borkna* ab dem Jahr 1227 (von isländisch *burkni* = „Brombeerdickicht"), als sich vor der Insel eine Kreuzfahrerflotte versammelte. Seit dieser Zeit ist die Insel wohl auch bewohnt, wie 1983 gefundene Siedlungsreste an Borkums Nordstrand belegen.

Die Insel der Walfänger

Im 18. Jh. kam die große Zeit des Walfangs und veränderte das Leben auf Borkum. Die seemännisch erfahrenen Insulaner heuerten zunächst als Matrosen, Harpuniere oder Speckschneider auf niederländischen Walfangschiffen an. Fast hundert von ihnen stiegen bis zum Kommandeur (Kapitän) auf. Noch heute zeugen verwitterte Zäune aus Walkinnladen vom Wohlstand der Kapitäne. Die knöcherne Gartenumzäunung war nicht nur praktisch, sondern ein Statussymbol der Kommandeure. Die gewaltigen Kinnladen wurden aber auch deshalb mitgenommen, weil sie noch kostbaren Tran enthielten. Dieser lief bei der langen Rückfahrt langsam aus den aufgehängten Knochen heraus und wurde mit Eimern aufgefangen.

Zaun aus Walkinnladen

Der erfolgreichste Borkumer Kommandeur war *Roelof Gerritsz Meyer*, nach dem die Straße am Alten Leuchtturm benannt ist. Er fuhr 42 Jahre lang jeden Sommer nach Grönland und erlegte dabei mit seinen Männern fast 300 Wale. Begehrteste Beute war der bis zu 18 m lange Grönlandwal, der wegen seiner dicken Fettschicht und der langen Barten (die als „Fischbein" für Korsetts Verwendung fanden) überaus wertvoll war. Durch den ungezügelten Walfang wurde er fast ausgerottet.

Der Wohlstand der Borkumer war jedoch nicht nur mit Walblut teuer erkauft. Im Frühjahr starteten die Männer zur gefährlichen Fahrt ins eisige Nordmeer. Im Herbst bangten die Familien um die Rückkehr ihrer Lieben, oft vergeblich: Um 1760 lebten in den 200 Häusern der Insel 64 Witwen, die mit ihren Familien zu verarmen drohten. Deshalb war es Tradition auf Borkum, dass ein erfolgreich heimkehrender Kapitän einen beträchtlichen Teil des Ertrags für die Armenkasse spendete.

Der legendäre Seeräuber Klaus Störtebeker soll natürlich auch auf Borkum Unterschlupf gefunden haben. Beherrscht wurde die Insel ab dem 14. Jh. von regionalen Häuptlingen und ab 1464 vom ostfriesischen Grafengeschlecht der Cirksena. Die armen Insulaner lebten in dieser Zeit mehr schlecht als recht vom Fischfang und von der Bergung des Strandguts. 1576 errichtete die Emder Bürgerschaft den Alten Leuchtturm auf der Insel, um die Einfahrt in die Ems zu sichern. Emden war zu dieser Zeit eine der größten und reichsten Städte Deutschlands, doch vom Glanz und Reichtum der Stadt fiel allerdings nicht viel an die Borkumer ab.

Spürbar aufwärts ging es erst im 18. Jh., als die große Zeit des Walfangs kam (siehe Kasten, S. 178). Doch nach nicht einmal 100 Jahren war diese Episode auch schon wieder vorbei. Der englisch-niederländische Seekrieg von 1780 bis 1784 und der durch die übermäßige Jagd dramatische Rückgang der Wale bedeuteten das schnelle Ende des lukrativen Schlachtens. Die Ernährungsgrundlage für viele Insulaner viel urplötzlich weg, und das brachte Armut und Not. Infolgedessen sank die Bevölkerungszahl um die Hälfte auf etwa 400 Personen. Hinzu kamen die Besetzung durch Napoleon und die Kontinentalsperre von 1806 bis 1813, zu deren Durchsetzung die Insulaner für Napoleons Truppen die „Franzosenschanze" bauen mussten. Die Reste der unscheinbaren, u-förmigen Wallanlage befinden sich noch heute im Osten des Inseldorfs.

Erst ab 1850 ging es mit den ersten Kurgästen wieder bergauf, relativ spät also; das nahe Norderney war da schon ein halbes Jahrhundert en vogue. Während Norderney v. a. die High Society anlockte, setzte Borkum auf den einfacheren, bürgerlichen Badegast und hatte damit langfristig Erfolg. Heute verbringen etwa 270.000 Gäste jährlich ihren Urlaub auf der Insel. Auch Tagesgäste scheuen die weite Überfahrt nicht, sodass die Fähren 875.000 Fahrgäste im Jahr transportieren.

Verwaltungstechnisch ist Borkum ein Kuriosum. So haben die Insulaner das Autokennzeichen von Leer (LER), das zuständige Finanzamt sitzt im näher gelegenen Emden, die Polizei hingegen wird von Aurich verwaltet.

Fahrradtour: Rund um Borkum

Länge: 15 km, Dauer ca. 1,5 Std. Ruhige Tour zum Ostland und wieder zurück, mehrere Einkehrmöglichkeiten.

Los geht es am Alten Leuchtturm. Von hier aus nach rechts am Fahrradgeschäft und um die Kurve an der Kfz-Werkstatt vorbei und dann links hinein in den Weg „Franzosenschanze". 1,5 km führt der Weg fast geradeaus zum alten Upholm-Deich. Dieser um 1600 errichtete, gewundene Deich wurde um mehrere Wasserlöcher (so genannte *Kolken*) herum gebaut und schützte einst Wiesen und Weiden von Osten her. Auf dem alten Deich führt der enge Weg ganz scharf nach links. Am Ausflugslokal Upholm-Hof vorbei geht es auf dem Deich 1 km bis zur Straße, diese wird überquert (Schild *Ostland/Flugplatz*), und weiter führt der nun etwas breitere Fahrradweg am Flugplatz vorbei 4 km bis zum Weiler Ostland (kurz davor bieten sich zwei Abstecher an: einmal zum FKK-Strand mit hübschem Dünenkiosk und wenig später zum Aussichtspunkt *Olde Düne*). Vom Ostland (Einkehrmöglichkeit) führt der Weg 2,3 km südöstlich Richtung Seedeich durch Wiesen und Weiden. Nach der Schutzhütte geht es nun nach rechts. Entweder binnendeichs oder etwas holperiger, dafür aber mit schöner Aussicht und Wattblick, auf dem hohen Seedeich. Hier ist meist mit heftigem Gegenwind zu rechnen. Nach 3 km ist der Straßenübergang der zum Hafen führenden Reedestraße erreicht. Weil dieser etwas verlegt wurde, geht es nach der Straßenquerung ein kurzes Stück links zur Bushaltestelle und dann rechts über die Gleise den Deich- und Salzwiesenweg und bald den gepflasterten „Waldweg“ entlang. Bald schon zeigt Borkum ein anderes Gesicht, nämlich ein Wäldchen (Greune Stee), in dem es sogar reichlich Rehe gibt. Man fährt auf diesem Weg (Rektor-Scharphuis-Weg) immer im windgeschützten Dünental. Am Wegende nach gut 2 km beginnt linker Hand nach wenigen Metern der Südstrand (Rastmöglichkeit). Man fährt aber rechts am Nichtrauchercafé Hertha vorbei und am Richtfunkmast und Leuchtturm vorüber bis zurück ins Ortszentrum.

Auf einen Blick

- *Information/Zimmervermittlung* **Kurverwaltung**, Am Georg-Schütte-Platz 5 (am Bahnhof), ✆ 04922/9330, www.borkum.de. Unterkunftsnachweis auch beim **Inselverein Borkum e.V.** unter www.borkuminfo.de (✆ 04922/884). **Kurbeitrag** Erwachsene 2,90 €, Kinder ab 12 J. 0,80 € (Nebensaison 1,80 €, Kinder 0,40 €), Tagesgäste 1,60.
- *Bus und Inselbahn* Die **Inselbahn** fährt ganzjährig die 7,5 km lange Strecke vom Fähranleger Borkum-Reede in den Inselort mit Zwischenhaltestelle Jakob-van-Dyken-Weg (Ticket im Fährpreis enthalten). Auf Borkum gibt es zudem mehrmals tägl. eine **Busverbindung** vom Hafen zum Ort und weiter über den Flugplatz und FKK-Strand bis zum Ostland (1,30–2,10 €), Info unter ✆ 04922/3090.
- *Fähre und Parkplätze* Nach Borkum führen zwei tidenunabhängige Fährverbindungen der **Reederei AG-Ems**: 5- bis 6-mal tägl. ab Emden-Außenhafen (Autofähre gut 2 Std., Katamaran 1 Std.) oder 3- bis 4-mal tägl. vom holländischen Eemshaven aus (dort ab Beatrixhaven Autofähre 1 Std., Katamaran 30 Min.).

  Die Tarife sind vielfältig: Rückfahrkarte für Inselurlauber Erwachsene 33,60 € (ab Eemshaven 29,50 €), Kinder (4–11 J.) 16,80 € (ab Eemshaven 14,75 €). Katamaranzuschlag einfache Fahrt Erwachsene 11 € (ab Eemshaven 5,50 €), Kinder 5,50 € (ab Eemshaven 4 €). Die Plätze auf dem Katamaran sollte man besser reservieren. Fahrradmitnahme (nur Autofähre) 11,50 € (ab Eemshaven 11 €).

  Für *Tagesausflügler* gibt es drei Varianten: Zunächst die Rückfahrkarte mit der Autofähre: Erwachsene 17,60 € (ab Eemshaven 15,80 €), Kinder 8,80 € (ab Eemshaven 7,90 €), Fahrradmitnahme 7,50 € (ab Eemshaven 7 €). Als zweite Variante gibt es das dimido-Ticket, also eine Tages-Familienrückfahrkarte Di, Mi und Do für 2 Erwachsene und 2 Kinder (gültig in den Ferien von

Klaasohm

Jedes Jahr am 5. Dezember steht Borkum Kopf. Die Einheimischen feiern das unheimliche und zugleich witzige Klaasohm-Fest, das auf die Walfängerzeit zurückgeht. Die Männer blieben lange auf See, und währenddessen hatten die Frauen das Zepter in der Hand. Dieses müssen sich die Männer nun symbolisch wieder zurückholen. Sechs „Klaasen“ und ein „Wiefke“ (Weib) ziehen johlend durch die Straßen und Inselkneipen. Dabei „verprügeln“ sie mit ihren Kuhhörnern alle Frauen, die ihnen vor die Hörner kommen. Die jeweils zwei kleinen, mittleren und großen Klaasohms mit ihren dicken Stiefeln und weiß-roten Gewändern haben furchterregende, mit Schafsfell, Möwenflügeln und Federn bezogene Helmmasken auf dem Kopf. So eine Maske kann satte 38 kg wiegen. Wiefke hingegen, der als Weib verkleidete Junge, kommt mit einem Wolfskopf daher. Der Umzug der Klaasohms endet mit allen Borkumern in der Ortsmitte (Westerstraße) am so genannten „D“, einer Art Litfaßsäule, von der alle „Klaasen“ und zuletzt „Wiefke“ kopfüber in die jubelnde Menschenmenge springen, von der sie sicher aufgefangen werden.

Ausgerichtet wird das Fest vom Verein Borkumer Jungs von 1830 e. V., in dem selbstverständlich nur Junggesellen Mitglied sein dürfen.

Niedersachsen und NRW) für 44 € (nur ab Emden-Außenhafen). Die zeitsparende dritte Möglichkeit ist das so genannte Strandticket (nur ab Emden-Außenhafen; Hin- und Rückfahrt mit dem Katamaran am gleichen Tag): Erwachsene 27,80 €, Kinder (4–11 Jahre) 16,70 €, Familien (2 Erwachsene und 2 Kinder) 74,50 €.

Die Tarife für Kfz variieren je nach Höhe und Länge des Fahrzeugs und liegen für die Mittelklasse bei 91 € (ab Eemshaven 78 €). Reservierung notwendig. Das Auto sollte man aber besser nicht mit auf die Insel nehmen, alles ist bequem mit Fahrrad oder Bus zu erreichen. Außerdem herrscht im Ortskern teilweise Fahrverbot, häufig Parkverbot und zudem gibt es ein Nachtfahrverbot von 21 bis 7 Uhr. Ticketservice ✆ 01805/180182, Fahrpläne unter www.ag-ems.de.

Inselurlauber und Tagesausflügler können ihr Auto 300 m vom Anleger Emden-Außenhafen entfernt bzw. direkt am Anleger Eemshaven parken (Tagesgebühr 2,50–4 €).

• *Flug* 5-mal tägl. verkehrt ein Lufttaxi der **OTL (Ostfriesischen Lufttransport GmbH)** vom Flughafen Emden aus (Flugzeit 15 Min.), Hin und zurück 129 €. Infos unter www.olt.de, ✆ 04921/89920.

• *Fahrradverleih* Gleich am Bahnhof im Ort ist der etwas teure Verleih der **AG Ems**. Aber im Ort gibt es weitere gute Verleiher (ca. 6,50 €/Tag).

• *FKK-Strand mit Strandsauna* Etwa 5 km nordwestlich des Ortes befindet sich eine tolle Sauna auf Stelzen in herrlicher Lage am weiten FKK-Strand, dahinter FKK-Buden im geschützten Dünengürtel, Strandbude und Kiosk. Vom Parkplatz und der Bushaltestelle muss man ein Stück durch die Dünen bis hierher laufen. In der Saison tägl. 11–17 Uhr, Mi/Fr/Sa bis 20 Uhr geöffnet. Tageskarte 10 €. Handtücher sind ausleihbar. ✆ 04922/1729.

• *Kinderspielhaus* In der Saison hat die **Spielinsel** neben dem Kurhaus (Goethestr. 35) als „überdachter Kinderspielplatz" tägl. und kostenfrei geöffnet.

• *Kino* **Filmtheater mitten im Meer**; Ronde Plate 5, ✆ 04922/918121 (automatische Programmansage).

• *Strandzelt- und Strandkorbvermietung* An allen Stränden über den Verein **Borkumer Strandzeltvermieter e. V.** Strandzelt 6 €, Korb 8 €/Tag. Voranmeldung über www.borkum.de/homepage/vbs/

• *Schwimmbad/Sauna* **Gezeitenland**, großes Erlebnis- und Freizeitbad. Es gibt ein „Erlebnisdeck" mit Schwimm- und Erlebnisbecken, Whirlpool, Riesenrutsche und Außenbecken mit Strömungsdeck (Erwachsene 4 Std. 8,50 €, Kinder 5 €). Das „Saunadeck" präsentiert sich als moderne Saunalandschaft (Erwachsene 3 Std. 13 €). Im „Wellnessdeck" sind zusätzliche Anwendungen buchbar. Zudem gibt es hier den FlowRider, eine Indoor-Surfanlage. In der Saison tägl. 10–21 Uhr geöffnet, im Winter eingeschränkte Öffnungszeiten. Goethestr. 27, ✆ 04922/933600.

• *Spielbank* Automatenspielbank hinter dem Bahnhof (80 Spielautomaten), sogar das Roulette wurde automatisiert, was viel von der Atmosphäre nimmt. Geöffnet April–Okt. 11–0.30 Uhr, Nov.–März 14–21 Uhr, Eintritt 1 €, Georg-Schütte-Platz 6, www.spielbanken-niedersachsen.de.

• *Segeln, Kite- und Windsurfing* Wassersportzentrum am Nordstrand, ✆ 04922/2299, www.beachnet.de.

• *Wattwanderung* **Baalmann**, ✆ 04922/697; **Ackermann**, ✆ 2428; **De Buhr**, ✆ 932493; **Borkumer Kleinbahn**, ✆ 3090 (www.borkumer-kleinbahn.de).

Übernachten/Essen und Trinken (siehe Karte S. 181)

• *Übernachten* *** **Seehotel Upstalsboom (5)**, das schneeweiße, herrschaftliche und hübsch renovierte Haus hat auch innen Flair. Am Neuen Leuchtturm zentral gelegen, sind es nur eine paar Meter zum Strand. 39 geschmackvolle Zimmer. DZ 160–190 €. Viktoriastr. 2, ✆ 04922/9150, seehotel@upstalsboom.de, www.upstalsboom.de.

Ostfriesenhof (10), traditionelles Haus am Hauptstrand, 1894 erbaut, aber innen und außen hervorragend und luxuriös renoviert. Nichtraucherhotel. Die 34 hohen und hellen Gästezimmer sind mit Mahagoni-Möbeln ausgestattet, Restaurant mit sehr guter Küche. DZ 120–165 €. Jann-Berghaus-Str. 23, ✆ 04922/7070, ℻ 04922/3133, info@ostfriesenhof.de, www.ostfriesenhof.de.

Nordsee-Hotel (7), erstklassige Lage am Strand, renoviertes Hotel aus der Gründerzeit und schon über 100 Jahre in Familienbesitz, schöne hohe und helle Zimmer, umfangreiches Frühstücksbuffet, eigener Kurbetrieb im Haus mit Meeressole-Schwimmbecken (Friesentherme) und Sauna. Kinderfreundlich (z. B. Kinderspielzimmer). DZ 113–149 €. Bubertstr. 9, ✆ 04922/3080, ℻ 04922/308113, nordseehotel@t-online.de, www.nordseehotelborkum.de.

*** **Villa Ems (8)**, am Bahnhof in Ortsmitte gelegen, versprüht die Villa als Hotel garni noch am ehesten den Charme der Gründerzeit und familiäre Gemütlichkeit. DZ 96–128 €. Am Georg-Schütte-Platz 9, ✆ 04922/932280, ℻ 04922/3445, www.villa-ems.de.

Kleine Möwe (6), Hotel/Restaurant mit sauberen Zimmern und allem Komfort, teilweise rustikales Ambiente, Restaurant mit ostfriesischen Spezialitäten (z. B. Bohnengemüse mit Kasselersteaks). DZ 84 €. Kirchstr. 21, ✆ 04922/2177, ℻ 04922/3161, post@kleine-moewe-borkum.de, www.kleine-moewe-borkum.de/galerie.

Insel-Camping Borkum, mehrfach ausgezeichneter Platz mit Hotelkomfort (Restaurant, Sauna, Fitnesscenter), sehr kinderfreundlich (Mini-Club, Animation, Abenteuerspielplätze). Nur wenige Minuten vom Badestrand und der Innenstadt entfernt. Geöffnet 15.3.–1.11. Hindenburgstr. 114, ✆ 04922/1088, ℻ 04922/4234, info@insel-camping-

Tägliches Kurkonzert: Musikpavillon am Strand

borkum.de, www.insel-camping-borkum.de.

• *Essen und Trinken* Das Angebot an guten Restaurants und Cafés ist auf Borkum vielfältig. Im Zentrum und besonders in der Bismarckstraße finden sich die meisten Kneipen der Insel; hier gibt es auch einige Keller- und Tanzbars für Nachtschwärmer.

Delfter Stuben und Fischerdorf (13), wie der Name schon sagt, gemütlich mit gekachelten Tischen in Weiß und Blau eingerichtet. Guter Fisch. Bismarckstr. 6 (zum Hotel Atlantik gehörend), ✆ 04922/2011.

Valentins (12), geradlinig, hell und freundlich eingerichtet, sehr gute mediterrane Küche mit stimmigem Preis-Leistungs-Verhältnis. Auch regionale Spezialitäten und Mittagstisch. Neue Str. 12, ✆ 04922/1234.

Fischerkate (1), einfache, gemütliche und etwas abseits gelegene Gaststätte, in der ausschließlich leckerer Fisch und Meeresfrüchte serviert werden. Im „Kliniksviertel" gelegen, kein Ruhetag. Hindenburgstr. 99, ✆ 04922/3181.

Heimliche Liebe (15), unmittelbar am Südstrand in der ehemaligen Schiffsbegrüßungsstelle Borkum gelegen. Traditionelles (Ausflugs-) Lokal mit maritimer Einrichtung und gutem Fisch. Südstrand. ✆ 04922/929520.

Bauernstuben (2), Ausflugslokal und Café im Ostland mit von Bäumen beschatteter Terrasse. Eine sehr leckere Fischsuppe und andere ostfriesische Spezialitäten, aber auch z. B. Pizza im Angebot, Kinderspielecke und -platz. Tägl. 10–18 Uhr. Ostland 3, ✆ 04922/3504.

Upholmhof (4), gemütliches Scheunenrestaurant, liebevoll über zwei Etagen eingerichtet, prima Küche, die aber auch ihren Preis hat. Im Sommer ist draußen ein Biergarten mit Imbiss und Selbstbedienung, oft auch Livemusik, sehr schöner Kinderspielplatz hinter dem Restaurant. Upholmstr. 111, ✆ 04922/4176.

Geflügelhof (3), ebenfalls ein Ausflugslokal mit Terrasse, aber wegen der besonders großen Kuchenstücke v. a. zur Kaffeezeit frequentiert. Gut 2 km östlich des Zentrums in den Bantjedünen (Nr. 27) gelegen, 12-21 Uhr. ✆ 04922/2631.

Kaffeepöttchen & Altes Fischerhaus (9), Nichtrauchercafé mit vielen kleinen Räumen, rustikal-gemütliches Ambiente, Kinderecke. Witzig: Unterhalb der Decke fährt eine Modelleisenbahn. Im Café wird hausgemachter Kuchen serviert, im Restaurant gibt es v. a. gebratenen Fisch. Alte Schulstr. 10, ✆ 04922/7907.

Borkumer Teestübchen (14), urgemütlich, friesisch-nett zurechtgemacht, reichlich Kuchen und viele verschiedene Teesorten im Angebot. Zentral und dennoch etwas versteckt in Bahnhofsnähe gelegen. Bahnhofspfad 3, ✆ 04922/990162.

Café Bar as Cruso (11), nette Bar mit überdachtem Außenbereich. Pfiffig sind ein altes Ruder- und Segelboot in die Deckengestaltung einbezogen. Frühstück in allen Variationen, abends auch kleine Speisen. Sieben Biere vom „Hahn", auch Cocktails. Gäste können sich kostenlos kleine Notebooks ausleihen und damit grenzenlos im Internet surfen. Tägl. bis weit nach 24 Uhr geöffnet. Bismarckstr. 24, ✆ 04922/1307.

Sehenswertes

Dykhus/Heimatmuseum: Im „Deichhaus", einem alten Insulanerhaus, wird die Geschichte der Insel sehenswert dargestellt. Natürlich sind zahlreiche Exponate der Walfängerzeit gewidmet. Schon im Hof bilden zwei hoch aufgerichtete Walkinnladen eine Art Eingangstor. Sie sind aus Bronze, die echten stehen mittlerweile im Museum. Erstaunlich ist die Größe der Kieferknochen.

Weitere Ausstellungsschwerpunkte sind das Rettungswesen – es gibt ein Rettungsboot zu sehen –, eine Vogelsammlung und zwei Sandsammlungen mit Sand aus allen Regionen der Welt, die Wohnkultur der Insel und v. a. das 15 m lange Skelett eines Pottwals.

In der Saison tägl. außer Mo 10–12 und 15–17 Uhr geöffnet. Erwachsene 3 €, Kinder 1,50 €, Familien 8 €. Roelof-Gerritzs-Meyer-Str. (nahe dem Alten Leuchtturm), ✆ 04922/4860.

Nordsee-Aquarium: Direkt am Südstrand gelegen, präsentiert das kleine Aquarium in 18 kleinen Becken die Unterwasserwelt vor Borkum. Hier schwimmen die für die Nordsee typischen Tiere zum Vergnügen des Besuchers. Normalerweise sieht man diese Meeresbewohner in der Regel nur, wenn sie einem z. B. als Scholle mit Salzkartoffeln auf dem Teller präsentiert werden ...

In der Saison tägl. 10–12 und 14–17 Uhr geöffnet. Erwachsene 2,50 €, Kinder bis 15 J. 2 €. Von-Freese-Str./Ecke Strandpromenade. ✆ 04922/1588; www.nordseeaquarium-borkum.de.

Inselbahn: Schon seit 1888 befördert die älteste Inselbahn Deutschlands Gäste und Güter vom Anleger zur Ortsmitte, teilweise mit Nostalgiewagen und Dampflokomotive. Die meisten Wagen jedoch sind Baujahr 1993, lehnen sich aber an das historische Vorbild an. Seit 1998 verkehrt auch ein Oldtimer-Schienenbus (Baujahr 1940) auf dieser einzigen zweispurigen Schmalspurbahn Deutschlands. Außerhalb des normalen Fahrplans wird auf der Strecke rund 80-mal im Jahr ein Dampfzug eingesetzt.

Die Borkumer Kleinbahn der AG-Ems fährt regelmäßig zu den Fährzeiten (Preis im Fährticket inbegriffen). Zusätzliche Hin- und Rückfahrt: Erwachsene 4,40 €, Kinder 2,20 €, teilweise fährt die Dampflok auch mit Nostalgiewagen (dann kostet die Fahrt für Erwachsene 5,50 €, Kinder 2,75 €). ✆ 04922/3090, www.borkumer-kleinbahn.de.

Nationalparkschiff „Feuerschiff Borkumriff": Seit 1989 liegt das 1956 erbaute, leuchtend rote Schiff im Schutzhafen von Borkum, bleibt aber mithilfe eines Fördervereins weiterhin fahrbereit. Eine Erinnerung daran, dass hundert Jahre lang das sich durch Strömungen ständig verändernde Fahrwasser am Borkumriff und damit die Einfahrt in die Ems (ca. 30 km nordwestlich der Insel) durch diese „mobilen Leuchttürme" gesichert wurde. Das Feuerschiff fungiert heute auch als Nationalpark-Informationszentrum der Insel. Ausstellungen informieren über das einzigartige Wattenmeerbiotop und den Schutz der Nordsee.

Zudem befindet sich auf dem Schiff noch eine Amateurfunkstation. Das ist historisch begründet, denn auf der alten „Borkumriff" installierte die Reichspost im Jahr 1900 die weltweit erste amtlich betriebene Funkstation.

April–Okt. Di–So 9.45–17.45 Uhr (stündlich Führungen). Winterhalbjahr nur Di, Do u. Sa um 10.45-16.15 Uhr. Erwachsene 3 € (mit Führung 4 €), Kinder (6–17 J.) 2 €. Der ausschließliche Besuch der Nationalparkausstellung ist frei. ✆ 04922/2030, www.feuerschiff-borkumriff.de.

Borkums Leuchttürme

Die exponierte Lage an der Außenems macht Deutschlands westlichste Insel zum Eldorado für Leuchtturm-Liebhaber. Zudem haben als Denkmal noch drei aus Ziegel gemauerte hohe Baken (turmartige Seezeichen) die Zeit überdauert: im Westland das 1872 errichtete *Kleine und Große Kaap* sowie die *Ostland-Bake* von 1796.

Alter Leuchtturm: Erbaut vom Senat und der Bürgerschaft Emdens im Jahre 1576 auf einer alten Kirchwarf an jener Stelle, auf der vorher Borkums Kirchturm stand. Man wollte so die Hafenzufahrt nach Emden sichern. Als ältestes Bauwerk der Insel ist der Turm auch im Borkumer Wappen verewigt Damals hat man auch die alten Kirchenglocken des Vorgängerturms wieder aufgehängt. 1882 bekam das Bauwerk dann auch noch eine Turmuhr; so sieht der Alte Leuchtturm eher wie ein Kirchturm aus.

Kirchturmähnlich: Alter Leuchtturm

Genau genommen war das quadratische Bauwerk die ersten 250 Jahre gar kein Leuchtturm, sondern eine Peilbake (Tages-Seezeichen). Erst 1817 brannten die ersten Öllampen auf dem Turm, der in jenem Jahr für das Leuchtfeuer von ursprünglich 36 m auf 45 m Höhe aufgestockt wurde. Umgeben wird der Turm von einem Friedhof aus der Walfängerzeit. Einige verwitterte Eisenkreuze und Grabsteine, die auf Borkum typischerweise mit Totenköpfen versehen waren, sowie ein paar Walkinnladen erinnern noch an die Zeit der Walfänger. Drei besonders schöne alte Grabsteine hat man hier als Duplikat aufgestellt; die Originale stehen geschützt im Heimatmuseum.

In der Saison Mo, Mi, Fr, Sa 10–12 Uhr. Bis zur Aussichtsplattform sind es 150 Stufen. Eintritt 1,50 €. Der Turm dient auch als Standesamt.

Neuer Leuchtturm: Er ist so neu nicht, schon im Jahr 1879 wurde er auf den Westdünen erbaut, nachdem ein Feuer das Innere des alten Turms zerstört hatte.

Charakteristische Strandzelte am Leuchtturm Südstrand

1,5 Mio. Backsteine wurde für den sage und schreibe 60 m hohen, zigarrenähnlichen Turm verbaut, der bald zum Wahrzeichen Borkums wurde. Er wird auch *Großer Leuchtturm* genannt. Die Laterne im Turmoberteil ist nach wie vor in Betrieb und lässt ihr Licht über die See streifen. 315 Stufen muss man über eine enge Wendeltreppe erklimmen, belohnt wird man durch einen atemberaubenden Rundblick bis hinüber zu den Nachbarinseln und dem Festland; das ständige Gedränge der vielen Besucher auf der vergitterten Aussichtsplattform kann das Staunen über die Weite des Meeres jedoch stark beeinträchtigen.

In der Saison tägl. 10–11.30 Uhr und 15–17.30 Uhr, im Hochsommer auch gelegentlich abends 19–21 Uhr geöffnet. Eintritt 1 €, ohne Kurkarte 2 €.

Leuchtturm Südstrand: Der 32 m hohe, westlichste Turm Deutschlands wurde 1887–91 erbaut und war noch bis 2003 als Leuchtturm in Betrieb, heute ist er nur noch Radarstation des Wasser- und Schifffahrtsamts Emden. Er heißt auf der Insel auch *Kleiner Leuchtturm* und war der erste von Anfang an elektrisch betriebene Leuchtturm Deutschlands. Gebaut wurde er damals zu gleichen Teilen auf niederländische und deutsche Rechnung. 55 km weit war sein Licht zu sehen.

Zudem war der Turm die erste Küstenfunkstelle der Welt! Bereits im Jahr 1900 eröffnete die deutsche Reichs-, Post- und Telegrafenverwaltung hier einen amtlichen Funkdienst. Vom Turm aus gab es fortan eine Verbindung zum 30 km entfernten Feuerschiff *Borkumriff*, das ankommende Schiffe per Funktelegramm meldete. Weil die schwierige Hauptzufahrt zum Emder Hafen (Dollart) für große Schiffe seit einigen Jahren nicht mehr über das zunehmend verflachte Hubertgat, sondern über das Westerems-Fahrwasser erfolgt, ließ der Turm mit seiner klassischen rot-weißen Kennung sein Licht zuletzt praktisch vergebens leuchten. Er ist bislang nicht zu besichtigen.

In Turmnähe steht ein 67 m hoher Gittermast als Antennenträger, immer noch das höchste Bauwerk der Insel.

Die Katastrophe der „Cimbria"

Vor dem Untergang der *Titanic* im Januar 1912 galt sie als bekanntestes Unglück der zivilen Schifffahrt. Den traurigen Rekord als größte Schiffskatastrophe eines deutschen Schiffes in Friedenszeiten hält sie heute noch.

In einer ruhigen, nebeligen Nacht im kalten Januar 1883 war das hamburgische Fracht- und Auswandererschiff *Cimbria* nordwestlich von Borkum zu seiner siebzigsten Reise nach Amerika unterwegs. Wie aus dem Nichts wurde der zweimastige Schraubendampfer um 2 Uhr nachts mit voller Wucht vom britischen Kohledampfer *Sultan* gerammt und sank mit ebenem Kiel in nur 15 Minuten. Lediglich 48 Menschen überlebten in Rettungsbooten. Stunden nach dem Unglück wurden zudem 17 halb erfrorene Passagiere von den beiden Masten gerettet, die im 25 m tiefen Wasser noch aus dem Wasser ragten. 437 Menschen kamen in den eisigen Fluten ums Leben.

Die *Sultan* drehte allerdings nicht bei, um den Ertrinkenden zu helfen, sondern verschwand in der Nebelnacht. Denn der britische Kapitän wähnte an seinem eigenen Schiff einen gefährlichen Schaden und wollte sich und seine Mannschaft zunächst selber in Sicherheit bringen. Das gelang ihm auch, sein Schiff erreichte trotz Wassereinbruch sogar noch das ferne Hamburg. Er wurde später von einem Seegericht von jeder Schuld bei diesem „bedauerlichen Unglück" freigesprochen – für die deutschen Angehörigen der Toten ein Skandal. Erst 2001/2002 gelang es Schatztauchern, das Wrack der *Cimbria* genau zu orten und mancherlei von deren Fracht – v. a. kostbares Porzellan – zu bergen. Einige Stücke des handbemalten Porzellans sind heute im Heimatmuseum ausgestellt.

Borkum Düne: Ganz in der Nähe des Leuchtturms Südstrand steht in den Dünen ein rot-weiß markierter 8 m hoher Gitterturm. Es wurde schon im Jahr 1928 als Quermarkenfeuer erbaut, ist aber als solches heute nicht mehr in Betrieb.

Fischerbalje: Noch in Betrieb ist die am Leitdamm vor der Hafenzufahrt stehende Fischerbalje von 1960, eine auf drei Pfählen im Watt stehende 16 m hohe Bake mit einem kleinen rot-weißen Turm und aufgesetzter Laterne. Sie dient als Leit- und Quermarkenfeuer. Jedes den Borkumer Hafen anlaufende Schiff fährt dicht an ihr vorbei.

Binnenländisches Stillleben im Wassergraben des Schloss Gödens

Ostfriesisches Binnenland

Das landschaftlich reizvolle ostfriesische Binnenland mit seinen Wiesen und Feldern, Mooren, Kanälen und Fehnkolonien (Moorkolonien) wird zunehmend von Kanu- und Fahrradtouristen entdeckt.

Etliche kleine Dörfer mit mittelalterlichen Kirchen zeugen davon, dass es sich hier um uraltes Kulturland handelt. Zu sehen gibt es zudem viele alte Windmühlen, Burgen und Schlösser und auch Meere, wie hier die Hochmoorseen genannt werden. Städtische Kultur erlebt man v. a. in der Hafenstadt Leer im Süden, in der ehemaligen Residenzstadt Aurich als Zentrum Ostfrieslands und in Jever, das einiges mehr zu bieten hat als sein berühmtes friesisch-herbes Bier.

Varel

11.300 Einwohner

Für die meisten ist die „Stadt zwischen Meer und Wald“ bloß Durchgangsstation auf ihrem Weg zum wesentlich bekannteren Nordseebad Dangast. Dabei präsentiert sich Varel nicht nur als kleine, lebendige Einkaufsstadt, sondern hat auch echte Sehenswürdigkeiten zu bieten: einen fünfgeschossigen Galerieholländer, die prächtig ausgestattete Schlosskirche mit einem Ludwig-Münstermann-Altar und ein skurriles Kuriositätenkabinett.

Die mit allen Eingemeindungen noch vor Jever größte Stadt im Landkreis Friesland ist so etwas wie ein regionales Zentrum, worauf auch die schöne Fußgängerzone mit ihren zahlreichen Geschäften und Straßencafés hindeutet. Beschaulicher geht es im Nordosten des Ortes zu. Hier nämlich liegt das Vareler Tief mit dem kleinen Hafen. Eine moderne Schleuse macht den Hafen sturmflutsicher und sorgt dafür, dass die am Kai dümpelnden Jachten und einzelne Fischkutter auch bei Ebbe

Wasser unterm Kiel haben. Zwei gute Fischrestaurants, ein Fabrikverkauf (Bahlsen-Kekse) und das erwähnte Kuriositätenmuseum Spijöök machen den Hafen zum lohnenswerten Ausflugsziel.

Geschichte: Christianisiert wurde die Gegend um Varel (von *Farle* = heiliger Wald) bereits vor ca. 1200 Jahren, die erste urkundliche Erwähnung des Ortes selbst datiert vom Anfang des 12. Jh. Beherrscht wurde er seinerzeit von regionalen Häuptlingen. Sturmfluten machten Varel zum Hafenort und damit zum begehrten Marktflecken, der im 15. Jh. in den Herrschaftsbereich der Grafen von Oldenburg kam. Zwischen 1680 und 1733 gehörte der Ort zum Königreich Dänemark – in diese Zeit fällt auch die Befestigung des Hafens –, um danach durch Erbe in den Besitz des holländischen Reichsgrafen von Bentinck überzugehen. Nach einem kurzen Intermezzo unter französischer Besatzung (1811–13) kam Varel – vorausgegangen waren langwierige Erbstreitigkeiten und die Zahlung einer deftigen Abfindung für die Erben der von Bentincks – 1854 wieder zurück zum Großherzogtum Oldenburg.

- *Information/Zimmervermittlung* **Varel Touristik**, Rathaus, Windallee, 26316 Varel, ✆ 04451/968432, www.varel-touristik.de. Kurbeitrag: Hauptsaison 1,20 €, Kinder die Hälfte.
- *Fahrradverleih* **Fahrradhaus Reiners**, Altjührdener Str. 2 in Varel-Seghorn, ✆ 04451/9790052. **Willi Brouwer**, Mühlenstr. 2 (neben der Schlosskirche), ✆ 04451/82738.
- *Kino* **Central- und City-Service-Kino**, Bürgermeister-Heidenreich-Str. 9, ✆ 04451/6969, www.friebo.de.
- *Schwimmbad* **Freibad Am Bäker** (nahe dem Wasserturm), geöffnet von Mitte Mai bis Mitte Sept. Eintritt frei. **Hallenbad Varel**, Haferkampstraße, tägl. unterschiedliche Öffnungszeiten, ✆ 04451/2636.
- *Veranstaltungen* Am zweiten Augustwochenende findet das traditionelle **Vareler Hafenfest** statt.
- *Wochenmarkt* Mittwoch- und Samstagvormittag am Neumarktplatz.
- *Übernachten/Essen und Trinken* Hotel **Friesenhof**, gediegenes Ambiente am ruhigen Marktplatz. Großes Hotel mit benachbartem Gästehaus. Geräumige Zimmer, Wellnessbereich mit Sauna und Whirlpools. Im hauseigenen Restaurant "Neumärker" gibt es internationale und regionale Spezialitäten, beispielsweise fangfrischen Fisch. DZ 75–108 €. Neumarktplatz 4–6, ✆ 04451/9250, ✆ 04451/925200, info@hotel-friesenhof.de, www.hotel-friesenhof.de.

Schienfatt, in den Gasträumen des Heimatmuseums, gehobene Küche (Salzwiesenlamm, Steinbeißerfilet), je nach Saison wechselnde Karte. Auch Weinstube. Tägl. ab 18 Uhr, So ab 12 Uhr. Reservierung erbeten. Neumarktplatz 3, ✆ 04451/4761, www.restaurant-schienfatt-varel.de.

Aal und Krabbe, großes, helles und freundliches Fischrestaurant mit direktem Blick auf den Jachthafen. Oft wird ein reichhaltiges Fischbuffet angeboten. Am Vareler Hafen, ✆ 04451/3091.

Sehenswertes

Schlosskirche: Das Gotteshaus mit kreuzförmigem Grundriss wurde wahrscheinlich schon 1144 als Wehrkirche erbaut, im 15 Jh. aber wesentlich erweitert. Überregional bekannt ist die Vareler Schlosskirche durch ihre reiche Innenausstattung, deren wesentliche Teile vom berühmten Bildhauer *Ludwig Münstermann* stammen, darunter eine Sandsteinkanzel und ein Taufstein mit Alabasterfiguren. Besonders berühmt ist sein fast 10 m hoher, viergeschossiger Eichenholzaltar aus den Jahren 1613–18, der als Meisterwerk der Spätrenaissance gilt: Filigran verziert und mit Apostelfiguren versehen, zeigt er in seinem Mittelteil Szenen aus dem Leben Jesu (Anbetung durch die Hirten, Einsetzung des Abendmahls, Kreuzigung, Auferstehung und Himmelfahrt). Der „Namenspatron" der Schlosskirche, das Vareler Schloss selbst, wurde übrigens in der zweiten Hälfte des 19. Jh. abgerissen.

April–Okt. tägl., im Winterhalbjahr Mo–Fr 11–16 Uhr. Führungen im Juli und August an jedem Samstag um 11 Uhr.

Heimatmuseum mit Stadtarchiv: Schon seit den 1950er Jahren hat das gepflegte Heimatmuseum in dem im 17. Jh. erbauten Haus am Neumarkt seinen Platz. Die museal ausgestatteten Räume im Erdgeschoss werden jedoch schon seit 35 Jahren vom Gourmet-Restaurant *Schienfatt* als Gasträume genutzt. Um Platz für die zahlreichen Exponate zu schaffen, wurde im Jahr 2003 nebenan ein dem historischen Stil angepasster Neubau eingeweiht. Gezeigt werden im neuen Foyer Arbeiten heimischer Maler. Den Kern des Museums bildet jedoch die Geschichte der Stadt und der Edlen Herrschaft Varel ab dem Jahr 1667, die anhand zahlreicher Einrichtungsgegenstände aus dem ehemaligen Vareler Schloss veranschaulicht wird.

Mai–Okt. Mi und So 10–12 Uhr. Erwachsene 1 €, Kinder bis 15 J. frei. Neumarktplatz 3, ✆ 04451/126132.

Meisterwerk der Spätrenaissance: der Münstermann-Altar

Windmühle: Gewaltig ist sie, die voll betriebsfähige und sage und schreibe fünfgeschossige Mühle von Varel. Bei aufrecht stehenden Flügeln streckt sie sich stattliche 39 m gen Himmel und ist damit einer der größten Galerieholländer überhaupt. Die 1848 erbaute Mühle diente bis 1965 noch ihrem eigentlichen Zweck, heute beherbergt sie – nach einer Renovierung in den 70er Jahren – eine umfangreiche heimatkundliche Sammlung mit bäuerlichen Gebrauchsgegenständen und Fischereigeräten. Darüber hinaus erhält man Informationen über die Entstehung des Jadebusens sowie über die regionalen Sportarten Boßeln und Klootschießen. In der Remise hinter der Mühle sind landwirtschaftliche Geräte und Fahrzeuge sowie eine alte Dampfmaschine zu besichtigen. Glanzstücke sind zwei Hansa-Autos aus den Jahren 1919 und 1924. Denn in Varel sind 1905 die Hansa-Automobilwerke gegründet worden, die sich später mit Lloyd und Borgward vereinigten. Zudem gibt es auf der gepflegten Anlage noch eine kleine Gulfscheune mit einer weiteren landwirtschaftlichen Ausstellung.

Ganzjährig Sa 10–12 Uhr geöffnet. Zudem im Sommerhalbjahr Mi und So 10–12 Uhr. Eintritt frei. Mühlenstr. 52a (Richtung Hafen), ✆ 04451/860801.

Wasserturm: Der 50 m hohe, 1913/14 in Klinkerbauweise errichtete Turm versorgt die Stadt noch heute mit Wasser, gleichzeitig dient er als ganzjährig geöffneter Aussichtsturm. 220 Stufen in einem geräumigen Treppenhaus sind zu überwinden, dann bietet sich von der großen und vergitterten Plattform aus ein herrlicher Weitblick auf die waldreiche Umgebung Varels und den gesamten Jadebusen.

Ganzjährig tägl. 8–16 Uhr geöffnet. Man wirft 50 Cent in den Türautomaten, und schon öffnet sich die Türe für beliebig viele Personen. Oldenburger Str. 62 (2 km vom Ortskern entfernt Richtung Obenstrohe).

Kuriositätenmuseum „Spijöök": Etwas wirklich Besonderes erwartet die Besucher am Vareler Hafen: eine fantasie- und humorvolle Präsentation skurriler Exponate aus der Region. Man bekommt Flunkergeschichten aufgetischt, beispielsweise die über ein legendäres Ein-Mann-U-Boot oder über die Erfindung des Boßelns. Spijöök bedeutet soviel wie "lustiger Unsinn" und entstand als Projekt des Kulturfördervereins *Kunstdünger* in Zusammenarbeit mit der Aktionsgruppe *Menschenmüll.*

Sa/So 15–17 Uhr (Pfingsten bis September). Empfehlenswert nur mit der jede Stunde stattfindenden lustigen Führung – dann werden die Kuriositäten lebendig. An Stelle der Eintrittskarten gibt es ein Stück Seemannsgarn. Erwachsene 3 €, Kinder 1 €. Kohlhofsweg 5c (Hafennordseite), ✆ 04451/4488, www.menschenmüll.de.

Umgebung von Varel

Tier- und Freizeitpark Jaderpark: Aus einem ehemaligen Privatzoo aus den 1950er Jahren sind auf etwa 18 ha Fläche im Grunde genommen vier Parks hervorgegangen. Ein *Tierpark,* in dem es von Raubkatzen, Tapiren und Vogelvolieren bis hin zu Tropenhaus und Streichelzoo so ziemlich alles gibt, was einen netten Zoo ausmacht. Dem schließt sich der große *Abenteuerpark* an, den man mit einer kleinen Eisenbahn im Stile einer Westernbahn umrunden kann. Kernstück dieses Parkabschnitts ist die Afrikasteppe, auf der sich u. a. Giraffen, Zebras und Antilopen tummeln. Die meistfrequentierte Attraktion am Jaderberg ist jedoch der *Freizeitpark* mit etwa zehn Fahrgeschäften, darunter eine kleine Achter- und eine Wildwasserbahn. Das Angebot wird vervollständigt durch eine Spielscheune, dem so genannten *Spaßpark,* der insbesondere kleineren Kindern wetterunabhängiges Herumtoben ermöglicht. Alles in allem für Kinder bis zwölf Jahre sicher ein tolles Erlebnis.

Sommersaison (April–Okt.) tägl. 9–18 Uhr, Erw. 12 €, Kinder von 3 bis 12 J. 10 €, die Parkplätze sind kostenlos. Wintersaison (nur Tierpark und Spaßpark) Mo–Fr 14–18.30 Uhr, Sa/So/Ferien 10.30–18.30 Uhr, Erw. 4,50 €, Kinder 6,50 €. Anfahrt: A 29, Ausfahrt Jaderberg, 5 km bis Jaderberg. Tiergartenstr. 69, ✆ 04454/91130, www.jaderpark.de.

Friesische Wehde

21.000 Einwohner

Westlich von Varel schließt sich ein Geestrücken an, der sich vom Landschaftsbild her deutlich vom restlichen Friesland unterscheidet: Wie es die altniederdeutsche Bezeichnung „Whede" schon sagt, lockt der Landstrich mit reichlich Wald.

Herzstück der Waldlandschaft ist der zwischen den Gemeinden Zetel, Neuenburg und Bockhorn gelegene, knapp 700 ha große Neuenburger Forst. Ein kleiner Teil davon ist als Naturschutzgebiet ausgewiesen und darf sich sogar mit dem beeindruckenden Namen *Urwald* schmücken. Es handelt sich um ein ca. 25 ha großes Areal, das schon seit Mitte des 17. Jh. nicht mehr holzwirtschaftlich genutzt, sprich abgeholzt werden darf. Seither entwickelt sich der Wald hier so, wie's ihm gefällt – mit Eichen und Buchen, die teilweise über 600 Jahre alt sind. Der *Neuenburger Urwald* ist auf gut ausgeschilderten Rundwegen begehbar.

Geschichte: Die unter der Herrschaft der Oldenburger Grafen stehende Friesische Wehde war sozusagen das Pendant zum ostfriesischen Friedeburg. Grenzfestung gegen die ostfriesischen Nachbarn war Neuenburg. Im Jahre 1475 geriet der Sohn des Grafen von Oldenburg in ostfriesische Gefangenschaft. Dort blieb er sechs lange Jahre, bis die wenig galanten Ostfriesen als Gegenleistung für die Freilassung die Abtretung des Gebiets um Zetel erwirkten. Das sorgte in der Folgezeit natürlich für reichlich Spannungen, letztlich fiel die Region mit dem Zeteler Frieden im Jahre 1517 aber wieder an Oldenburg.

Weil es im südlichen Friesland reiche Tonvorkommen gibt, profitierte der Ort Bockhorn ab 1855 v. a. vom Aufbau der nahen Stadt Wilhelmshaven. Zu dieser Zeit gab es hier neun Ziegeleien. Aus den qualitativ hochwertigen Klinkern der Region entstanden einst so berühmte Bauwerke wie das Rathaus in Wilhelmshaven, das Chilehaus in Hamburg oder das Ehrenmal in Laboe.

• *Information* **Urlaubsgebiet Friesische Wehde**, www.friesische-wehde.de. Geschäftsstelle 26340 Zetel/Neuenburg, Urwaldstr. 37, ✆ 04453/935226; Geschäftsstelle 26345 Bockhorn, Am Markt 1, ✆ 04453/70830. Keine Kurtaxe.

• *Fahrradverleih* **Firma Stroje**, Urwaldstr. 3, Neuenburg, ✆ 04453/918047; **Fahrradhaus Neuenburg**, Lindenstr. 21, Neuenburg, ✆ 04453/219; **Fahrradverleih Langerenken**, Jakob-Borchers-Str. 12, Zetel, ✆ 04453/6591.

• *Kino* **Zeli Zetel**, Hauptstr. 7, Zetel, ✆ 04453/1786.

• *Schwimmbad* **Naturfreibad Driefeler Esch**, am östlichen Ortsrand von Zetel. Schönes Naturfreibad mit Sandstrand, Sprungbrett und Plattform mit Rutschen ins Wasser. Tägl. 10–20 Uhr. Erwachsene 1,50 €, Kinder 1 €. ✆ 04453/2081.

Erlebnisbad Bockhorn am Urwald, beheiztes Freibad westlich von Bockhorn. 50-m-Riesenrutsche, 50-m-Becken und Sprungturm, außerdem Minigolf. Werktags 14–20 Uhr, Sa/So 10.30–19.30 Uhr. Erwachsene 2,50 €, Kinder 1,30 €. ✆ 04453/7460.

• *Wochenmarkt* Do 14–18 Uhr in Bockhorn auf dem Marktplatz, Donnerstagvormittag in Zetel im Zentrum.

• *Essen und Trinken/Übernachten* **Urwaldhof**, am östlichen Ortsrand von Neuenburg, gemütliches und rustikales Scheunenrestaurant mit gutbürgerlicher Küche (Schweinerückensteak 12,50 €). Vor dem Haus befindet sich eine schöne Gartenterrasse, auf der man zur Kaffeezeit auch einen heißen Apfelstrudel mit Vanilleeis bekommt (3 €). Mo Ruhetag. Urwaldstr. 59, Neuenburg, ✆ 04453/1860.

Camping Haus am Königssee, ruhiger Platz am Badesee, südlich von Neuenburg, auch Trekkinghütte für Radwanderer (nur im Sommerhalbjahr), Gaststätte ebenfalls vorhanden. Tarbarger Landstr. 30, 26340 Zetel, ✆ 04452/1706, ✆ 04452/918799, camping@haus-am-koenigssee.de, www.haus-am-koenigssee.de.

Sehenswertes

Schloss und Heimatmuseum Neuenburg: Das Schloss gab dem Ort seinen Namen und entstand, als die Oldenburger Grafen hier als Gegengewicht zur ostfriesischen Friedeburg im Jahre 1462 eine *Neue Burg* erbauen ließen. 1714 wurde die Burg zur Schlossanlage umgebaut. Die ehemalige Hauskapelle dient den Neuenburgern heute als Kirche. Das Schlossgebäude wird kommunal genutzt und beherbergt einen Kindergarten, aber auch den Sitzungssaal des Zeteler Gemeinderats. Zudem wird im ersten Stock eine kleine Ausstellung zur heimischen Vogelwelt präsentiert. Im großen Schlossgarten befindet sich ein schönes kleines Freilichtmuseum mit einer alten reetgedeckten Rauchkate aus dem 17. Jh., die in den 1960er Jahren hierher versetzt wurde. Neben einer Wohn- und Spinnstube kann man sich eine Sammlung alter landwirtschaftlicher Arbeitsgeräte anschauen. Das bäuerliche Ensemble wird vervollständigt durch zwei Scheunen, ein Backhaus und einen Ziehbrunnen.

Besichtigung Sa/So 15–17.30 Uhr, das Gelände ist aber tagsüber jederzeit begehbar, ✆ 04452/223. Backtage von Mai bis Sept. jeden ersten Sonntag im Monat ab 13 Uhr.

Nordwestdeutsches Schulmuseum Zetel: Das älteste eigenständige deutsche Schulmuseum (seit 1978) ist in der ehemaligen Grundschule Bohlenbergerfeld untergebracht. Wer sich nach seiner alten Penne zurücksehnt, ist hier richtig. Von Schulwandbildern über Landkarten bis zu Unterrichtsdias und sonstigen Lehrmitteln wird alles gesammelt, was mit dem Thema Schule zu tun hat. Glanzstück ist ein komplett eingerichtetes Klassenzimmer aus der Kaiserzeit, mit Viererbänken, Schiefertafel, Rohrstock und Spucknapf. Die Spiel- und Turngeräte auf dem Schulhof dürfen gerne benutzt werden.

April–Okt. Di–So 11–18 Uhr. Erwachsene 2 €, Schüler 1 €. Zetel-Bohlenbergerfeld (gut beschildert), ✆ 04453/1381, www.schulmuseum.de.

Rutteler Mühle: Kurz hinter Neuenburg (Richtung Friedeburg) steht neben der Bundesstraße auf einer kleinen Anhöhe in Ruttel ein imposanter zweistöckiger Galerieholländer. Das Besondere: Die Mühle war nie außer Betrieb, und so wird hier seit fast 150 Jahren nur mit Windkraft Getreide gemahlen. An etwa 200 Tagen im Jahr reicht der Wind aus, um die 21 m langen Mühlenflügel anzutreiben. Wer möchte, kann die Mühle betreten und erkennt sofort am Mehlstaub, dass hier noch täglich gearbeitet wird. Und das nicht nur mit Getreide, denn – und das ist fast einmalig – die Windkraft treibt auch ein Sägeblatt an, mit der stattliche Baumstämme bearbeitet werden. Vor der Mühle stehen in verkleinertem Maßstab originalgetreue Nachbauten verschiedener Mühlentypen, z. B. einer Bockwindmühle oder einer Kokerwindmühle.

- *Mühlenführungen* Auf Anfrage unter ✆ 04453/333.
- *Essen und Trinken/Einkaufen* **Mühlencafé**, im neben der Mühle stehenden friesischen Bauernhaus mit seiner weiträumigen Diele und den kleinen Sprossenfenstern hat die Betreiberfamilie ein sehr gemütliches Café eingerichtet. Natürlich gibt es hier selbst gebackenen Kuchen und sonntags ein Frühstücksbuffet. April–Okt. tägl. 14–18 Uhr (So auch 10–12 Uhr), Mo Ruhetag. Im **Mühlenladen** nebenan wird nicht nur das frisch gemahlene, geschrotete oder gequetschte Getreide angeboten. Hier gibt es v. a. Ökowaren, auch Keramiken oder Tierfutter sind zu bekommen. Mo–Fr 9–12.30 und 14–18 Uhr, Sa 9–12.30 Uhr.
- *Moorspaziergang* In Nähe der Rutteler Mühle liegt das **Spolsener Moor**. Rote Pflöcke markieren einen 2 km langen, auch für Kinder geeigneten **Rundwanderweg** mit Informationstafeln zu den Themen Moor und Torfabbau. Auf dem Weg zu einem Moorsee (Aussichtsplattform) sind die überwachsenen Gleise einer alten Torflorenbahn und eine kleine Torfkate zu sehen. Hier sind zu Demonstrationszwecken Torfstücke zum Trocknen aufgestapelt.

Das Spolsener Moor erreicht man von der B 437 ab Neuenburg Richtung Friedeburg. Beim Ort Ruttel führt links die Straße Zollweg Richtung Ruttelerfeld ab. Nach 3,5 km geht es dann den Heinen Damm (Moorschäferei) links ab zum Moor. Eine Schautafel und ein Schild mit der Aufschrift *Treffpunkt Moorwanderung* markieren den Startpunkt (hier gibt es keine Parkmöglichkeit, daher muss man sein Auto weit vorher neben dem Feldweg abstellen).

Friedeburg

11.000 Einwohner

Der Ort Friedeburg ist ländlicher Verwaltungsmittelpunkt der gleichnamigen Gemeinde mit einigen Fachgeschäften, Lebensmitteldiscountern und einem kleinen Heimatmuseum. Touristen findet man hier nur wenige.

Interessanterweise haben im Westen des Hauptortes Friedeburg zwei Ortsteile seit alters her die großstaatlichen Namen Russland und Amerika. Von *Russland* erzählt man sich, dass der Boden hier besonders karg war, so wie man sich das unwegsame Russland eben vorstellte. Vielleicht lebte hier auf dem Geestrücken aber auch ein Köhler (Rußer genannt). Das 2 km nordöstlich davon liegende *Amerika* war hingegen schwer zugängliches Moor und wurde im 19 Jh. unter großen Mühen erschlossen – zu einer Zeit also, als viele in die Neue Welt auswanderten. Was lag also näher, als die eigene Unternehmung mit dem verheißungsvollen Namen Amerika zu adeln?

Geschichte: Friedeburg liegt am nordöstlichen Rand eines eiszeitlichen Geestrückens, der in früheren Zeiten die einzig passierbare Landverbindung von Oldenburg bis zur nördlichen Küstenregion war. Dieser Geestrücken bildet den Sockel der ostfriesischen Halbinsel. Hier verlief der so genannte *Friesische Heerweg*, auf dem man die kaum passierbaren Moore meiden konnte. Von diesem Heerweg gab es hier und dort Abzweige, auf denen die schiffbaren Häfen wie Varel oder Jever zu erreichen waren. Wegen der Moore konnte man die ganze ostfriesische Halbinsel mit nur vier Festungen abriegeln, eine davon war die Friedeburg. Sie wurde 1359 als Wasserburg errichtet und war auf einem so schmalen Stück Geest gelegen, dass sie den Heerweg vollends sperren konnte. Fortan wechselten die Herrscher der wegen ihrer Lage begehrten Burg ständig. Erst die Preußen ließen die Burg nach dem Aussterben des ostfriesischen Grafengeschlechts Cirksena im Jahr 1763 abreißen.

• *Information/Zimmervermittlung* **Tourist-Info Friedeburg**, Hauptstr. 60, 26446 Friedeburg, . 04465/1415, www.friedeburg.de. Keine Kurtaxe.

• *Einkaufen* **Friesische Spezialitäten**, v. a. ostfriesische Markenspirituosen, z. B. den Moorgeist für 15 € oder Sanddorn-Grog für 6,50 €, kann man in Friedeburg direkt beim Erzeuger erwerben. Der Laden befindet sich mitten im Ortskern an der B 436 (Wieseder Str.) im ersten Stock der Firma Heiko Blume. Auch friesisches Porzellan aus eigener Manufaktur ist im Angebot. 04465/94600.

Mitten in Friesland: Russland und Amerika

• *Fahrradverleih* Für Übernachtungsgäste von Friedeburg teilweise kostenlos über die Tourist-Information.

• *Maislabyrinth* 8 km südlich von Friedeburg (Abzweig Marx) in Bentstreek gelegen. Ab Mitte/Ende Juli tägl. 10–18 Uhr geöffnet. Pro Pers. 2,50 €, unter 14-Jährige 1,50 €. 04465/1689.

• *Schwimmbad/Sauna* **Naturfreibad Friedeburg**, mit Sandstrand und gepflegter Liegewiese, tägl. 10–18.30 Uhr. 04465/7035.

• *Wochenmarkt* Jeden Do von 14–18 Uhr auf dem Marktplatz.

• *Wohnmobilstellplatz* Auf dem Schützenplatz in Friedeburg, 04465/1415 (Tourist-Information), und beim Gasthaus Wilken am See, Etzel, Friedeburger Str. 19, 04465/242. 8 € pro Nacht.

• *Übernachten/Essen und Trinken* **Landhotel Oltmanns**, familiär geführter, historischer Landgasthof mit alter friesischer Gaststube mit Delfter Kacheln am Kamin. Ordentliche Zimmer mit Weichholzmöbeln und leckere Küche, Spezialität ist ostfriesischer Snirtjebraten, ein in Senf geschmorter Schweinenacken. Mi Ruhetag. DZ 81–86 €. Friedeburger Hauptstr. 79 (schräg gegenüber dem Heimatmuseum), 04465/205, 04465/8366, info@landhotel-oltmanns.de, www.landhotel-oltmanns.de.

Sehenswertes

Heimatmuseum Friedeburg: Das mitten im Ort in einem historischen Gulfhof (heute Bürger- und Gästehaus) gelegene Museum hat v. a. den Friesischen Heerweg mit der Grenzfestung Friedeburg als Ausstellungsschwerpunkt. Ein weiteres Thema des Museums ist die Geschichte der heute nicht mehr vorhandenen Klöster in Reepsholt und Hopels. Zu sehen gibt es zudem auch Fundstücke aus vor- und frühgeschichtlicher Zeit. Hinter dem Gulfhaus ist ein kleiner gepflegter Bauerngarten zu bewundern.

März–Okt. Di–Do 15–17 Uhr, So 10–12 Uhr. Erwachsene 1 €, Schüler 0,50 €. 04465/219.

Mauritiuskirche in Reepsholt: Besonders auffällig an der 800 Jahre alten einschiffigen Kreuzkirche in dem 4 km nördlich von Friedeburg gelegenen kleinen Ort ist die martialisch wirkende Turmruine an der Westseite. Bereits im Jahr 1474 wurde der im 14 Jh. angefügte Turm bei einer Belagerung zerstört und seitdem nie wieder aufgebaut. Der hohe und reich ausgestattete Innenraum der tagsüber geöffneten Kirche wirkt durch seine Holzbalkendecke, prächtige Leuchter und die Ausmalung mit Ornamenten in Weinrot- und Brauntönen warm und freundlich. Er ist mit reichlich Kirchengestühl und einigen barocken Einrichtungsgegenständen bestückt. Der Altar wurde Mitte des 17. Jh. in Esens gefertigt, daneben befindet sich ein seltenes Sakramentshäuschen aus der gleichen Zeit. Der Kirchenraum steht in Kontrast zur hellweiß getünchten *Oll Kark* im gegenüberliegenden „Restschiff" der Kirche. Dieser Teil der Kirche war nach den Zerstörungen im Dreißigjährigen Krieg aus Geldmangel nicht wiederaufgebaut worden und fristete jahrhundertelang ein bedauernswertes Dasein als eine Art Rumpelkammer. Erst im Jahre 2003 wurde die *Oll Kark* renoviert und zum Meditationsraum umfunktioniert.

Jever

10.500 Einwohner

Jever lohnt immer einen Besuch und hat viel mehr zu bieten als das gleichnamige friesisch-herbe Bier, das im wahrsten Sinne des Wortes in aller Munde ist. Wer schön in einer netten Fußgängerzone einkaufen und flanieren möchte, ist hier ebenso richtig wie der Kulturliebhaber.

Die Stadt im Herzen Frieslands (*Jefer* ausgesprochen) hat deutlich an Attraktivität gewonnen, seit vor einigen Jahren eine Umgehungsstraße gebaut wurde, die endlich den Fernverkehr umleitet. Eine historische und teilweise von alten Wallgräben umgebene Altstadt mit ihren verwinkelten Gassen, das prächtige Schloss und zahlreichen kleinen Geschäfte machen Jever zur vielleicht schönsten Einkaufsstadt Frieslands. Die Fußgängerzone beginnt im Westen der Stadtkirche, um die herum Dienstag- und Freitagvormittag der geschäftige Jeveraner Wochenmarkt schon allein einen Besuch wert ist. Belebter wird die Einkaufsmeile auf der östlichen Seite der Altstadt. Sie zieht sich hier vom Alten Markt durch die Neue Straße und die Schlachtstraße hinunter bis zu einem Platz, der Schlachte genannt wird. Dort befand sich bis zum Jahr 1870 der heute zugeschüttete Hafen, der ein *Schlagde*, also Be- und Entladeplatz für Schiffe, war. Heute erinnert nur noch ein Kinderspielplatz mit einem großen Kletter-Holzschiff an die ursprüngliche Bedeutung des Platzes.

Geschichte

Das günstig und sturmflutsicher auf einem etwas erhöhten Geestrücken gelegene Gebiet war wohl schon vor 2000 Jahren besiedelt, wurde aber erstmals 1158 als *Gevere* (niederdeutsch für „Weideland") in einer Lehensurkunde erwähnt und entwickelte sich in der Folgezeit zum blühenden Handelsort.

Als es mit der Friesischen Freiheit zu Ende ging, konnte im Jahre 1359 Häuptling *Edo Wiemken* I die Territorien dreier Häuptlingsbereiche im Jever- und Wangerland unter seiner Regentschaft vereinigen. In der Folgezeit wehrte sich die Sippe der Wiemkens mit diesem relativ kleinen Gebiet erfolgreich gegen das fast übermächtig gewordene Geschlecht der Cirksena, das schrittweise ganz Ostfriesland – aber eben nicht das friesische Jeverland – unter seinen Herrschaftsbereich gebracht hatte.

Letzte Regentin des Jeverlandes war Fräulein *Maria von Jever* (1500–1575), Tochter des letzten Häuptlings Edo Wiemken II. Fräulein Maria wird zu Recht bis heute in der Stadt sehr verehrt, denn sie sorgte in ihrer jahrzehntelangen Amtszeit dafür, dass Jever im Jahr 1536 die Stadtrechte erhielt. Zudem förderte sie ganz massiv den

Panorama vom Schlossturm: Jevers Altstadt

Küstenschutz mittels Deichbau und vergrößerte durch Neueindeichungen die Fläche ihres Landes um immerhin ein Sechstel. Wegen zunehmender Verschlickungen ließ Fräulein Maria das Hooksieler Tief zum Kanal ausbauen, sodass der Hafen Jevers bis zum 19 Jh. immer noch für Schiffe erreichbar war. Später übernahm Hooksiel die Aufgabe als Hafenumschlagplatz für das Jeverland. Marias Denkmal aus Bronze steht seit 1903 auf dem Schlossvorplatz (in der Nähe der Tourist-Information).

Als Fräulein Maria 1575 hochbetagt starb, war es mit der Selbstständigkeit und der Beständigkeit des Jeverlands vorbei. Die Herrlichkeit Jever fiel jeweils durch Erbschaft zunächst an Oldenburg, 1667 an die Linie Anhalt-Zerbst und nach deren Aussterben 1793 an Katharina die Große, die nun als russische Zarin Landesherrin über Jever wurde. 1807 kam das Jeverland mit dem Frieden von Tilsit an das unter napoleonischer Herrschaft stehende Königreich Holland, und ab 1810 war das Gebiet ein Teil des Kaiserreichs Frankreich. 1813 befreiten die Kosaken das Jeverland von der französischen Fremdherrschaft und nahmen es wieder für den russischen Zaren in Besitz (der Kosakenbrunnen in der Albanistraße mit seinen beweglichen Figuren erinnert daran). 1818 übertrug Russland sein Gebietsrecht an das Großherzogtum Oldenburg. Das Jeverland war von nun an keine Herrschaft mehr, sondern lediglich eine vergleichsweise unbedeutende Provinz Oldenburgs. Die Oldenburger Herrscher nannten ihr nördliches Territorium auf der ostfriesischen Halbinsel schlicht *Friesland*, weil dort eben friesische Volksstämme wohnten. Heute ist Jever das – eher beschauliche – Zentrum eines Kreises, der nach wie vor Landkreis Friesland heißt.

Am ehemaligen Hotel *Hof von Oldenburg* am Schlossplatz erinnert seit 1983 ein Glockenspiel an die fünf großen Herrscher Jevers. Von Edo Wiemken bis Katharina der Großen kreisen täglich um 11, 12, 15, 16, 17 und 18 Uhr fünf historische Figuren um das Glockenspiel.

Information

- *Information/Zimmervermittlung* **Jever Marketing und Tourismus GmbH**, Alter Markt 18, 26441 Jever, ✆ 04461/71010, www.stadt-jever.de.
- *Fahrradverleih* **Rainers Zweirad Shop**, Große Wasserpfortstr. 14, ✆ 04461/73598.
- *Nachtwächterführung* Von Mai bis Oktober jeweils freitags um 22 Uhr führt ein humoriger Nachtwächter durch die Stadt (1,5 Std.). Pro Person 4 €, Anmeldung bei der Tourist-Information.
- *Stadtführung* Ende Juni bis Ende Sept. jeden Montag um 14 Uhr eineinhalbstündige Stadtführung (1 €). Eine kurze telefonische Anmeldung bei der Tourist-Information ist aber nötig.
- *Schwimmbad* **Freibad Jever**, solarbeheiztes 50-Meter-Becken mit Riesenrutsche, Sprunganlage und großem Mutter-Kind-Spielbereich. Im Regelfall tägl. 11–20 Uhr geöffnet, Erwachsene 2,50 €, Kinder 1,50 €, Familien 6 €, Strandkorb 4 €. Jahnstr. (Ecke Wittmunder Str.), ✆ 04461/6260.
- *Veranstaltungen* Jedes Frühjahr im April findet der **Kiewittmarkt** statt, der seinen Ursprung im Ende der Legezeit des früher stark vertretenen Kiebitzes hat. Im August ist **Altstadtfest** und alljährlich im Oktober ist **Brüllmarkt**, ein traditioneller Vieh- und Landwirtschaftsmarkt.
- *Wochenmarkt* Jeden Dienstag- und Freitagvormittag rund um die Stadtkirche.
- *Wohnmobilplatz* Befestigter Platz in der Nähe des Freibads an der Jahnstr. (Ecke Wittmunder Str.), fünf bis zehn Gehminuten von der Altstadt entfernt, Ent- und Versorgungsanlage, 8 €/Nacht, Anmeldung und Infos an der nahe gelegenen Tankstelle, ✆ 04461/2196.

Übernachten/Essen und Trinken (siehe Karte S. 197)

• *Übernachten* **Schützenhof (7)**, 26 allergikerfreundliche Zimmer, zudem das Restaurant **Zitronengras**, in dem es friesisch-rustikale, aber auch fernöstliche Gerichte gibt. DZ 82 €. Schützenhofstr. 47 (1,5 km vom Stadtkern entfernt), ✆ 04461/9370, ✆ 04461/937299, info@schuetzenhof-jever.de, www.schuetzenhof-jever.de.

Hotel-Pension Stöber (8), erst auf den zweiten Blick gemütliches und etwas rustikal eingerichtetes Haus mit großem Garten. Ruhige, aber dennoch zentrumsnahe Lage, reichhaltiges Frühstück. DZ ab 68 €. Hohnholzstr. 10, ✆ 04461/5580, ✆ 04461/74039, hotel-stoeber@t-online.dewww.hotel-stoeber.de.

• *Essen und Trinken* **Haus der Getreuen (1)**, historische Gaststätte mit Jever-Brauereiausschank. Hier tagt noch immer die einst die berühmte Runde, die dem Reichskanzler von Bismarck ab 1871 alljährlich zu seinem Geburtstag am 1. April 101 Kiebitzeier schickte und die Sendung mit „die Getreuen von Jever" unterzeichnete. Heute gibt es in dem ausgesprochen stilvollen Restaurant auch sehr schmackhaftes Essen, das allerdings seinen Preis hat. Tägl. ab 9 Uhr geöffnet. Schlachtstr. 1, ✆ 04461/3010.

Hof Herten Schlosskäserei (5), der Schafhof Herten betreibt hier ein gepflegtes Bistro/Geschäft, in dem sich alles ums Schaf dreht: überbackener Schafskäse (5 €), Hirtenvesper (mit Lammsalami), Bauernsalat usw. Bistrotische auch vor dem Haus und im Innenhof. Tägl. durchgehend geöffnet. Schlossstr. 4, ✆ 04461/916999.

Janssens's Bistro Neue 17 (3), hohe Räume, alles in warmen Gelbtönen gehalten und geschmackvoll eingerichtet. Frühstück, Mittagstisch und Abendessen, wie es sich für ein gutes Bistro gehört, v. a. Nudel- und Schnitzelgerichte (5–9 €). Mo–Sa 8–19 Uhr, So 10–19 Uhr. Neue Str. 17 (Fußgängerzone), ✆ 04461/758156.

Zschoppes Kaffeewerk (2), nette Privatrösterei und Stehkaffee (auch Tische hinterm Haus), es gibt frisch zubereitete Kaffeespezialitäten und Kuchen, etwas versteckt Nähe Fußgängerzone gelegen, Kattrepel 1b, ✆ 04461/7457845.

Café und Teepavillon (6), nettes und ruhiges Café im rückwärtigen Teil des Jeveraner Schlosses. Der Raum mit seinen alten Holzbohlen und dem schönen Blick auf den Park ist gemütlich und einfach ausgestattet (auch Tische auf der Terrasse). Tägl. 13–17.30 Uhr (Sa/So ab 11 Uhr), Zugang ohne Museumsbesuch durch den Schlossgarten. ✆ 04461/9693531.

Pütt (4), typische Bierkneipe am Alten Markt, in der auch spätabends im sonst ruhigen Jever noch etwas los ist. Am Wochenende bis 5 Uhr morgens geöffnet. Eine warme Suppe oder andere Kleinigkeiten gibt es auch. Alter Markt 6. ✆ 04461/73194.

Sehenswertes

Friesisches Brauhaus: Die futuristisch anmutenden, 32 m hohen, glasverspiegelten Türme der landesweit bekannten Brauerei sind nicht zu übersehen. Seit 1848 wird hier der leckere Gerstensaft gebraut. Im historischen Brauereimuseum gewinnt man zunächst einen Eindruck von den Anfängen der hiesigen Braukunst, anschließend geht's in die moderne Produktionsstätte der Jever-Brauerei. In einer fachkundigen Führung (inkl. Verkostung) wird dem Besucher der gesamte Brauprozess erläutert – vom Sudhaus bis zur Flaschenabfüllung.

Die Führung dauert werktags zwei Stunden (am Wochenende nur 1 Std., da kein Produktionsbetrieb). Kosten: 7 € pro Pers. (6- bis 15-Jährige 2,50 €), zwei Bier und eine Laugenbrezel inklusive. Eine Voranmeldung ist unbedingt erforderlich, und zwar im Jever-Shop (Schlachtstr. 2), unter ✆ 04461/13711 oder unter www.jever.de. Das Friesische Brauhaus selbst befindet sich am Elisabethufer 18.

Schloss zu Jever: Das wohl markanteste Gebäude der Stadt war im 14. Jh. eine Festung, um deren massiven Bergfried im Laufe des 15. und 16. Jh. eine Vierseitenanlage errichtet wurde. Hier herrschte und lebte Fräulein *Maria von Jever* (1500–1575) ausgesprochen prunkvoll. Das gesamte Schloss ist heute ein umfangreiches Museum. Nicht nur der Gobelinsaal mit flämischen Bildteppichen, die fürstliche

Friesisches Brauhaus zu Jever

Galerie und die Räume mit handbemalten Goldledertapeten sind prächtig, auch die aus Eichenholz geschnitzte Kassettendecke im Audienzsaal ist sicher einen Blick wert. Zu besichtigen gibt's ferner vieles, was zur regionalen Kulturgeschichte gehört. Die Palette reicht von archäologischen Funden über jeversches Porzellan bis zur historischen Wohnkultur, Letztere z. B. dokumentiert durch ein sehenswertes Fliesenzimmer aus dem 18. Jh. Auch an Kinder ist gedacht, für kleinere stehen Suchspiele mit der Schlossratte Remmer auf dem Programm, die älteren können bei der Schlossrallye starten.

Von der 67 m hohen Plattform des Turmes mit seinem barocken Turmaufsatz hat man einen guten Ausblick auf die Stadt. Wer es beschaulicher mag, genießt den im englischen Stil angelegten Garten rund um das Schloss. Hier gibt es auch ein nettes Café.

Di–So 10–18 Uhr, im Juli/Aug. auch Mo. Turmaufstieg Mai–Sept. 11–17 Uhr. Erwachsene 3,50 €, mit Turm 4 €, nur Turm 1 €; Jugendliche ab 14 J. 1,80 €, mit Turm 2,30 €, nur Turm 0,50 €; Kinder frei, mit Turm 0,50 €, nur Turm 0,25 €. Interessante Sonderausstellungen. Kostümführungen auf Anfrage, ✆ 04461/969350, www.schlossmuseum.de.

Stadtkirche: Jever verlor in seiner Geschichte schon mindestens viermal seine Stadtkirche durch Brände, zuletzt 1959, ausgelöst durch eine achtlos weggeworfene Zigarette. Ersetzt wurde das mitten in der Altstadt gelegene Gotteshaus durch einen Neubau, der noch heute den nüchternen Charme der 1960er Jahre ausstrahlt. Vom Brand verschont blieben nur der freistehende Glockenturm und der 1556 erbaute kapellenartige Chor, in dem mit dem 1561–64 errichteten *Edo-Wiemken-Denkmal* ein überregional bedeutsamer Kunstschatz untergebracht ist. Fräulein Maria von Jever ließ dieses Prachtwerk niederländischer Renaissancekunst zum Gedenken an ihren Vater anfertigen. Das absolut sehenswerte Grabmal des letzten jeverschen Friesenhäuptlings besteht aus einem von Figuren getragenen Marmorsarkophag, über dem ein prunkvoller mehrstöckiger, achteckiger Holzbaldachin errichtet ist.

Im erst 1902 vollendeten Glockenturm befindet sich ein Eine-Welt-Laden der Kirchengemeinde. Hoch oben im Turm hängt die schon 1461 gegossene Marienglocke. Bis heute erklingt sie täglich um 22 Uhr (im Winter 21 Uhr) und läutet den Jeveranern das Ende des Tages und den Beginn der Nachtruhe ein – ganz so, wie es einst die Regentin Maria von Jever angeordnet hatte.

Die Kirche ist tägl. 8–18 Uhr geöffnet. Der Eine-Welt-Laden ist Di-Sa 10–12.30, Mi/Do auch 16–18 Uhr geöffnet.

Blaudruckerei: In einem ehemaligen Speicher aus dem Jahr 1822 gewährt die *Blaudruckerei Jever Georg Stark* einen interessanten Einblick in die Geschichte des Handwerks und des Indigo-Handels. Hier sind bis zu 400 Jahre alte Druckstöcke aus ganz Europa zu bestaunen. Wer will, kann bei der Produktion zuschauen und sich die beim Drucken und Färben von Leinen, Hanf und Seide anfallenden Arbeitsschritte erläutern lassen. Nach mehrmaligem Färben erscheint der Stoff zunächst gelblichgrün, bis sich dann das sprichwörtlich gewordene „blaue Wunder" einstellt. Natürlich kann man die vielen Produkte wie Tischdecken und Seidentücher auch kaufen.

Mo–Fr 10–13 u. 14–18 Uhr, Sa. 10–14 Uhr. Eintritt frei. Kattrepel 3 (hinter der Fußgängerzone, der Neuen Str.), ✆ 04461/71388, www.blaudruckerei.de.

Feuerwehrmuseum Jever: In einem historischen Güterschuppen des Bahnhofs (von 1908) haben die *Feuerwehr-Oldtimerfreunde Jever e. V.* ein schönes Museum eingerichtet, in dem es vom Pickelhelm und der Holzdrehleiter bis hin zur Funk- und Meldetechnik vieles rund um das Feuerwehrwesen zu sehen gibt. Die liebevoll restaurierten Feuerwehrfahrzeuge sind ausgelagert, sollen aber im Museumsanbau eine eigene Halle bekommen.

In der Saison tägl. 14–17 Uhr. Eintritt 3 €, Kinder bis 10 J. 2 €. Florianstr. 1, ✆ 0162/9796286, www.feuerwehrmuseum-jever.de.

Bismarck-Museum: Dem ersten Kanzler des Deutschen Reiches wurde in Jever schon immer eine besondere Ehre erwiesen, seit eine berühmte Runde von deutschnationalen Jeveraner Bürgern ihm ab 1871 alljährlich zu seinem Geburtstag am 1. April genau 101 Kiebitzeier zukommen ließ und die Sendung mit „die Getreuen von Jever" unterzeichnete. Zu sehen gibt es in dem kleinen Museum (und Antiquariat) gegenüber der Brauerei-Gaststätte *Haus der Getreuen* eine umfangreiche Privatsammlung zum Thema Bismarck. Die Ausstellungsstücke, v. a. historische Bücher, Postkarten, Gemälde und Fotografien, stammen alle aus der Zeit zwischen 1870 und 1914. Es sind sogar einige aus dem persönlichen Besitz des Eisernen Kanzlers darunter.

Di–So 10–17 Uhr. Eintritt 3 €, Kinder 1 €. Individuelle Führungen sind üblich und im Eintrittspreis enthalten. Wangerstr. 15, ✆ 04461/918114.

Schlachtmühle: Im Nordwesten der Stadt (im Hooksweg) befindet sich ein vollständig erhaltener zweistöckiger Galerieholländer (1847) mit ehemaliger Mühlenscheune, in der ein kleines Landwirtschaftsmuseum eingerichtet wurde.

Derzeit nur nach Anmeldung zu besichtigen (beim Schlossmuseum unter ✆ 04461 /969350). Erwachsene 1,50 €, Jugendliche 0,75 €, Kinder 0,50 €.

Umgebung von Jever

Wasserschloss Gödens: Ganz sicher ist das barocke Wasserschloss mit seiner prachtvollen Fassade eines der beeindruckendsten Bauwerke Frieslands. Hier residieren standesgemäß die Grafen von Wedel, und das schon seit Jahrhunderten. Ihr Landbesitz ist größer als manche Zivilgemeinde, insgesamt etwa 7000 ha (in Niedersachsen und Schleswig-Holstein), davon rund 2000 ha rund um Gödens. Das Schloss wurde ab 1671 im Stil der holländischen Renaissance errichtet, zwei Jahre nachdem ein Vorgängerbau abgebrannt war. Durch ein Tor aus dem Jahr 1653 gelangt man in den von einem Wassergraben umgebenen, großzügigen Schlosspark mit altem Baumbestand. Dort steht an exponierter Stelle das zweiflügelige Schloss, das seinerseits durch einen breiten Wassergraben geschützt ist. Idyllisch spiegeln sich darin die Mauern des imposanten Gebäudes, dessen charakteristischer Treppenturm sich im Winkel zwischen beiden Flügeln erhebt. Einen Blick ins barock ausgestattete Innere des Schlosses zu werfen, beispielsweise auf den Festsaal mit kunsthistorisch wertvollen Darstellungen der griechischen Sagenwelt, ist nur zu besonderen Anlässen möglich. Der Schlosspark ist täglich außer sonntags von 10 bis 18 Uhr frei zugänglich.

Während des nostalgischen Weihnachtsmarkts am ersten Adventswochenende und im Rahmen der Anfang Juni stattfindenden *Landpartie Gödens* (jeweils mit vielen Marktständen und exklusivem Rahmenprogramm) sind Teile des Schlosses zu besichtigen. Eintritt ab 16 J. 12,50 €. Schloss Gödens Entertainment GmbH, ✆ 04422/986, www.schloss-goedens.de.

Herrschaftliche Residenz: Wasserschloss Gödens

Neustadtgödens: Der 10 km westlich von Friedeburg gelegene Ort ist ein touristisch bislang noch weitgehend unbekanntes Kleinod der Region und kann bequem zu Fuß erkundet werden. Am Museum Landrichterhaus (s. u.) gibt es Parkmöglichkeiten und auch einen Orientierungsplan. Zunftfahnen an den meisten Häusern künden noch heuten davon, welche Handwerker und Kaufleute hier einst ihrem Gewerbe nachgegangen sind, und Schautafeln im Ort weisen die Besucher auf alles Wissenswerte hin. Das zentrale historische Häuserensemble befindet sich in der Kirchstraße, die von dem 1714 erbauten Turm der evangelischen Kirche dominiert wird.

Aus historischer Sicht bemerkenswert ist, dass Neustadtgödens zu Beginn der Neuzeit religiöse Freistatt für Angehörige verschiedener Bekenntnisse war. Gegründet wurde der Ort, der damals noch über ein Tief mit dem Jadebusen verbunden war und sich so rasch zu einem Handelszentrum entwickeln konnte, mit Duldung der toleranten Herren von Gödens 1544 von mennonitischen Leinwebern, die noch bis weit ins 17. Jh. hinein den größten Bevölkerungsteil stellten. Doch das Recht auf freie Religionsausübung lockte schon bald Lutheraner, Reformierte, Katholiken und Juden in den Ort, sodass im Laufe der Jahre vier Kirchen unterschiedlicher christlicher Konfessionen und eine Synagoge entstanden. Als Gotteshaus genutzt werden heute noch die evangelisch-lutherische und die katholische Kirche, die anderen dienen als Wohnhaus (Reformierte Kirche), Gaststätte (Bethaus der Mennoniten) bzw. Ausstellungsraum und Ferienhaus (Synagoge) nur noch profanen Zwecken.

Sehenswert ist das am Nordrand des historischen Kerns (in der Brückstraße) eingerichtete *Museum Landrichterhaus* (April–Okt. tägl. außer Mo 10–18 Uhr, Eintritt frei, ✆ 04422/4199, www.neustadtgoedens.de). Wie der Name schon sagt, residierte in dem um 1600 errichteten und mittlerweile komplett restaurierten Haus 150 Jahre lang ein Landrichter, der im Namen der Gödenser Grafen die niedere Gerichtsbarkeit ausübte, beispielsweise bei Diebstahlsdelikten. Zu besichtigen sind der ehemalige Gerichtssaal und das Arbeitszimmer des Richters. Einen weiteren Schwerpunkt bildet die Ortsgeschichte, Thema ist insbesondere das ehemals florierende Leinwebereigewerbe. Für Kinder führt ein nettes Suchspiel durchs Museum.

Am südlichen Ortsrand ist mitten in den Wiesen mit der *Wedelfelder Wasserschöpfmühle* eine seltene Besonderheit zu bewundern. Das interessante Bauwerk (im Timpweg) ist ein reetgedeckter Erdholländer, der – 1844 erbaut – noch bis in die 1960er Jahr zur Entwässerung des 400 ha großen Wedelfeldes diente. Man erkennt unter Holzluken im Boden die beiden archimedischen Schrauben, mit der die voll funktionsfähige Mühle auch heute noch das Wasser schöpfen könnte und es gelegentlich bei samstäglichen Vorführungen auch tut. Eine weitere Mühle steht am östlichen Ortsrand. Dort steht schon seit 1764 ein betagter zweistöckiger Galerieholländer, die *Oberahmer Peldemühle.*

• *Einkaufen* **Naturkostladen Mühle Erks**, Bio-Laden und Landwarenhandel im 4 km südlich von Neustadtgödens gelegenen Ort Horsten. Untergebracht ist der Laden in einem funktionstüchtigen Galerieholländer von 1839, der während der Öffnungszeiten (Mo–Fr 9–13 und 14–18 Uhr, Sa 9–13 Uhr) auch besichtigt werden kann. Friedeburg-Horsten, Hauptstr. 5, ✆ 04453/2230.

Marienturm und Küsteum in Sande: Am nördlichen Rand von Sande (kurz hinter der Klappbrücke) befindet sich das historische Vorwerk *Alt-Marienhausen*. Das ehemals sehr ansehnliche Schloss aus dem 16. Jh. war Sommersitz von Fräulein Maria von Jever. Leider wurde das Schloss 1822 wegen Baufälligkeit abgerissen. Der schlanke weiße Marienturm und einige Hofgebäude blieben jedoch erhalten. Am Wochenende ist der Turm kostenlos begehbar, in der frei zugänglichen *Schlosskammer* ist darüber hinaus ein Modell der ehemaligen Schlossanlage zu bewundern. Zweite Sehenswürdigkeit ist das *Küsteum* im großen Stall, ein Küstenschutzmuseum, das über die Geschichte des Deichbaus informiert und mit einer großen Ausstellung restaurierter landwirtschaftlicher Geräte aufwartet. Eine Museumsschmiede ist ebenfalls vorhanden.

• *Adresse/Öffnungszeiten* Marienturm und Küsteum im Ort Sande, Hauptstr. 79, ✆ 04422/1555. Mai–Sept. Sa/So 14–18 Uhr. Eintritt frei; www.sande.de.

• *Essen und Trinken* **Marienstübchen**, in einem ehemaligen Hühnerstall neben dem

Marienturm von Alt-Marienhausen wurde eine friesisch-gemütliche Teestube eingerichtet (inkl. schöner Gartenterrasse). Überall läuft Federvieh umher und erinnert an die alte Nutzung. Geöffnet in der Saison Sa/So 10–18 Uhr. Es gibt auch Frühstück. ✆ 04422/999605.

Stephanuskirche in Schortens: Mit Abstand größter von zwölf Ortsteilen der jungen Stadt Schortens (seit 2005) ist Heidmühle, wo der Besucher von einem hübschen Mühlennachbau im Kleinformat begrüßt wird. Ansonsten wirkt Schortens mangels historisch gewachsenen Ortskerns weniger ansprechend. Bekannt ist das *Erlebnisbad Aqua-Toll,* sehenswert aber v. a. die alte *Stephanuskirche* aus dem 12. Jh. In ihrem hellen Inneren finden sich ein um 1400 erbauter Lettner, eine Barockorgel (1686) und ein Jugendstil-Taufbecken von 1917. Prachtstück ist aber der vielfigurige Kreuzigungsaltar aus dem frühen 16 Jh. Kirchenführungen finden von Mai bis August jeden Mittwoch um 15.30 Uhr statt, sonst ist St. Stephanus meist geschlossen.

- *Information/Zimmervermittlung* **Tourismusinformation Schortens**, Oldenburger Str. 29, 26419 Schortens, ✆ 04461/982116, www.schortens.de. Keine Kurtaxe.
- *Schwimmbad* **Aqua-Toll**, mehr Erlebnis- als Schwimmbad: Riesenwasserrutsche, Strömungskanal, Whirlpool, Dampfbäder und alles, was dazugehört (auch Restauration). Di–So meist bis 22 Uhr geöffnet. Erwachsene 5 €, Kinder 2,60 €, Familien 12 €. Beethovenstr., ✆ 04461/81555.

An der B 210 befindet sich außerdem noch das **Naturfreibad Heidmühle** mit ca. 1,5 ha Wasserfläche und 5 ha Liegewiesen, außerdem Spielgeräte und Café. Mai–Sept. geöffnet, Erwachsene 2 €, Kinder 1 €. ✆ 04461/80693.

Voll funktionsfähig: Accumer Mühle

Accumer Mühle: Sehr alter und voll funktionsfähiger Galerieholländer in *Accum* (Richtung Wilhelmshaven) aus dem Jahr 1746 mit je zwei Jalousie- und zwei Segelflügeln. Bis 1986 – und damit 240 Jahre lang – war die Getreide- und Peldemühle in Betrieb (Pelden = das Schälen von Gerste zu Graupen). Heute führt die Mühle ihre Künste v. a. an den einige Male im Jahr stattfindenden Mahl- und Backtagen vor. In der ehemaligen Mühlenscheune befindet sich ein kleines Café.

April–Okt. jeweils Sa/So 14–17 Uhr, in den Sommerferien zusätzlich Mi von 14–17 Uhr.

Kirche St. Florian in Sillenstede: Mächtige, mit Eisenankern gesicherte Mauern zeugen davon, das die Mitte des 12. Jh. erbaute große Saalkirche mit Apsis schon ein beträchtliches Alter aufweist. In ihrem Inneren beherbergt die hervorragend erhaltene und im Sommerhalbjahr tagsüber im Regelfall geöffnete Granitquaderkirche noch Schätze aus der Romanik, darunter den beeindruckenden Taufstein von 1250 sowie links und rechts des Chorbogens zwei überdachte Seitenaltäre. Der prächtige spätgotische Flügelaltar stammt von 1515, die 1757 erbaute Orgel mit Engelsfiguren zählt zu den schönsten Norddeutschlands.

• *Essen und Trinken/Einkaufen* **Fairhandelshaus Mercado-Mundial**, an der alten Landstraße im Ortsteil Grafschaft befindet sich ein Kultur- und Bildungszentrum mit Eine-Welt-Laden und Bio-Shop. Integriert wurde sogar eine kleine Kaffeerösterei. Alle Kaffees werden ausschließlich selbst geröstet, und kein Kaffee wird verkauft, dessen Röstung älter als ein Tag ist. Im angeschlossenen **Fair-Café** finden jährlich gut 50 Konzerte (Rock, Jazz, Blues ...) statt, Programmhinweise unter www.fair-cafe.com. Hinter dem Haus befindet sich ein Wohnmobil-Stellplatz. Di–Fr u. So ab 14.30 Uhr, öffentliches Kaffeerösten jeden Mi um 15 Uhr. Accumer Str. 5, Ortsteil Grafschaft (Schortens, Richtung Sillenstede), ✆ 04423/98049, www.mercado-mundial.com.

Fahrradtour: Von Schloss Gödens zum Jadebusen nach Dangast und zurück

Länge: 32,5 km, Dauer: 3 Std. Landschaftlich schöne Rundtour durch malerische Ortschaften im historischen Friesland, es geht durch Wiesen und Felder und vorbei am Jadebusen.

Natürlich kann man die Rundtour an jedem beliebigen Punkt beginnen. Wir starten auf dem Parkplatz vor dem imposanten *Schloss Gödens*, das eine Besichtigung lohnt. Der Fahrradweg führt zunächst südlich an der Kreisstraße entlang, überquert dann die Bundesstraße und erreicht linker Hand nach knapp 2 km das malerische *Neustadtgödens*. An der Bushaltestelle geht's links ab in den historischen Ortskern (Brückstraße, dann rechts in die Kirchstraße). Am Ende der Kirchstraße biegt man rechts in den Deichweg ab und dann gleich wieder links in den Timpweg. Schon nach 1 km kommt man zur sehenswerten *Wedelfelder Wasserschöpfmühle* (Infotafel am Weg, ein kurzer Abstecher zur Mühle lohnt dennoch). Auf dem geteerten Fahrweg, der bald zum Zweispurweg wird, geht es weiter Richtung Zetel. Der Weg führt

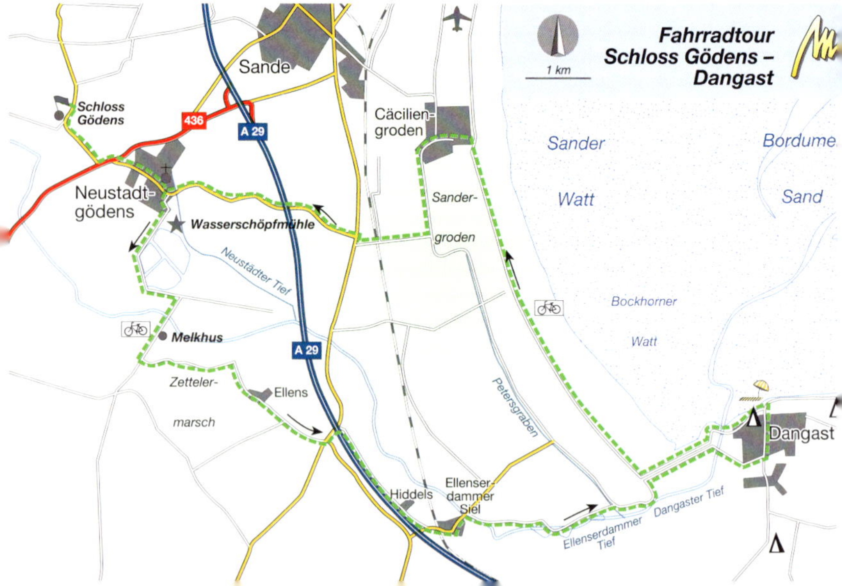

vorbei an Teichen, die durch einen hohen Damm geschützt sind. Bald ermöglicht ein Aussichtspunkt einen Blick aufs Wasser, und wenig später klärt eine Infotafel über die von zahlreichen Brutvögeln besuchte Region und die Baggerseen auf. Nach 2 km geht es südlich der Teiche nach rechts zur Zeteler Marsch (am Friedeburger Tief lädt *Katja's Melkhus* zur Rast). Hinter dem Melkhus nimmt man den schön geteerten, kurvenreichen Fahrweg ins verträumte Ellens (2 km) und fährt dann 1 km weiter bis zur Autobahnunterführung der Landstraße. Dort nimmt man links den Fahrradweg, der kurz hinter der Autobahnausfahrt die Landesstraße überquert (Vorsicht, Verkehr!).

Nun wird es wieder angenehm ruhig. Zunächst führt ein breiter Fahrweg ein Stück parallel zur Autobahn 2 km nach *Ellenserdammersiel* (Mini-Museum in der Sielstr. 3, Mi 15–18 Uhr). Der Name erinnert an den einstigen Hafen und den gleichnamigen Damm, der bis 1615 von den Oldenburger Landesherren erbaut wurde, damit man ohne den Umweg durch das feindliche Ostfriesland in das 1575 durch Erbschaft an Oldenburg gefallene Jeverland kommen konnte. Eine kleine Straße führt von hier links über die Bahnschienen in den Ort hinein. Dort folgt man der Beschilderung links nach Dangast. Aber gleich hinter dem Ort und der Überquerung des Tiefs geht es wieder rechts ab (5 km bis Dangast, kein Schild, nur Wegmarkierung „J"). Nach 1,2 km kommt man an einer Vogelbeobachtungsstation vorbei. Weiter geht es am naturbelassenen Tief entlang bis Petershörn, dann folgt man dem Deich, bis mit *Dangast* einer der schönsten Ferienorte an der Küste erreicht ist (nette Rastmöglichkeit am Kurhaus).

Der Rückweg führt zunächst vom Schöpfwerk am Hafen aus gut 7 km immer am Seedeich entlang (erst außendeichs, dann landseitig) nach *Cäciliengroden*, einer im Jahre 1938 hastig für Werftarbeiter erbauten Arbeitersiedlung mit einheitlichen Reihenhäusern in Klinkerbauweise. Am Beginn der Siedlung (Skulptur) geht es links in den beschaulichen Ort und nach 600 m wieder links die Dangaster Straße gut 2 km parallel zur Deichlinie durch den Sandergroden. Dann biegt man rechts ab (Südstraße, Fahrradschild mit der Aufschrift *Neustadtgödens 4,4 km*) und erreicht nach 500 m die Landstraße. Hier geht es nur einige Meter nach rechts und dann gleich links ab nach Neustadtgödens (4 km, kein Fahrradweg). Empfangen wird man dort von der *Oberahner Peldemühle*. Zurück nach Schloss Gödens geht es dann auf bekanntem Weg.

Wittmund

7700 Einwohner

Wittmund ist eine ruhige und solide Kreisstadt. Bedeutendste Sehenswürdigkeit ist die Peldemühle, der älteste Galerieholländer Deutschlands.

Dabei ist der Ort außerordentlich geschichtsträchtig und war einstmals eine bedeutende und reiche Stadt. Viel ist von der alten Herrlichkeit aber nicht übrig geblieben. Wittmund präsentiert sich heute eher als ruhige Einkaufsstadt mit einer im Karree rund um die Nicolaikirche angelegten Fußgängerzone. Die alte Bausubstanz wurde weitgehend wegsaniert, insbesondere in der Mühlenstraße sind aber noch einige alte Häuser erhalten geblieben und vermitteln eine Vorstellung davon, wie die Stadt einmal ausgesehen hat. Viele Straßen sind mit den charakteristischen roten Klinkern gepflastert und erinnern daran, dass in Wittmund auch heute noch eine bedeutende Ziegelei ihren Stammsitz hat.

Südlich der Fußgängerzone befindet sich der große Marktplatz mit dem historischen Kreishaus und dem Amtsgericht (Ostseite) als Blickfängen. Dahinter breitet sich eine schöne Parkanlage mit Teichen und altem Baumbestand aus, der Zugang liegt etwas versteckt zwischen Stadthaus und Polizei. Sie diente ursprünglich als Schlosspark, da aber auch die Tage des alten Schlosses längst vorbei sind – Friedrich II. ließ es 1764 abreißen, nur die mächtigen Wallanlagen sind noch erhalten –, muss sie heute mit dem schlichten Namen Stadtpark vorliebnehmen.

Geschichte: Wittmund wird erstmals im 12. Jh. erwähnt. Die heute 15 km von der Küste entfernt liegende Stadt war bis ins 17. Jh. über die noch nicht eingedeichte Harlebucht mit dem Schiff zu erreichen. Das ermöglichte einen regen Handel und sorgte für Wohlstand. Wie das gesamte Harlingerland gehörte auch Wittmund zunächst nicht zu Ostfriesland, man lieferte sich sogar lange Zeit blutige Fehden mit den Nachbarn. Aber nach dem Tode des letzten Herrschers des Harlingerlandes, Häuptling Balthasar von Esens, entstand mangels männlicher Erben eine Art Machtvakuum. Durch geschickte Heiratspolitik fielen das Harlingerland mit Wittmund und Esens im Jahr 1600 dann doch an das Geschlecht der mächtigen Cirksena, der Landesherren von Ostfriesland. Damit endete eine fast 400-jährige Unabhängigkeit. Und noch einmal fast 400 Jahre später, als sich die Wittmunder mittlerweile durch und durch Ostfriesland zugehörig fühlten, wurde diese Zuordnung in Frage gestellt. Denn Wittmund wurde mit der Gebietsreform im Jahre 1978 kurzerhand dem Landkreis Friesland und damit dem historisch Oldenburgischen angegliedert. Für die Bevölkerung war das ein Affront, denn damit waren die Wittmunder keine Ostfriesen mehr. Aufgebrachte Bürger zogen vor den Staatsgerichtshof und hatten Erfolg. Am Ende des Jahres 1979 war Wittmund als selbstständiger Kreis wieder ostfriesisch. Heute gehören zum Kreis Wittmund die Inselgemeinden Langeoog und Spiekeroog, die Gemeinden Friedeburg und Wittmund (Stadt Wittmund mit den Eingemeindungen, z. B. dem Küstenort Carolinensiel/Harlesiel) sowie die Samtgemeinden Esens und Holtriem.

- *Information/Zimmervermittlung* **Tourist-Information Wittmund**, Am Markt 15, 26409 Wittmund, ✆ 04462/983125, www.wittmund.de.
- *Fahrradverleih* **Kuhlbars**, Esener Str. 4, ✆ 04462/6703.
- *Kino* **Mini-Plex-Kino**, klein und gemütlich. Am Markt 16, ✆ 04462/946666.
- *Schwimmbad* Sehr schönes und beheiztes **Freibad** am See in Isums (2 km südlich von Wittmund Richtung Leerhafe). Rutsche, Kiosk, Liegen und Strandkörbe. Eintritt 3,80 €, Kinder 2,20 €. ✆ 04462/1290 oder 04462/983125. Nebenan befindet sich ein **Paddel- und Tretbootverleih**.
- *Veranstaltungen* Stolz ist man in Wittmund darauf, dass seit über 30 Jahren in vierstündigen unterhaltsamen Veranstaltungen Gäste, Vereine und Clubs hier ihr **Ostfriesenabitur** ablegen können. Prüfungsfächer sind beispielsweise Teetrinken, Krabbenpulen, aber auch Boßeln, Kuhmelken und Plattdeutsch. Info: ✆ 04462/983125.
- *Wochenmarkt* Montag- und Donnerstagvormittag auf dem Markplatz.
- *Wohnmobilplatz* Ein ganzjährig kostenlos nutzbarer, ca. 1 ha großer Stellplatz befindet sich auf dem Schützenplatz (Auricher Str.). Er ist von Büschen und Bäumen umgeben und nur 800 m von der Innenstadt entfernt.
- *Übernachten* **Ringhotel Residenz**, ein Gebäude des ehemaligen Wittmunder Schlosses bildet den Eingangsbereich des stilvollen Hotels am Markplatz. Die 50 Zimmer sind angemessen ausgestattet, Sauna und Dampfsauna im Haus. Das Restaurant bietet ansprechende Küche. DZ ab 110 €. Am Markt 13, ✆ 04462/8860, ✆ 04462/886123, info@residenz-wittmund.de, www.talk-free.de.

Campingplatz Isums, schöner, nicht allzu großer Platz am Isumer See, ganzjährig geöffnet, sehr schönes Freibad (s. o.), Tennisplätze, Bootsverleih nebenan. ✆ 04462/922833, ✆ 922980, info@camping-isums.de, www.camping-isums.de.

• *Essen und Trinken* **Die Mühle**, großes und gutes italienisches Restaurant (auch Steakhaus) in der renovierten Siuts-Mühle, einem Galerieholländer von 1884. Schöner Wintergarten und große Gartenterrasse vor dem Haus. Auricher Str. 11, ✆ 04462/4051.

La Bella, nette, kleine und mit vielen Grünpflanzen geschmückte Pizzeria gegenüber dem historischen Kreishaus. Das Essen ist gut, gelegentlich gibt es sehr lecker zubereitete (tranchierte) Forellen. Am Markt 8, ✆ 04462/946030.

In't Kluntje, gemütlich-rustikal eingerichtete Kneipe und Restaurant auf zwei Etagen, in der es auch einen ordentlichen Mittagstisch gibt. Norderstr. 13, ✆ 04462/3191.

Sehenswertes

Kreishaus: Das wohl ansehnlichste Gebäude der Stadt wurde um 1900 am Marktplatz errichtet. Wittmund war zu jener Zeit der größte und reichste Landkreis der preußischen Provinz Hannover, und das sollte im repräsentativen Kreishaus seinen baulichen Niederschlag finden. Über dem Eingangsportal zeigen Quadersteine die Wappen der Städte Wilhelmshaven, Wittmund und Esens; links und rechts davon finden sich Wappentafeln mit dem Löwen von Gödens und dem Adler von Friedeburg. Mittelpunkt des Gebäudes ist der mit einer prächtigen Balkendecke und einem dreieinhalb Meter hohen Kamin versehene historische Sitzungssaal, dessen hölzerne Wandverkleidung mit Motiven aus dem Altkreis Wittmund bebildert ist. Absolut sehenswert ist auch das ehemalige Dienstzimmer des stellvertretenden Landrates, das im Stil einer alten Bauernstube ausgestattet und mit handbemalten Wandfliesen verziert ist.

Zugänglich während der Sprechzeiten der Kreisverwaltung: Mo–Fr 8.30–12.30 Uhr und Do 14.15–15.45 Uhr. Dann kann man in den ersten Stock gehen und die meist offenen Räume einsehen (bitte vorher beim Pförtner melden). Am Markt 9, ✆ 04462/8601.

Hoch hinaus: Baumregionenturm bei Wittmund

Peldemühle: Die schöne Mühle an der Esener Straße beherbergt heute das Heimatmuseum. Sie wurde 1741 erbaut und ist damit der älteste, noch vollständig erhaltene Galerieholländer Deutschlands. Zu sehen gibt es neben der Mühlentechnik Sammlungen aus Landwirtschaft und Handwerk des Harlingerlandes. Vor Ort befinden sich auch eine historische Schmiede und ein alter Backofen, die ungewöhnlicherweise am gleichen Schornstein angeschlossen sind.

April–Okt. Mo–Fr. 11–17 Uhr, Sa 11–14 Uhr, So Ruhetag. Eintritt 2 €, Kinder bis 14 J. frei. Informative Führung 50 Cent pro Person, jeden Mi 15 Uhr Mahlvorführung. Am Ortsrand Richtung Esens gelegen, ✆ 04462/929241, www.heimatverein-wittmund.de.

Nicolaikirche: Der im Jahr 1776 errichtete barocke Saalbau mit angebautem Glockenturm ist umrahmt von der geschäftigen Fußgängerzone und wirkt dennoch wie ein Ruhepol inmitten der Stadt. Im Inneren präsentiert sich die Kirche mit hölzernem Tonnengewölbe als schlichtes, aber durch das zarte Weiß des hohen Kirchengestühls und der weit ausladenden Emporen auch recht vornehmes Gotteshaus. Fünf mittlerweile natürlich elektrifizierte Kronleuchter aus dem 17. Jh. sorgen für die Beleuchtung. Die Orgel mit dem Rokoko-Prospekt geht in ihren ältesten Bauteilen auf das Jahr 1777 zurück. Der Kanzelaltar aus der Barockzeit weist dieses Gotteshaus augenfällig als evangelisch-lutherische Kirche aus.

Die Kirche ist leider nur selten geöffnet. Kostenlose Kirchenführung im Sommer Di 11 Uhr.

Baumregionenturm: Mitten im Wittmunder Wald steht dieser schöne Aussichtsturm aus Lärchenholz. Aus einer Höhe von 23 m kann man über die Baumkronen hinwegschauen. Auf dem Gelände des Kreisnaturschutzhofes gibt es zudem einen kleinen Waldlehrgarten und eine bescheidene forstwirtschaftliche Ausstellung.

Der Kreisnaturschutzhof mit dem Baumregionenturm liegt 4 km westlich der Stadt an der B 210 Richtung Aurich. Der Turm ist vom 1.4. bis 15.10 Mo–Fr 8.30–16.30 Uhr und Sa/So 14–18 Uhr geöffnet. Erwachsene 2 €, Kinder (7–16 J.) 1 €, Familien 5 €. Man entrichtet den Eintritt am Kreisnaturschutzhof und geht über einen kleinen Waldlehrweg und durch einen Infotunnel zur Bodenregion des Waldes hinüber zum Turm. ✆ 04462/942476.

Aurich

12.200 Einwohner

Aurich, die heimliche Hauptstadt Ostfrieslands, liegt im Zentrum der ostfriesischen Halbinsel und war lange Zeit Residenzstadt. Verwaltungsmittelpunkt der Region ist Aurich heute noch, und auch kulturell und wirtschaftlich hat die Stadt einiges zu bieten.

Wahrzeichen Aurichs ist der Turm der Lambertikirche, der sich über der Burgstraße erhebt. Die belebte, zum Shopping einladende Fußgängerzone führt zum bemerkenswert großen Marktplatz, der über 150 m lang und 50 m breit ist. Mitten drauf steht eine gläserne Markthalle, die v. a. gepflegte Imbissgeschäfte beherbergt – vom Wurst- oder Fischladen bis hin zur Vitaminbude. Überhaupt ist der Platz von Zweckbauten geprägt. Nur an der Westseite erinnert das barocke Knodt'sche Haus mit seiner doppelläufigen Treppe noch daran, wie es hier einmal ausgesehen hat. Markantestes Bauwerk am Marktplatz ist der 25,5 m hohe Turm des Aachener Bildhauers Albert Sous, der sich so gar nicht in die vorhandene Architektur einfügen will und dessen Errichtung eine Vielzahl kontroverser Diskussionen ausgelöst hat. Immerhin lässt das Kunstwerk stündlich ein hübsches Glockenspiel erklingen.

Einkaufen wird in Aurich groß geschrieben, und so verwundert es nicht, dass die Stadt mit dem Carolinenhof (südliche Stadtmitte) auch über eine moderne Shopping-Mall verfügt, mit Tiefgarage, Restaurants, Kino und allem, was fürs moderne Einkaufen offenbar angesagt ist.

Trotz aller Moderne hat Aurich noch vieles von seinem historischen Erbe bewahrt. Nicht nur um die Lambertikirche herum sind schöne Auricher Bürgerhäuser zu sehen, und auch das aus dem 19. Jh. stammende, stattliche Auricher Schloss in Innenstadtlage ist noch erhalten. Es beherbergt heute verschiedene Behörden und Verwaltungseinrichtungen, darunter das Amtsgericht.

Die Stadt hat auch einen Binnenhafen, der allerdings ein wenig abseits liegt. Neben Booten von Freizeitskippern und einigen Lastschiffen ankert hier auch das kleine Ausflugsschiff *MS Aurich*, das regelmäßig auf dem Ems-Jade-Kanal bis nach Emden tuckert. Vor Ort gibt es zudem einen Tretbootverleih und ein Restaurant. Beherrscht wird die Szenerie aber durch das neu gebaute, kreisrunde Mischwerk der Firma Vetra-Beton.

Geschichte

Der Name der Stadt rührt wahrscheinlich von ihrer Lage auf einem Geestrücken in einer wasserreichen, moorigen Niederung her (Aue-reich). Hier, im Schnittpunkt von Handelswegen inmitten der ostfriesischen Halbinsel, befand sich auch der *Upstalsboom,* die zentrale Versammlungsstätte der freien friesischen Landgemeinden. Die Siedlung wurde wohl schon im 9. Jh. gegründet, aber erst im 13. Jh. urkundlich erwähnt. Bereits 1491 erhielt Aurich Stadtrechte und entwickelte sich mit dem Aufstreben der Häuptlingsfamilie Cirksena zum Verwaltungsmittelpunkt. 1539 wurde der Ort zur Hauptstadt der Grafschaft und des späteren Fürstentums Ostfriesland und damit zum Zentrum ostfriesischer Kultur und Politik. Daran änderte sich kaum etwas, als Aurich mit dem Aussterben des Cirksena-Geschlechts im Jahr 1744 an Preußen fiel und seine Hauptstadtfunktion nunmehr in der preußischen Provinz Ostfriesland ausübte. Neben zahlreichen repräsentativen Bauten erinnert heute v. a. das Kulturparlament *Ostfriesische Landschaft* an das große politische Erbe der Stadt.

Aufgrund seiner bedeutenden Geschichte ist es nur folgerichtig, dass Aurich heute immerhin Kreisstadt ist, der zugehörige Landkreis ist sogar flächenmäßig der größte Niedersachsens. Lange Zeit war Aurich die einzige deutsche Kreisstadt, die über keinen Bahnanschluss verfügte. 2008 hat man die Strecke für den Güterverkehr reaktiviert. wirtschaftliche Bedeutung erlangt auch wieder der 1880-1888 erbaute Ems-Jade-Kanal (siehe S. 211).

Information

• *Information/Zimmervermittlung* **Verkehrsverein Aurich/Ostfriesland**, Norderstr. 32, 26603 Aurich, ✆ 04941/930110, www.aurich-tourismus.de. Zimmervermittlung, ✆ 04941/4464.

• *Fahrradverleih/Bootsverleih* **Paddel & Pedal Station**, Grüner Weg (Westseite Auricher Hafen), ✆ 04941/1333 und ✆ 0172/1986637. **Tretboot-, Motorboot- und Kanuverleih** am Hafenanleger, ✆ 0160/90600560.

• *Führungen* Von Mai bis Okt. jeweils Sa 10 Uhr **Stadtführung** (1:30 Std.). Interessante **Themenführungen** auf Anfrage, ✆ 04941/18880. Jeweils am ersten Do im Monat 17 Uhr **Führung durch das Mausoleum** (Eintritt 1,50 €, Treffpunkt dort).

• *Kino* **Carolinenhof-Kino**, Fischteichweg 15, ✆ 04941/991108, www.kino-aurich.de.

• *Sauna* Der Wellnessbereich im komfortablen **Vier-Sterne-Hotel Piqueurhof** ist auch für Nichthotelgäste zugänglich (9 €). Er umfasst eine Sauna und einen runden Pool unter einer Kuppel. ✆ 04941/95520.

• *Schwimmen* Im 5 km nördlich von Aurich gelegenen Ort Tannenhausen gibt es einen sehr schönen **Badesee** mit breitem, feinsandigem und sehr flachem Ufer. Im Sommer ist er v. a. bei Familien mit Kindern sehr beliebt. Kiosk und Restaurant vorhanden, Eintritt frei.

Außerdem gibt es ein beliebtes **Freibad** im Norden der Stadt (Blücherstr.), das im Sommerhalbjahr von 6.30 bis 20 Uhr geöffnet ist. Erwachsene 2,50 €, Kinder 1 €.

Hallenbad im Südwesten der Innenstadt (Am Ellernfeld, bei den Sportplätzen) mit 25-Meter-Becken, Sprunganlage, Planschbecken und Dampfbad. Die Öffnungszeiten variieren je nach Tag (Do ist Warmbadetag). Erwachsene 3 €, Kinder 1,50 €. ✆ 04941/2841.

• *Wochenmarkt* Jeden Di, Fr und Sa jeweils vormittags auf dem Marktplatz.

• *Wohnmobilstellplatz* 20 gebührenfreie Plätze auf dem P+R-Parkplatz *Am Alten Bahnhof*, Emder Str.

Übernachten/Essen und Trinken (siehe Karte S. 209)

• *Übernachten* **Piqueurhof (3)**, ganz im Zentrum und dennoch ruhig am Schlosspark gelegen. Alles in diesem komfortablen klassizistischen Bau wirkt ruhig und gediegen. Die 40 Zimmer sind in gemütlichem Hotelambiente eingerichtet, die guten Restaurants Landgraf (gehobene regionale Küche) und Rondo (mediterrane Küche) gehören zum Haus. DZ 95–125 €. Burgstraße, ✆ 04941/95520, ✆ 04941/955268, info@piqueurhof.de, www.piqueurhof.de.

Twardokus (1), historisches Ambiente in ruhiger, zentrale Lage (gegenüber der Lambertikirche), jedes Zimmer individuell und sehr geschmackvoll eingerichtet. Das Twardokus ist ein Altstadt-Gebäudeensemble mit zwei Hotels, Café, Restaurant, Sommerbiergarten unter uralten Bäumen und dem Feinkostladen WeinSchmecker. Das Restaurant in gemütlichem, gediegenem Ambiente hat eine kleine, aber feine Karte (Suppen, Pasta, aber auch ein gutes Rumpsteak). DZ 75–85 €. Kirchstr. 4–6, ✆ 04941/99090, ✆ 04941/990929, info@twardokus.de, www.twardokus.de.

• *Essen und Trinken* **Zur Börse (2)**, von außen eher unscheinbar, entpuppt sich das historische Haus von innen als verwinkelte und wunderbar ursprüngliche Kneipengaststätte. An kälteren Tagen brennt innen am uralten, rußgeschwärzten Kamin ein gemütliches Feuer, im Sommer lockt hinter dem Haus ein netter Biergarten. Es gibt v. a. kleine Gerichte wie Aufläufe und Salate, aber auch ein paar größere Fisch- und Fleischgerichte. Zudem wird ein leckerer Mittagstisch mit frischen Zutaten angeboten. Burgstr. 50 (am Anfang der Fußgängerzone, Lambertikirche), So Ruhetag, ✆ 04941/61620.

Teestube Kluntje (5), im Müllerhaus der Stiftsmühle gelegen. Sehr große Teeauswahl und leckere Torten (auch kleiner Teeladen). Man sitzt wie zu Uromas Zeiten auf dick gepolsterten Stühlen, tägl. außer Mo 14–18 Uhr. Oldersumer Str. 28, ✆ 04941/-6055588.

Kattul (4), Café-Kneipe in gemütlicher Pub-Atmosphäre, die sich schon über 20 Jahre lang behaupten kann. Auch abends ist immer was los. Georgswall 12 (Nähe Pingelhaus), ✆ 04941/63490

Kukelorum (6), Ausflugsziel an der 3 km südwestlich von Aurich gelegenen Raher

Schleuse des Ems-Jade-Kanals. Landgasthof mit netter Gaststube und Caféterrasse. Leckere Himbeertorte, in der Saison ab 11 Uhr geöffnet. Mo Ruhetag. Boomweg 5, ✆ 04941/64555.

• *Einkaufen* **Drogerie Maaß**, Nostalgie-Drogerie vom Typ Tante Emma (besteht seit 1855). Ein Blick hinein lohnt, es gibt so ziemlich alle Drogerieprodukte, aber auch z. B. Tee oder Postkarten. Osterstr. 26 (Fußgängerzone) ✆ 04941/607711.

Der Ems-Jade-Kanal – die Kuhrinne des Reichskanzlers

Mit einer Gesamtlänge von 73 km verläuft der ab 1880 in acht Jahren erbaute Kanal von Wilhelmshaven bis Emden quer durch Ostfriesland. Er diente nicht nur den Marine- und Handelsschiffen als geschützter Transportweg, sondern auch als Entwässerungskanal der großen Hochmoorgebiete im Herzen des Landes. Vor Ort war man natürlich sehr stolz auf dieses Bauwerk und lud den preußischen Reichskanzler *Otto von Bismarck* zur feierlichen Eröffnung ein. Der aber sagte ab mit den überlieferten Worten: „Wegen einer solchen Kuhrinne begebe ich mich doch nicht ins unwirtliche Ostfriesland." Heute wird der Kanal v. a. von Freizeitskippern und Touristen genutzt. Schiffe bis 33 m Länge, 6,20 m Breite und 1,70 m Tiefgang dürfen den Kanal befahren.

Das **Ausflugsschiff MS Aurich** fährt in der Saison von Aurich nach Emden und wieder zurück. Dabei werden nicht nur einige Klappbrücken passiert, sondern auch (in Emden) in besonders seltenes Bauwerk: die Kesselschleuse von 1886. Abfahrt 9.30 Uhr im Hafen Aurich (meist Mi u. Sa). Dauer 8 Std. inkl. 2 Std. Aufenthalt in Emden. Erwachsene 14 €, Kinder 7 €. Infos/Fahrpläne beim Verkehrsverein Aurich e.V., ✆ 04941/4464 und unter www.aurich-tourismus.de.

Sehenswertes

Stiftsmühle: Mit seinen sage und schreibe fünf Stockwerken ist der fast 30 m hohe, reetgedeckte Galerieholländer von 1858 ein wahrhaft imposantes Gebäude und Ostfrieslands größte funktionsfähige Kornmühle. Im Erdgeschoss dienten zwei große Tore als Durchfahrt für die Pferdegespanne. Die interessante Ausstellung über die Mühlentechnik ist auf alle fünf Böden der funktionsfähigen Mühle verteilt. Hoch oben haben Schwindelfreie Zugang zur Galerie.

April–Okt. Di–Sa 11–17 Uhr, So 15–17 Uhr. Erwachsene 2 €, Schüler 1 €. Di/Fr Führung um 15 Uhr, dann pro Person 0,75 € Aufschlag. Im ehemaligen Müllerhaus nebenan gibt's eine sehr gemütliche Teestube. Oldersumer Str. 28. ✆ 04941/994290 oder 8266.

Lambertikirche: Die in der ersten Hälfte des 19. Jh. an Stelle einer Einraumkirche aus dem 13 Jh. erbaute Lambertikirche (Mai–Okt. tägl. 11–12 und 15.30–16.30 Uhr geöffnet) ist ein streng klassizistischer Zentralbau mit einer von Säulen getragenen Vorhalle. Das helle Weiß der Wände, Säulen und der Kuppel harmonisiert schön mit dem Blaugrün von Kirchenbänken, Empore und Orgel. Von der Kuppel hängt ein prächtiger Kristallleuchter herab, der dem ganzen Raum seinen Glanz verleiht. Die Kanzel stammt von 1692. Eine Rarität ist der um 1505 erbaute Ihlower Altar, der ursprünglich aus dem im Zuge der Reformation zerstörten gleichnamigen Kloster stammt (siehe S. 224). Der kostbare, in Antwerpen gefertigte Altaraufsatz kam aber schon 1529 nach Aurich. Ein Stück entfernt an der Fußgängerzone befindet sich der 35 m hohe Lambertiturm, der im Kern aus dem 14 Jh. datiert. Jeden Abend um 21 Uhr ertönt hier ein besonderes Geläut.

Historisches Museum: In sechs Stationen – von der Entstehung der Stadt bis zum Leben der Auricher im Kaiserreich – wird hier anhand ausgewählter Ausstellungsstücke Geschichte lebendig gemacht. Zu sehen gibt es beispielsweise ein beeindruckendes Modell der ehemaligen Schlossanlage, aber auch einen in Schubladen arrangierten Pflanzenatlas (eine Art Herbarium) mit den Gewächsen der Region.

Di–So 11–17 Uhr, Erwachsene 2,50 €, Kinder 1 €. Familien 5 €. Für Kinder gibt es ein Kinderrätsel, mit dem sie im Museum auf Entdeckungstour gehen können. Burgstr. 25 (in der alten Kanzlei), www.museum-aurich.de.

MachMitMuseum miraculum: Unter dem gleichen Dach wie das Historische Museum und deshalb eine gute Gelegenheit für Eltern, ungestört in die Auricher Geschichte einzutauchen, während die Kinder sich hier unter Aufsicht den wirklich interessanten Dingen des Lebens widmen ... Denn das *miraculum* ist kein Museum im eigentlichen Sinn – hier stehen das Selbermachen, das Ausprobieren und das spielerische Lernen im Vordergrund. Jährlich wird eine neue interaktive Ausstellung aufgebaut. Zu dem jeweils aktuellen Thema, z. B. *Schätze und Piraten* oder *Das Geheimnis der Zeit*, können die Kleinen ab fünf Jahren, aber natürlich auch elterliche Geschichtsmuffel auf Entdeckungsreise gehen.

Di–Fr 13–17 Uhr, Sa/So und während der niedersächsischen Schulferien 11–17 Uhr, Eintritt 4 €, Familien 11 €. Es gibt auch ein Kombiticket zusammen mit dem Historischen Museum (Erwachsene 6 €, Kinder 4,50 €, Familien 14 €). Dem Museum ist auch eine Kunstschule angegliedert. Burgstr. 25 (Alte Kanzlei), ✆ 04941/18311 www.miraculum-aurich.de.

Ostfriesische Landschaft: Die Ostfriesische Landschaft war ursprünglich die Vertretung der Landstände, also der Ritter, Bürger und Bauern, die bis ins 19. Jh. hinein noch weitreichende politische Rechte innehatte. An die Stelle dieser Ständevertretung ist heute eine moderne Dienstleistungseinrichtung getreten, deren Mitglieder von den Kommunalparlamenten der Landkreise und der Stadt Emden gewählt werden, um sich mit dezentral zu regelnden Fragen aus den Bereichen Kultur, Wissenschaft und Bildung zu befassen und entsprechende Einrichtungen zu betreiben. So sorgt dieses „Kulturparlament" beispielsweise dafür, dass in Aurich die Landschaftsbibliothek, ein regionales pädagogisches Zentrum, eine regionale Kulturagentur und ein *Plattdütskbüro* unterhalten werden. Untergebracht ist die Ostfriesische Landschaft in einem imposanten Gebäude mit Turm und Giebelfronten, das um 1900 am einstigen Kanalhafen Aurichs erbaut wurde (Georgswall 3). Prunkstück ist der große Sitzungssaal mit den Porträts der ostfriesischen Fürsten und Grafen.

Führungen werden nur während der niedersächsischen Sommerferien jeweils Di/Do um 11 Uhr veranstaltet; www.ostfriesischelandschaft.de.

Pingelhuus: Das niedrige Haus vor dem mächtigen Gebäude der Ostfriesischen Landschaft entstand um 1800 und „verdankt" seine heutige Gestalt der Zuschüttung des alten Hafens, der das untere Stockwerk zum Opfer fiel. Sein Name rührt vom niederdeutschen Wort *pingeln* (= läuten) und verweist auf seine ehemalige Funktion: Als im Hafen noch Betrieb war, wurde hier zehn Minuten vor Abfahrt des Fahrgastschiffes nach Emden das bevorstehende Ablegen eingeläutet. Seit 1959 wird das Pingelhaus vom Heimatverein als Versammlungsraum genutzt.

Mausoleum der Fürstenfamilie Cirksena: Mitten auf dem Friedhof in Aurich wurde im Jahr 1880 für die Mitglieder der Familie Cirksena ein neoromanisches Backsteingebäude als würdevolle letzte Ruhestätte errichtet. Immerhin lenkte die Fürstenfamilie 300 Jahre lang die Geschicke Ostfrieslands. Das Mausoleum hat die

Geschichtsträchtig: Gebäude der „Ostfriesischen Landschaft“ in Aurich

Form eines Zehnecks. Unter dem Kuppelgewölbe in der Mitte stehen zwei überaus reich verzierte Prunksärge aus Zinn. Die fürstlichen Särge sind mit 70 cm großen Eckfiguren geschmückt und stammen aus einer Amsterdamer Werkstatt (um 1700). In den zehn Nischen ringsum ruhen auf zwei Ebenen die übrigen 44 Familienmitglieder in Metallsärgen, so auch der letzte regierende Fürst Ostfrieslands, Carl-Edzard, gestorben 1744.

Zu besichtigen nur im Rahmen von speziellen Führungen (jeweils am ersten Do im Monat 17 Uhr, pro Person 1,50 €). Näheres bei der Tourist-Information, ✆ 04941/4464 oder der Stadtführervereinigung ✆ 04941/18880.

Umgebung von Aurich

Upstalsboom: Geschichtsträchtiger geht es in Ostfriesland nicht. Der Upstalsboom wurde zum Symbol der friesischen Freiheit und Einheit schlechthin. Hier, auf einem vorgeschichtlichen Grabhügel bei Rahe (5 km südwestlich von Aurich, ausgeschildert), befand sich (nach einer Überlieferung aus dem 16. Jh.) der mittelalterliche Versammlungsort der Abgesandten der freien Frieslande zwischen Zuidersee (NL) und der Unterweser, die den *Bund der sieben Seelande* bildeten. Als einzig legitimer Herrscher wurde kein lokaler Fürst oder Graf, sondern nur der König bzw. Kaiser anerkannt. Der Bund trat erstmals im 12. Jh. und letztmals 1361 in Erscheinung. Man traf sich an dieser mittelalterlichen Thingstätte im Regelfall am Pfingstdienstag. Die Versammlungen dienten zur Wahrung des inneren Friedens und zur Gestaltung einer eigenständigen „friesischen Außenpolitik“. Hier wurde aber auch Recht gesprochen und vollstreckt. Heute ist der Upstalsboom verhältnismäßig schlicht gestaltet: eine 1833 aufgestellte, knapp 5 m hohe steinerne Pyramide, zu der eine Buchenallee hinführt.

Marienhafe

1900 Einwohner

Der Einkaufsort Marienhafe ist der bekannteste Ort der Samtgemeinde Brookmerland, denn er lebt von der Legende Klaus Störtebeker. In seinem Umland gibt es u. a. einige alte Dörfer, zwei interessante Freilichtmuseen und mit dem Großen Meer einen beliebten Badesee zu entdecken.

Zwar zählt Marienhafe nur 1900 Einwohner und ist damit beileibe nicht der größte Ort des Brookmerlandes, dennoch hat es sich zu einem touristischen und auch kulturellen Zentrum entwickelt. Dem allgegenwärtigen *Klaus Störtebeker* (siehe Geschichte) hat man am Markt vor der Kirche ein Denkmal errichtet, und die seit 1996 alle drei Jahre stattfindenden Störtebeker-Freilichtspiele sind mittlerweile überregional bekannt.

Unumstrittener Mittelpunkt von Marienhafe ist die Marienkirche mit dem Störtebekerturm. Geradewegs darauf zu führt die Rosenstraße mit ihren kleinen Geschäften und einfachen Gaststätten. Der Ort hat darüber hinaus noch zwei Galerieholländerwindmühlen zu bieten. Die schon 1776 erbaute und 1821 auf drei Stockwerke erhöhte Mühle am Mühlenloog (am südlichen Ortsrand beim Edeka-Markt) ist etwas verwahrlost und wartet auf bessere Zeiten. Die zweite Mühle am nördlichen Ortsrand wurde 1895 erbaut und wird zu Wohnzwecken genutzt.

Pirat der Küste: Klaus Störtebeker in Marienhafe

Östlich und südlich von Marienhafe erstrecken sich mit *Großheide*, *Holtriem* und dem *Südbrookmerland* drei weitere Samtgemeinden, die zunehmend eine touristische Infrastruktur aufbauen. Das flache Umland mit Feldern und Wiesen, so weit das Auge reicht, eignet sich v. a. für Fahrradtouren. Die überaus zahlreichen Gräben und Kanäle erinnern daran, dass es sich dabei um eine ehemalige Moorlandschaft handelt.

Geschichte: Die Geschichte Marienhafes ist eng mit dem legendären Seeräuber *Klaus Störtebeker* verbunden. Von 1396 bis 1400 hat sich Störtebeker gelegentlich in Marienhafe aufgehalten. Ihre flachgehenden Schiffe sollen die Vitalienbrüder (siehe Kasten, S. 215) damals direkt an der Kirchhofmauer festgemacht haben. Denn infolge der verheerenden Dionysosfluten von 1373 und 1377 hatte Marienhafe im Mittelalter eine schiffbare Nordseeanbindung und einen kleinen Hafen. Im ersten Stock des Turmes der Marienkirche hat der Seeräuber dann wahrscheinlich mit Duldung der Häuptlingsfamilie *tom Brok* Unterschlupf gefunden. Hier hat er

Klaus Störtebeker

Er ist der wohl bekannteste Seeräuber, und doch gibt es nur wenige gesicherte Kenntnisse über ihn. Der einem Piraten angemessene Nachname – *Stürz-den-Becher* – leitet sich von der angeblichen Trinkfestigkeit Störtebekers ab. Nicht einmal sein Vorname ist verbürgt (manche Quellen sprechen von Johann).

Historisch gesichert ist lediglich, dass es zwischen den Dänen und Mecklenburgern ab dem Jahr 1375 zu Erbstreitigkeiten kam. Die Mecklenburger gewährten daraufhin Piraten so genannte Kaperbriefe gegen die dänische Flotte und Schutz in den eigenen Häfen. Einer dieser Freibeuter war Klaus Störtebeker. Zudem bekamen die Seeräuber den Auftrag, die Seeblockade der Dänen zu brechen und die belagerte Stadt Stockholm mit Lebensmitteln (Viktualien) zu versorgen – seit dieser Zeit nannte man Störtebeker und seine Mannen *Vitalienbrüder*. Als es 1395 endlich zum Frieden zwischen Dänen und Mecklenburgern kam, wurden die Vitalienbrüder nicht mehr geduldet und von der mächtigen Hanse verfolgt. 1398 wechselten die Liekedeler (Gleichteiler), wie sie im Volksmund auch genannt wurden, das Revier und segelten von der Ost- in die Nordsee. Dort hielten sie sich an den reich beladenen Koggen der Hanse schadlos. Unterstützung bekamen die Freibeuter dabei von einigen ostfriesischen Häuptlingen, denen die mächtige Hanse ohnehin ein Dorn im Auge war. Denn bevor sie von der Hanse verdrängt wurden, war der Nordseehandel eine Domäne friesischer Kaufleute. In vielen ostfriesischen Häfen und insbesondere in Marienhafe fand Störtebeker daher Unterschlupf. Doch im Frühjahr 1401 war der Spuk vorbei. Einer hamburgischen Flotte gelang es, den Piraten in einer erbitterten Seeschlacht vor Helgoland gefangen zu nehmen. Er wurde zusammen mit seinen Gefährten auf dem Grasbrook bei Hamburg hingerichtet.

Der Legende nach war es der letzte Wunsch Störtebekers, als Erster geköpft zu werden. Die Männer, an denen er im wahrsten Sinne des Wortes kopflos vorbeilaufen könne, sollten – so sein Deal mit dem Scharfrichter –freigelassen werden. Elf Männer schaffte der Enthauptete, bis ein Henkersknecht ihm ein Bein stellte.

angeblich auch seine Schätze gehortet, nicht ohne die tom Brooks im Gegenzug ordentlich daran beteiligt zu haben. Der Legende nach soll Störtebeker im Jahr 1399 sogar die Tochter des Häuptlings Keno tom Brook geheiratet haben.

Die Region war sicher schon um das Jahr 800 besiedelt. Eine erste urkundliche Erwähnung fanden die hiesigen Ansiedlungen jedoch erst im Jahre 1251, als es zur Bildung der Probstei Brokmannia kam. Marienhafe selbst trat als Marktort ab 1424 in Erscheinung. Der größte Teil der Region bestand aber nicht aus trockenen Geestrücken, sondern aus unwegsamem, moorigem Gelände. Dieses musste über die Jahrhunderte hinweg mühsam kultiviert werden. Ursprünglich war die moorige Landschaft zudem von zahlreichen Binnenseen durchzogen. Die meisten davon verlandeten im Laufe der Zeit, das Große und das Ewige Meer aber blieben als Moorseen bis heute erhalten.

• *Information/Zimmervermittlung* **Tourist-Information Brookmerland**, Am Markt 11, 26529 Marienhafe, ✆ 04934/81248, www.marienhafe.de.

• *Schwimmen* Großes Seebad am Großen Meer (siehe Sehenswertes), Eintritt frei.

• *Veranstaltungen* Alle drei Jahre wird auf dem Marktplatz von Marienhafe ein plattdeutsches **Störtebeker-Freilichtspiel** mit etwa 150 Laiendarstellern aufgeführt. Im Sommer 2011 ist es wieder so weit. Infos unter www.marienhafe.de.

• *Wochenmarkt* Jeden Donnerstagvormittag im Ortszentrum von Marienhafe.

• *Essen und Trinken/Übernachten* **Casablanca**, nett gemachtes Café-Restaurant am Beginn der Rosenstraße in Marienhafe. Innen einfach und gemütlich mit Holzdielen und Kaffeehausmöbeln ausgestattet, draußen eine große und schattige Teakholzterrasse. Auch Mittagstisch, abends Cocktailbar. Rosenstr. 33, ☎ 04934/805950.

Campingplatz Großes Meer, schön gelegenes Areal am See mit 130 Stellplätzen. Bedekaspel, Campingstr. 1, ☎ 04942/626, 📠 04962/626, campingplatz-grosses-meer@gmx.net, www.campingplatz-grosses-meer.de.

Sehenswertes in Marienhafe und Umgebung/Südbrookmerland

Marienkirche mit Störtebekerturm: Wegen Baufälligkeit wurde die im 12. Jh. erbaute und einstmals größte Kirche Ostfrieslands 1829 auf die Umrisse des ehemaligen Mittelschiffs verkleinert. Auch der heute etwas klobig wirkende Turm wurde um die Hälfte verkürzt. Im relativ schlichten Inneren der Kirche wirken die unverputzten Backsteine in ihrer ursprünglichen Schönheit. Nur das Tonnengewölbe stört den harmonischen Eindruck ein wenig. Von außen führt ein unschöner Aufgang aus Beton hinauf zum alten Turmeingang. Von dort gelangt man über eine sehr schmale Steintreppe bis zur Turmspitze, von der aus man eine tolle Aussicht über das flache Brookmerland hat, bei günstigem Wetter sogar bis hinüber zu den Ostfriesischen Inseln. Der Turm beherbergt auch ein kleines Museum, das über die Geschichte der Marienkirche informiert. Ein Modell zeigt die ursprünglichen Ausmaße des Gotteshauses.

April–Okt. Di–Sa 10–12 und 14–17 Uhr, So nur 14–17 Uhr. Erwachsene 1,50 €, Kinder 0,80 €, Familien 3,50 €, ☎ 0175/4885259.

Tiergarten Rechtsupweg: 5 km östlich von Marienhafe in Rechtsupweg (Moorhusen) haben auf einer etwa 3 ha großen Parkanlage in erster Linie kleinere Tiere, aber auch Lamas, Stachelschweine oder Waschbären ihr Zuhause. Die harmlosen unter ihnen dürfen gestreichelt und gefüttert werden.

Tägl. 9–18 Uhr, im Winter bis 17 Uhr. Erwachsene 5 €, Kinder bis 13 J. 3 €. ☎ 04934/1345, www.tiergarten-endelmann.de.

Wald- und Moormuseum Berumerfehn: Das Museum im 12 km nordwestlich von Marienhafe gelegenen Ort Berumerfehn (Samtgemeinde Großheide) ist eher eine naturkundliche Sammlung mit zahlreichen Wildtier- und Vogelpräparaten. Weiterer Schwerpunkt ist die Geschichte des Torfabbaus in der Region. Man geht einfach ins alte Haus hinein und wirft sein Eintrittsgeld beim Ausgang in eine Wandkasse. Gegenüber dem Museum wartet das Restaurant Kompaniehaus mit Biergarten und Kinderspielplatz auf Gäste.

In Berumerfehn gibt es zudem noch einen zweistöckigen Galerieholländer, an dem aber deutlich der Zahn der Zeit genagt hat. Die Mühle wurde 1937 von Carolinensiel hierher versetzt.

• *Adresse/Öffnungszeiten* Juni–Sept. tägl. 10–18 Uhr, Okt.–Mai nur Mi, Sa, So 10–18 Uhr. ☎ 04936/520.

• *Essen und Trinken/Bootfahren* **An't Verlaat**, unweit des Wald- und Moormuseums an der Kanalschleuse gelegenes, einfaches, aber nettes Café. Es sind mitunter auch leckere Ofenkartoffeln mit Salat im Angebot. Verlaatsweg 18, Berumerfehn, ☎ 04936/914159.

Nebenan gibt es einen **Paddel- und Tretbootverleih des Heimatvereins**. Samstags um 15 Uhr werden auch Bootsfahrten auf dem Kanal angeboten.

Im Dörpmuseum Münkeboe

Dörpmuseum Münkeboe: Münkeboe liegt 8 km östlich von Marienhafe und gehört zur Gemeinde Südbrookmerland. Das hiesige Dorfmuseum ist ein richtig schönes kleines Freilichtmuseum, das einen guten Eindruck vom Leben und Arbeiten in einem kleinen Moorranddorf vermittelt. Neben einem nachgebauten Kolonistenhaus und einigen wiedererrichteten Zweckbauten kann man sich einen Tante-Emma-Laden, eine Dorfschule, eine Schmiede, eine Stellmacherei und eine große Gulfhofanlage mit landwirtschaftlichen Maschinen und Traktoren (vom Lanz-Bulldog bis zum Hanomag) anschauen. Auch ein dreirädriger Lieferwagen der Marke Tempo (Baujahr 1942) tut für das Museum noch seinen Dienst. Zum Museum gehört zudem eine mächtige und vollständig restaurierte Holländerwindmühle aus dem Jahr 1854, in der u. a. eine Töpferei untergekommen ist. Gelegentlich, meist samstags, gibt es so genannte Arbeitstage, dann sind etwa 40 Handwerker in den alten Werkstätten in Aktion zu sehen.

Der Name des 3400-Einwohner-Ortes geht übrigens wahrscheinlich auf das friesische *Münk sin Boe* (Mönchsbau) zurück, weil die Mönche des Klosters Sielmönken hier im Mittelalter Weideland besaßen.

Von Mitte März bis Oktober Di–So 10–17.30 Uhr. Erwachsene 3 €, Kinder 1,50 €. Das Museum liegt etwas versteckt (aber ausgeschildert) in der Mühlenstr. 3a, ✆ 04942/646, www.doerpmuseum-muenkeboe.de Eine Gaststätte befindet sich nebenan.

Moormuseum Moordorf: Dieses Freigelände mit stilecht nachgebauten Lehmkaten dokumentiert das harte Los der Moorkolonisten, die entsprechend der prägnanten Losung *„Den ersten de dot, den tweden de not, den dreden dat brot"* frühestens in der dritten Generation ein immer noch bescheidenes Auskommen erwirtschaften konnten. Die Pioniere dagegen hatten mit unergiebigen Böden, misslichen Witterungsbedingungen, erdrückenden Pachtzinsen, Raumnot (nicht selten schliefen drei bis vier Kinder in einem Bett) und Seuchen zu kämpfen, was alle Hoffnungen auf ein besseres Leben als das der vielen besitzlosen Landarbeiter in den fruchtbaren Marschlandschaften Ostfrieslands schnell zunichte machte. Die einstige Kolonie Moordorf, die im Zuge der preußischen Urbarmachungsbemühungen der ostfriesischen Moorgebiete um 1767 entstand, zählte zu den ärmsten Siedlungen der gesamten Region. Neben den Siedlerkaten kann man sich im „Museum der Armut" eine Dauerausstellung anschauen, die Hintergrundinformationen zum Thema liefert. Zudem gibt es eine sehr gemütliche Teestube mit großem Kamin und einen Museumsshop.

Von Frühlingsanfang bis 31.10. tägl. 10–18 Uhr geöffnet (im Winter nur So 11–16 Uhr). Erwachsene 3 €, Kinder ab 6 Jahre 1,50 €. Victorburer Moor 7a, 26624 Moordorf, ✆ 04942/2734, www.moormuseum-moordorf.de. Die etwas verwinkelte Zufahrt ist von der B 72 aus (Aurich Richtung Emden) beschildert, auch Fahrradausflügler sind sehr willkommen.

Großes Meer: Der zwischen Marienhafe und Aurich gelegene See ist der größte Niedermoorsee Ostfrieslands. Er ist in weiten Teilen nur 0,5–1 m tief und liegt dazu noch – durch künstliche Entwässerung – 1,4 m unter dem Meeresspiegel. Während der südliche Teil des Sees zum Naturschutzgebiet erklärt wurde, ist der nördliche Teil heute weithin bekannter touristischer Mittelpunkt der Gemeinde *Südbrookmerland*. Hier präsentiert sich das Meer in den Sommermonaten als großer Badesee, den man zum Nulltarif nutzen kann (auch für die reichlich zur Verfügung stehenden Parkplätze zahlt man nichts). Alles Wichtige ist vorhanden: ein kleiner Strand und eine große, um den See geschwungene Liegewiese; eine hübsche Feriendaussiedlung und ein Campingplatz; außerdem Restaurant, Rad- und Bootsverleih sowie Segel- und Surfschule. Für Windsurf-Novizen ist das meist knietiefe Wasser ideal, zum Schwimmen ist es eher gewöhnungsbedürftig. Sogar die kleinen Kanalboote der Freizeitskipper können am seitlich verlaufenden Kanal festmachen, auf dem Meer selbst sind Motorboote allerdings tabu.

Ganz flacher Badesee: Großes Meer

Vom Parkplatz aus führt ein sehr schöner Weg halbkreisförmig am Kanal mit hübschen Ferienhäusern vorbei zur 700 m entfernten Wasserschöpfmühle. Der kleine Erdholländer von 1920 mit seinen archimedischen Schrauben diente früher zur Entwässerung, heute sorgt er für die Bewässerung des benachbarten Feuchtbiotops.

- *Information/Zimmervermittlung* **Südbrookmerland Touristik GmbH**, Am Meer 1, 26624 Südbrookmerland, ✆ 04942/5666.
- *Essen und Trinken* **Landhaus Großes Meer**, direkt am See gelegenes, reetgedecktes und verklinkertes Haus mit ordentlichen Zimmern. Im maritim angehauchten Restaurant mit Außenterrasse zum See gibt es gutbürgerliche Küche. DZ 65–80 €. Am Meer 1, ✆ 04942/627, www.hlgm.de.

Wiegboldsbur: Der schon 890 urkundlich erwähnte Ort unweit des Großen Meers gehört zur Gemeinde Südbrookmerland und ist eine der ältesten Ansiedlungen Ostfrieslands. Als typisch ostfriesisches Reihendorf verfügt er über eine alte Kirche und einen reetgedeckten *Galerieholländer* von 1812, der erst hundert Jahre nach seiner Erbauung auf die heutige Größe aufgestockt wurde (zu besichtigen freitags 17–19 Uhr und jeden letzten Sonntag im Monat 10–12 Uhr, ✆ 04942/4471). Die romanische *Wibardi-Kirche* (täglich 9–18 Uhr geöffnet) wurde um 1250 auf einer Warf errichtet und später mehrmals umgebaut. Der kleine, schiefe Glockenturm auf dem Friedhof neigt sich bedenklich zur Seite. Bemerkenswert im Innern der

Bohlenweg im Hochmoor: Ewiges Meer

Kirche sind der Altar aus dem 17. Jh. und v. a. das Bronzetaufbecken von 1496, dessen vier Füße jeweils St. Georg über einem Drachen zeigen. Die ursprünglich im Boden eingelassenen Grabplatten wurden an den Seitenwänden des Kirchenraums aufgestellt. Auf dem Kirchhof wurde im Mittelalter Markt und Gericht gehalten, weshalb an der Kirchenmauer noch heute das Halseisen des Prangers angebracht ist.

Holtriem-Westerholt: Die zwischen Wittmund und Marienhafe gelegene Samtgemeinde Holtriem (fries. *holt* = „Wald", *riem* = „Gebiet") ist ein Kind der Gebietsreform von 1972, denn einen Ort gleichen Namens gibt es gar nicht. Zentrum und Verwaltungssitz der Gemeinde ist Westerholt. Dessen Kirche aus dem 13. Jh. besticht durch einen schlichten, warmen Innenraum mit blauer Decke und weiß getünchten Wänden (tagsüber geöffnet). Im südlichen Gewerbegebiet von Westerholt befindet sich ein weithin sichtbarer Windpark mit einer begehbaren Windenergieanlage. Die Anlage ist mit einem Aussichtsrondell auf 62 m Höhe ausgestattet. Der Aufstieg über 297 Stufen wird mit einem weiten Rundumblick belohnt (Besichtigung nur nach Voranmeldung unter ✆ 0173/6312732; Eintritt 2,50 € ab 8 Personen).

Ewiges Meer: Der letzte größere Hochmoorsee Ostfrieslands ist 1,6 km lang, 800 m breit und nur 1,20 m tief. Er hat keinen Zufluss, wird also nur vom Regen und vom Grundwasser gespeist. Vom Parkplatz aus führt ein schöner Bohlenrundweg etwa 2 km durch das Moor zum Seeufer. Er ist als Moorlehrpfad angelegt und informiert mit Schautafeln über die Entwicklung des Hochmoors und seine Tier- und Pflanzenwelt.

Die Zufahrt erfolgt von Norden aus. An der Straße zwischen Aurich-Tannenhausen und Westerholt geht es Richtung Berumerfehn links ab (Hinweisschild).

Großefehn

13.000 Einwohner

Schon seit über 375 Jahren werden unter dem Namen Großefehn die drei Fehnkolonien Ostgroßefehn, Mittegroßefehn und Westgroßefehn zusammengefasst. Vor allem Fahrradtouristen haben die Region für sich entdeckt. Mit dem „Oll Reef Hus" in Wrisse gibt es hier ein besonders kurioses Museum. Touristischer Mittelpunkt der Gemeinde ist und bleibt aber das Freizeitgebiet am Timmeler Meer.

Großefehn ist das geografische Zentrum des *Fehntjerlands*, das von schnurgeraden Kanälen und Wieken (Seitenkanälen) durchzogen ist. Hier und da sind die Kanäle auf holländische Art mit leuchtend weißen Klappbrücken bestückt, die aber häufig nicht mehr funktionieren, weil sie mangels Kanalverkehr aus der Übung gekommen sind. In einigen alten Bauerdörfern haben noch historische Windmühlen die Zeit überdauert und „überflügeln" die Landschaft, so beispielsweise die Mühlen in Bagband, Felde, Ostgroßefehn, Spetzerfehn und Westgroßefehn. Alle Mühlen sind reetgedeckt und voll funktionsfähig. Die nach holländischem Vorbild auf- und ausgebaute Infrastruktur mit ausgeklügelten Kanalsystemen zur Entwässerung und zum Transport von Waren unterscheidet die Fehnsiedlungen übrigens deutlich von Kolonien wie etwa Moordorf (siehe S. 217), wo das Instrumentarium zur Urbarmachung des Moorgebiets längst nicht so ausgefeilt war und etwa ein Kanal erst hundert Jahre nach Siedlungsbeginn errichtet wurde.

Verwaltungszentrum der Flächengemeinde mit ihren 14 Ortsteilen ist der Ort *Ostgroßefehn*, dessen weithin sichtbarer Mittelpunkt der schöne Galerieholländer von 1804 ist, der noch bis 1968 in Betrieb war (Besichtigung sonntags 10–12 und 14–18 Uhr). Heute ist hier eine Kunstgalerie untergebracht, und auf dem Kanal vor der Mühle liegt ein für immer vor Anker gegangenes Torfschiff, das als Restaurant dient.

Immer am Kanal vorbei führt die Straße über *Mittegroßefehn* ins beschauliche *Westgroßefehn*. Rund um seine Mühle ist der Ort eine wahre Idylle mit Schleuse, Kanalschiff, Klappbrücke und geklinkerter Straße. Die Mühle selbst beherbergt noch einen Landhandelsbetrieb. Mit dem Webmuseum und v. a. dem Fehnmuseum Eiland hat Westgroßefehn auch kulturell etwas zu bieten.

Geschichte: Großefehn ist die älteste Fehnsiedlung Ostfrieslands (niederl. *veen* = „Sumpf" bzw. „Moor"). Schon 1633 begannen vier Emder Kaufleute zwecks Abbau des Torfs (siehe Kasten, S. 223) mit dem Bau eines Kanals und der Trockenlegung der hiesigen Moorgebiete. Die Besiedelung begann 1634 im heutigen Westgroßefehn, die übrigen Orte entstanden erheblich später, zum Teil erst Ende des 18. Jh. Wichtigstes Betätigungsfeld der Fehntjer war neben dem Torfabbau selbst der Bau von Kanälen und Schiffen, mit denen das kostbare Gut weitertransportiert werden konnte. Und so wurden hier im 19. Jh. zeitweise mehr Segler als in der Hansestadt Lübeck fertiggestellt.

• *Information/Zimmervermittlung* **Tourist-Information Großefehn**, Leerer Landstr. 12, 26629 Großefehn-Timmel. ✆ 04945/959611, www.grossefehn.de und www.timmel.net. Keine Kurtaxe.

• *Fahrrad-/Kanuverleih* **Paddel- und Pedalstation**, am Fehnmuseum in Westgroßefehn, ✆ 04945/1333.

• *Schiffsausflüge* Mit dem Torfschiff *Gretje* ab Bootshafen Timmel (am Campingplatz Timmeler Meer) von Mai bis Mitte Okt. jeden So von 15 bis 16 Uhr kleine Rundfahr-

Fehnidylle: Ostgroßefehn

ten über das Timmeler Meer und das Fehntjer Tief (Erwachsene 6 €, Kinder 3 €). Von Juni bis August gibt es zudem eine große Rundfahrt von Timmel nach Westgroßefehn und zurück: Mi von 14 bis 16 Uhr (Erwachsene 7 €, Kinder 4,50 €). Buchungen bei der Tourist-Info oder beim Campingplatz Timmeler Meer.

• *Schwimmbad* **Naturfreibad Timmel am Badesee**, Eintritt von 1 € beim Bademeisterhäuschen entrichten, ✆ 04945/91970.

Freibad Holtrop, beheiztes, aber sehr einfaches Freibad im nördlichen Ortsteil Holtrop, Gosjüchtweg 3, ✆ 04943/775. Erwachsene 2 €, Kinder 1 €. Mo ab 13 Uhr, sonst 6.30–18 Uhr.

• *Übernachten* **Campingplatz Timmeler Meer**, sehr sauberer, parkartiger Platz mit hohem Komfort, direkt am Bootshafen und am Badesee, 180 große Stellplätze. Zur Mühle 13, ✆ 04945/91970, www.campingplatz-timmel.de.

• *Essen und Trinken* **Historisches Compagniehaus**, schräg gegenüber der Mühle von Ostgroßefehn gelegenes, rustikal eingerichtetes Gulfhaus von 1802. Vorwiegend einfache gutbürgerliche Küche. Mi Ruhetag. Kanalstr. Süd 64, ✆ 04943/3477.

Pannekoekenschiff Antje, vor der Mühle in Ostgroßefehn liegendes Kanalschiff, das zur Pfannkuchengaststätte umgebaut wurde. Auf dem Schiff oder der Terrasse davor kann man relativ günstig Pfannkuchen in allen Variationen bekommen. Mo Ruhetag. ✆ 04943/2223.

Bagbander Mühlenhof, wunderschön und antik eingerichtete Teestube mit Restaurant in einer Gulfscheune an der Mühle des südlichen Ortsteils Bagband (an der B 72 Richtung Hesel). Hausgemachte Kuchen, auch friesische Spezialitäten, So 9–11.30 Uhr Frühstücksbuffet. Mo/Di Ruhetag. Mühlenstr. 1, ✆ 04946/990674.

Ostfriesenbräu Bagband, seit 1999 gibt es in Bagband eine kleine Landbrauerei und natürlich eine Brauereigaststätte mit einfachem Gastraum und großem Biergarten. Gebraut wird hier v. a. ein dunkles Landbier. Große Speisekarte mit recht preiswerten Gerichten, warme Küche bis 21.30 Uhr. In der alten Produktionsstätte befindet sich ein kleines **Biermuseum** (Eintritt 3 €), in dem auch ein kurzer Film über die Brauerei gezeigt wird. Brauereiführungen buchbar. Voerstad 8, ✆ 04946/203, www.ostfriesenbraeu.de.

Sehenswertes

Oll Reef Hus: Jürgen Tjaden, ostfriesisches Original und ehemaliger Landwirt, hat hier im Örtchen Wrisse ein absolut einmaliges, chaotisches Sammelsurium alter Dinge in einem alten Gulfhof zusammengetragen. Bis auf den letzten Zentimeter ist alles vollgestellt: alte Traktoren und Kinderwagen, Milchkannen und Mausefallen, Radiogeräte und Teegeschirr und vielerlei Kuriositäten. Kaum etwas ist restauriert – gerade das macht den besonderen Charme der großen Halle aus.

Leider nur So 10–18 geöffnet, dann hat auch die Teestube vor Ort offen. Erwachsene 2 €, Kinder 1 €. Wrisse, nördlich von Ostgroßefehn Richtung Holtrop, Moorlagerweg 2, ✆ 04943/1411.

Fehnmuseum Eiland: Das kleines Freilichtmuseum am Rande von Westgroßefehn gibt einen Einblick in die Entwicklungsgeschichte Großefehns von der Hochmoorregion zum Kulturland. Schwerpunkte der kleinen Ausstellung in einem geräumigen Fehnhaus sind daher die Moorbrandkultur und die Torfschifffahrt. Zu sehen gibt es zudem ein funktionsfähiges Wassersägewerk und eine historische Hufschmiede. Zum Museum gehört auch eine sehr gemütliche Teestube.

April–Sept. Di–So 13–17 Uhr. Eintritt frei. Westgroßefehn, Leerer Landstr. 59, ✆ 04945/912015.

Webmuseum Westgroßefehn: Die alte kleine Dorfschule ist mehr eine Werkstatt als ein Museum. Deshalb werden hier auch Webkurse auf den alten und auch neueren Webstühlen angeboten. Vor dem Museum wurde ein kleiner Kräutergarten angelegt.

De Weevstuuv ist Mai-Okt. Mi u. So 14–17 Uhr geöffnet. Erwachsene 1,50 €, Kinder bis 14 J. 0,50 €. Westgroßefehn, Alte Schule (Am Ortsrand), ✆ 04943/2260.

Torf- und Fehnschifffahrt

Um die Moorgebiete planmäßig zu kolonisieren, wurden ab dem 17 Jh. nach holländischem Vorbild zunächst breite Kanäle gegraben, von denen später ein Netz von Seitenkanälen, so genannte Wieken, abzweigte. Die Kanäle dienten einerseits zur Trockenlegung der Moore, andererseits waren die Wasserstraßen für lange Zeit die einzigen Verkehrswege des Gebiets. Sie sicherten den Torfexport und den lebenswichtigen Warenimport. Boote und Schiffe waren zudem allgegenwärtiges Arbeitsgerät der Kolonisten. Selbst der Dünger musste per Schiff aufs Feld und die Ernte auf gleichem Wege eingebracht werden. Sonntags ging es über den Wasserweg zur Kirche und auch seine letzte Reise zum Friedhof trat der Fehntjer per Boot an.

Im 18. Jh. entstanden in der Region Werften für den Bau von Booten, die speziell für die Verhältnisse der Fehnschifffahrt ausgerichtet waren. Beliebt waren die *Tjalken*, die typischen Frachtensegler der Region. Als hölzerne Plattbodenschiffe mit einem Tiefgang von weniger als einem Meter waren sie bestens für den Warentransport geeignet. Der Lagerraum befand sich in der Bootsmitte, vorn und hinten waren die Tjalken mit kleinen Kajüten ausgestattet. Der Mast konnte niedergelegt werden. Je nach Windrichtung mussten die Boote auf den Kanälen von der Mannschaft getreidelt werden, konnten aber im Wattenmeer selbstständig segeln, wobei große Seitenschwerter zur Erhöhung der Manövrierfähigkeit dienten.

Fast ebenso verbreitet wie die Tjalken waren die *Muttschiffe*. Sie waren ähnlich gebaut wie die Tjalken, aber doch etwas schmaler und schlanker und daher nur für die Kanalschifffahrt und nicht für das Wattenmeer geeignet. Die größeren Muttschiffe nannte man Poggen, die kleineren liefen meist von vorn bis achtern spitz zu und hießen daher Spitzmutten.

Das Transportaufkommen war insbesondere im 19. Jh. beachtlich. Obwohl über Kanäle und Flüsse bis zu 100 km von der Nordsee entfernt, waren beispielsweise in Westrhauerfehn im Jahre 1877 knapp 50 Schiffe beheimatet, mehr als beispielsweise in Leer oder Bremerhaven. Auch die Werften blühten auf. Vor allem in Großefehn hatte der Bau von Tjalken und Muttschiffen Konjunktur. Es gab allerdings eine natürliche Grenze: Die hier gebauten Schiffe durften nie breiter als die Schleusen sein. Und da Anfang des 20. Jh. der Torfabbau seine beste Zeit hinter sich hatte, andererseits die Küstenschifffahrt immer größere Boote verlangte und zudem längst Straßen das unwegsame Gelände erschlossen hatten, kamen Fehnschifffahrt und die hiesige Werftindustrie zum Erliegen.

Timmeler Meer und Timmel: Der etwa 25 ha große Binnensee mit einem großen, sandigen Badestrand wurde erst in den 1980er Jahren künstlich geschaffen. Das Areal um den See ist eine riesige Freizeitanlage mit relativ großem Bootshafen, Ferienhäusern, Campingplatz und einigen Gaststätten. Der Timmeler Hafen ist über Kanäle vom Dollart und Jadebusen aus zu erreichen. Verbunden ist das Timmeler Meer mit dem Boekzeteler Meer, das weitgehend Naturschutzgebiet ist.

Der auf vergleichsweise festem Untergrund inmitten einer Moorlandschaft liegende Ort Timmel war schon im 12. Jh. besiedelt. In der Timmeler Kirche von 1736 sind v. a. die farbenprächtigen Wappenscheiben in den Chorfestern eine Besonderheit. Weil die Fehnschifffahrt immer bedeutender wurde, kam es in Timmel 1846 zur Gründung einer Seefahrtschule (heute Haus des Gastes). Bis 1918 erwarben hier viele Ostfriesen ihre Patente mit nautischen Kenntnissen, die sie auch für Fahrten auf hoher See befähigten.

Mühle Spetzerfehn: Der dreistöckige Galerieholländer (3 km südlich von Ostgroßefehn gelegen) ist heute die letzte als Vollerwerbsbetrieb tätige Windmühle der Region. Überall zeugt Mühlstaub davon, dass hier noch gearbeitet wird. Sooft es die Windverhältnisse zulassen, drehen sich hier wie in alten Zeiten die Flügel der 1886 erbauten *Steenblockschen Mühle*. Müllermeister Steenblock, ein ostfriesisches Original, bietet gelegentlich Führungen an und legt Wert auf die Tatsache, dass seine Mühle kein Museum ist, sondern ein Müllerbetrieb. Deshalb dürfen sich auch unangemeldete Besucher ohne Eintritt umschauen und die Treppen der Mühle erklimmen (bzw. bei Windstille auch auf die Galerie gehen).

Wochentags zu den üblichen Geschäftszeiten geöffnet, ✆ 04943/648.

Mühle Bagband: Wegen ihrer Proportionen gilt diese 9 km südlich von Ostgroßefehn gelegene reetgedeckte Mühle als eine der schönsten im Lande. Der voll funktionsfähige einstöckige Galerieholländer aus dem Jahr 1812 hat eine Galeriehöhe von 4 m und eine Flügelflucht von 21 m. Nebenan befinden sich ein kleines Backhaus (im Sommer einmal im Monat sonntags Backtag) und eine Gulfscheune mit Restaurant.

Ostern–Sept. So und feiertags 10–12 und 14–18 Uhr. Eintritt 1 €, Kinder frei. ✆ 04946/216.

Umgebung von Großefehn

Kloster Ihlow: Inmitten des Ihlower Forstes stand von 1228 bis zu ihrer Auflösung und völligen Zerstörung im Zuge der Reformation 1529 die Zisterzienserabtei *Schola Dei* (Schule Gottes). Sie war eines der bedeutendsten Klöster im niederländisch-nordwestdeutschen Raum mit dem größten Gotteshaus zwischen Bremen und Groningen; die Äbte fungierten als Friedensrichter und übten die Sielacht aus. 2009 wurden in beeindruckender Weise in einer Mischung aus Stahl und Holz die Umrisse des 45 Meter hohen Kirchenbaus im Originalmaßstab nachgebaut. Im halbunterirdischen *Raum der Spurensuche* können sich Besucher über Licht, Text und Töne durch den Raum leiten lassen und eine Ausstellung mit zahlreichen Ausgrabungsfunden bestaunen. Hier befindet sich auch der neue Ihlower Altar (das Original aus dem Klosterzerstörungsjahr 1529 steht in der Auricher Lambertikirche). Zur Anlage gehört zudem ein schöner Klostergarten.

Das Kloster Ihlow (von: "Y-lo" = Eiben-Wald) gab der inmitten einer Fehnlandschaft liegenden gleichlautenden Gemeinde ihren Namen.

• *Adresse/Öffnungszeiten* Ganzjährig geöffnet. Im früheren Forsthaus befindet sich ein Café (Di–Sa 14–17 Uhr, So ab 11.30 Uhr). Zu dessen Öffnungszeiten könnender *Raum der Spurensuche* und über eine Wendeltreppe der 30 m hohe Dachreiter der Holz-Stahl-Konstruktion besichtigt werden (kostenlose Führung im Sommerhalbjahr So 15.30 Uhr). Die Klosteranlage liegt bei Ihlowerfehn, knapp 10 km südlich von Aurich bzw. 7 km westlich von Westgroßefehn. Vom Parkplatz am Waldrand sind es 900 m bis zur Klosterstätte; www.kloster-ihlow.de.

• *Information/Zimmervermittlung* Entwicklungs- und Dienstleistungsgesellschaft Ihlow mbH Alte Wieke 6, 26632 Ihlow, ✆ 04929/89100; www.ihlow.de.

Mühle in Holtland: Der weithin sichtbare, freistehende dreistöckige Galerieholländer mit seiner beachtlichen Höhe von 24 m wurde 1862–64 errichtet und ist voll funktionsfähig. Bis in die 1970er Jahre war die Mühle mit angeschlossenem

Landhandel in Betrieb, 1992 wurde sie der Gemeinde übereignet, die sie grundlegend renovierte.

• *Adresse/Öffnungszeiten* Holtland ist Ortsteil der Samtgemeinde Hesel und liegt 10 km nordöstlich von Leer an der B 436 (nahe der Ausfahrt Nr. 2 der A 28). Die Mühle ist nur am So und feiertags von 14 bis 18 Uhr geöffnet (Sommerhalbjahr), die Teilnahme an einer Führung kostet 1,50 €. Im Motorenhaus der Mühle befindet sich ein nettes, ehrenamtlich betriebenes Café, in dem es Selbstgebackenes zu günstigen Preisen gibt.

• *Information/Zimmervermittlung* **Tourist-Information Hesel**, Leeraner Str. 1, ✆ 04950/937080, www.hesel.de. Hier gibt es auch eine Ausstellung mit zahlreichen archäologischen Funden und eine Bilddokumentation über die Siedlungsgeschichte des ostfriesischen Geestortes zu sehen. Der Eintritt ist frei.

Wasserpark Hasselt: Interessant anzuschauen und für kleine Kinder ein Spaß ist diese 2001 eröffnete und gut gemachte kleine Parklandschaft. Vom alten Torfbrunnen bis hin zur modernen Wasseraufbereitungsanlage wird hier über das Thema Trinkwasser informiert. Einige Wassergeräte, beispielsweise Wasserfontänen erzeugende Tretmobile, können kostenlos ausprobiert werden. Das bringt neben der Wissensvermittlung den Spaßfaktor für die Kinder.

Ganzjährig geöffnet. Eintritt frei. Werkstr. 1, ✆ 04950/938010. Etwa 4 km südlich von Hesel geht es von der B 72 etwas unscheinbar links ab zum Wasserwerk Hasselt. Eine holperige Allee führt zum Ziel.

Wiesmoor

13.000 Einwohner

Erst im März 2006 wurde Wiesmoor das Stadtrecht verliehen. Wegen der breiten Durchfahrtsstraße mit zahlreichen Läden vermittelt der weit verzweigte Ort zwar zunächst den Eindruck eines geschäftigen Einkaufsmittelpunkts, doch städtisch geht es hier keineswegs zu.

Wiesmoor lebt fast einzig und allein von den Blumen. Mehrere Millionen Topfpflanzen gedeihen hier unter Glas, viele Hektar Anbaufläche für Zierblumen und deren blühende Pracht machen den Luftkurort zur „Blüte Ostfrieslands“ und locken zahlreiche Touristen an. Und mit Ausnahme der Hauptstraßen sind auch die Straßennamen nach dem benannt, was in deutschen Vorgärten so wächst. Anziehungspunkte für Tagestouristen sind das Blumenreich und dahinter das schöne Torf- und Siedlungsmuseum. Viele Besucher lassen sich auch von der übergroßen Wiesmoor-Gärtnerei beeindrucken.

Der gewerbliche Torfabbau – wie der Ortsname schon sagt, einst das wirtschaftliche Standbein der Gemeinde – ist heute zu einer Randerscheinung geworden. Dass das Gewerbe nicht ausgestorben ist, kann man z. B. am Großefehnkanal beobachten (an der Kreisstraße nach Ostgroßefehn, 2,5 km nördlich von Wiesmoor). Der dort im Frühjahr gestochene Torf wird in handlichen Stücken bis Oktober zum Trocknen aufgeschichtet (siehe Foto S. 226). Dann wird der Rohstoff wie seit Jahrhunderten als Brennstoff verkauft und landet vorwiegend in den Öfen der alten Ziegeleien. Nachdem die etwa 1,5 m hohe Torfschicht abgebaut ist, wird die zuvor abgetragene Deckschicht wieder aufgebracht und das Land meist als Wiese bewirtschaftet – nur, dass es jetzt eben deutlich tiefer liegt.

Geschichte: Das in früherer Zeit auf dem heutigen Gemeindegebiet gelegene, ca. 100 km² große Hochmoor, das Wies-Moor, wurde zunächst mehr oder weniger planlos abgetorft, die gezielte Kultivierung begann erst nach 1900. Schon 1909 produzierte ein hiesiges Torf-Kraftwerk dann Strom für Ostfriesland. 1925 kam man auf die Idee, die Abwärme des Dampfturbinenkraftwerks für Gewächshäuser zu nutzen, in denen damals in erster Linie Tomaten und Gurken angebaut wurden. Als 1965 das Ende für den Torfabbau kam und sich auch der Gemüseanbau nicht mehr rentierte, stellte man ausschließlich auf Blumenzucht um – mit überwältigendem Erfolg. Mangels Kraftwerkabwärme müssen die Gewächshäuser heute kostspielig beheizt werden.

• *Information/Zimmervermittlung* **Wiesmoor Touristik GmbH**, Hauptstr. 199a (Torhaus), 26639 Wiesmoor, ✆ 04944/91980, www.wiesmoor.de; www.wiesmoor-info.de.

Gestochener Torf zum Schlag aufgeschichtet

• *Fahrradverleih* **Fahrrad Block**, Hauptstr. 162, ✆ 04944/2120; **Roßmüller**, Neuer Weg 9, ✆ 04944/6329; **Paddel- und Pedalstation**, Am Markt 2, ✆ 04944/6329.

• *Kanalfahrten* Die *MS Moornixe* lädt in der Saison (Juni–Sept.) zumeist Mi um 14 Uhr vom Anleger in Wiesmoor zur „Kleinen Fahrt" (1:15 Std.) auf dem Nordgeorgsfehnkanal. Erwachsene 4 €, Kinder 3 €. Weitere Fahrten im Angebot. ✆ 04944/912608, www.moornixe.de.

• *Schwimmbad* **Hallenbad Wiesmoor**, Wittmunder Str. 61, ✆ 04944/7045

• *Veranstaltungen* Seit fast 60 Jahren wird am ersten Septemberwochenende fünf Tage lang das große Blütenfest gefeiert, mittlerweile ein Volksfest, das Tausende von Besuchern anzieht. Höhepunkt ist neben der Wahl der Blütenkönigin ein bunter Blumenkorso. Die Motivwagen sind dann mit insgesamt etwa einer Millionen Blüten besteckt und fahren langsam auf einem Rundkurs durch die Stadt. Ein Feuerwerk über dem Nordgeorgsfehnkanal bildet am Montagabend dann den feierlichen Abschluss des Festes (www.bluetenfest.de).

• *Wochenmarkt* Freitagvormittag am Marktplatz.

• *Wohnmobilstellplatz* Am Bootshafen und am Campingplatz Ottermeer.

• *Übernachten/Essen und Trinken* **Blauer Fasan**, gehobenes 23-Zimmer-Hotel am Golfplatz (Richtung Remels). Sauna und Fahrradverleih. Wegen seiner hervorragenden Küche ist vor allem das reetgedeckte Restaurant empfehlenswert. DZ 126–136 €. Fliederstr. 1, Wiesmoor-Hinrichsfehn, ✆ 04944/92700, ℻ 04944/927070, info@blauer-fasan.de, www.blauer-fasan.de.

Bootshaus, geschmackvoll eingerichtetes, pavillonartiges Gebäude am Marktplatz. Ruderboot an der Decke und schöne Teakholzterrasse zum Kanal hin. Hier legt auch die MS Moornixe ab. Marktstr. 2, ✆ 04944/915717.

Big Ben, gemütliches Pub und Restaurant (v. a. italienische Küche). Kneipenatmosphäre, immer gut besucht. Vor allem abends ist hier noch was los, am Wochenende bis 3 Uhr nachts. Terrasse vor dem Haus. Hauptstr. 206, ✆ 04944/990414.

Camping- und Bungalowpark Ottermeer, 280 Stellplätze am Moorstrandbad. Lebensmittelmarkt und Bistro, Internetcafé, auch Bungalowvermietung. Am Ottermeer 52, ✆ 04944/949893, ℻ 04944/949296, camping@wiesmoor.de, www.wiesmoorcamping.de.

Sehenswertes

Torf- und Siedlungsmuseum: Freiluftmuseum mit einer alten Dorfschule, einem Backhaus, einer Schmiede, einer Schusterwerkstatt und einem historisch eingerichteten reetgedeckten Kolonistenhaus, in dem eine urgemütliche ostfriesische Stube mit Kamin die Besucher empfängt. Alles, was die Moorkolonisten seinerzeit brauchten, ist hier ausgestellt – vom Torfkarren bis zu „Schuhen“ für die Pferde (aus Holz oder Tau), mit denen sich die Tiere besser auf dem weichen Moorboden fortbewegen konnten. Auf dem Freigelände stehen ein Abraumbagger und andere Maschinen, die früher für den Torfabbau eingesetzt wurden. Schön anzusehen sind auch die Torfkähne, die vor dem Museum vertäut sind.

April–Okt. tägl. 10–18 Uhr. Erwachsene 1,50 €, Schüler 0,50 €. Autofahrer müssen vor der Blumenhalle parken. Vor dort fährt eine Lorenbahn für 1 € pro Person zum Moorkolonat. Man kann die 500 m zum Museum aber auch bequem laufen. ✆ 04944/ 912253, www.torf-und-siedlungsmuseum.de.

Blumenreich (Blumenhalle und Gartenpark): Hier wächst alles, was das Herz echter Blumenfreunde höher schlagen lässt. In einer Blumenhalle plätschert es überall lieblich, Blütendüfte und Walzerklänge erfüllen die Luft, denn eine fest installierte Wasserorgel spielt alle halbe Stunde für zehn Minuten auf. Zur Hochsaison und an Regentagen wird es in der nicht übermäßig großen Halle allerdings sehr voll; die Cafeteria zumindest hat damit kein Problem, die ist vergleichsweise üppig ausgefallen. Vor der Halle erstreckt sich ein 5 ha großes, mit unendlich vielen Blumen und Pflanzen geschmücktes Außengelände.

Mitte März bis Mitte Okt. tägl. 10–18 Uhr, Erwachsene 5,90 €, Kinder ab 12 J. 3 €, Kombinationseintritt mit der Gärtnerei 7,30 €, Schüler 3,80 €. Die Zufahrt ist gut beschildert.

Wiesmoor-Gärtnerei und Baumschule: Mit einer Gesamtfläche von 330 ha ist die Gärtnerei so gigantisch, dass Besucher mit einem großen Gärtnerei-Mobil umhergefahren werden. Ausgangspunkt ist das Infobüro der Tourismuszentrale. Zunächst wird ein halbstündiger Film vorgeführt, dann folgt eine ebenfalls halbstündige Besichtigungstour. Zum riesigen Betrieb gehören zudem acht 5000 m^2 große Gewächshäuser, ein Versand- und Packhaus, aber auch ein 16-Loch-Golfplatz und sogar ein Hotel-Restaurant (Blauer Fasan). Die Fahrt durchs Gelände endet im 3500 m^2 großen Blumencenter, in dem die Gäste einen Teil der soeben gesehenen Blütenpracht kaufen können.

Mitte März bis Mitte Okt. tägl. 10–18 Uhr. Erwachsene 2,70 €, Kinder ab 13 J. 1,50 €. Die Gärtnerei liegt an der Hauptstraße bei der Tourist-Info (Abfahrtsort dort, ✆ 04944/91980).

Wasserorgel und Walzerklänge: Blumenhalle Wiesmoor

Ottermeer: Das 80 ha große Freizeitgelände wurde um den 12 ha großen künstlichen Hochmoorsee errichtet. Mit seinem großen Campingplatz und dem schönen Sandstrand ist das Ottermeer Sonnentreffpunkt der Region.

Jümme (Detern)

7000 Einwohner

Das wasserreiche Land jenseits der A 28 entpuppt sich als landschaftlich besonders reizvoll, als ruhige und ursprüngliche Seite Ostfrieslands inmitten des Radwander-Rundkurses „Deutsche Fehnroute". Auf dem Gemeindegebiet von Jümme befindet sich nicht nur Deutschlands schmalste Autobrücke, sondern auch die letzte von Hand betriebene Autofähre.

Landschaftlich geprägt ist das „Zweistromland" von den schiffbaren Flüssen Jümme und Leda. Beim Fährübergang Wiltshausen (Pünte) mündet die nur 18 km lange Jümme in die Leda, die sich ihrerseits nach weiteren 8 km im westlich gelegenen Leer mit der Ems vereint. Obwohl die Region schon weit vom Dollart entfernt ist, wirken sich hier noch Ebbe und Flut auf beide Flussläufe mit einem Tidenhub von etwa zwei Metern deutlich aus. Mit nur 2600 Einwohnern ist Detern der Hauptort der Samtgemeinde Jümme. Touristischer Mittelpunkt ist weniger die alte Burg Stickhausen als vielmehr der 11 ha große Jümmesee, genutzt als Bade-, Surf-, Paddel-, Angel- und Campingsee.

Deutschlands schmalste Autobrücke in Detern-Amdorf

Geschichte: Mit dem Namen Detern sind zwei für die Geschichte Ostfrieslands wichtige Schlachten verbunden: 1426 besiegten alliierte ostfriesische Häuptlinge unter Führung von *Focko Ukena* die Truppen des mächtigen ostfriesischen Häuptlingsgeschlechts *tom Brok*, das bereits weite Teile Ostfrieslands kontrollierte und sich anschickte, die komplette Landesherrschaft an sich zu reißen. Letztlich war es jedoch ein Pyrrhussieg, denn die Schlacht spülte das bis dato wenig einflussreiche Geschlecht der Cirksena an die Macht, was das Ende des ostfriesischen Häuptlingswesens bedeutete. Ein knappes halbes Jahrhundert später, im Jahr 1473, als der Graf von Oldenburg raubend und plündernd in Ostfriesland einfiel, wurde Detern mit seiner Burg Stickhausen wiederum Schauplatz einer Schlacht, bei der das Oldenburger Heer vernichtend geschlagen wurde und über 1000 Tote zu beklagen hatte. 1517 eroberten dann doch die Oldenburger mit Hilfe des Herzogs von Braunschweig die Burg, die schließlich wie ganz Ostfriesland 1744 an Preußen fiel.

- *Information/Zimmervermittlung* **Tourist-Info Detern**, Alte Heerstr. 6, 26847 Detern, ✆ 04957/711, www.detern.de. Keine Kurtaxe.
- *Fahrradverleih* **Campingplatz Jümmesee**, Detern, ✆ 04957/1808.
- *Schwimmen* **Jümmesee**, Badesee mit Sandstrand, großem Spielplatz und anderen Freizeiteinrichtungen. Eintritt frei.
- *Wohnmobilstellplatz* Befestigter Platz in Detern, direkt an der Jümme.
- *Übernachten* Campingplatz Jümmesee, Familiencampingplatz direkt am Jümmesee und dem Fluss Jümme. 200 Stellplätze, Restaurant, Fahrradvermietung. Ganzjährig geöffnet. Zum See, Detern, ✆ 04957/1808.
- *Essen und Trinken* **Pünte – Landgast-**

stätte zur Jümme-Fähre, Landgasthof mit großer Deichterrasse und Biergarten. V. a. Bratfisch und Schnitzel, aber auch mexikanische Küche im Angebot und natürlich Kaffee und Kuchen. Viele Fahrradausflügler. Sommerhalbjahr 11–22 Uhr geöffnet, Mo Ruhetag. Winterhalbjahr Di–Fr 18–22 Uhr, Sa/So 11–22 Uhr. Amdorfer Str. 101, ✆ 0491/71866.

Sehenswertes

Burg Stickhausen: Die strategisch günstig auf einem Sandrücken an der Jümme gelegene Burg entstand 1345 als Bollwerk gegen Seeräuber, die ihr Unwesen auch auf den Flüssen Leda, Jümme und Ems trieben. 1744 wurde die nicht mehr benötigte Burg bis auf den mächtigen Rundturm abgetragen. Dieser wird heute als Museum genutzt. Über eine steile Treppe geht es hinauf zur Aussichtsplattform. In den einzelnen Turmgeschossen befinden sich verschiedene Ausstellungsräume mit Waffensammlungen und martialischen Folterwerkzeugen, aber auch mit naturkundlichen Exponaten.

Mai–Sept. Di–Sa 14–16 Uhr, So 14–18 Uhr. Erwachsene 2 €, Schüler (6–16 J.) 1 €. ✆ 04957/707. Am zweiten Wochenende im Juni findet jährlich rund um den Turm ein historisches Burgfest statt. Die Burg liegt 3 km westlich von Detern am Jümmesee.

Pünte Wiltshausen: Unmittelbar an der Stelle, an der die Jümme in die Leda mündet, setzen seit fast 500 Jahren Fährmänner die Reisenden mit einer handbetriebene Fähre (= Pünte) über (bei Amdorf, siehe Karte S. 236). Zwei Fährleute ziehen nach wie vor von Hand am Stahlseil und bugsieren die Pünte über den Gezeitenfluss. Denn hier ist das Wasser noch abhängig von Ebbe und Flut, fließt sechs Stunden flussaufwärts und dann wieder sechs Stunden flussabwärts. In früheren Zeiten war die Fähre ein wichtiges Scharnier der Handelsverbindung zwischen Emden und Münster in Westfalen. Heute ist die Pünte fast ausschließlich eine Attraktion für Fahrradtouristen, sie transportiert aber auch Autos – und das als einzige Fähre Deutschlands, die ganz ohne Motorkraft auskommt.

Fährzeiten Mai–Sept. Mi–Fr 10–18 Uhr, Sa/So 10–19 Uhr, Mo/Di Ruhetag. Auto 3 €, Motorrad 2 €, Radfahrer 1 €, Fußgänger u. jeder Mitfahrer 0,50 €. Am Fährübergang befindet sich ein Gasthof mit Biergarten, siehe *Essen und Trinken*.

Pünte Wiltshausen: Deutschlands einzige handbetriebene Autofähre

Museumsschiff in Westrhauderfehn

Brücke Amdorf: Für Autofahrer ist die Fahrt über die mit Holzbohlen beplankte Brücke ein Erlebnis. Sozusagen als Mini-Golden-Gate-Bridge spannt sich die schmalste Autobrücke Deutschlands knapp 19 m über die Leda, die Fahrspur ist aber nur 1,98 m breit. Wuchtigere Fahrzeuge müssen da schon mal die „Ohren", sprich die Außenspiegel anlegen. Eine Ampel sorgt dafür, dass sich auf der Schmalspurbahn nicht zwei Autos begegnen. Errichtet wurde das Unikum im Jahr 1956 als Ersatz für eine Fähre.

Rhauderfehn

17.000 Einwohner

Die beschaulichen Fehnorte der Samtgemeinde Rhauderfehn liegen südlich der Leda, wo Ostfriesland kaum touristisch erschlossen ist. Wie an einer Perlenschnur stehen die backsteinernen Häuser kilometerlang an den parallel zu den Kanälen verlaufenden Straßen (siehe Bild S. 45).

Über die Kanäle führen die typisch weiß gestrichenen Klapp- oder Drehbrücken, die v. a. im 1769 gegründeten Hauptort *Westrhauderfehn* (7000 Einwohner) das Ortsbild prägen, denn der Westrhauderfehnkanal bzw. die Rajenwieke ist noch für kleinere Schiffe und Boote befahrbar. Fast ausschließlich Freizeitskipper sind hier unterwegs, einige davon ankern ihre Boote im Liegebecken an einer bogenförmigen Ausbuchtung des Hauptfehnkanals (Untenende genannt).

Wie stark der Ort einst mit der gewerbemäßigen Schifffahrt verbunden war, dokumentiert das Innere der 1848 gebauten Ortskirche (mit dem höchsten Kirchturm ganz Ostfrieslands, 52 m), in dem das Modell eines Handelsschiffes hängt. Und auch dem charakteristischen Bootstyp der Fehntjer hat man ein Denkmal gesetzt: eine sorgsam restaurierte historische Tjalk mit dem hübschen Namen *Hoffnung* ist im Kanal vor der Kirche dauerhaft vor Anker gegangen.

Museal aufbereitet ist die eng mit der Schifffahrt verbundene Geschichte Westrhauderfehns in einer Gründerzeitvilla im Ortszentrum. Thematische Schwerpunkte des dortigen *Fehn- und Schifffahrtsmuseums* sind neben der Kanalschifffahrt und dem Schiffbau die Probleme bei der Urbarmachung des Hochmoors und die Wohnkultur in einer Fehnsiedlung. Stolz ist man auf die älteste deutsche Schiffsapotheke aus der Windjammerzeit. Zum Museum gehört auch eine originalgetreu wieder aufgebaute Schmiede (März–Dez. Mi–So 10–17 Uhr, Mai–Sept. auch Di–Sa 10–17 Uhr, jeden Sonntagnachmittag hat die Teestube geöffnet; Erwachsene 3 €, Kinder ab 6 J. 1 €, ✆ 04952/903280).

Nicht wiederaufgebaut, sondern über die Jahre liebevoll gepflegt und instand gehalten wurden die Windmühlen von Rhauderfehn. Schöne Exemplare sind der funktionsfähige Galerieholländer Hahnentange (1864) in Westrhauderfehn (So 14–18 Uhr geöffnet; Backhaus mit Laden hinter der Mühle) und die auf einer Kuppe errichtete Holländermühle im südlich gelegenen *Burlage* (1824), die heute ein Heimatmuseum mit einem interessanten Sammelsurium aus alten Dokumenten, Haushaltsgegenständen und landwirtschaftlichen Gerätschaften beherbergt (siehe Bild S. 27, meist So 14–17 Uhr geöffnet).

- *Information/Zimmervermittlung* **Rhauderfehn-Information**, Südwieke 2a, 26817 Rhauderfehn, ✆ 04952/903230, www.rhauderfehn.de. Keine Kurtaxe.
- *Fahrradverleih* **Paddel- und Pedalstation**, Westrhauderfehn, Am Siel 8, ✆ 04952/921441. **Zweirad Teutenberg**, Untenende 41, Westrhauderfehn, ✆ 04952/1277. **Zweirad Achim Karels**, Südwieke 160, Westrhauderfehn, ✆ 04952/899903.
- *Schwimmbad* **Spiel- und Spaßfreibad Langholter Meer**, vier kleinere Schwimmbecken, Erwachsene 2 €, Kinder 1 €. Ostrhauderfehn, Schwimmbadweg 6, ✆ 04952/895752.
- *Wochenmarkt* Jeden Do 7.30–12.30 Uhr in Westrhauderfehn auf dem Marktplatz.
- *Wohnmobilstellplatz* An der Paddel- und Pedalstation Westrhauderfehn, Am Siel 8. ✆ 04952/921441.
- *Essen und Trinken* **Verlaatshus**, am Liegebecken der Schiffe in Westrhauderfehn. Einfach, aber ordentlich eingerichtet mit gutbürgerlicher Küche. Biergarten. Am Deich 1, ✆ 04952/1266.

Leer

34.000 Einwohner

Leer hat Atmosphäre. Die liebevoll restaurierte Altstadt mit prächtigen Gebäuden in verwinkelten Gassen lohnt einen Besuch, nicht nur zum Einkaufen.

Touristisches Zentrum der vom Stil des niederländischen Frühbarocks geprägten Stadt sind das Rathaus und die Waage an der Schiffsanlegestelle Rathausbrücke, von wo in den Sommermonaten ein Grachtenboot zu Hafenrundfahrten startet. Außerdem befindet sich hier auch ein kleiner Museumshafen, in dem einige Traditionssegler festgemacht haben. Die Waage selbst, in der Steuern und Zölle eingetrieben und bis 1946 noch gewogen wurde, entstand 1714. Heute ist hier ein Restaurant untergebracht, der schöne Vorplatz wird im Sommer als Caféterrasse genutzt.

Nur wenige Schritte entfernt befinden sich das Heimatmuseum und das berühmte Haus Samson, das schon nahe an der Fußgängerzone liegt. Die Innenstadt lässt sich somit bequem zu Fuß erkunden, verlaufen kann man sich in Leer kaum. Die vielen kleinen Geschäfte und Cafés in der gepflegten historischen Altstadt laden zum Bummeln ein. Einkaufsmeile ist die Mühlenstraße, die zunächst Richtung Alter Markt und dann bis zum Bahnhof führt. Über eine schöne, teilweise als Holzsteg erbauteUferpromenade kann man am Hafenbecken entlang zurück zur Waage laufen.

In der nordwestlichen Altstadt mit ihren roten Backsteinbauten breitet sich ein regelrechtes Kirchenviertel aus mit lutherischer, reformierter und katholischer Kirche.

Beeindruckend ist insbesondere die Lutherkirche (Königstraße, geöffnet werktags 15–17 und Sa 10–12 Uhr), die 1675 erbaut und in den folgenden Jahrhunderten nach allen Richtungen erweitert wurde. Unter der gewölbten Decke finden sich im Mittelpunkt der Altartisch und eine meisterhafte Orgel, ringsherum zieht sich eine riesige Empore. Die Stadt besitzt zudem einige schlossähnliche Profanbauten, die alle von außen sehenswert, oft aber nicht zugänglich sind. Berühmt ist die Haneburg, ein Renaissancebau und heute Sitz der Volkshochschule (Haneburgallee 8). Auch die uralte Harderwykenburg (um 1480, Alte Marktstraße), das Amtsgericht (von 1711, Wörde 5) und die Philippsburg in Leer-Loga (Eichendorffstraße) sind altehrwürdige Herrensitze.

Noch immer ist Leer eine Hafenstadt mit maritimem Flair, in der v. a. Küstenmotorschiffe ihre Waren umschlagen. Seit vor hundert Jahren die Seeschleuse errichtet wurde, ist auf der Hafenschleife inmitten der Stadt ein tidefreier Betrieb möglich.

Geschichte: Die Herkunft des Namens Leer ist ungewiss, geht aber vermutlich auf das germanische Wort *hleri* zurück, was so viel wie „umzäunte Weide" bedeutet. Erwähnt wurde die an der Leda unweit der Emsmündung gelegene alte ostfriesische Seehafenstadt schon im 8. Jh., als der Friesenapostel Luidger hier eine Kirche gründete. Im Jahr 1508 verlieh Ostfrieslands Graf Edzard der Große dem Flecken Leer das Marktrecht. Der seit dieser Zeit bis heute jährlich stattfindende Gallimarkt (nach dem St.-Gallus-Tag am 16. Oktober) ist mittlerweile das bedeutendste Volksfest Ostfrieslands, aber auch immer noch ein Viehmarkt, und zwar der größte Deutschlands.

Wahrzeichen einer Stadt: Rathaus und Waage von Leer

Das Stadtrecht erhielt Leer erst 1823. Vorher hatten sich die Leeraner ganz vehement dagegen zur Wehr gesetzt, denn auch ohne diese letzte Weihe prosperierte der Ort prächtig – den kostspieligen Rathausbau und die Bezüge für den Verwaltungsapparat und den Bürgermeister hatte man sich schlicht sparen wollen. Da ist es fast schon eine Ironie der Geschichte, dass der berühmteste Sohn der Stadt ausgerechnet als Bürgermeister von sich reden machen sollte: *Ernst Reuter*, der von 1892 bis 1912 zehn Jugendjahre in Leer verbrachte und es später zum „Regierenden" von Berlin brachte. Eine Bronzetafel am Markt erinnert an ihn.

- *Information/Zimmervermittlung* **Tourist-Information**, Ledastr. 10, 26789 Leer, ✆ 0491/91969670, www.stadt-leer.de. Keine Kurtaxe.
- *Fahrradverleih/Kanuverleih* **Fahrrad Oltmanns**, Brunnenstr. 39, ✆ 0491/3575; **Paddel- und Pedalstation**, Leer-Loga, Fährstr. 6, ✆ 0491/9711820.
- *Führungen* Stadt- und Rathausführungen während der Saison, Infos bei der Tourist-Information.

• *Kino* **Kinocenter Leer**, Mühlenstr. 88, ✆ 0491/99239325.

• *Schiffsrundfahrten* Die Germania Schifffahrtsgesellschaft bietet **Ausflüge in die Flusslandschaft** von Ems, Leda und Jümme sowie **Hafenrundfahrten** mit dem Grachtenboot an (Mi–So 14 und 15 Uhr. Erw. 5 €, Kinder bis 11 J. 2,50 €). Rathausstr. 4a, ✆ 0491/5982, www.germania-schiffahrt.de.

• *Schwimmbad* **Aqua-Park**, Hallen- und Freibad, tägl. ganztags geöffnet. Erwachsene 2,50 €, Kinder 1 €. Burfehner Weg 34a, ✆ 0491/65417.

• *Veranstaltungen* Seit dem Jahr 1508, also seit über 500 Jahren, findet alljährlich im Oktober der traditionelle **Gallimarkt** statt. „Up Galli" ist mit 500.000 Besuchern und etwa 250 Ständen das Oktoberfest Ostfrieslands. Vor allem aber ist der **Gallviehmarkt** mit 3500 aufgetriebenen Tieren noch heute der größte Viehmarkt Deutschland.

• *Wochenmarkt* Mi und Sa jeweils vormittags auf dem Ernst-Reuter-Platz.

• *Übernachten* **Hotel-Café am Markt (2)**, absolut zentral und dennoch ruhig in der Fußgängerzone gelegenes 15-Zimmer-Hotel. Verglastes Café-Restaurant am Marktplatz. DZ 80 €. Mühlenstr. 38, ✆ 0491/9992630, ✆ 0491/99926310, info@hotel-cafe-am-markt.dewww.hotel-cafe-am-markt.de.

Campingplatz Ems-Marina Bingum, gepflegte Anlage mit 300 Stellplätzen direkt am Jachthafen von Bingum (am gegenüberliegenden Emsufer von Leer). Marinastr, ✆ 0491/64447, ✆ 0491/66405, www.ems-marina-bingum.de.

• *Essen und Trinken* **Zur Waage und Börse (4)**, historisches und ostfriesisch-gastlich eingerichtetes Haus im Zentrum der Altstadt (zwischen der Waage und dem Museumshafen), mit Sommerterrasse. Schmackhafte, etwas gehobenere Küche. Mo/Di Ruhetag. Neue Str. 1, ✆ 0491/62244.

Haus Hamburg (3), in der Nähe des Hauses Samson gelegenes, einfach ausgestattetes Fischrestaurant mit guter Küche. Rathausstr. 3–5, ✆ 0491/4884.

Café Schloss Evenburg (1), das Café im Torhaus der Evenburg in Leer-Loga ist einfach, aber sehr gepflegt und daher immer gut besucht. Schöne Gartenterrasse mit Blick auf das Schloss, guter Kuchen. Mo Ruhetag. Am Schlosspark 25, ✆ 0491/9879501.

Sehenswertes

Rathaus: Leers markantestes Bauwerk wurde 1894 im deutsch-niederländischen Renaissancestil erbaut. Lange hatten sich die Leeraner gegen die Verleihung des

Stadtrechts und den damit verbundenen kostspieligen Bau eines Amtshauses gewehrt. Als es dann aber so weit war, errichtete man jedoch ein prächtiges quadratisches Gebäude mit mächtigem Turm und beeindruckender Innenausstattung mit Deckengemälden, Holzvertäfelungen und Fußbodenmosaiken. Natürlich gibt es auch einen zünftigen Ratskeller. Seit 1954 ertönt vom Turm ein stündlich wechselndes Glockenspiel.

Zu den Geschäftszeiten Mo–Do 8–18 Uhr, Fr 8–13 Uhr. Führungen auf Anfrage unter ✆ 0491/9782500.

Heimatmuseum: Dieses Museum ist viel größer, als es von außen wirkt. In den beiden alten Handelshäusern aus dem 18. Jh. bekommt man v. a. einen Einblick in die Wohnkultur vergangener Zeiten. Zu sehen gibt's aber auch einen Kaufmannsladen von 1782 und sogar eine prähistorische Sammlung. Zudem informiert das seit 1935 bestehende Museum über die Geschichte Leers, beispielsweise über die Gründung und Entwicklung des Gallimarktes. Eine Besonderheit ist die Schifffahrtsausstellung mit 20 Schiffsmodellen und dem originalen Bug und Heck der letzten ostfriesischen Binnentjalk. Sonderausstellungen ergänzen das Museumsprogramm.

Di–Sa 11–17 Uhr, So 11–1 Uhr. Eintritt 3 €, Schüler ab 12 J. 2 €, Kinder ab 6 J. 1 €. Neue Str. 12–14, ✆ 0491/2019.

Tee-Museum: In Leer befindet sich das älteste Teehandelshaus Ostfrieslands, die 1806 gegründete Firma *Bünting-Tee*. In deren Stammhaus wurde hinter und über einem Teeladen ein Museum mit verschiedenen Schwerpunkten zum Thema eingerichtet. Man erfährt Interessantes über den Anbau und die Verarbeitungsverfahren, aber auch über den Teehandel in Geschichte und Gegenwart.

Mo–Sa 11–17 Uhr, So (Mai–Sept.) 14–17 Uhr. Eintritt 2,50 €, Kinder frei. Brunnenstr. 33, ✆ 0491/9250060.

Niederländischer Frühbarock: Haus Samson

Haus Samson: Das berühmteste und vielleicht hübscheste Haus der Altstadt wurde 1643 im Stil des niederländischen Frühbarocks errichtet. Seit vielen Generationen ist es im Besitz der Familie Wolff, die in einer Stadt, die als Hochburg der deutschen Teekultur gilt, schon seit etwa 1800 eine überregional bekannte Weinhandlung betreibt (die alten Kellergewölbe eignen sich vorzüglich für die Lagerung der edlen Tropfen). Auf den früheren Speicherböden des Hauses im ersten und zweiten Stock befindet sich ein kleines Museum für ostfriesische Wohnkultur und Lebensart im 18. und 19. Jh. Die Räume wurden liebevoll mit Möbeln, Bildern und anderem Hausrat eingerichtet, den die Familie Wolff in den 50er Jahren aus dem ostfriesischen Raum zusammengetragen hat.

Mo–Fr 9–12.30 u. 15–17.30 Uhr, Sa/So geschlossen. Erwachsene 2 €, Kinder 0,50 €. Rathausstr. 16 (Fußgängerzone), ✆ 0491/925230.

Böke-Museum: Gepflegt wird im Museum das Andenken des Leeraner Bildhauers *Karl Ludwig Böke* (1927–1996). Freunde moderner Kunst können sich hier wechselnde Ausstellungen anschauen. Nur wenige Schritte vom Museum entfernt liegt an der Uferpromenade ein Skulpturengarten mit Werken des Künstlers.

Tägl. außer Mo und Fr 15–18 Uhr; Erwachsene 2 €, Kinder 1 €. Neue Str. 33, ✆ 0491/9922555.

Schloss Evenburg: Eines der prächtigsten Gebäude Ostfrieslands steht am Rande der Stadt, umgeben von einem weitläufigen Park. Teile des Torhauses stammen von 1653. Das reich mit Zinnen und Türmchen verzierte Schloss selbst wurde 1860 im neogotischen Stil errichtet. Wegen schwerer Kriegsbeschädigungen musste 1953 der Mittelturm abgetragen werden. Doch seit 2007 präsentiert sich das Wasserschloss nach umfangreicher Renovierung wieder in alter Pracht. Beeindruckend sind insbesondere die Eingangshalle und das Treppenhaus, edel in Rotgold verziert und mit dem ursprünglichen schwarz-weißen Marmor gefliest. Auch der Festsaal wurde aufwändig im Stile des 19. Jh. restauriert.

Das Schloss gehört heute dem Landkreis und beherbergt die Berufsakademie Ostfrieslands. In der Vorburg befinden sich die Kreismusikschule und ein gepflegtes Café. Im 3 km östlich gelegenen Ortsteil Leer-Loga (ausgeschildert).

Mühle Logabirum: Der reetgedeckte und schön restaurierte Galerieholländer mit Maschinenhaus wurde 1895 errichtet. Oft drehen sich die Flügel der *Frisia-Mühle* im Wind und treiben ein Getreidemahlwerk an, sie lieferten aber auch den Antrieb für eine Horizontal-Gattersäge. Neben der Mühle hat auf einem stillgelegten Überlandmast ein Storchenpaar sein Nest gebaut – eine Seltenheit für die Nordseeküste und damit eine besondere Attraktion. Das Nest ist jedes Jahr zuverlässig von den Störchen bewohnt.

Tagsüber ist die Mühle der Müllerfamilie Eiklenborg im Regelfall geöffnet und eine unkomplizierte Besichtigung möglich. Verkauf frischer Landeier. Logabirumer Str. 55 im 5 km nordöstlich gelegenen Ortsteil Logabirum (etwas versteckt schräg gegenüber der Kirche), ✆ 0491/7584.

Fahrradtour: Von Leer aus durch die Flusslandschaft von Jümme und Leda

Länge: 31 km, Dauer: 3 Std. Die Tour führt durch das Zweistromland von Leda und Jümme mit Nutzung von Deutschlands einziger handbetriebener Fähre und Deutschlands schmalster Autobrücke.

Ausgangspunkt ist das sehenswerte *Schloss Evenburg* im östlichen Leeraner Stadtteil Loga. Wer möchte, kann die Tour auch bequem (3 km vorher) in Leer selbst beginnen. Von der Evenburg (Café) führt die Straße *Am Schlosspark* zunächst durch Loga und dann auf schönem Fahrweg 4 km im Halbkreis zur *Jümmefähre* (Gasthaus *Pünte* vor Ort, Fährzeiten beachten!). Nur mit Muskelkraft setzen die Fährmänner die Fahrradtouristen ans andere Ufer über (1 €). Von dort gelangt man nach weiteren gut 1,5 km nach *Amdorf*. Hier führt die Tour zwar weiter nach Osten, aber 300 m westlich des Ortes sollte man sich Deutschlands kleinste für den Straßenverkehr zugelassene Brücke keinesfalls entgehen lassen (siehe S. 230).

Nach Besichtigung und gegebenenfalls Befahrung der Brücke geht's nun aber weiter die Kreisstraße Richtung Stickhausen und schon nach knapp 1 km rechts die Altfehnstraße entlang (kein Verkehr). Immer weiter führt der mal geteerte, mal gepflasterte Fahrweg

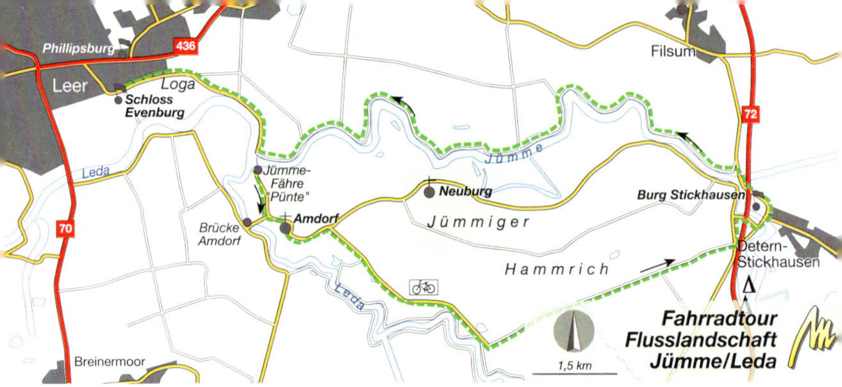

durch den Jümmiger Hammrich, bis nach 7,5 km die Kreisstraße erreicht ist. Hier geht's links ab und nach 500 m wieder rechts ins 1 km entfernte *Stickhausen* am Jümmesee (Café und Musikkneipe *Altes Zollhaus* oder Abstecher zum Badesee, 1 km). Hinter der Jümmebrücke und dem Schloss führt die Straße zunächst 1 km Richtung Filsum (Fahrradweg). Hinter der Kanalbrücke, dort, wo der Nordgeorgsfehnkanal in die Jümme mündet, geht's links ab (Schild *Leer 16 km*). Nun führt über 10 km ein gut geteerter Fahrweg immer am gewundenen Deich der Jümme entlang und an drei Schöpfwerken vorbei zurück bis zur Pünte (Einkehrmöglichkeit). An dieser vorbei geht's weiter auf bekanntem Wege bis zur Evenburg.

Umgebung von Leer/Papenburg

Ostfriesisches Schulmuseum Folmhusen: Direkt an der B 70 Richtung Papenburg ist auf dem Areal eines alten Gulfhofs von 1839 eine kleine Museumsanlage eingerichtet worden. Sie besteht neben dem Hof selbst aus einem altem Schulhaus (mit Glockenturm), einem gepflegten Schulgarten und einem Spielplatz. Zu sehen gibt es u. a. ein altes Klassenzimmer und eine Lehrerwohnstube aus dem 19. Jh. sowie eine interessante Fotosammlung.

Mi, Fr, So 15–17 Uhr (im Sommer auch Mo–Fr 10–13 Uhr), Dez.–Feb. nur So 15–17 Uhr. Erw. 2 €, Schüler 0,50 €. Westoverledingen, Leerer Str. 7, ✆ 04955/4989, www.ostfriesisches-schulmuseum.de.

Papenburg/Meyer Werft: Die sehenswerte Fehnkolonie Papenburg (35.000 Einwohner) liegt schon soeben jenseits der ostfriesischen „Grenze" im Emsland und hat mit einigen schönen Mühlen, Museen und Museumsschiffen mehr zu bieten als nur die berühmte, schon 1795 gegründete Traditionswerft. Diese jedoch zieht als Highlight der Region jährlich 280.000 Besucher magisch in ihren Bann. Das liegt wohl am Mythos der so genannten Traumschiffe, die neben Tankern und Fähren auf der Werft gebaut werden. 2300 Werftarbeiter und noch einmal 5500 Arbeiter von Subunternehmern und der Zulieferindustrie verdienen hier ihr Geld. Alle 13 Monate verlässt ein neuer Kreuzfahrer die Werft, wobei immer zwei Schiffe gleichzeitig in Produktion sind. Die Überführung eines Ozeanriesen durch das Nadelöhr Ems hinab in die Nordsee ist jedes Mal ein Spektakel, das Zehntausende an die Ufer des Flusses lockt. Von zwei Besuchergalerien aus kann man fast hautnah beobachten, wie die riesigen Kreuzfahrtschiffe aus bereits vorgefertigten Blöcken entstehen. Im Besucherzentrum gibt es zudem Filme über den modernen Schiffsbau und viele Fotos vom Innenleben der im Bau befindlichen Schiffe zu sehen. Und natürlich darf der Souvenirshop nicht fehlen.

Führungen April–Okt. tägl. um 10.30 und 14.30, im Winterhalbjahr Mi und Sa um 15 Uhr (Dauer: ca. 2 Std.), allerdings nur nach vorheriger Anmeldung in der Tourist-Information Papenburg (im Papenburger Zeitspeicher in Bahnhofsnähe), ✆ 04961/83960. Erw. 9 €, Kinder 5,50 €, unter 6-Jährige 1 €. Abfahrt jeweils ab Zeitspeicher mit einem Besucherbus. Die Werft selbst liegt etwas außerhalb am Hafen-Süd (Richtung Weener).

Seltene Bockwindmühle in Papenburg

Papenburger Zeitspeicher: Interaktive Erlebniswelt in einer ehemaligen Produktionsstätte der Meyer Werft. Erste Station ist in einer Art Zeitreise die Geschichte der Fehnkolonie Papenburg. Zweiter Ausstellungsschwerpunkt ist der Stahlschiffbau, auch wieder mit Computer- und Videoanimation interaktiv dargestellt. Der dritte Schwerpunkt ist ganz anderer Art und beschäftigt sich mit der Welt des Testens von Auto-Prototypen. Denn bei Papenburg befindet sich mit der ATP (Automotive Testing Papenburg) eine der modernsten Automobilteststrecken der Welt. Auch die Tourist-Information ist im Zeitspeicher untergebracht.

Tägl. 9–18 Uhr (im Winter So Ruhetag). Erw. 3 €, Kinder 2,70 €. Tourist-Information Papenburg, Ölmühlenweg (in Bahnhofsnähe), ✆ 04961/83960, www.papenburg-tourismus.de.

Dokumentations- und Informationszentrum (DIZ) Emslandlager: Zwischen 1933 und 1938 ließ das Nazi-Regime im Emsland insgesamt 15 Internierungslager errichten, die so genannten Emslandlager. Zunächst wurden hier v. a. politische Häftlinge gefangen gehalten, später kamen (in erster Linie sowjetische) Kriegsgefangene, militärgerichtlich verurteilte Wehrmachtssoldaten sowie Widerstandskämpfer aus Frankreich, Belgien und den Niederländern hinzu. Die Häftlinge wurden u. a. als Arbeitssklaven für die Kultivierung der Moorgebiete eingesetzt (das berühmte Lied *Die Moorsoldaten* entstand im Emslandlager Börgermoor), nach Schätzungen kamen dabei etwa 30.000 Menschen ums Leben. Die Zentralverwaltung der Emslandlager hatte ihren Sitz in Papenburg, wo heute das von einem Verein getragene Dokumentationszentrum über ihre Geschichte informiert. Eine Dauerausstellung präsentiert Foto- und Texttafeln sowie Zeichnungen, Schnitzereien und Briefe ehemaliger Häftlinge. Darüber hinaus werden wechselnde Sonderausstellungen veranstaltet.

Di–Fr und So 10–17 Uhr. Erwachsene 2 €, Jugendliche 1 €. Wiek rechts, Haus-Nr. 22, etwa 1 km östlich des Papenburger Rathauses. ✆ 04961/916306.

Rheiderland

28.000 Einwohner

Eine Art Geheimtipp für Ruhesuchende: Die von Wassergräben durchzogene und brettebene Kulturlandschaft liegt zu großen Teilen unterhalb des Meeresspiegels, einzige Erhebungen sind die alten Deiche und die prächtigen, auf Wurten errichteten Polderhöfe. Im Zentrum der Region zwischen der Ems und der niederländischen Grenze liegen mit Bunde und Weener aber auch zwei hübsche Städtchen, und an den hoch eingedeichten Ufern der Ems lohnen die alten Fischerdörfer mit ihren historischen Kirchen einen Besuch.

Es heißt, das Rheiderland sei „flacher als flach und weiter als weit". Tatsächlich befindet sich am Wynhamster Kolk mit nahezu 2,5 m unter NN der tiefstgelegene Punkt Niedersachsens. Und da es noch etwas weniger Bäume als im übrigen Ostfriesland gibt, ist fast überall der Blick bis zum Horizont gestattet. Der Landstrich hat den Charakter einer Halbinsel, denn das Rheiderland ist umschlossen von der Ems, dem Dollart und der Grenze zu den Niederlanden. Zudem war das fruchtbare Land in früheren Zeiten noch durch einen Gürtel fast undurchdringlicher Hochmoorlandschaften abgeriegelt. Nicht von ungefähr nannte man dieses Gebiet auch das „Endje van de Welt". Die einsame, aber landschaftliche schöne Gegend ist touristisch und gastronomisch noch vergleichsweise wenig erschlossen. Wegen der schönen *Dollard-Route* ist das Rheiderland aber v. a. Fahrradtouristen ein Begriff. Auf diese Klientel hat man sich eingestellt, allerorts gibt es einfache Zimmer mit Frühstück.

Geschichte: Der Dollart, der Mündungstrichter der Ems, entstand durch die zweite Marcellusflut von 1362. Im Jahr 1509 gingen noch einmal über 30 Dörfer in den Fluten unter, und der Dollart erreichte seine größte Ausdehnung. Damals wurde sogar der heute tief im Binnenland liegende Ort Bunde zur Hafenstadt. In jahrhundertelanger Arbeit hat man einen Teil des fruchtbaren Landes zurückgewonnen. Durch immer mehr Eindeichungen sind Polder entstanden, die meist unterhalb des Meeresspiegels liegen und ständig entwässert werden müssen.

Verwaltungstechnisch besteht das Rheiderland heute aus den drei Gemeinden Bunde, Weener und Jemgum. Hinzu kommt noch Bingum (1300 Einwohner), das aber Teil der gegenüber der Ems gelegenen Stadt Leer ist.

Jemgum

3850 Einwohner

Das Gemeindegebiet Jemgums umfasst das gesamte nördliche Rheiderland. Touristisches Highlight ist der romantische Hafenort Ditzum. Doch an den Ufern der Ems nahe der Dollartmündung warten noch andere sehenswerte Siel- und Wartendörfer auf ihre Entdeckung.

Der Hauptort, der wie die Gemeinde *Jemgum* heißt, schmiegt sich wie alle Dörfer der Region an den mächtigen Emsdeich. Ortsbildprägend ist der noch funktionsfähige Galerieholländer von 1756 (nach Absprache zu besichtigen, ✆ 04958/336). Sehenswert ist auch der Emshafen, der als Sportboothafen genutzt wird, in dem aber auch noch ein Kutter an die alte Fischertradition erinnert. Seinem ursprünglichen Zweck als Krabbenkutter dient dieser allerdings kaum noch, vorrangig wird er als Touristenboot eingesetzt. Wahrzeichen von Jemgum ist der Kirchturm, der 1846 neu erbaut und in seiner Form einem Leuchtturm nachempfunden wurde. Die Kirche selber wurde zweimal durch Brand in Mitleidenschaft gezogen und wieder aufgebaut, einmal 1930 und zuletzt im Jahr 2004.

Etwa 3 km nördlich von Jemgum liegt das kleine Kirchdorf *Midlum*, in dessen alter Ziegelei ein Museum eingerichtet werden soll, das an die große Tradition des Ems-Ziegeleiwesens erinnern soll (im 19. Jh. waren hier auf engstem Raum 26 Ziegeleien in Betrieb, von denen allerdings nur noch eine übrig geblieben ist, und zwar in Jemgum selbst). Doch auch schon jetzt lohnt das Dörfchen einen Abstecher, denn hier, in der tiefsten ostfriesischen Provinz, weht ein kräftiger Hauch von Pisa: der freistehende Glockenturm der Kirche neigt sich in einem Winkel von 6,27 Grad gen Erde und übertrifft den ungleich berühmteren Italiener damit um satte 2,7 Grad. Mit seinem imponierenden Neigungswinkel wäre der uralte Turm aus dem 13. Jh. eigentlich ein sicherer Kandidat für das Guinness-Buch der Rekorde, doch – wann ist ein Turm ein Turm? – leider streckt er sich gerade mal 14 m in die Höhe, wirkt klobig und erinnert insgesamt eher an eine kleine Festung als an einen Turm. Deshalb bleibt ihm die offizielle Anerkennung als schiefster Turm der Welt bis heute versagt. Immerhin bleibt der Titel im Lande: Schmücken darf sich damit der Kirchturm des kleinen Ortes Suurhusen bei Emden (siehe S. 256).

Romantischer Hafenort an der Ems: Ditzum

Von Midlum geht es zunächst weiter ins hübsche Rundwarfendorf *Critzum* mit seiner kleinen, von einem Baumkranz umschlossenen Wehrkirche im Zentrum. Dann gelangt man über Hatzum und Nendorp am Emsdeich entlang ins malerische *Ditzum* an der Mündung des Flusses in den Dollart. Ditzum hat als einziges Emsdorf den Charakter eines Fischerdorfs bewahren können. Einige Fischkutter fahren noch täglich zu ihren Fanggründen hinaus, und am Deich warten ein paar Fischrestaurants auf ihre Gäste. Im sich zur Ems hin trichterförmig öffnenden Sielhafen legt zudem die letzte und sehr betagte Emsfähre ab, die hinüber nach *Petkum* fährt. Das 1926 erbaute, kleine Schiff transportiert im Sommer stündlich auch bis zu drei Pkw, meist jedoch nur Fahrradtouristen. Auffälligstes Merkmal des Dorfes ist der 1846 entstandene freistehende Kirchturm, der an die Gestalt eines Leuchtturms erinnert. Die Kirche selbst wurde bereits im 13. Jh. gebaut. Bemerkenswert sind die barocke Kanzel (1684) und der Abendmahlstisch mit Intarsien aus Ebenholz und Palisander (von 1660). Die wiederaufgebaute Getreidemühle im Ortskern kann besichtigt werden. Im Sommer wird das Erdgeschoss als *Stöberstube* genutzt, in der die Rheiderländer Landfrauen ihre Produkte anbieten (Mühle und Laden April–Okt. Fr–So 14–18 Uhr).

Dicht hinter Ditzum liegt direkt am Mündungstrichter der Ems das Örtchen *Pogum*. Hier, am Rheiderländer „Nordkap“, führt die Straße zwangsläufig wieder südwärts am Dollart entlang Richtung Bunde. Beim alten Schöpfwerk hinter Pogum lohnt ein Halt für den schönen Emsblick hinüber auf das Emssperrwerk Gandersum und den Windpark bei Emden. Ein Stück weiter geht es bei Dyksterhusen rechts ab zur Badestelle *Bohrinsel*, einer mit Schotter befestigten, ins Watt hineinragenden Plattform, auf der in den 1960er Jahren Probebohrungen nach Erdgas durchgeführt wurden. Heute tummeln sich hier die Windsurfer.

• *Information/Zimmervermittlung* **Verkehrsverein Ems-Dollart e.V.**, Am Hafen 1, 26844 Jemgum-Ditzum, ✆ 04902/912000, www.ditzum-touristik.de.

Verkehrsbüro Jemgum, Hofstr. 2, 26844 Jemgum, ✆ 04958/918116, www.jemgum.de.

• *Baden* Gezeitenabhängige Badestellen in Dyksterhusen am Dollart (Bohrinsel) sowie in Jemgum in der Ems. In Jemgum-Holtgaste befindet sich zudem ein Badesee.

Emsfähre bei Ditzum

• *Fähre* Zwischen Petkum und Ditzum verkehrt im Sommer stündlich (im Winter eingeschränkt) eine kleine Fähre, die hauptsächlich Fahrradfahrer nutzen, die aber auch bis zu drei Pkw transportiert. Fahrtzeit 20 Minuten. Einzelfahrt 1,80 €, mit Fahrrad 2 €, mit Motorrad 3,10 €, mit Pkw 5,20–6,50 €.

• *Fahrradverleih/Kanuverleih* **Paddel- und Pedalstation**, Hoher Weg, Ditzum, ✆ 04902/915836, www.paddel-und-pedal.de.

• *Wohnmobilstellplatz* Reichlich Stellplätze an den Ortseingängen von Jemgum und Ditzum, 5 € pro Nacht.

• *Essen/Trinken* **Luv up**, kleine, aber gute Speisegaststätte in Jemgum mit Aussicht auf die Ems; es gibt vor allem prima Fisch. Fährpatt 5, ✆ 04958/238.

Altes Haus am Siel, alteingesessenes Restaurant in gemütlicher Gasthausatmosphäre am Hafen und erste Adresse in Ditzum. Hier gibt es Fisch in allen Variationen. Die wirklich großen Portionen werden in der Pfanne serviert, dann bleibt der Fisch länger warm (Kabeljau 15 €). Mo Ruhetag. Sielstr. 23, ✆ 04902/658.

Moby Dick, holländisches Spezialitätenrestaurant mit leckeren, ebenfalls großen Portionen am Hafen von Ditzum (riesige Fischplatte für zwei Personen 27 €), innen schlicht, fast kahl. Kirchstr. 6, ✆ 04902/915520.

Dat lüttje Café, einfaches, ganz familiär geführtes Café in Hafennähe in Ditzum. Im Sommer tägl. ab 10 Uhr geöffnet, Mo Ruhetag. Kirchstr. 9, ✆ 04902/990083.

Fahrradtour: Durch das Rheiderland bei Ditzum bis zum tiefsten Punkt Niedersachsens

Länge: 25,5 km, Dauer 2:30 Std. Schöne Rundtour an Ems und Dollart. Man radelt durch eine touristisch nur wenig erschlossene Kulturlandschaft, die fast gänzlich unterhalb des Meeresspiegels liegt.

Ausgangspunkt ist der Hafen von *Ditzum*, den Radfahrer auch bequem mit der Fähre vom jenseits der Ems gelegenen Petkum (bei Emden) erreichen können. Vom Hafen aus führt der Weg auf der Landseite des Deichs ins 1,5 km westlich gelegene *Pogum* (schöner Blick vom Deich aus). Am Schöpfwerk vorbei

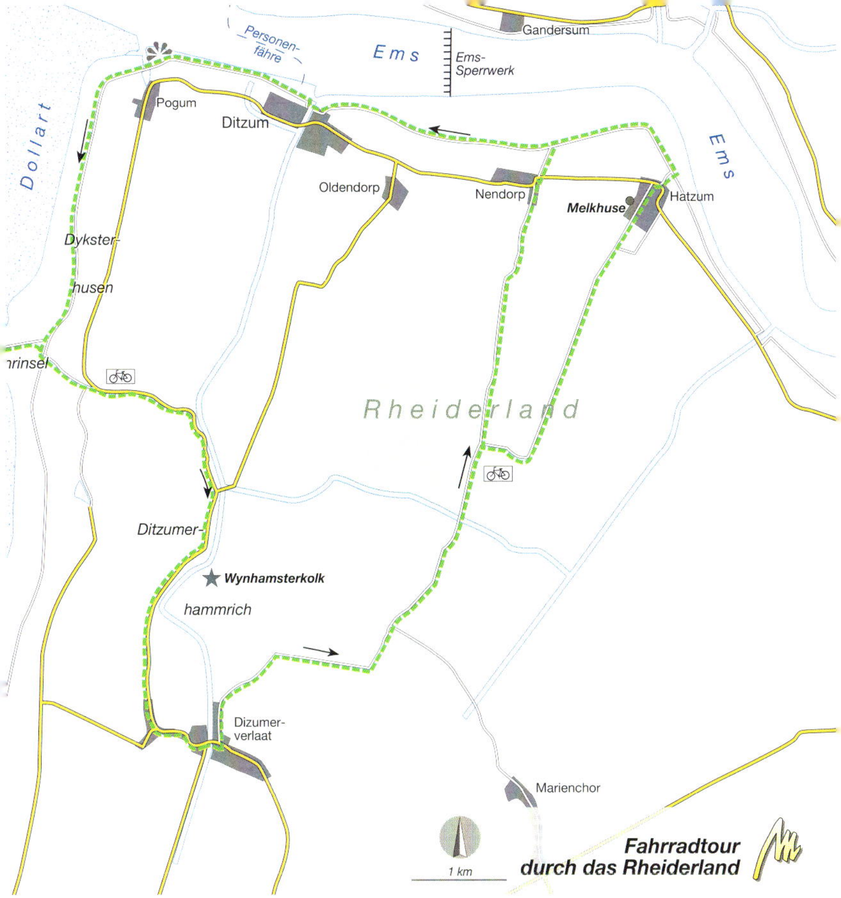

zieht sich die Deichstraße nun 4 km südwärts Richtung *Bohrinsel bei Dyksterhusen*. Der kurze Abstecher dorthin (1 km) ist wegen der Badestelle und des schönen Blicks auf den Dollart und Emden auf jeden Fall lohnenswert. Von der Bohrinsel aus geht es den gewundenen Fahrweg zurück bis zur Kreisstraße, die nach 2 km kurviger Fahrt in die wenig frequentierte Landstraße einmündet (hier Fahrradweg). Diese Straße war früher ein Seedeich und führt zum langgestreckten Ort *Ditzumerhammrich*. Dort weist linker Hand ein Hinweisschild zur *Wasserschöpfmühle Wynhamster Kolk*) (2,5 m unter NN).

Zurück auf der Landstraße (zunächst Fahrradweg), sind es noch 2,5 km, bis Ditzumerverlaat erreicht ist. In der Ortsmitte gibt es nur noch wenig Autoverkehr. Hier führt ein Stück hinter der Kirche ein Weg links ab (Denkmalstraße, Schild mit der Aufschrift *Eislaufbahn* und *Dollard-Route*) Richtung Ems. Nach knapp 3 km hält man sich links (Richtung Ditzum), dann folgt ein Abzweig nach rechts mit dem Hinweisschild *Melkhuse* (eine Abkürzung von 3 km geradeaus über Nendorp wäre hier möglich). Der Weg führt unmittelbar in den Ort *Hatzum* (mit dem angekündigten Garten- und Bauerncafé).

Vorbei an der schönen Kirche geht's auf der Landstraße rechts und gleich wieder links 300 m bis zum Emsdeich. Dort wieder links ab am Deichweg entlang die restlichen 5 km zurück nach Ditzum.

Bunde

7500 Einwohner

Der ruhige Hauptort des Rheiderlandes mit seinem vierstöckigen Galerieholländer und einer imposanten Kreuzkirche ist das Tor zu den Niederlanden.

Prächtige alte Gulfhöfe zeugen von der Fruchtbarkeit des Landes. Beeindruckend ist auch die trutzige *Kreuzkirche* von Bunde, eines der größten Gotteshäuser Ostfrieslands. Man erkennt leicht, dass die um das Jahr 1200 begonnene Kirche in mehreren Bauphasen entstanden ist. Imposant sind die dekorativen Backstein-Zierformen am Querschiff, das bereits um 1270 angefügt wurde. Den südlichen Ortsrand überragt ein von landwirtschaftlichen Zweckbauten umgebener vierstöckiger *Galerieholländer*, einer der höchsten im Lande (Besichtigung unregelmäßig; VVV Bunde, ✆ 04953/910830). Am westlichen Ortsrand wurde in einem ehemaligen Gulfhof der Natur- und Kulturpark Dollart mit dem *Dollartmuseum* eingerichtet. Themen der Ausstellung sind die Entstehung des Dollart, die Deichbaugeschichte, die Wattfischerei sowie die Pflanzen- und Tierwelt im und am Dollart (nur während der Öffnungszeiten des Restaurant Wiemannshof zu besichtigen, Eintritt 1,50 €, Kinder 0,50 €, Rheiderlandstr. 3).

Unter dem Meeresspiegel gelegen: Wasserschöpfmühle Wynhamster Kolk

Bis zur deutsch-niederländischen Grenze sind es von hier keine 3 km. Nicht nur für einen Tankabstecher lohnt der Besuch, v. a. die grenznahen Städtchen Nieuweschans und Winschoten sind sehenswert.

Im nördlich des Hauptortes gelegenen Bunderhee befindet sich direkt an der Hauptstraße, allerdings etwas versteckt hinter Bäumen und Sträuchern, das vielleicht älteste ostfriesische nichtsakrale Gebäude. Das *Steinhaus Bunderhee*, aus dicken Klosterformatbacksteinen erbaut, ist im Kern wohl eine Häuptlingsburg. Der Wehrturm datiert auf dem späten 13. Jh., das angrenzende Wohnhaus mit seinen trutzigen Mauern wurde wahrscheinlich um 1500 als Wohnhaus einer lokalen Größe erbaut. Heute wird es als Kunsthaus und private Galerie genutzt (Fr–So 15–18 Uhr, Eintritt 5 €, ✆ 04953/922339).

Noch weiter im Norden des Gemeindegebietes, im lang gestreckten Ort *Ditzumerhammrich* liegt die sehenswerte Wasserschöpfmühle *Wynhamster Kolk*) (siehe Karte S. 241). Dort weist ein kleines Hinweisschild zur Mühle, die genau am tiefsten Punkt Niedersachsens liegt (2,5 m unter NN). Ohne ständige Entwässerung wäre das Land, das nach der großen Sturmflut von 1715 zum 72 ha großen Binnensee (Kolk) geworden war und ab 1804 wieder trocken gelegt wurde, sofort überflutet. In früheren Zeiten haben die Mühlenflügel über Zahnräder eine archimedische Schraube angetrieben, die das Wasser in einen höher gelegenen Kanal beförderte. Diese Arbeit wurde in den 1950er Jahren von Elektropumpen übernommen. Vor der Mühle weisen Informationstafeln darauf hin, in welchem Ausmaß das Rheiderland im Laufe seiner Geschichte von Überflutungen heimgesucht wurde (Hobbymüller Däuber, ✆ 04959/312).

- *Information/Zimmervermittlung* **Verkehrsbüro Bunde**, Kirchring 2, 26831 Bunde, ✆ 04953/80947, www.gemeinde-bunde.de.
- *Essen/Trinken und Übernachten* **Restaurant Wiemannshof**, sehr behagliches Restaurant am Dollartmuseum. In der hellen, verglasten Scheune mit Empore lässt es sich gut speisen, gemütliche Terrasse. Mo Ruhetag. Es werden auch Ferienwohnungen angeboten. Zudem befindet sich auf dem Gelände eine Heuherberge (eigener Schlafsack erforderlich, 13 € inkl. Frühstück). Rheiderlandstr. 3, ✆ 04953/910850, 04953/922632, info@wiemannshof.de, www.wiemannshof.de.

Weener

15.800 Einwohner

Das verträumte Städtchen mit tausendjähriger Geschichte hat eine bemerkenswerte historische Bausubstanz. Augenfällig sind einige schick restaurierte Stadtvillen im neugotischen Stil der Gründerzeit.

Der zweigeteilte, tideunabhängige Hafen prägt das Stadtbild. Der moderne Teil ist ein großer Sportboothafen mit Marina-Park, der historische ein von Speichern und Bürgerhäusern umrahmter alter Handelshafen (um 1570 angelegt), in dem ein paar betagte Schiffe vor Anker liegen. Zweite Sehenswürdigkeit neben dem *Alten Hafen* mit seinem hübschen Gebäudeensemble ist die im 13. Jh. erbaute, aber mehrfach erweiterte *Georgskirche*. Der eigentliche Schatz der Kirche mit freistehendem Glockenturm (1738) ist eine originale *Arp-Schnitger-Orgel* von 1710. Jeden ersten Sonntag im Monat kann man sich ein Orgelkonzert anhören, Künstler aus der ganzen Welt geben sich dann die Ehre und spielen virtuos auf. Im Anschluss daran findet eine Führung im *Organeum* statt, einer von der *Ostfriesischen Landschaft* (siehe S. 212) 1997 ins Leben gerufenen Kultureinrichtung, in der sich Interessierte Einblicke in die reiche Orgelkultur der Region verschaffen können. Untergebracht ist das Organeum in einer restaurierten neugotischen Stadtvilla aus dem späten 19. Jh., zu sehen gibt es u. a. Originalinstrumente und Repliken his-

Mittelpunkt europäischer Orgelkultur: Organeum Weener

torischer Orgeln. Darüber hinaus veranstaltet das Organeum Konzerte und Vorträge, bietet Seminare zum Thema an und stellt eine Forschungsbibliothek zur Verfügung (regulär geöffnet ist das Organeum in der Norderstraße 18 Di–Fr 10–12 und Di–Do 15-17 Uhr).

Wen Orgeln eher kaltlassen, kann sich alternativ das *Heimatmuseum Rheiderland* anschauen, das die Kultur- und Wirtschaftsgeschichte der Region dokumentiert. Schwerpunkte sind das Ziegeleiwesen, die Wattfischerei und die Landwirtschaft in Geest und Moor sowie die Wohnkultur des Landes. Ausgestellt ist auch der kostbare spätgotische Altar aus der Holtgaster Kirche. Ausstellungsort ist das 1791 erbaute und in seiner Dimension beeindruckende ehemalige Armenhaus der Stadt (Di, Sa und So 15–18 Uhr, Eintritt 3 €, Neue Straße 26, ✆ 04951/1828).

Bleibt schließlich noch eine Sehenswürdigkeit ganz anderer Art zu erwähnen: die *Friesenbrücke*, eine betagte eiserne Klappbrücke über die Ems, die 1924 errichtet, 1945 gesprengt und 1951 originalgetreu wiederaufgebaut wurde. Das technische Denkmal hat einen seitlichen Schiffsdurchlass von 25 m – zu wenig für die gewaltigen Kreuzfahrtschiffe der Papenburger *Meyer-Werft*, weshalb bei deren Überführung in die Nordsee immer das Mittelteil der Brücke per Schwimmkran abmontiert werden muss. Genutzt wird die Friesenbrücke von Zügen, Fußgängern und Radfahrern.

Ältestes Pfarrhaus Deutschlands: gotisches Haus in Stapelmoor

- *Information/Zimmervermittlung* **Tourist Information Weener**, Norderstr. 18, 26826 Weener ✆ 09451/912016, www.weener.de.
- *Fahrradverleih* **Zum Schöpfwerk**, ✆ 04959/915836, www.paddel-und-pedal.de.
- *Wochenmarkt* Fr 8–12.30 Uhr.
- *Wohnmobilstellplatz* Eine Art Logenplatz genießen bis zu 40 Wohnmobilisten direkt am Alten Hafen.
- *Übernachten/Essen und Trinken* **Pension Harmonie**, Radler-Pension, Richtung Friesenbrücke gelegen, einfach, aber ordentlich, warme Speisen nur auf Vorbestellung, sonst abends kalte Platte, reichhaltiges Frühstück. DZ 56 €. Friesenstr. 38, ✆ 04951/955344, 📠 04951/955346, weener@pension-harmonie.de, www.pension-harmonie.de.

Restaurant Klabautermann, nett und ruhig am Sportboothafen gelegen, gemütliche Terrasse, ordentliche Fisch- und Fleischgerichte. Am Sportboothafen 1, ✆ 04951/4345.

Umgebung von Weener

Kreuzkirche in Stapelmoor: In seiner schlichten Schönheit ist das 3 km südlich von Weener gelegene Gotteshaus die herausragende Kirche im Rheiderland. Die hoch hinauf strebenden Mauern der Kirche wurden schon im 13 Jh. errichtet, das romanische Erscheinungsbild ist fast unverändert erhalten geblieben. Unbeschadet haben auch einige mittelalterliche Malereien im Gewölbe die Zeit überdauert. Der uralte Taufstein aus der Erbauungszeit der Kirche und die Kanzel (um 1600) sind ebenfalls sehenswert, allerdings ist die Kirche meist nur am Wochenende geöffnet. Noch eine Besonderheit ist das Gebäude nebenan im Grünen: Der gotische Backsteinbau von 1429 ist das älteste noch als solches genutzte Pfarrhaus Deutschlands.

Mittelpunkt Emdens: Ratsdelft, Rathaus und Museumsschiffe

Emden

52.000 Einwohner

Emden hat viele Gesichter und lebt von seinen Gegensätzen: auf der einen Seite lebhaftes Seehafen- und Industriezentrum, auf der anderen Kulturstadt mit hochkarätiger Museumslandschaft. Vor allem die Kunsthalle mit vorwiegend expressionistischen Werken genießt Weltruf.

Etwa 80 % der geschichtsträchtigen Stadt wurden im Zweiten Weltkrieg zerbombt. Die Narben sind nicht zu übersehen, und dennoch hat es Emden geschafft, sein maritimes Flair zu bewahren. Die wesentlichen Sehenswürdigkeiten sind im Innenstadtbereich konzentriert und mühelos zu Fuß zu entdecken. Eine Erkundung beginnt man am besten am Ratsdelft, dem alten Hafenbecken im Zentrum mit den dort vor Anker liegenden Museumsschiffen. An der Westpromenade des Ratsdelfts empfängt das Ostfriesische Landesmuseum seine Besucher, untergebracht ist es im Alten Rathaus, dem nach der Zerstörung im Krieg in modernisierter Form wiederaufgebauten Wahrzeichen der Stadt. Im wahrsten Sinne des Wortes einen schönen Überblick verschafft man sich, wenn man den Rathausturm besteigt. Einen Blick wert ist auch das alte Hafentor von 1635, das sich ebenfalls an der Westpromenade des Ratsdelfts befindet. Einst war es Teil einer Mauer, die die Stadt vor den Überflutungen durch die Ems schützen sollte. Den barocken Giebel zieren das Emder Wappen und die Inschrift *Et pons est Embdae et portus et aura Deus* („Gott ist Emdens Brücke, Hafen und Segelwind"). Am Hafentor wurde 2006 ein bronzenes Tastmodell bzw. Blindenrelief aufgestellt. Es zeigt im Maßstab 1:500 die Bebauung der Stadt in der Zeit um 1900 und ist für Blinde wie für Sehende gleichermaßen aufschlussreich.

Emden
Karte S. 251

Für einen (etwa halbstündigen) Stadtbummel zieht es die meisten Besucher westlich des Rathausplatzes in die Fußgängerzone (Große Straße). Gleich das erste Haus ist *Dat Otto Hus,* in dem der Emder Komiker *Otto Waalkes* einen Laden und sein Otto-Museum eingerichtet hat. Ein Stück weiter die moderne Einkaufsmeile hinauf, zweigt linker Hand die kleine Holzsägerstraße ab, die zum Bunkermuseum führt. Noch ein wenig weiter zweigt links die namensgebende Kirchstraße zur Großen Kirche mit der *Johannes a Lasco Bibliothek* ab. Auf dem Weg zurück zum Rathausplatz empfiehlt sich der Gang durch die kleine Pelzerstraße (gegenüber der Kirche, am Bunker vorbei). Sie heißt so, weil hier bis zum 16. Jh. die Fell- und Pelzhändler ansässig waren. Dort stehen noch die *Pelzerhäuser 11 und 12,* zwei reich verzierte Renaissance-Giebelhäuser im flämisch-niederländischen Stil. Es sind die letzten baulichen Zeugnisse, die einen Eindruck davon vermitteln, wie prächtig die Innenstadt vor dem furchtbaren Kriegsbombardement ausgesehen hat. Heute befinden sich in den Pelzerhäusern eine Dependance des Landesmuseums mit Café/Bistro und der Rathaussaal der Stadt (tägl. außer Mo u. Do 11–18 Uhr geöffnet).

Wer etwas mehr Zeit hat, sollte sich unbedingt auch das Gebiet östlich des Ratsdelfts anschauen. Hier wirkt Emden eher gemütlich-kleinstädtisch. Der Weg verläuft durch den Torbogen des Rathauses über die Brückstraße, die zunächst Fußgängerzone ist und immer geradeaus zum idyllischen Zwinger führt. Die sich einstmals um die ganze Stadt ziehende, noch weitgehend erhaltene Ringwallanlage ist so etwas wie die grüne Lunge Emdens. Kurz vor dem Zwinger passiert man zwei sehenswerte Gebäude, zum einen die *Neue Kirche* und zum anderen direkt gegenüber das schön restaurierte *Gödenser Haus* (von 1551), das heute als Studentenwohnheim dient. Ganz in der Nähe befindet sich die in Europa einzigartige Kesselschleuse (von 1886), die den Bootsverkehr auf vier Kanalarmen regelt. Hier wird besonders deutlich, dass Emden buchstäblich am Wasser liegt und von einem weiten Netz von Kanälen durchzogen ist. Der Rückweg führt südlich an der Kesselschleuse vorbei, dann über einen weiteren Zwinger bis zur Lienbahnstraße und von hier aus Richtung Rathausplatz. Empfehlenswert ist hinter der Brücke der kurze Umweg direkt am Ufer entlang zurück zum Ratsdelft.

Einen ganz anderen Einblick in die Stadt bekommt der Besucher vom Wasser aus. An der Delfttreppe legen die flachen Boote zur Kanalrundfahrt ab oder steuern den Hafen an, von dem die Stadt nach wie vor lebt. Das Bild des immerhin viertgrößten deutschen Seehafens prägen v. a. die riesigen Autotransportschiffe, die größten von ihnen mit einer Kapazität von 6500 Fahrzeugen. Mit einem jährlichen Fahrzeugumschlag von fast einer Million Wagen ist Emden *der* deutsche Autoverladehafen schlechthin. Am Hafen legen aber auch die Borkumfähren ab, denn Emden ist das Tor zur größten Ostfriesischen Insel.

Geschichte

Amuthon wurde um das Jahr 800 an der Mündung der Aa in die Ems als Warfendorf gegründet. Die günstige Lage am großen Fluss und am Dollart ermöglichte vergleichsweise schnell die Entwicklung zu einem wohlhabenden Handelsplatz. Dabei war die wechselvolle Geschichte der aufstrebenden und manchmal recht eigenwilligen Stadt immer geprägt von dem Streben ihrer Bürger nach Freiheit und Unabhängigkeit. Emden entwickelte sich zu einem Kleinstaat mit eigenem Zollwesen und eigener Rechtsprechung, aber zum Kreis der Hansestädte gehörte Emden nie. Reich, selbstbewusst, aber auch gierig geworden, schlug das kleine Emden nämlich im 14. Jh. das Beitrittsangebot der Hanse aus. Stattdessen erhoben die Emder lieber Zölle von den hansischen Schiffen, und zeitweise duldeten sie auch Freibeuter wie Klaus Störtebeker, womit sie sich endgültig den Zorn der mächtigen Hanse zuzogen. Im Jahr 1433 wurde den Hamburgern dieses Treiben zu viel. Kurzerhand besetzten sie die Stadt und blieben für 20 Jahre. Städtebaulich hatte das durchaus Vorteile, denn unter dem Einfluss Hamburgs wurde Emden planmäßig ausgebaut und sicher befestigt. 1453 überließen die Hamburger das Regiment über die Stadt dann der mit ihnen verbündeten ostfriesischen Häuptlingsfamilie Cirksena. Als im Jahr 1494 Kaiser Maximilian I. Emden das Stadtwappen verlieht, war der Durchbruch endgültig geschafft. Denn der Kaiser bestätigte zudem das Emder Stapelrecht: Alle die Ems passierenden Schiffe mussten ihre Waren verzollen und darüber hinaus drei Tage in der Stadt zum Kauf anbieten.

Ihre Blütezeit hatte die Stadt aber noch vor sich. Während des Achtzigjährigen Krieges (1568–1648), in dem die benachbarten Niederländer um ihre Unabhängigkeit vom katholischen Spanien kämpften, flohen Tausende von Glaubensflüchtlingen ins tolerante Emden. So avancierte die Stadt schnell zur geistigen und kirchenpolitischen Metropole Nordwesteuropas und zum Zentrum des Calvinismus. Die Flüchtlinge brachten aber nicht nur ihren Glauben, sondern auch viel Geld, Schiffe und ihre Handelsbeziehungen mit. Zudem wurde Emden durch die Blockade der Niederlande als Ausweichhafen genutzt und avancierte zum zentralen Umschlagsplatz an der Nordsee. Mit 20.000 Einwohnern war die Stadt um das Jahr 1575 eine der größten Deutschlands. Architektonisch war sie niederländisch geprägt, auch die vorherrschende Sprache war Niederländisch. Zu dieser Zeit waren etwa 600 Emder Handelsschiffe auf den Meeren unterwegs – mehr als von Hamburg oder Bremen aus bereedert wurden.

Im Jahr 1595 formierte sich ein breiter Widerstand gegen die Herrschaft des Hauses Cirksena (Emder Revolution), der den damaligen Regenten Edzard II. schließlich dazu zwang, seine Rechte gegenüber der Stadt weitgehend aufzugeben und sie de facto in die Autonomie zu entlassen. Zur Sicherung der Stadt wurde zu Beginn des 17. Jh. der Emder Wall errichtet, eine ringförmige Verteidigungsanlage, deren Herzstück elf Bastionen bildeten. Die Festung erwies sich als so stark, dass sie selbst im Dreißigjährigen Krieg jedem Angriff standhalten konnte und auch später nie bezwungen wurde.

Doch alle militärische Potenz konnte nicht darüber hinwegtäuschen, dass es mit der Stadt in wirtschaftlicher Hinsicht langsam bergab ging und sie mehr und mehr ihre zentrale Rolle im europäischen Handel verlor. Denn zum einen begann nach dem Dreißigjährigen Krieg die Rückwanderung vieler wohlhabender Exilanten in die nunmehr von Spanien unabhängigen Niederlande. Zum anderen wurde die Mündungsschleife der Ems aufgrund von Sturmfluten abgeschnürt, sodass der Strom nun nicht mehr direkt an der Stadt vorbeifloss, sondern ein ganzes Stück entfernt direkt in den Dollart mündete. Emden war jetzt kein direkter Seehafen mehr, und das alte Flussbett, das als Hafenzufahrt diente, drohte zu verschlicken.

Mitte des 18. Jh. lebten nur noch 7000 Einwohner in der Stadt, die, nachdem der letzte Graf aus der Familie der Cirksena kinderlos gestorben war, wie ganz Ostfriesland 1744 preußisch wurde. Unter den neuen Machthabern kam es zu einer zweiten, allerdings bescheidener ausfallenden Blütezeit. Die Stadt erhielt die Monopolstellung für die Heringsfischerei in der Region, und Friedrich der Große gründete in Emden die *Ostasiatische Handelskompagnie,* der aber nur wenig Erfolg beschieden

Emden
Karte S. 251

Johannes a Lasco, Reformator Ostfrieslands

Jan Łaski, so der polnische Name des Humanisten und Theologen Johannes a Lasco (1499–1560), stammt aus einer einflussreichen polnischen Familie. Er war Reformator von europäischem Rang.

Die Nachfolge des Vaters war durch ältere Geschwister gesichert, und so beschlossen seine Eltern, dass der junge Jan eine geistliche Laufbahn einschlagen sollte. Nach standesgemäßen Studien im Ausland, v. a. in Rom, Padua und Wien, wurde er 1521 zum Priester geweiht. Schon 1524 reiste Johannes a Lasco mit seinen Brüdern in diplomatischer Mission an den französischen Hof nach Blois und Paris. Auf dieser Reise machte er erstmals Station in Basel bei Erasmus von Rotterdam, zu dessen Lieblingsschüler er in der Folgezeit wurde. Zunächst sah es noch so aus, als sei dem ehrgeizigen jungen Kleriker eine große Kirchenkarriere vorgezeichnet. Aber wegen politischer Verstrickungen seiner Brüder erhielt Lasco nicht das angestrebte Bischofsamt in Polen. Beeinflusst vom Reformhumanismus traf er 1537 die Reformatoren Melanchthon und Hardenberg, zu denen er auch später Kontakt hielt. Er folgte Hardenberg nach Mainz und später ins flämische Löwen, wo er sich evangelischen Gelehrtenkreisen anschloss. In Löwen verliebte er sich, brach 1540 als erster Geistliche Polens offen das Zölibat und heiratete. Noch im selben Jahr flüchtete er vor der Inquisition ins tolerante Emden und war hier im Auftrag der ostfriesischen Gräfin Anna als Superintendent maßgeblich verantwortlich für die reformatorische Neugestaltung des ostfriesischen Kirchenwesens. So führte er beispielsweise als autonomes Leitungsgremium einen aus Pastoren und Ältesten bestehenden Kirchenrat ein. Zudem sorgte er für eine einheitliche Gottesdienstordnung ohne traditionelle römisch-katholische Kirchenbräuche. Er ließ die Bilder und Altäre entfernen, weshalb die evangelisch-reformierten Kirchen Ostfrieslands noch heute im Innenraum meist weiß getüncht sind und ohne besonderen Kirchenschmuck auskommen.

Auf Druck der habsburgischen Regentschaft in den benachbarten Niederlanden musste a Lasco 1549 auch Emden verlassen. Sein ohnehin bewegtes Leben wurde nun noch rastloser. Aufnahme fand er zunächst in London, wo er zum Superintendenten der dortigen protestantischen Flüchtlingsgemeinden ernannt wurde. Doch schon 1553 musste er mit vielen Gemeindemitgliedern aus England fliehen und ersuchte in Kopenhagen und anderen Ostseestädten um Asyl, was ihm aber als vermeintlichem Unruhestifter jeweils verweigert wurde. Schließlich konnte der Reformator doch wieder nach Emden zurückkehren, verließ die Stadt aber wieder im Jahr 1555 wegen Differenzen über die Neugestaltung seines Katechismus und der Abendmahlslehre. Seine letzten Lebensjahre waren geprägt durch den Wunsch, seiner polnischen Heimat die evangelische Lehre nahe zu bringen. Zunächst folgte jedoch ein kurzer Aufenthalt in Frankfurt/M., wiederum als Superintendent der dortigen niederländischen Flüchtlingsgemeinde. Hier traf er sich auch mit Calvin. Ab 1557 konnte a Lasco endlich ohne Verfolgung als Superintendent der reformierten Gemeinden in Polen wirken. Er starb am 8. Januar 1560 in Pinczów.

gerne auch für nur eine Nacht. DZ 72 €. Brückstr. 5, ✆ 04921/33122.

Campingplatz Knock, Emdens nächstgelegener Campingplatz befindet sich westlich der Stadt (am Schöpfwerk, siehe S. 255) und ist von April bis Oktober geöffnet. Am Mahlbusen 9–11, ✆ 04927/567, 04927/1379, www.campingplatz-knock.de.

• *Essen und Trinken* **Zum Holzsäger (10)**, nette Kneipen-Gaststätte, in der fast nur Einheimische anzutreffen sind, die sich hier zum Kartenspielen oder auf einen Klönsnak treffen. Einfache, schmackhafte Küche. Ab 10 Uhr bis spätabends geöffnet, Do Ruhetag. Holzsägerstr. 5 (Seitenstraße der Fußgängerzone; gegenüber dem Bunkermuseum), ✆ 04921/28214.

Nordseewelle (6), Fischgeschäft mit Imbiss. Selbstbedienung mit Kantinenatmosphäre, dafür alles frisch, relativ preisgünstig und ganz zentral gelegen, natürlich auch Mittagstisch. Zwischen beiden Märkten 1 (in der Nähe der Tourist-Information), ✆ 04921/29060.

Grand Café am Stadtgarten (3), gediegene Kaffeehausatmosphäre auf zwei Etagen, große Terrasse, Frühstück, auch Bistro mit Pizzen, Salaten und Mittagstisch, selbst abends lange geöffnet (bis nach 24 Uhr). Top-Lage: Am Stadtgarten 7–13 (Ratsdelft), ✆ 04921/28811.

Kulisse (4), holzvertäfelte Bar, Bistro und Café, wo man sich v. a. abends zum Bier trifft. Zwischen beiden Märkten 8, ✆ 04921/27261.

Bierklause (8), innen so, wie eine gepflegte Kneipe aussehen muss, vorwiegend einheimisches Publikum. In der Ecke der schmalen Kneipe steht ein Piano, das der Chef mitunter zum Klingen bringt. Brückstr. 32, ✆ 04921/994050.

Mojito (7), Cocktailbar mit amerikanisch-mexikanischen Speisen, vorwiegend jüngeres Publikum. Hier ist auch spätabends noch etwas los. Lilienstr. 18, ✆ 04921/997007.

Nachtcafé (2), Innenstadt-Diskothek zum Abtanzen, Do-Sa 22-4 Uhr. Cocktailbar und Tanzfläche im ersten Stock. Alter Markt, ✆ 04921/953770.

Sehenswertes

Kunsthalle: Der aus Emden stammende Gründer der Zeitschrift *Stern*, Henri Nannen, hat zusammen mit seiner Frau Eske der Stadt im Jahr 1986 diesen lichtdurchfluteten Museumsbau und eine eindrucksvolle Kunstsammlung geschenkt. 2007 wurde der Bau grundlegend modernisiert und erweitert. Zu bestaunen gibt es vorwiegend Kunst der klassischen Moderne, insbesondere Werke des abstrakten Expressionismus und der Neuen Sachlichkeit. Glanzstücke des Museums sind Arbeiten von Ludwig Kirchner, Karl Schmidt-Rottluff, Emil Nolde und August Macke. Im Jahr 2000 wurde die Ausstellung mit Werken aus der zweiten Hälfte des 20. Jh. erweitert, die einer Schenkung des Münchener Galeristen *Otto van de Loo* zu verdanken sind. In dem Museum, das jährlich etwa 100.000 Besucher zählt, werden bedeutsame Sonderausstellungen – auch mit Leihgaben anderer Museen – arrangiert, sodass nicht immer alle Werke des riesigen Fundus zu sehen sind.

Di 10–12, Mi–Fr 10–17, Sa/So 11–17 Uhr. Erwachsene 5 €, ermäßigt 3 €, Kinder bis 15 J. frei. Hinter dem Rahmen 13 (gut 500 m nordwestlich des Ratsdelft gelegen; in wenigen Minuten über verkehrsberuhigte Geschäftsstraßen vom Rathausplatz aus bequem zu Fuß zu erreichen), ✆ 04921/975050, www.kunsthalle-emden.de.

Ostfriesisches Landesmuseum im Rathaus: Das Emder Rathaus am Delft wurde 1962 auf den Fundamenten des im Krieg zerstörten Renaissance-Rathauses (1574–76) errichtet und in den Jahren 2003–2005 aufwändig umgestaltet. Es dient heute nicht mehr seinem ursprünglichen Zweck, sondern beherbergt das Ostfriesische Landesmuseum mit seiner bedeutenden kunst- und kulturhistorischen Sammlung. Herausragende Sehenswürdigkeit ist die im Dachgeschoss untergebrachte historische Rüstkammer mit der größten stadteigenen Waffensammlung Deutschlands (2500 Waffen und Rüstungen, von denen 500 ausgestellt sind). Mit den Langschwertern, Brustpanzern, Piken etc. waren die Soldaten der Bürgerkompanien ausgestattet, die die Stadt nach der Emder Revolution verteidigten. Zu sehen gibt es darüber hinaus Ausstellungen zu Themen wie Deichbau, Siedlungsgeschichte, Häuptlingsfamilien und ostfriesisches Bürgertum. Hinzu kommen eine Gemäldegalerie, eine Skulpturensammlung und nicht zuletzt eine Silbersammlung mit dem Ratsschatz aus dem 17. Jh., Ausdruck des einstigen Wohlstands der Stadt. Zum Landesmuseum gehören auch die so genannten Pelzerhäuser (in der nahen Pelzerstraße 11 und 12), die Platz für Wechselausstellungen bieten.

Blick vom Rathausturm: Feuerschiff und Hafenanlagen

Wenn man das Museum besucht, kann man auch den Rathausturm besteigen, von dessen Plattform man einen tollen Blick auf die Stadt und den Delft genießen kann. Wenn allerdings das Glockenspiel im Turm gerade anschlägt, wird es hier oben richtig laut (es erklingt täglich ab 9 bis 19 Uhr alle zwei Stunden).

Di–So 10–18 Uhr. Erwachsene 6 €, ermäßigt 3 €, Kinder bis 12 J. frei; Familien 12 €. Rathaus am Delft, ✆ 04921/872058, www.landesmuseum-emden.de.

Museumsschiffe im Ratsdelft: An der Ostpromenade des Ratsdelfts sind drei historische Schiffe vertäut, die von Museumsschiffvereinen gepflegt werden.

Feuerschiff Amrumbank: Seit über 20 Jahren liegt das Schiff schon im Hafen und ist noch immer in tadellosem Zustand. Gebaut wurde die Amrumbank 1917 auf der Meyer-Werft in Papenburg. 65 Jahre war sie mit einer zwölfköpfigen Besatzung als Feuerschiff (an einer bestimmten Position fest vor Anker liegende schwimmende Navigationshilfe) im Einsatz, zunächst vor Amrum (daher der Name), später in der Deutschen Bucht. Man kann das Schiff kostenlos betreten, es beherbergt ein Restaurant. Nur wer in das Museum unter Deck möchte, zahlt Eintritt, um sich im Zwischendeck eine schifffahrtshistorische Ausstellung mit dem Schwerpunkt Seezeichentechnik und Lotsenwesen anzuschauen.

April–Okt. Mo–Fr 11.30–13 und 14–17 Uhr, Sa/So 11–13 Uhr. Erwachsene 2 €, Jugendliche 1 €, Kinder 0,50 €., www.amrumbank.de.

Seenot-Rettungskreuzer Georg Breusing: Benannt ist das Schiff nach einem Emder Oberzollinspektor, der 1861, also schon vier Jahre vor der Gründung der Deutschen Gesellschaft zur Rettung Schiffbrüchiger (DGzRS), den *Verein zur Rettung Schiffbrüchiger in Ostfriesland* ins Leben gerufen hatte. Der 26,60 m lange Rettungskreuzer kann eingehend besichtigt werden. Er war 1963–88 vor Borkum im Einsatz. In dieser Zeit hat das Schiff 1672 Menschen aus Seenot gerettet oder aus kritischen Gefahrensituationen befreit.

Mitte März–Okt. tägl. 10.30–13 und 15–16.30 Uhr (Juli/Aug. durchgehend 10.30–17 Uhr). Erw. 2 €, Kinder ab 6 J. 0,50 €.

Heringslogger AE 7-Stadt Emden: Der hölzerne Segellogger, ein schneller Dreimaster mit weit nach hinten versetztem letzten Mast, erinnert an die jahrhundertealte Emder Tradition der Heringsfischerei. 1908 lief er in Holland vom Stapel, ging bis 1931 auf Heringsfang, wurde dann als Zementtransporter eingesetzt und kam 1977 nach Bremerhaven. Nach einer originalgetreuen Komplettrestaurierung liegt er seit 1995 am Ratsdelft vor Anker.

April–Okt. Mo–Fr 10–13 und 15–17 Uhr, Sa/So 11–13 Uhr. Erwachsene 2 €, Kinder 0,50 €.

Bunkermuseum: Bei Kriegsende zählte Emden zu den am meisten zerstörten Städten Europas. Das in Deutschland einzigartige Museum in dem bunt bemalten, massiven Bunker aus dem Zweiten Weltkrieg erinnert in 25 kleinen Räumen auf mehreren Etagen mit Fotos, Dokumenten und Einrichtungsgegenständen an Emdens dunkle Zeit während des Nationalsozialismus. Themenschwerpunkte sind neben dem Leben im Luftschutzbunker der nationalsozialistische Machtapparat in Emden sowie die Judenverfolgung im NS-Staat. Sehr sehenswert ist die zur Einführung gezeigte Ton-Dia-Schau über

Schild im Bunkermuseum

Emden
Karte S. 251

die Entwicklung Emdens von der Machtergreifung Hitlers bis hin zur völligen Zerstörung der Stadt im Zweiten Weltkrieg.
Mai–Okt. Di–Fr 10–13 und 15–17 Uhr, Sa/So 10–13 Uhr. Erwachsene 2 €, Jugendl. 1 €. Holzsägerstr., ✆ 04921/32225, www.bunkermuseum.de.

Maritimes Museum Freunde der Seefahrt: Der gleichnamige Verein hat gegenüber dem Bunkermuseum eine kleine Ausstellung eingerichtet, in der Flaggen, Modelle, seemännische Werkzeug und Ähnliches zu bestaunen sind. Schwerpunkt ist die Seefahrt der 1950er und 60er Jahre.
Di–Sa nur 10–13 Uhr, Emsstr. 11 ✆ 04921/584923, www.seefahrtsfreunde.de.

Dat Otto Huus: In einem historischen Haus gleich am Ratsdelft hat der in Emden geborene Komiker Otto Waalkes einen kleinen Ottifanten-Souvenirladen eingerichtet, an dem man mit Kindern kaum vorbeikommt. Der erste Stock fungiert als Museum, in dem Otto neben Ottifanten auch Fotos und Erinnerungsstücke aus seiner Jugendzeit und seiner bemerkenswerten Karriere präsentiert.
Mo–Fr 9.30–18 Uhr, Sa 9.30–14 Uhr, im Sommerhalbjahr auch So 10–16 Uhr. Erwachsene 2 €, Kinder 1 €. Große Str.1, ✆ 04921/22121.

Johannes a Lasco Bibliothek: Die nach dem Reformator Ostfrieslands (siehe Kasten, S. 248) benannte Bibliothek befindet sich im ehemaligen Kirchenschiff der mittelalterlichen Emder Großen Kirche. Im Zweiten Weltkrieg wurde das Gotteshaus, das als Mutterkirche der calvinistischen Gemeinden Nordwesteuropas gilt, fast völlig zerstört. Erst 1995 ließ es die evangelisch-reformierte Kirche in moderner Architektur wiederaufbauen, nur der Turm wurde nach historischem Vorbild rekonstruiert. Die Bibliothek geht zurück auf die historische Büchersammlung der reformierten Gemeinde und umfasst 52.000 Bände, in erster Linie handelt es sich um theologische Spezialliteratur. Darunter sind über 5000 wertvolle Bücher und alte Handschriften aus dem 16. Jh. und 17. Jh., die v. a. aus den Sammlungen der Theologen Albert Hardenberg (1510–1574) und Friedrich Salmuth (1592–1625) und des Emder Bürgermeisters Petrus Medmann (1507–1584) stammen. Auch einige Bücher aus dem Besitz Johannes a Lascos sind vorhanden, dazu zählen sogar zwei Bände aus der Bibliothek des Erasmus von Rotterdam, dessen Sammlung Johannes a Lasco einst aufgekauft hatte.
Direkt neben der Großen Kirche befindet sich die 1948/49 errichtete Schweizer Kirche, die so heißt, weil sie im kriegszerstörten Emden in Gedenken an die calvinistische Vergangenheit der Stadt mit finanzieller Hilfe der evangelisch-reformierten Kirchen der Schweiz gebaut wurde.
Mo–Fr 14–17 Uhr, So (nur Mai–Sept.) 14–17 Uhr (Führung So 14.30 Uhr). Sa geschlossen. Erw. 4 €, Schüler 2 €, Familien 6 €. Kirchstr. 22, ✆ 04921/91500, www.jalb.de.

Neue Kirche: Die erste bedeutende Predigerkirche Norddeutschlands wurde 1643–48 nach dem Vorbild der Amsterdamer Noorderkerk erbaut. Das einstmals prächtige barocke Gotteshaus mit seinen großen Rundbogenfenstern und der einfachen Flachdecke wurde im Inneren nach den Kriegszerstörungen neu ausgestaltet. Im Nordwestportal erhalten geblieben ist das Emder Wappen, das im Volksmund *Engelke up de Muer* (Engelchen auf der Mauer) genannt wird. Die Kirche in der Brückstraße ist von einem Friedhof umgeben und nur Di–Fr 15–17 und Sa 11–13 geöffnet.

Kesselschleuse: Das in Europa einzigartige Bauwerk ist gewissermaßen eine Kanalkreuzung, in die vier Wasserläufe mit unterschiedlichen Wasserständen münden: Ems-Jade-Kanal, Stadtgraben, das Fehntjer Tief und das zum Hafen führende Rote

Siel. Die schon 1886 errichtete Schleuse mit einem Kesseldurchmesser von 33 m arbeitet heute automatisch. Je nach Öffnung der Tore fahren die Schiffe aus dem einen Kanal in die Schleuse ein und können sie in Richtung des angeforderten Kanals wieder verlassen. Etwa 2800 Schiffe passieren den Kessel pro Jahr, meistens sind es die Boote von Freizeitskippern. Im Sommer kann es recht interessant sein, dem Treiben an der Schleuse zuzuschauen. Wichtig ist auch die Entwässerungsfunktion der Kesselschleuse, denn sie gleicht die unterschiedlichen Wasserstände der Kanäle aus. Gäbe es sie nicht, würde der Ems-Jade-Kanal ganz schnell über die Ufer treten.

Die Schleuse liegt am Roten Mühlenzwinger im Osten der Innenstadt, gut zu Fuß vom Ratsdelft aus zu erreichen. Eine Besichtigung ist jederzeit möglich.

VW-Werk: Das riesige Volkswagenwerk im Westen Emdens mit immerhin noch etwa 9000 Beschäftigten ist der mit Abstand größte Arbeitgeber der Region. Gefertigt wird hier seit 1963, derzeit sind es 1050 VW-Passat täglich. Besucher sind ohne Voranmeldung bei den zweistündigen Führungen willkommen. Man sieht recht anschaulich, wie im Wesentlichen Roboter die Produktion der Autos übernommen haben und mehr und mehr die Arbeit der Menschen ersetzen.

2-stündige Führungen nach Voranmeldung Mo–Fr 9.45 und 13.15 Uhr. Erwachsene 5 €, Schüler 2 €. Niedersachsenstr. (Nähe Borkumkai), ✆ 04921/862390.

Zahnpasta aus Krabben

Kein Scherz, in Emden wurde eine Zahnpasta mit dem Namen *Chitodent* entwickelt, und zwar aus dem Chitin der Krabben. Aus den Schalen der Krustentiere wird das helle Pulver Chitosan gewonnen, das Grundbestandteil von Zahnpasta ist. Mit Fördergeldern der EU wurde dieses Verfahren an der Fachhochschule Emden zur Marktreife gebracht. Sinn des Projekts war es, in der Kooperation mit ostfriesischen Unternehmen ein regionales Produkt zu entwickeln. Die Krabbenschalenverwertung wäre für die Region tatsächlich der perfekte ökologische Kreislauf, scheitert aber an der ökonomischen Wirklichkeit. Denn fast alle im ostfriesischen Wattenmeer gefangenen Krabben werden aufgrund langfristiger Verträge vonniederländischen Großhändlern vertrieben und nach Marokko zum Pulen gebracht. Von dort aus gehen die Schalen als Hühnerfutter bis nach Asien.

Chitodent steht dennoch in den Regalen weniger ostfriesischer Geschäfte, denn mittlerweile vertreibt eine Firma aus Hesel (bei Leer) die Zahnpasta (www.chitodent.de), muss den Rohstoff Chitin aber aus China importieren.

Umgebung von Emden

Knock: Für den Landzipfel am südwestlichen Ende der Krummhörn, dort wo die Außenems einen Bogen vom Dollart hinaus Richtung Wattenmeer macht, ist seit 1286 der Name *Knocka* belegt, was so viel wie „Biegung“ oder „spitze Ecke“ heißt. Hier erweitert sich das kanalartige Knockster Tief seenartig vor einem 1968 erbauten Schöpfwerk. Mit der gewaltigen Pumpleistung von 50 m^3 pro Sekunde entwässert das Schöpfwerk die gesamte tief gelegene Krummhörn, die ansonsten überschwemmt werden würde.

Vom Schöpfwerk aus hat man einen beeindruckenden Blick über die majestätisch breite Ems und erkennt in der Ferne die Industriesilhouette des holländischen Delfzijl. Abends kann man hier einen malerischen Sonnenuntergang erleben.

Emden
Karte S. 251

Der Alte Fritz und das Meer: Sonnenuntergang an der Knock

Zwei Majestäten sind es auch, die hier die Szenerie beherrschen. Der überlebensgroße Alte Fritz schaut ins Land hinein, dessen Urbarmachung er förderte. Gegenüber steht, ebenfalls in Bronze gegossen, sein Urgroßvater, der „Große Kurfürst" Friedrich Wilhelm (1640–1688). Dieser darf stolz aufs Wasser blicken, siedelte er doch in Emden seine afrikanische Handelskompanie an und förderte so den Emder Seehandel.

Die 10 km westlich von Emden gelegene Knock gehört noch zum Stadtbild. Anfahrt über Larrelt und Wybelsum (den Schildern mit der Aufschrift *Knock* folgen). Das Schöpfwerk ist von innen nicht zu besichtigen.

Emssperrwerk bei Gandersum: Mit einer Breite von 476 m ist dies Deutschlands größtes Sturmflutbollwerk. Wenn die Fluten 2 m höher als normal auflaufen, macht es die Schotten dicht. Die 222 Mio. Euro teure Anlage ist ökologisch höchst umstritten, hält aber nicht nur Fluten fern, sondern kann im Gegenteil auch die Ems aufstauen. Und das war das entscheidende Argument für den Bau, denn so kann die Meyer-Werft in Papenburg (siehe S. 236) die immer größeren Luxusliner bauen, die dann mit einer Handbreit Wasser unterm Kiel über die aufgestaute Ems bis zur Nordsee gleiten. Das kommt etwa zweimal im Jahr vor. Bei dem 2002 fertiggestellten Bauwerk ging es damit wohl in erster Linie um die Sicherung von Arbeitsplätzen in der strukturschwachen Region. Und angesichts der ökologischen Vorbehalte steht wie zur Rechtfertigung am Sperrwerk die alte Weisheit in Stein gemeißelt: „Wer nich will dieken, de mut wieken!"

5 km vor Emden emsaufwärts gelegen (vor Oldersum). Man kann direkt bis zum Sperrwerk heranfahren (viele kostenlose Parkplätze). Eine nähere Besichtigung ist ganzjährig nur nach Anmeldung unter ✆ 0491/91969617 möglich.

Suurhusen: Die weithin sichtbare Festungskirche aus dem Jahr 1262 im kleinen Ort Suurhusen (4 km nördlich von Emden an der B 210) ist durchaus sehenswert, bekannt ist sie aber v. a. wegen ihres Turms. Denn der im 15. Jh. angefügte Kirchturm ist der wahrscheinlich schiefste Turm der Welt. Auf jeden Fall neigt er sich mit einem Überhang von 2,43 m schiefer als der Turm von Pisa (nur 2,25 m). Das Mauerwerk des 27 m hohen Turms war nur auf Eichenbohlen fundamentiert, weshalb die Grundwasserabsenkung und viele Sturmfluten hier ein sichtbares Zeichen hinterlassen haben. Allerdings ist der Turm mit einem Neigungswinkel von 5,19 Grad nicht freistehend, sondern klebt am hohen Kirchenschiff. Deshalb macht neuerdings ein anderer ostfriesischer Ort den Suurhusern den Titel umden schiefsten Turm streitig, nämlich Midlum im Rheiderland (siehe S. 239). Der dortige Glockenturm steht frei und hat einen Neigungswinkel von satten 6,27 Grad. Doch er ist nur mickrige 14 m hoch und wird deswegen von den Suurhusern nicht als ordentlicher Turm anerkannt.

Im Ort gibt's zudem ein kleines Museum, das *Landarbeiterhaus* von 1768. Es wurde originalgetreu wiederaufgebaut und zeigt die bescheidene Lebenssituation der Landarbeiterfamilien um 1900.

Die Kirche ist leider tagsüber geschlossen. Das Landarbeiterhaus ist von April bis Sept. sonntags zwischen 15 und 17 Uhr geöffnet. ✆ 04925/1376.

Der schiefe Turm von Suurhusen

Hinte: Keine 5 km nördlich von Emden gelegen, ist die selbstständige Gemeinde Hinte ein ländliches Kleinod mit einigen Sehenswürdigkeiten. Sie besitzt eine der wenigen komplett erhaltenen Häuptlingsburgen Ostfrieslands, die 1438 entstandene *Wasserburg Hinta*. Zusammen mit der um 1500 errichteten einschiffigen Backsteinkirche und dem Friedhof bildet sie ein romantisches Ensemble. Die vierflügelige Burg ist komplett von einem Wassergraben umgeben und nur über eine Holzbrücke zu erreichen. Sie ist seit Jahrhunderten nicht zugänglicher Privatbesitz der Familie von Frese. Sehen kann man aber die Vorburg, bestehend aus zwei alten Gulfhäusern und einem großen Taubenhaus.

Die reich ausgestattete, hohe spätgotische Kirche ist von April bis September täglich zwischen 10 und 18 Uhr geöffnet. Wie es bei reformierten Kirchen üblich ist, fehlt der Altar. Stattdessen befinden sich in der Mitte der Kirche Kanzel (von 1695) und Taufstein (von 1596). Im Kircheninneren sind darüber hinaus einige besonders schöne Grabplatten und Gedenksteine aus Renaissance, Barock und Klassizismus verteilt, die ursprünglich im Fußboden verlegt waren.

Wahrzeichen des Ortes ist die weithin sichtbare und schön restaurierte dreistöckige Windmühle aus dem Jahre 1869 (April–Okt. Sa/So 15–18 Uhr; in der Mühle befindet sich auch die Tourist-Info).

Fremdenverkehrsverein Hinte e.V., Brückstr. 11, 26759 Hinte, ✆ 04925/990106 oder 1651, www.hinte.de.

Emden
Karte S. 251

Verlagsprogramm

• Abruzzen • Ägypten • Algarve • Allgäu • Allgäuer Alpen *MM-Wandern* • Altmühltal & Fränk. Seenland • Amsterdam *MM-City* • Andalusien • Andalusien *MM-Wandern* • Apulien • Athen & Attika • Australien – der Osten • Azoren • Baltische Länder • Barcelona *MM-City* • Bayerischer Wald • Berlin *MM-City* • Berlin & Umgebung • Bodensee • Bretagne • Brüssel *MM-City* • Budapest *MM-City* • Bulgarien – Schwarzmeerküste • Chalkidiki • Chianti – Florenz, Siena • Cilento • Cornwall & Devon • Dublin *MM-City* • Costa Brava • Costa de la Luz • Côte d'Azur • Cuba • Dolomiten – Südtirol Ost • Dominikanische Republik • Dresden *MM-City* • Ecuador • Elba • Elsass • Elsass *MM-Wandern* • England • Fehmarn • Franken • Fränkische Schweiz • Friaul-Julisch Venetien • Gardasee • Genferseeregion • Golf von Neapel • Gomera • Gomera *MM-Wandern* • Gran Canaria • Gran Canaria *MM-Touring* • Graubünden • Griechenland • Griechische Inseln • Hamburg *MM-City* • Harz • Haute-Provence • Havanna *MM-City* • Ibiza • Irland • Island • Istanbul *MM-City* • Istrien • Italien • Italienische Adriaküste • Kalabrien & Basilikata • Kanada – der Osten • Kanada – der Westen • Karpathos • Katalonien • Kefalonia & Ithaka • Köln *MM-City* • Kopenhagen *MM-City* • Korfu • Korsika • Korsika Fernwanderwege *MM-Wandern* • Kos • Krakau *MM-City* • Kreta • Kreta *MM-Wandern* • Kroatische Inseln & Küste • Kykladen • Lago Maggiore • La Palma • La Palma *MM-Wandern* • Languedoc-Roussillon • Lanzarote • Lesbos • Ligurien – Italienische Riviera, Genua, Cinque Terre • Ligurien & Cinque Terre *MM-Wandern* • Liparische Inseln • Lissabon & Umgebung • Lissabon *MM-City* • London *MM-City* • Madeira • Madeira *MM-Wandern* • Madrid *MM-City* • Madrid & Umgebung • Mainfranken • Mallorca • Mallorca *MM-Wandern* • Malta, Gozo, Comino • Marken • Mecklenburgische Seenplatte • Mecklenburg-Vorpommern • Menorca • Mittel- und Süddalmatien • Mittelitalien • Montenegro • München *MM-City* • Münchner Ausflugsberge *MM-Wandern* • Naxos • Neuseeland • New York *MM-City* • Niederlande • Nord- u. Mittelgriechenland • Nordkroatien – Kvarner Bucht • Nordportugal • Nordspanien • Normandie • Norwegen • Nürnberg, Fürth, Erlangen • Oberbayerische Seen • Oberitalien • Oberitalienische Seen • Ostfriesland & Ostfriesische Inseln • Ostseeküste – Mecklenburg-Vorpommern • Ostseeküste – von Lübeck bis Kiel • Östliche Allgäuer Alpen *MM-Wandern* • Paris *MM-City* • Peloponnes • Pfalz • Piemont & Aostatal • Piemont *MM-Wandern* • Polnische Ostseeküste • Portugal • Prag *MM-City* • Provence & Côte d'Azur • Provence *MM-Wandern* • Rhodos • Rom & Latium • Rom *MM-City* • Rügen, Stralsund, Hiddensee • Salzburg & Salzkammergut • Samos • Santorini • Sardinien • Sardinien *MM-Wandern* • Schleswig-Holstein – Nordseeküste • Schottland • Schwäbische Alb • Shanghai *MM-City* • Sinai & Rotes Meer • Sizilien • Sizilien *MM-Wandern* • Skiathos, Skopelos, Alonnisos, Skyros – Nördl. Sporaden • Slowakei • Slowenien • Spanien • St. Petersburg *MM-City* • Südböhmen • Südengland • Südfrankreich • Südmarokko • Südnorwegen • Südschwarzwald • Südschweden • Südtirol • Südtoscana • Südwestfrankreich • Sylt • Teneriffa • Teneriffa *MM-Wandern* • Tessin • Thassos, Samothraki • Toscana • Toscana *MM-Wandern* • Tschechien • Tunesien • Türkei • Türkei – Lykische Küste • Türkei – Mittelmeerküste • Türkei – Südägäis • Türkische Riviera – Kappadokien • Umbrien • Usedom • Venedig *MM-City* • Venetien • Wachau, Wald- u. Weinviertel • Westböhmen & Bäderdreieck • Warschau *MM-City* • Westallgäu und Kleinwalsertal *MM-Wandern* • Westungarn, Budapest, Pécs, Plattensee • Wien *MM-City* • Zakynthos • Zentrale Allgäuer Alpen *MM-Wandern* • Zypern

www.michael-mueller-verlag.de

Michael Müller Verlag GmbH, Gerberei 19, 91054 Erlangen
Tel. 0 91 31 / 81 28 08-0; Fax 0 91 31 / 20 75 41;
info@michael-mueller-verlag.de

Brandneu: MM-Wandern
Die Wanderführer aus dem Michael Müller Verlag

Weitere Titel lieferbar ab Juni 2009

- Gardasee
- Korsika
- Kreta
- La Palma
- Sizilien
- Teneriffa

Register

Accum 203
Accumer Ee 156
Accumersiel 95
Alltagskultur 24
Alte Mellum (Insel) 133
Altfunnixsiel 82
Alt-Marienhausen (Schloss) 202
Amdorf 230, 235
Andersen, Lale (Künstlerin) 150
Anreise 35
- Mit dem Auto 35
- Mit dem Flugzeug 37
- Mit der Bahn 35

Architektur 26
Arngast (Insel) 60, 65
Attena (Häuptlingsgeschlecht) 96
Aurich 208

Baden 39
Bagband 224
Baltrum 151
- Altes Zollhaus 156
- Inselkirche 155
- Kath. Kirche St. Nikolaus 156
- Kurverwaltung 153
- Nationalpark-Haus 155

Bant (antike Insel) 177
Beninga (Häuptlingsgeschlecht) 96
Bensersiel 86, 91
Bentinck, Graf Wilhelm von 62
Berum 110
Berumerfehn 216
Bingum 238
Bismarck, Otto von (Reichskanzler) 200, 211
Blücher, Gebhard Leberecht von (Feldmarschall) 162
Boer, Jan de (Kapitän) 155
Bohntjesopp 40
Bohrinsel bei Dyksterhusen (Badestelle) 240, 241
Böke, Karl Ludwig (Bildhauer) 235
Borkum 174
- Alter Leuchtturm 185
- Borkum Düne 187
- Dykhus/Heimatmuseum 184
- Fischerbalje 187
- Inselbahn 184
- Kurverwaltung 180
- Leuchtturm Südstrand 186
- Nationalparkschiff Feuerschiff Borkumriff 184
- Neuer Leuchtturm 185
- Nordsee-Aquarium 184

Boßeln 25
Brookmerland 214
Bülow, Bernhard von (Reichskanzler) 162
Bunde 242
Bürgerhäuser 26
Burlage 231

Cäciliengroden 205
Campen 122
Camping 46
Carolinensiel 75, 76, 216
Chitodent (Zahnpasta) 255
Cimbria (Auswandererschiff) 187
Cirksena (Fürstengeschlecht) 32, 115, 178, 206, 209, 212, 228, 247
Cirksena, Enno 32
Critzum 24, 239

Dangast 43, 61, 205
Deich 23
Detern 228
Deutsche Fehnroute 37
Deutsche Gesellschaft zur Rettung Schiffbrüchiger (DGzRS) 135
Deutscher Mühlentag 28
Ditzum 239, 240
Ditzumerhammrich 241, 242
Dornum 28, 95, 109
Dornumersiel 94
Dyksterhusen 240, 241

Ebbe 16
Edzard der Große (Graf von Ostfriesland) 232
Elisabethgroden 73
Ellenserdammersiel 205
Emden 43, 245
- Bunkermuseum 253
- Dat Otto Huus 254
- Feuerschiff Amrumbank 253
- Heringslogger AE 7-Stadt Emden 253
- Johannes a Lasco Bibliothek 254
- Kesselschleuse 254
- Kunsthalle 252
- Museumsschiffe 253
- Neue Kirche 254
- Ostfriesisches Landesmuseum 252
- Seenot-Rettungskreuzer Georg Breusing 253
- VW-Werk 255

Emder Matjestage 250
Ems-Jade-Kanal 211
Emslandlager (Konzentrations- und Straflager 237
Emssperrwerk 256
Erdholländer 28
Ernst-August von Hannover 167
Esens 86, 87
Essen und Trinken 39
Evenburg (Schloss) 235
Ewiges Meer (See) 219

Fähre 36
Fauna 19
Fehn 18
Fehnschifffahrt 223
Fehnsiedlung 18
Fehntjerland 220
Ferienwohnungen 44
Flora 19
Flut 16
Folmhusen 236
Friedeburg 193

Friedrich II. (preuß. König) 33, 247
Friesenbrücke 244
Friesenkeks 40
Friesenroute Rad up Pad 37
Friesische Freiheit 31
Friesische Wehde 190, 191
Friesischer Heerweg 37, 193
Funnix 82

Galerieholländer 28
Gandersum 256
Gästekarte 42
Geest 18
Georg V. (König von Hannover) 162
Geschichte 30
Gödens (Wasserschloss) 201, 204
Goldene Linie 78
Greetsiel 114
Grenzer, Eckhart (Künstler) 64, 65
Groden 17
Grog 41
Grön Hein 40
Groothusen 121
Großefehn 220
Großes Meer (See) 218
Großheide 214
Grünkohl 39
Gulfhöfe 26

Hage 108, 109, 110
Harlesiel 75
Hasselt 225
Hatzum 241
Häuptlingsburgen 26
Heine, Heinrich (Dichter) 162
Hilgenriedersiel 102
Hinte 257
Hochmoore 18, 20
Hochwasser 16
Höger, Fritz (Architekt) 57, 73
Hohenkirchen 72, 74
Holtland 224
Holtriem 19, 214, 219
Hooksiel 66
Horsten 202
Horumersiel 74
Horumersiel-Schillig 69
Hotels 44

Ihlow 224
Internationale Dollard-Route 37
Internet 44

Jadebusen 60
Jaderpark (Tier- und Freizeitpark) 191
Jadevertrag 52
Janssen, Gerrelt 167
Jemgum 238
Jever 195
Jeversche Leidenschaft 40
Johanne (Auswandererschiff) 135
Jugendherbergen 46
Juist 168
- Kurverwaltung 171
- Küstenmuseum 173
- Leuchtturm Memmertfeuer 174
- Nationalparkhaus 174

Jümme (Detern) 228

Kaap (Bake) 185
Kachelotplate 170
Kanufahren 38
Kinder 41
Kirchen 29
Kirchenkunst 43
Klaasohm (Fest) 180
Klima 42
Klinghe, Ghert (Glockengießer) 121, 122
Klootschießen 25
Klotstockspringen 26
Kluntje (Kandiszucker) 40
Kniphausen (Burg) 69
Knock 255
Konkena (Häuptlingsgeschlecht) 96
Krummhörn 120
Kurbeitrag 42
Kurtaxe 42
Küstenschutz 23
Kutter-Korso-Fahrt (Greetsiel) 116

Langeoog 142
- Dünenfriedhof 148
- Heimatmuseum Seemannshus 147
- Inselkirche Langeoog 148
- Katholische Kirche 148
- Kurverwaltung 145
- Schifffahrtsmuseum mit Nordsee-Aquarium 147
- Seenotbeobachtungsstation 148
- Wasserturm/Altes Wasserwerk 147

LangeoogCard 145
Lasco, Johannes a (eigentl. Łaski, Jan) 248
Leege, Otto (Naturschützer) 174
Leer 231
Leuchtturm Campen 123
Leuchttürme 29
Leuchttürme (Borkum) 185
Leysiel (Sperrwerk) 118
Lietz, Hermann (Pädagoge) 141
Lili Marleen 150
Logabirum 23, 235
Loquard 124

Lütetsburg (Schloss) 108, 109
Lütge Land (Freizeitpark) 82
Lütje Hörn (Insel) 176

M

Maria von Jever 32, 70, 128, 195, 199
Marie (Königin von Hannover) 162
Marienhafe 214
Marschland 17
Matjes 40
Maximilian I. (röm.-dt. Kaiser) 247
Memmert (Insel) 174
Meyer Werft Papenburg 236
Meyer, Roelof Gerritsz (Walfänger) 178
Meyer-Werft 244
Midlum 239
Minsen 74
Minsener Oog (Insel) 133
Minsen-Förrien 72
Mischwatt 15
Mittegroßefehn 220
Mölders (Zerstörer) 58
Moor 18
Moorkolonie 18
Moormuseum Moordorf 217
Münkeboe 217
Münstermann, Ludwig (Bildhauer) 43, 73, 189
Muttschiff (Schiffstyp) 223
Nannen, Henri (Publizist) 252

N

Nationalpark Niedersächsisches Wattenmeer 15
Naturschutzgebiet Elisabethaußengroden 72
Nenndorf 19
Nesse 101, 109
Neßmersiel 99, 109
Neuenburg (Schloss) 192
Neuenburger Urwald 191
Neuharlingersiel 82
Neustadtgödens 201, 204
Niedermoore 18, 20
Niedrigwasser 16
Nipptide 16
Norddeich 110
Norden 102
Norderney 158
- Bademuseum 166
- Ernst-August-Denkmal 167
- Evangelische Inselkirche 166
- Fischerhaus-Museum 166
- Kurtheater 166
- Kurverwaltung 163
- Leuchtturm 167
- Nationalparkhaus 167
- Norderneyer Kornwindmühle 167
- Rettungsbootschuppen 166
- Wasserturm 166

NorderneyCard 163
Nordseekrabbe 41

O

Oldenburger Ananas 40
Oldorf 74
Omken, Balthasar (Friesenhäuptling) 88, 206
Organeum (Weener) 43, 243
Orgeln 43
Ostbense 93
Ostfriesische Inseln 125
Ostfriesische Landschaft (Ständeparlament) 32, 212
Ostgroßefehn 220

P

Pakens 69
Papenburg 28, 236
Pensionen 44
Petkum 239
Pewsum 119, 122
Pharisäer 41
Pilsum 120
Pilsumer Leuchtturm 121
Plattdeutsch 24
Pogum 239, 240
Priele 16

R

Radbod (Friesenkönig) 30
Radfahren 37
Radziwill, Franz (Künstler) 62
Rechtsupweg 216
Reepsholt 194
Reisezeit 42
Reuter, Ernst 232
Rhauderfehn 230
Rheiderland 238
Riesbree 40
Rote Grütze 40
Rüstersiel 51
Rutteler Mühle 193
Rysum 124

S

Salzwiesen 17
Sanddorn 19
Sande 202
Sandwatt 15
Schilligshörn 70
Schlickschlittenrennen (Greetsiel) 26, 116
Schlickwatt 15
Schnitger, Arp (Orgelbauer) 43, 106 243
Schöpfwerk 24
Schortens 203
Schwemmland 17
Seehunde 21, 22
Seriemer Mühle 84, 85
Siele 24
Sillenstede 203
Skulpturenpfad (Dangast) 64
Sniertjebraa 40
Spetzerfehn 224
Spiekeroog 134
- Alte Inselkirche 140
- Drinkeldooden karkhoff 135
- Hermann-Lietz-Schule 141
- Inselmuseum 139
- Katholische Kirche St. Peter 140
- Muschelmuseum 140
- Nordseebad Spiekeroog GmbH 137
- Pferdebahn 139
- Wittbülten 141
- Wittdün 135
- Wrack der Verona 141

Spolsener Moor 193
Springtide 16
St. Joost 75
Stapelmoor 244
Stickhausen 236

Stickhausen (Burg) 229
Störtebeker, Klaus (Seeräuber) 214, 215
Störtebeker-Freilichtspiel (Marienhafe) 216
Strandkorb 39
Stumpenser Mühle 74
Sturmflut 16
Südbrookmerland 214, 217, 218
Suurhusen 256

Tee 40
Tettens 74
Theelacht 103
Tide 16
Timmel 223
Timmeler Meer (See) 223
Tjalk (Schiffstyp) 223
tom Brok (Häuptlingsgeschlecht) 32, 214, 228
Tour de Fries 37
TöwerCard 171
Trimborn, Hans (Künstler) 166

Übernachten 44
Ukena, Focko (Friesenhäuptling) 32, 228
Upleward 26, 119, 120
Upstalsboom 31, 209, 213
Urlaub auf dem Bauernhof 44

V*an de Loo, Otto (Künstler)* 252
Varel 188
Verkehrsmittel vor Ort 35
  Auto 35
  Bahn 36
  Bus 36
  Fähre 36
Visquard 119
Vitalienbrüder 215

W*aalkes, Otto (Komiker)* 121, 246, 254
Walfang 178
Wangerland 66, 74
Wangerooge 126
  Alter Leuchtturm 131
  Kurverwaltung 130
  Nationalparkhaus Rosenhaus 133
  Neuer Leuchtturm 132
  Westturm 132
WangeroogeCard 130
Warf 23
Warfendorf 69, 73, 84, 122, 124, 239
Wasserpark Hasselt 225
Wattenmeer 15
Wattwandern 38
Weener 243
Weihnachtsflut von 1717 34
Werdum 84, 86
Westaccumersiel 94
Westeraccum 99
Westerholt 219
Westgroßefehn 220
Westoverledingen 236
Westrhauderfehn 230
Wichter Ee 156
Wiegboldsbur 218
Wiemken, Edo (Friesenhäuptling) 32, 52, 195, 199
Wiesmoor 19, 225
Wilhelm II. (dt. Kaiser) 52, 162
Wilhelmshaven 50
  Aquarium 57
  Botanischer Garten 54
  Buddelschiffmuseum 57
  Christus- und Garnisonskirche 56
  Deutsches Marinemuseum 58
  JadeWeserPort 53
  Kinder-Spielpalast 57
  Kunsthalle 60
  Küstenmuseum am Bontekai 58
  Maritime Meile 56
  Oceanis 59
  Piratenamüseum 60
  Rathaus 56
  Störtebekerpark 51
  Wattenmeerhaus 58
Wiltshausen (Pünte) 229
Windanlagen 28
Windmühle 27
Wittmund 205
Wohnmobil 46
Woquard 119
Wrisse 222
Wüppels 69
Wynhamster Kolk (Wasserschöpfmühle) 241, 242

Zetel 192
Ziallerns 73, 74

Was haben Sie entdeckt?

Haben Sie eine versteckte Badestelle gefunden, in einem schönen Restaurant gegessen oder in einer urigen Pension übernachtet?

Dann schreiben Sie uns:

Dieter Katz
Michael Müller Verlag
Gerberei 19
D – 91054 Erlangen
E-Mail: dieter.katz@michael-mueller-verlag.de